中國語音韻學

崔玲愛

통나무

목 차

第三章　韻圖 ·· **85**

圖　表

序

檮杌　金容沃

　언어에 본질이 있는가? 이 말은 과연 무엇을 의미하는가? 우리가 상식적으로 언어라는 현상을 발음, 문법, 의미와 같은 체계로 나누어 생각해 본다면, 언어에 본질이 있냐는 질문은 발음이나, 문법이나, 의미와 같은 것에 가장 본질적이고 절대적인 그 어떤 실체가 있느냐는 질문으로 환원될 것이다. 우리가 쓰는 한국말의 문법은 학자마다 기술하는 방식이 다르다. 그런데 이런 모든 문법을 통일하는 단 하나의 확고한 절대적인 한국어문법이 있을까? 발음도 그렇다. "아버지"라는 말을 우리가 발성할 때에 그 "아버지"라는 말의 발성체계에 단 하나의 확고부동한, 모든 발음의 기준이 되는 어떤 이상적 그 무엇이 있을까? 의미도 또한 마찬가지다. "아버지"를 정의할 수 있는 단 하나의 본질적인 의미체계가 있을까? 깡패집단과 같은 특수사회에서 쓰는 "아버지"라는 말과, 친자가족관계에서 쓰는 "아버지"라는 말과, 며느리가 부르는 "아버지"라는 말과, 의붓자식이 부르는 "아버지"라는 말과, 어느 시인이 시속에서 추상적으로 쓴 "아버지"라는 말 등의 수없이 많은 의미를 통일할 수 있는 단 하나의 "아버지"라는 의미가 있을 수 있을까? "아버지"의 의미의 본질은 과연 무엇인가?

序　9

인간의 언어라는 현상의 배면에 절대적이고도 선천적인 그리고 초시공적인 본질이 "있다"라는 생각을 우리가 "본질주의"(essentialism)라고 부른다면 나는 서슴치 않고 결론을 내릴 수 있다: 언어에 일체의 본질주의는 허용될 수가 없다.

언어는 본질이 아니다. 언어는 원래 인간이 의사전달의 수단으로 고안해낸 어떤 현상일 뿐이며, 이 현상은 시공속에서 끊임없이 변천하는 것일 뿐이다. 孔子가 曲阜의 어느 개울가 다리 위에서 "逝者如斯夫, 不舍晝夜！"라고 외쳤다면, 나는 언어의 흘러가는 모습을 보고 같은 탄식을 외칠 것이다. "언어의 역사적 흐름이여！ 저 냇물과도 같네！ 밤낮 일순간도 쉼이 없이 흘러만 가는구나！"

그러나 우리가 상식적으로 생각할 때 문법과 같은 것은 어떤 본질적 조형(essential archetype)이 있다고 생각하기 쉽다. 현실적으로 우리가 "문법적으로 틀렸다," "문법적으로 맞았다"라는 말을 사용하고 있기 때문이다. 그러나 문법적으로 틀린 말이라 할지라도 더 풍부한 의미를 전달할 수도 있다. 그리고 생성문법으로 말하자면 문법을 언어의 표층구조에서만 다 말할 수가 없다. 심층구조에 들어가면 우리가 알고 있는 상식적 문법의 분별이 무의미 할 수도 있다. 그러나 심층구조로 그 변형의 과정을 환원해들어간다고 할 때, 과연 우리가 그 환원의 레벨을 어디까지 설정할 것이냐 하는 것은 끊임없는 논란의 대상이 된다. 과연 "심층구조"가 존재하는가 라는 질문까지도 우리는 던질 수 있는 것이다. 그리고 통사론적 고찰도 음운론이나 의미론과 분리해서 논의될 수 없는 것이다.

언어에 어떤 보편적 선험적 질서가 있다는 생각을 우리 동양인들은 하지 않았다. 그러한 선험주의는 서구의 데카르트 이래의 이성주의 전통이

낳은 검토되지 않은 가설에서 연역되는 오류일 뿐이다. 우리 동양인들은 언어를 그냥 변해가는 현상으로만 생각했을 뿐이다. 그러나 언어가 단지 변해가는 현상이라고만 말해버리면, 다시 말해서 단지 그 현상론에 매우 충실하기만 한다면, 우리는 언어에 대해 아무것도 말할 수가 없게된다. 불교가 말하는 "不立文字"의 정신만이 남게될 것이다. 특히 우리 학문이 추구하는 "법칙"이라는 것을 말하기 어렵게 될 것이다.

서양의 언어학자들은 많은 사람들이 언어에 대하여 어떤 본질주의적 편견(essentialistic vias)을 암암리에 전제하고 있는 경우가 많다. 그래서 그들은 언어를 통시적으로 보기를 거부하고 공시적으로만 분석하려 한다. 그러나 우리 동양인들은 언어현상을 통시적으로 파악하는 방법을 학문의 주된 법통으로 삼았다.

언어는 끊임없는 변하는 현상이지만 이 현상에 대해 가장 과학적인 법칙을 논구할 수 있는 분야가 내가 생각하기에는 "발음"에 관한 것이다. 인간의 해부학적 구조자체의 진화가 심각하게 빠르게 진행된다면 모르지만, 객관적으로 일별해보아도 인간의 언어현상이 탄생된 시간동안에 인간의 몸의 해부학적 진화는 무시할 수준으로 머무르고 있다. 즉 인간의 언어현상에 있어 "발음"부문은 인간의 매우 보편적인 발성기관의 구조적 틀속에 펼쳐지는 것이기 때문에 그 법칙을 논구하는 작업이 매우 일정한 기준을 가질 수 있다는 것이다. 물론 최초의 의미단위로 선택된 발음체계는 매우 자의적인 것이다. 그러나 그러한 자의적 선택이후의 약속체계의 미묘한 변화는 일정한 법칙을 따르게 되는 것이다.

우리가 흔히 중국문자를 "뜻글자"라고 말한다. 이것은 과연 무슨 의미인가? 영어는 우리가 단어의 뜻을 몰라도 그 알파벹만 익히면 우선 "발음"은 할 수가 있다. 그런데 한자는 쳐다봐서 대강의 뜻을 알아 맞출 수는 있어도 "발음"은 알 수가 없다. 고등학생이 신문을 읽을 때 한자가 나오면 소리내어 읽지는 못해도 뜻은 알고 넘어갈 때가 많은 것이다. 즉 한자는 원래의 생김새가 "발음"체계를 기준으로 한 것이 아니다. 그렇다면 중국문자는 어떤 방법으로 문자의 발음체계를 나타냈을까? 아니, 구태여 그 발음체계를 나타내려는 시도 자체는 어떠한 요구에 의해 생겨났을까?

중국에서 문자를 익힌다는 것은, 그 생김새와 발음을 동시에 선생으로부터 배우는 작업이었을 것이며, 발음만을 따로 표기해야할 어떤 요구는 자내적으로 발생치 않았을 것이다. 그런데 이런 발음체계를 표기하려는 시도는 내가 생각키에 아무래도 이방언어와의 접촉에서 대자적으로 발생했을 것이다. 불교의 유입이 가장 결정적 계기가 되었을 것이다. 산스크리트나 팔리어를 하는 서역의 스님들이 중국말을 익히기 위한 수단으로 한자의 발음표기체계를 요구했을 것이다. 그래서 東漢末에서부터 이미 "反切"이라고 하는 기발한 방법이 생겨나기 시작했고, 그 방법은 결국 20세기, 1918년 注音符號가 나오기까지 중국어음운학의 대세를 형성하게 되었다. 요새처럼 "녹음기"라고 하는 편리한 기계가 있고, 또 아주 최근처럼 디지털化가 되어 거의 영구보존이 가능하다고 한다면 음운학의 연구는 매우 적확한 논의가 가능할 수 있을 것이다. "녹음기"의 특징이란 "현실음의 재생"이다. 랑그가 아닌 빠홀의 재생인 것이다. 그러나 오늘 우리가 과거음에 대해서 알 수 있는 거의 유일한 자료인 반절은 두개의 실러블을 합쳐서 한개의 실러블을 나타내는 방법인데, 매우 불확정적인 요소를 그 근저에 깔고 있다.

본서는 중국어 음운학의 기초개념들을 개략적으로 상세하게 설명하고 있기 때문에 『中國語音韻學』이라는 이름이 붙어 있지만, 사실 역사적으로 개괄하면 중국의 "中古音"체계에 관한 연구이다. 그러나 이 "中古音"체계야말로 중국어음운학의 출발지이며 귀착지이기 때문에 이 中古音의 연구야말로 중국어음운학의 대체라 말할 수 있는 것이다.

우리가 上古니 中古니 近古니 하는 말을 쓸 때에도 그것을 정확히 시대적으로 구분하는 것은 매우 어렵다. 왜냐하면 음의 역사적 실체가 확정되어 있지를 않기 때문이다. 따라서 우리가 上古, 中古라는 말을 쓸 때 그 기준은 자료에 의존할 수밖에 없게 된다. 上古는 곧 『詩經』의 연구며, 中古는 곧 『切韻』의 연구라 말할 수밖에 없는 것이다.

『切韻』은 隋나라 開皇初에 논의가 시작되어 仁壽元年에 탄생되었다. 왜 이러한 운서가 탄생되었을까? 陸法言을 둘러싼 몇몇의 志士들이 왜 이런 작업을 했을까? 그것은 아마도 李斯가 戰國이 統一된 후 도량형을 통일하고 小篆을 발명하는 발상의 필연성과 궤를 같이 하는 작업이었을 것이다. 六朝시대를 통해 다양하게 분열된 중국의 음운체계를 통일할 어떤 필요성을, 새로 탄생된 楊堅의 대제국의 개벽과 함께 감지했을 것이다. 그러나 『切韻』은 비록 隋代에 나왔지만 六朝시대의 독서음체계를 반영하는 것이다.

결국 中古音의 연구라는 것은 이 『切韻』의 反切을 활용하여 中古音체계의 대강을 재구성하는 작업이라 말할 수 있다. 反切의 上字를 활용하여 성모체계를 구성하고, 그 下字를 활용하여 운모체계를 구성하는 것이다. 平上去入의 성조적 의미가 불분명하기 때문에 실상 성조체계의 연구는 그리 확고한 과학적 논의가 성립하기 어렵다. 성조현상에 대한 기술 자체가 "뜬구름 잡는"듯한 느낌이 있기 때문이다.

본서는 4장으로 이루어져 있다. 제1장 序論은 본서의 대강과 그 의의를 쉽게 서술하고 있다. 제2장이 바로『切韻』에 대한 소개며, 제3장은『切韻』연구의 주요보조자료이며 唐末에 성립한『韻圖』에 관한 것이다. 제4장이 곧 본 연구의 종합적 체계이며 그 핵심이라 말할 수 있으며 저자의 주관적 견해가 피력된 부분이라 말할 수 있다. 기초자료의 소개를 통하여 중국어음운학의 기본 개념이나 원리와 방법을 상설한 후에, 그러한 개념자료, 원리와 방법에 의하여 어떠한 체계가 탄생할 수 있는가를 보여주는 것이다.

학문은 진리를 추구한다. 그렇지만 학문은 진리를 독단할 수가 없다. 여기 최교수가 수립한 중고음체계는 그것이 곧 진리 그 자체라고 말할 수는 없는 것이다. 그것은 단지 어떠한 재료와 원리에 의하여 어떠한 체계가 구성될 수 있는가를 말할 뿐이다. 그 체계구성의 원리는 整合性(coherence)이다. 새로운 정합적 체계가 얼마든지 가능할 수도 있는 것이다. 그것이 바로 후학들의 몫이다. 그러나 이땅에서, 사람들이 별로 거들떠 보지 않는 난해한 분야에서 한 사람이 치열하게 노력한 그 학문의 열정과 방법의 밀도를 희석시키는 일이 있어서는 아니될 것이다.

본서는 대우재단의 학술지원에 힘입어 상재되기에 이르렀다. 대우재단을 일으키는데 헌신한 모든 사람들에게 영원한 감사의 뜻을 표한다.

2000년 8월 3일
낙산 아래서

第一章　서론

1-1 韓國漢字音

한국어는 漢藏어족(Sino-Tibetan Language Family)언어인 중국어와는 그 체계가 근본적으로 다르지만, 한국은 소위 한자문명권에 속하는 지정학적인 요인으로 인하여 일본이나 베트남과 같이 고대로부터 중국어 차용어를 대량으로 흡수하여 지금까지도 한국어 속에서 전혀 이질감이 없이 사용되고 있다. 구어에서조차 어휘의 과반수가 중국어차용어라는 사실은 너무도 익숙해져서 이미 우리의 의식에서는 떠나있는 엄연한 사실이다. 이 많은 어휘들은 고대에 한반도에 전래될 당시의 중국어음으로 漢字라는 문자체계와 더불어 통째로 받아들여졌고, 한국어 고유의 음운체계에 맞추어 적응되어 내려온 것이다. 이것이 소위 한국한자음(Sino-Korean)으로서 현대중국어음과는 상당한 거리가 있으므로, 우리가 한문을 아무리 잘해도 중국인과 말로는 의사소통이 되지 않는다. 한국한자음이 당시의 중국어음을 그대로 받아들인 것이라 해도 언어체계의 차이 및 시대의 추이와 더불어 음이 서로 다르게 변화했기 때문이다.

그렇다면 한국한자음은 어느 시대 어느 지역의 중국어음운체계를 반영하는가? 隋煬帝가 고구려를 침공했을 때, 을지문덕장군이 적장 于仲文에게 주었다는 한시, "神策究天文, 妙算窮地理, 戰勝功旣高, 知足願云止。"는 그 당시 어떻게 읽혔을까? 唐유학생으로 가서 唐에서 과거급제하여 벼슬까지 지냈다던 신라의 천재 최치원은 그가 남긴 한문문장처럼 중국말에도 능숙했을까? 당시의 표준중국어 長安말의 음의 체계는 어떠했을까? 李白・杜甫의 시는 당시 어떻게 읊어졌을까? 우리 선조들이 금과옥조로 모시던 경전 『詩經』에 수록된 詩歌 305편의 가사는 어떤 음으로 애창되었던 노래인가? 다시 말해서 先秦周代의 중국어음운체계는 어떠한 모양새였는가? 또한 당시 한반도의 우리 선조들의 언어는 어떠했으며 중국과의 언어교류상황은 어떠하였을까? 우리가 중국어음에 관심을 갖게되면 당연히 이러한 의문들이 꼬리를 물게된다. 이러한 문제들은 모두 중국어음운학의 범주에 들어가는 연구과제이다.

현재 중국 및 외국의 음운학자들에 의하여 중국어역사음운학 분야의 연구축적이 상당히 이루어져 있으며, 관점이나 방법이나 자료의 차이로 인한 제학설간의 견해차이가 점차 일치되거나 접근되고 있는 추세이기는 하나, 아직도 이 분야에 확고한 정설이 수립되어 있는 상태는 아니다. 미해결로 남아있는 문제들이 산적하여, 이를 위해서는 보다 많은 방증자료가 요구되며, 한국어자료 특히 한국한자음(Sino-Korean)자료는 일본한자음(Sino-Japanese)・베트남한자음(Sino-Vietnamese)과 더불어 중국어역사음운학의 연구에 있어서 하나의 중요한 자료로 이용되고 있다.

1-2 중국어역사음운학의 시대구분과 자료

현재 중국에서는 'Phonology'의 번역어로서 '音韻學'이라는 명칭이 보편화되어 있다. 그러므로 'Chinese Phonology'는 '漢語音韻學'이 된다. 그런데 일부에서는 聲韻學이라는 명칭을 고집한다. 聲韻學이라는 명칭은 '중국어음절의 聲母와 韻母를 연구하는 학문'이라는 의미에서 지극히 중국적인 특징을 잘 나타내는 것으로, 언뜻 생각하기에는 音韻學

보다 더 오래된 전통적인 명칭으로 오인하기 쉬우나, 사실은 '音韻'의 역사가 훨씬 고대로 올라간다. 일찍이 『隋書』「經籍志」에 이 '音韻'이라는 단어가 보이며, 淸代에는 보편적으로 쓰던 말이다.

中國語音韻史는 그 시대의 대표적인 문자자료를 중심으로 시기구분이 되어왔다. 『詩經』으로 대표되는 周代의 上古漢語(Archaic Chinese 또는 Old Chinese), 『切韻』이라는 운서로 대표되는 六朝의 中古漢語 (Ancient Chinese 또는 Middle Chinese), 『中原音韻』이라는 曲韻書로 대표되는 元代의 早期官話(Old Mandarin)등처럼 뚜렷한 음운연구 자료를 중심축으로 삼아 시대구분을 해온 것이다. 실제적으로 중국어의 역사에서 근거로 삼을 체계적인 음운자료가 결핍된 시기는 음운체계를 세울 수 없기 때문이다. 물론 학자들 중에는 왕 리(王力, 1985)처럼 조대 별로 시기를 잘게 나누어 漢語音韻史를 기술하기도 하고, 또 당대의 대표적인 시인들의 用韻을 분석하여 그 시대의 음운을 캐어보지만 역시 한계가 있다.[1] 用韻자료는 韻母체계의 정보만 줄 뿐 聲母체계는 일체 반영하지 않기 때문이다.

최초로 현대언어학 이론과 방법으로 중국어음운을 체계적으로 연구하여 위대한 업적을 남긴 스웨덴의 칼그렌(Bernhard Karlgren, 1889~1978)이 太古漢語(Proto-Chinese), 上古漢語(Archaic Chinese), 中古漢語(Ancient Chinese), 近古漢語(Middle Chinese), 老官話(Old Mandarin)[2]로 中國語音韻史를 나눈 이래로 학자들은 보다 많은 자료

---

1) 이 방면의 대표적인 논문과 저술로는 王力의 「南北朝詩人用韻考」(1936b), 羅常培・周祖謨의 『漢魏晉南北朝韻部演變研究』第一分冊(1958), 丁邦新의 *Chinese Phonology of the Wei-Chin Period: Reconstruction of the Finals as Reflected in Poetry*(1975), 周祖謨의 『魏晉南北朝韻部之演變』(1996)등이 있다.

2) Bernhard Karlgren. *Études sur la phonologie chinoise,* Uppsala: K. W. Appelberg; Leiden: E. J. Brill, 1915~1926. 趙元任・羅常培・李方桂 合譯. 『中國音韻學研究』, 上海:商務, 1940, pp.20-21: 칼그렌은 中古漢語는 7세기 『切韻』의 언어를 가리키고, 近古漢語는 宋代 韻圖의 언어, 老官話는 明代 『洪武正韻』의 언어를 가리킨다고 하였다.

들을 연구하고 수정보완하여 현재는 대개 자료이전의 시기인 原始漢語, 그리고 자료시기인 上古漢語·中古漢語·近古漢語·近代漢語·現代漢語의 여섯 시기 설을 일반적으로 받아들이고 있으며,3) 이 설에서 약간 수정하여 近古漢語부터 現代漢語까지를 官話(Mandarin)로 묶어 이를 다시 早期官話(Old Mandarin), 中期官話(Middle Mandarin), 現代官話(Modern Mandarin)로 하위구분하기도 한다.4) 그런가하면 上古漢語도 두 시기로 나누고(Dobson, 1959; 1962), 中古漢語도 두 시기로 나누어야한다는 주장도 있다(Pulleyblank, 1970).

여러 가지 학설 중에서 허 따안(何大安)이 제기한 세 시기로 구분하는 설은 시기구분을 음절구조에 근거하고 있어 독특하다.5) 그는 上古漢語·中古漢語·近代漢語의 음절구조가 서로 다르다는 점에 착안하여 다음의 세 시기로 크게 나누었다. 上古漢語는 C(C)(M)(M)(M)VE로 周秦~兩漢 BC 1000~AD 200경까지 약 1,200년간, 中古漢語는 (C Ø M)(M)V(E)로 魏晉南北朝~隋唐 AD 200~1000년경까지 약 800년간, 近代漢語는 (C)(M)V(E)로 宋元明淸~現代 AD 1000~2000까지 약 1,000년간으로 추정하였다.6)

---

3) 董同龢. 『漢語音韻學』, 臺北:學生, 1968, pp.9-10.
4) Jerry Norman. *Chinese*, Cambridge: Cambridge University Press, 1988, p.23.
5) 何大安. 『聲韻學中的觀念和方法』, 臺北:大安, 1986, pp.255-261.
6) 現代漢語의 음절구조 {S→(C)(M)V(E)/T}를 도표로 작성하면 다음과 같다.

음절(Syllable)			
聲調(Tone)			
聲母(Initial, Consonant)	韻母(Final)		
	介音(Medial)	운(Rhyme)	
		주요모음(Nucleus, Vowel)	韻尾(Ending)

허 따안의 체계에서 上古漢語는 介音이 세 개까지 있을 수 있고 中古漢語는 介音이 두 개까지 있을 수 있다. 그의 中古漢語에서 C와 M이 괄호를 공유하고 있는 것은 두

上古漢語·中古漢語·現代漢語의 음운체계, 즉 上古音·中古音·現代音이 중국어음운사에서 핵심적인 세 축이 된다는 설은 이미 보편화된 설이다. 이러한 맥락에서 허 따안의 세 시기 구분설은 성립될 수 있는 가설이다. 이 설을 받아들여 우리가 음절구조의 차이로 천년을 한 시기로 묶는 중국어역사음운학연구를 한다고 해도 기본이 되는 음운체계의 공시적 연구에 있어서는 어차피 주어진 자료가 체계적이고 확실한 어느 한 시기를 선택할 수밖에 없다. 이 책에서는 中古音부분만을 범위로 하여 기술하고자 하므로 당연히『切韻』이 그 중심자료가 된다. 中古音을 먼저 기술하는 이유는 중국고대음운학연구에 있어서 中古音이 그 출발점이 되기 때문이다. 上古音연구는 반드시 中古音을 매개로 하여야 가능하며, 中古音再構音체계를 기초로 하여 분석할 수밖에 없으므로, 中古音체계의 정립은 중국어음운학의 역사적 연구에 있어서 필히 선행되어야할 작업이다.

1-3 韻圖의 위치

전해오는 음운연구의 문자자료 중에서 널리 알려진 韻文이라든가 韻書와는 다른 독특한 자료가 있는데 이것이 바로 韻圖이다. 韻書는 전문적인 음운학의 연구결과가 아니고, 詩作참고용이라는 실용성 때문에 존재하여 전해온 것이지만, 韻圖는 본래의 제작목적 자체가 정확한 음의 분석에 있었던 전문적인 음운학 연구성과이다. 칼그렌 이래로 대부분의 학자들은 韻圖를『切韻』과 같은 시기의 中古音을 반영하는 자료로 보고 두 가지를 뭉뚱그려서 中古音연구의 주요자료로 이용하였으나, 풀리블랭

요소 중에 하나는 반드시 있어야함을 뜻한다. 중국전통음운학개념으로 聲母는 한 음절의 제일 앞에 나타나는 자음을 말하며, 韻母는 한 음절에서 聲母를 제외한 나머지 부분을 말한다. 韻母는 介音과 韻으로 나뉘며, 韻은 다시 주요모음과 韻尾로 나뉜다.

크(Edwin G. Pulleyblank, 1922~)는 이와 같은 자료분석방법에 최초로 본격적인 제동을 걸고, 韻圖는『切韻』과는 다른 시기・다른 지역의 음을 반영하는 자료로 분리하여 연구하였다(1962a, 1962b, 1970~71, 1984). 물론 이전의 학자들도『切韻』과 韻圖의 탄생시기의 차이를 인식하지 않은 것은 아니지만, 이 두 가지 자료가 반영하는 음운체계를 풀리블랭크처럼 완전히 다른 체계로 분리해서 연구하는 래디칼한 수준에까지는 미치지 못했던 것이다. 그는『切韻』을 5세기 北魏의 洛陽도읍 이래로 형성된 洛陽語를 근간으로 하는 南北朝의 표준어음의 기록으로 보고 이를 早期中古音(Early Middle Chinese)이라고 하였고, 한편 韻圖는 7세기말 唐의 長安음에 기초한 표준어음의 기록으로 보고 이를 後期中古音(Late Middle Chinese)이라고 하였다(1984, 3). 따라서 그에게 있어서『切韻』과 韻圖는 각각 南北朝의 洛陽음과 200년 후 唐의 長安음을 반영하는 별개의 자료이다. 풀리블랭크의 이와 같은 견해는 지극히 타당하지만, 실제로 분석작업을 진행해나가는데 있어서는 이 두 가지 자료를 완전히 분리하는 것은 불가능하며 동시에 불합리하다.『切韻』자료만으로는 분석에 한계가 있으므로 수시로 韻圖를 이용하지 않을 수 없다. 풀리블랭크도 두 가지 언어가 체계가 다른 방언을 반영하지만 祖語가 공통되므로 음운체계가 대개 동일하여, 韻圖체계의 재구가 필히『切韻』체계의 재구에 선행되어야한다고 하였으며(1984, p.xiv), 실제 분석과정에 있어서도 이 두 가지 자료를 수시로 넘나들고 있다.

중국에서는 현재 上古音연구를 古音學, 中古音연구를 今音學, 韻圖연구를 等韻學으로 분리하여 부르기도 한다. 그러나 古音 및 今音이라는 명칭은 淸儒의 전통명칭으로 현대음운학술어로서는 보편성을 결하고 있어 부적절하다.

본서에서는『切韻』(『廣韻』)의 분석과 더불어 早期韻圖『韻鏡』을 주요참고자료로 하여 中古音의 체계를 재구하고자 한다.

. . . .

第二章　切韻

2-1 『切韻』자료

『切韻』은 韻書명이다. 韻書는 지금도 중국의 문인이나 한국의 문인이 漢詩를 지으려면 押韻하는데 알맞는 각운을 찾기 위해 뒤적이는 『詩韻集成』류의 참고서이다. 『詩韻集成』의 원류가 바로 이 『切韻』인 것이다. 우리는 보통 最古의 韻書를 『切韻』이라고 말하지만, 사실은 『切韻』이전에도 이미 상당수의 韻書가 나왔으며 존재하고 있었다는 것을 문헌기록을 통하여 알 수 있다. (『顔氏家訓』「音辭篇」: "至於魏世, 此事大行,… 自兹厥後, 音韻鋒出,…"). 여러 문헌기록에 의하면1) 최초의 韻書는 三國 시대 魏나라의 리 떵(李登)이 지은 『聲類』라고 하지만, 지금 전하지 않아 그 내용과 체재를 알 수 없다. 이밖에도 『切韻』이전에 이미 존재했던. 韻書로 『切韻』序에서 루 화옌(陸法言)이 언급한 韻書가 5종이 있으며, 이들이 『切韻』편찬에 중요한 역할을 한 것으로 추정되지만,2) 이들 역시 모두 전하지 않는다. 그러면 왜 이러한 韻書가 魏나라 이후에 나오게 되었는가. 東漢이전에는 詩賦를 지을 때 참고할 운서가 아예 존재하지 않았으니, 자연스럽게 운문이 지어졌을 것이다. 물론 東漢이전에는 詩

---

1) 『隋書』「經籍志」, 『顔氏家訓』, 唐 『封氏聞見記』 卷二(『叢書集成』本, p.8)등.
2) 『切韻』序 뒷부분에 있는 "遂取諸家音韻, 古今字書, 以前所記者, 定之爲切韻五卷."이
   라는 구절로 볼 때 『切韻』序의 앞부분에서 든 이 다섯 韻書가 『切韻』편찬에 중심역할
   을 하였음이 드러난다.

律이 운서가 나온 이후에 지어진 詩賦처럼 엄격하지도 않았다. 韻書의 탄생과 詩律의 엄격화는 서로 맞물려가며 진행되었는데, 이 韻書의 탄생 배경에는 불교 및 불경의 전래라는 문화적 요인이 깔려있다.3) 東漢이후 불경의 전래와 더불어 고대인도어 산스크리트(Sanskrit, 梵文)가 중국에 들어왔다. 중국어와는 판이하게 다른 표음 문자체계를 갖고 있는 산스크리트와 인도에서 일찍부터 발달한 산스크리트음운학4)은 중국의 문인들에게 자기언어의 음에 대한 새로운 인식의 장을 제공하였던 것이다.

이와 같은 외래문화의 충격 속에서 東漢말에 反切이 처음 나타나기 시작한것이다.5) 또 뒤이어 중국어에는 四聲이 있음을 발견하게된다.6) 이와

---

3) 東漢말에 불교가 들어와 魏晉 이래로 활발해진 불경의 역경사업은 東晉에는 절정에 달하였다. 東晉말에 龜玆國에서 온 胡僧 鳩摩羅什(Kumārajīva 350～409?)는 法華經등 불경 300餘卷을 漢語로 번역하였다.

4) 일찍이 BC 500년경에 빠니니(Pāṇini)라는 위대한 고대인도의 언어학자가 산스크리트의 문법・형태론・형태음소론 체계를 세웠다. 이는 19세기 인도유럽어비교언어학 분석의 모델이 되었을 뿐만 아니라, 특히 현대에 블룸휠드(Bloomfield)・생성문법・생성음운론에 직접적인 영향을 주었다. 산스크리트(saṃskṛta: '준비된・위위적인'이라는 뜻에서 '세련된 언어[雅語]'라는 뜻이 되었음)라는 의미에 대비적으로 쓰인 것이 바로 프라크리트(prākṛti '本性・自然'이라는 뜻에서 '俗語'라는 뜻이 되었음)이다.

5) 東漢말의 服虔・應劭의『漢書』注에 나오는 反切이나 孫炎의『爾雅音義』의 反切등이 初期反切의 예들이다. 孫炎이 反切을 창조했다는 설은 顔之推의『顔氏家訓』「音辭篇」:"孫叔然創爾雅音義, 是漢末人獨知反語, 至于魏世, 此事大行." 및 陸德明의『經典釋文』叙錄:"古人音書, 止爲譬況之說, 孫炎始爲反語, 魏晉以降漸繁."등에서 비롯된 설이다. 그러나 孫炎보다 앞서 服虔・應劭(이들의 생몰년은 미상이나, 漢靈帝 [168～189]때 벼슬을 하였다는 기록이 있으며, 應劭는 또한『風俗通義』의 저자이기도 하다.)때에 이미 反切이 있었다는 사실이 밝혀짐에 따라 孫炎의 反切創始說은 성립되기 힘들다. 그러나 孫炎의『爾雅音義』는 모든 음을 反切로 표기하여 反切을 전면적으로 운용한 최초의 주석서로 전해진다. 원서는 전하지 않고, 陸德明의『經典釋文』에 수십 여 조의 反切이 인용되어 전해온다.

6) 四聲이 梁의 沈約(441～513)이 南齊의 周顒(?～485)등과 함께 만든 것이라고 전해오지만(『南史』卷三十四 周顒傳, 卷四十八 陸厥傳, 卷五十七 沈約傳), 이는 당시 權門이자 齊梁 永明體문학의 거두였던 沈約이『四聲譜』를 지었으며 四聲八病說을 창시하였다는 기록이 그가 四聲을 만들었다는 설로 비약한 것이 아닐까 라고 생각된다. 그러나 四聲이라는 술어가 이들 이전에는 별반 거론되지 않았던 것으로 미루어 沈約등 당시의 문인들이 平上去入의 四聲이라는 聲調의 명칭과 이론을 정립하여, 唐에서 꽃을 피운 律詩의 음운학적 기초를 마련한 것으로 추정할 수 있다. 周顒은『四聲切韻』을 지었다고 전한다.

같은 일련의 음운에 대한 인식의 진전으로써, 바야흐로 韻書가 탄생할 제반조건을 갖추게된다. 反切과 四聲은 韻書의 알파이며 오메가로서, 韻書가 후대의 학자들에게 당시 음운체계의 연구자료로서 분석의 대상이 되는 것도 바로 이 反切과 四聲체계가 있기 때문이다.

　앞서 말한 최초의 韻書인 李登의 『聲類』에 대한 기록은 『顔氏家訓』 「音辭篇」에도 보이지만, 그 체제에 대한 설명은 唐 封演 『封氏聞見記』 의 다음과 같은 짤막한 기록이 유일하다.

　　　魏時有李登者, 撰聲類十卷, 凡一萬一千五百二十字, 以五聲
　　　名字, 不立諸部。

　　　魏나라때 리 떵이라는 사람이 『聲類』十卷을 지었는데, 모두 만
　　　천오백이십자를 수록하였고, 이 글자들을 五聲으로 이름하고, 部
　　　는 세우지 않았다.

　또한 최초의 韻書로서 항시 『聲類』와 병칭되는 晉人 뤼 징(呂靜)이 쓴 『韻集』을 『顔氏家訓』 「音辭篇」 뿐 아니라 『切韻』序에도 언급하였으나, 그 체재에 대하여는 『魏書』卷九十一(『北史』卷三十四에도 동일한 기록이 있음)의 「江式傳」에 다음과 같은 한 구절만 전할 뿐이다.

　　　忱弟靜別放故左敎令李登聲類之法, 作韻集五卷, 宮商角徵
　　　羽各爲一篇。

　　　[『字林』의 저자인 晉의 呂] 忱의 동생 靜이 魏의 左敎令 리
　　　떵의 『聲類』의 방법을 모방하여 『韻集』五卷을 지었는데, 宮
　　　商角徵羽를 각 한 篇으로 하였다.

위의 두 가지 문장에서 우리는 고작 『聲類』의 수록자수와 『韻集』이
『聲類』를 모방하여 만든 韻書라는 정보만 얻을 수 있을 뿐, 여기서 '五
聲'이라든가 '宮商角徵羽'라든가 '部'가 의미하는 바를 정확히 알 수
없다. 대부분의 학자들이 『韻集』이 『聲類』를 모방했다하여 五聲이 宮商
角徵羽와 동일한 것을 가리키는 것으로 본다. 나아가서 이 宮商角徵羽
五聲은 바로 四聲을 가리키며, 部는 韻部를 가리키는 것으로 보며, 『韻
集』은 韻部를 나누었으나 『聲類』는 韻部를 나누지 않았다고 단언하는 학
자도 있다.7) 王仁昫의 『刊謬補缺切韻』의 韻目목차의 小注에서 『切韻』
과 『韻集』을 위시한 기존운서들과의 分韻의 차이를 비교한 것을 보면
『韻集』이 『切韻』과 비슷한 체재를 가진 韻書라는 것은 미루어 짐작할 수
있다. 그러나 『聲類』의 경우는 『顔氏家訓』 「音辭篇」의 "李登聲類, 以
系音羿."라는 단서만으로는 종잡기 어렵다. 系와 羿는 『廣韻』에 의하면
같은 去聲十二霽운에 속하지만, 聲母가 각기 見母와 疑母라는 차이가 있
는데, 옌 즈뛔이는 『聲類』가 系의 음을 羿로 본 것이 틀렸다고 지적한 것
이다. 이 한 구절은 『聲類』의 체재에 대한 아무런 정보도 제공하지 않는
다. 그렇다고 또 위의 『聞見記』기록에 의거하여 『聲類』가 韻部를 나누지

---

7) 일본승려 空海(774~835)가 지은 『文鏡秘府論』에 실린 隋朝 劉善經의 『四聲論』(『四
  聲指歸』를 지칭함)이 인용한 李季節의 『音韻決疑』의 서문에, "平上去入, 出行閭里,
  沈約取以和聲之, 律呂相合。竊謂宮商角徵羽卽四聲也."라는 문장이 있다. 陳澧는
  『切韻考』 「通論」에서 "古無平上去入之名, 借宮商角徵羽以名之."라고 하였을 뿐 아
  니라, 이 『魏書』 「江式傳」의 문장을 인용하고는 "此所謂宮商角徵羽, 卽平上去入四
  聲。其分爲五聲者, 蓋分平聲淸濁爲二也."라고 하였다. 方孝岳(1988, 37-9)가 이 空
  海와 陳澧를 인용하면서 내린 결론은 五聲과 宮商角徵羽가 聲調를 가리키는지 또는
  聲母 또는 韻母를 가리키는 것인지 아직 확실치 않아 더 연구해야한다는 것이었으나,
  李新魁(1991, 26-8)는 이들을 근거로 들어 宮商角徵羽 五聲이 바로 四聲이라고 주장
  하였으며, 다음과 같은 설명도 덧붙였다. 후에 『切韻』에서 四聲으로 分卷하는데 있어
  서 平聲字가 많아 平聲만을 상하로 分卷하여 五卷이 된 유래가 곧 이 『聲類』・『韻
  集』의 五聲分卷으로 거슬러 올라가며, 또한 『聲類』는 韻部를 나누지 않았는데, 이는
  魏代에는 詩律이 엄격하지 않았기 때문이며, 반면에 『韻集』은 韻部를 나누었는데 『切
  韻』의 分韻과는 다름을 『顔氏家訓』 「音辭篇」과 王仁昫의 『刊謬補缺切韻』의 韻目의
  小注로 알 수 있다고 하였다.

않았다고 단정하기도 어렵다. 韻書의 특질은 어디까지나 운을 참고하기 위한 것으로 『聲類』가 정말로 四聲만으로 글자들을 분류하였다면 韻書로서의 기능이 없어지며, 韻書라고 칭하기 어려워진다. 혹시 운을 나누기는 했으나 韻目을 세우지는 않았다는 뜻일까? 기록대로 정녕 『韻集』이 『聲類』를 모방했다면, 韻部의 분류라는 핵심적인 형식이 이 두 韻書 사이에 서로 다를 수가 없다. 달랐다면 『韻集』의 설명에서 이에 대한 언급이 뒤따랐을 것일진대, 단지 모방하여 宮商角徵羽로 각 편을 나누었다는 얘기만으로 끝난 것은 아무래도 납득하기 어렵다. 또한 五聲·宮商角徵羽는 고대음운자료 중에서 聲母 또는 韻母를 나타내기도 하므로, 『韻集』의 '宮商角徵羽'가 곧 四聲이라는 주장에는 의문의 여지가 있다.

이 두 초기 韻書는 『切韻』 이전의 모든 韻書들처럼 일찍이 실전되어 우리에게 전해지지 않으므로 그 체재를 고증하여 알 수 없으며, 특히 『聲類』의 경우는 위의 인용구 한 구절만으로는 어떠한 추정도 하기 어렵다. 따라서 『切韻』처럼 反切과 四聲이 이들 韻書의 핵심구성요소가 되었는지 그 여부조차 확인이 불가능하다. 만일 『聲類』가 四聲으로 분류되었다고 보는 설을 따른다면, 四聲의 발견이라는 시대가 통설인 沈約의 六朝에서 曹操魏代로 껑충 뛰어 올라가게 되므로 간단히 언급될 문제가 아니다.

中古音연구는 바로 『切韻』체계의 연구라고 해도 될 정도로 학계에서는 줄곧 中古音과 『切韻』을 동일시하고 있다. 이 『切韻』이라는 운서가 우리에게 남겨진 당시의 음운연구자료이기 때문이다. 그러나 애석하게도 정작 이 루 화옌(陸法言)이 601년에 펴낸 『切韻』이라는 원서는 실제로 우리에게 전해지지 않는다. 다만 20세기초에 발굴된 敦煌文書속에서, 또 新疆吐魯蕃일대지역에서, 北京故宮博物院등지에서 『切韻』의 唐寫本殘卷 소량과 『切韻』이후에 나온 각종 『切韻』증보본의 唐五代寫本 및 刻本들이 殘本·殘葉의 형태로 속속 발견되어,[8] 이들 단편적인 자료와 함

---

8) 1936년에 北京大에서 간행된 『十韻彙編』(劉復·魏建功·羅常培共編)에 唐寫本『切

께 또한 거의 완정한 형태로 뒤늦게 발견된『切韻』의 증보본인 王仁昫가 지은『刊謬補缺切韻』의 唐寫本과 宋代에 官에서 펴낸『廣韻』을 통하여『切韻』의 면모를 파악할 수 있을 뿐이다. 그렇다면 어떻게 이들과『切韻』을 동일시할 수 있는 것인가? 이는 바로 이들 唐代의 각종 증보본들은 물론『切韻』보다 400년 후 宋代에 편찬된『廣韻』까지도 그 체재와 내용에 있어서 모두『切韻』을 그대로 답습하고 있기 때문이다. 이들이 표방하는 대로『切韻』을 그대로 답습하고 있다고 인정할 수 있는 것은 실제 자료들을 비교한 결과로 증명되기 때문이다.『切韻』序에서 말한 대로『切韻』은 魏晉六朝의 운서들을 집대성한 작품이기 때문에『切韻』이전의 운서들은『切韻』의 출현으로 인하여 점차 사라지고,『切韻』이 결국 현존 最古의 운서로 자리잡게 된 것이다.

2-2 『切韻』의 체재

隋 仁壽元年(601)에 루 화옌(陸法言, 生沒年미상)9)이 지은『切韻』은

韻』殘卷五種·五代刊本『切韻』一種·王仁昫『刊謬補缺切韻』二種·『唐韻』·『廣韻』도합 十種이 대조표로 작성되어 함께 실려있어 편리하다. 이밖에 姜亮夫의『瀛涯敦煌韻輯』(臺北:鼎文, 1972)에도 敦煌에서 발견된 殘卷들이 수록되어있으며, 周祖謨의『唐五代韻書集存』(北京:中華, 1983)에는 唐五代寫本·刻本이 모두 영인수록되어있다. 이『切韻』殘卷들을 포함한 敦煌文書들은 대부분이 최초의 발굴자인 영국의 스타인(M.A. Stein)과 프랑스의 한학자 뽈 뻴리오(P. Pelliot)에 의하여 반출되어 각기 대영박물관과 프랑스파리국가도서관에 소장되어있다. 위의 책들은 2·30년대에 중국학자들이 현지로 가서 어렵게 이들 자료들을 필사하여 간행한 것이다. S2055…, P2129…등 문서번호는 각각 스타인과 뻴리오의 문서자료를 나타낸다.
9)『隋書』「經籍志」나『舊唐書』「經籍志」,『新唐書』「藝文志」에 陸法言의『切韻』五卷은 실려있지 않다. 그러나 이들 舊·新唐書志에는 대신 "陸慈 切韻五卷"이라는 목록이 실려있다. 王國維(『觀堂集林』, p.355)는 일본문헌기록과『集韻』의 二冬운의 茙자의 注에 인용문이 "陸詞曰茙茭冬生"으로 되어있는 점 등으로 미루어 陸慈는 곧 陸詞이며, 陸詞는 곧 法言이라고 하였다. 詞는 이름(名)이고 法言은 字로 名과 字가 서로 상응하며, 隋唐지간에는 이름을 감추고 字로 쓰는 일이 보편적이라고 하였다. 또한 P2129(『瀛涯敦煌韻輯』, p.1)에 실린『切韻』序에 "陸詞字法言撰切韻序曰…"이라는

원본이 전하지 않은지 오래되나 앞서 언급한대로 20세기 초 이래로 여러 곳에서 발견된 唐寫本『切韻』殘卷 및 增補本과 기타 관련기록들을 통하여 『切韻』의 체재와 그 내용을 알 수 있다. 『切韻』은 11,500자를 수록하고 있으며,10) 이 수록자들을 먼저 平上去入의 四聲으로 卷을 나누었는데, 平聲은 글자가 너무 많아 二卷으로 나누었기 때문에 도합 五卷이 된다. 平聲 54운(『廣韻』처럼 第二卷 平聲下의 번호를 새로 시작한 것이 아니고, 『切韻』에서는 번호가 연속된다), 上聲 51운, 去聲 56운, 入聲 32운으로 도합 193운이 된다. 平上去聲은 각 운이 일정한 순서로 배열되어있어 서로 짝지어지며, 入聲은 平上去聲의 陽聲韻과 짝지어진다.11) 193운 각 운에서는 同音字들을 묶은 小韻들로 나누어 배열하였는데, 여기에 일정한 배열순서는 없다. 小韻첫머리 글자 밑에 反切과 이 小韻에 속하는 글자 수를 밝혔다. 각 글자 밑에는 그 글자의 뜻을 간략하게 실었으나 상용자는 대부분 뜻풀이를 생략하였다. 『切韻』의 초기寫本을 보면, 대부분 뜻풀이·反切·又音(해당 글자만의 또 다른 음)·글자수의 순서로 각 글자의 注文이 나열되어있다. 反切과 글자 수는 물론 小韻의 머리글자(小韻字)에만 보인다.

2-3 『切韻』계통의 운서

『切韻』이후에 나온『切韻』계통의 운서는 모두『切韻』의 영향을 받아

문구는 이를 증명해준다.

10) 淸 卞永譽(1645~1712)의『式古堂書畵彙考』卷八에 실린 孫恊의『唐韻』序에 "今加三千五百字, 通舊總一萬五千文." 이라고『切韻』의 수록자를 명시하였다. 그러나 唐 封演『封氏聞見記』에는 12,158자라고 하였다. 王國維(『觀堂集林』, p.363)는 敦煌『切韻』殘卷(S2055,『瀛涯敦煌韻輯』, p.96)에 실린 長孫訥言「序」에 나오는 "又加字六百, 用補闕遺."라는 문구에 의거하여, 封氏가 陸法言의『切韻』수록자를 12,158자라고 한 것은 이 長孫訥言이 증보한 육백자를 합하여 계산하여 나온 수라고 하였다.

11) 陽聲韻이란 중국전통음운학 술어로서 鼻音운미(-m -n -ŋ)를 가진 운을 가리킨다.

이루어진 것이다. 여러 문헌에『切韻』增補本들이 소개되었으나,『廣韻』의 서문에 실린『切韻』이후에 나온 增補本의 저자들 이름으로는 郭知玄·關亮·薛峋·王仁煦·祝尙丘·孫愐·嚴寶文·裴務齊·陳道固 등이 있으며,『唐書』「藝文志」에는 李舟의『切韻』등 목록이 실려있다. 唐代이후에 간행된『切韻』의 증보본으로서 현재 殘本이나 완본의 형태로 전해지거나 고증이 가능한 것만 살펴본다.

2-3-1　王仁煦[12]의『刊謬補缺切韻』

王仁煦가 自序에서 밝힌 대로,[13] 이『刊謬補缺切韻』(706)은 '『切韻』의 오류를 정정하고 빠진 곳을 보충함'이라는 제목의 의미대로 그가 『切韻』에서 글자 수를 늘이고 뜻풀이를 보충한 증보본이다. 그러므로 『切韻』의 체재와 별 차이가 없으나, 단지 上聲에서 五十一 广(『廣韻』은 五十四儼)운과 去聲에서 五十六嚴(『廣韻』은 五十九釅)운이 늘어『切韻』보다 2韻이 많은 195韻이 되었다.

이 운서는 현재까지 3종이 발견되었다. 20세기초에 발견된 唐寫本殘本 二種중에서 敦煌석굴에서 발견된 것을 보통 '王一'이라 칭하고, 北京故宮博物院에서 발견된 것을 '王二'라 칭한다. 1947년 또다시 故宮博物院에서 발견된 唐寫本完本을 '王三'이라고 칭하기도 하며 '宋跋本'이라고 칭하기도 하는데, 여기에는 明初의 학자 宋濂의 跋文이 있기 때문이다. 이『王三本』은 唐代의『切韻』增補本으로서는 유일한 완본으로, 宋代『廣韻』(1008)과 함께『切韻』음의 연구에 가장 중요한 자료가 된다.

이『刊謬補缺切韻』의 韻目목차 밑에는『切韻』과『切韻』序에서 거론된 五家운서의 分韻의 異同이 각주로 달려있어서 서로 비교해볼 수

---

12)『廣韻』의 서문에서는 王仁煦로 썼으나, 唐寫本殘卷들에서는 모두 王仁昫로 썼다.
13) P2129(『瀛涯敦煌韻輯』, p.1) 王仁昫「序」: "…陸法言切韻, 時俗共重, 以爲典規, 然 苦字少, 復闕字義, 可爲刊謬補缺切韻 …"

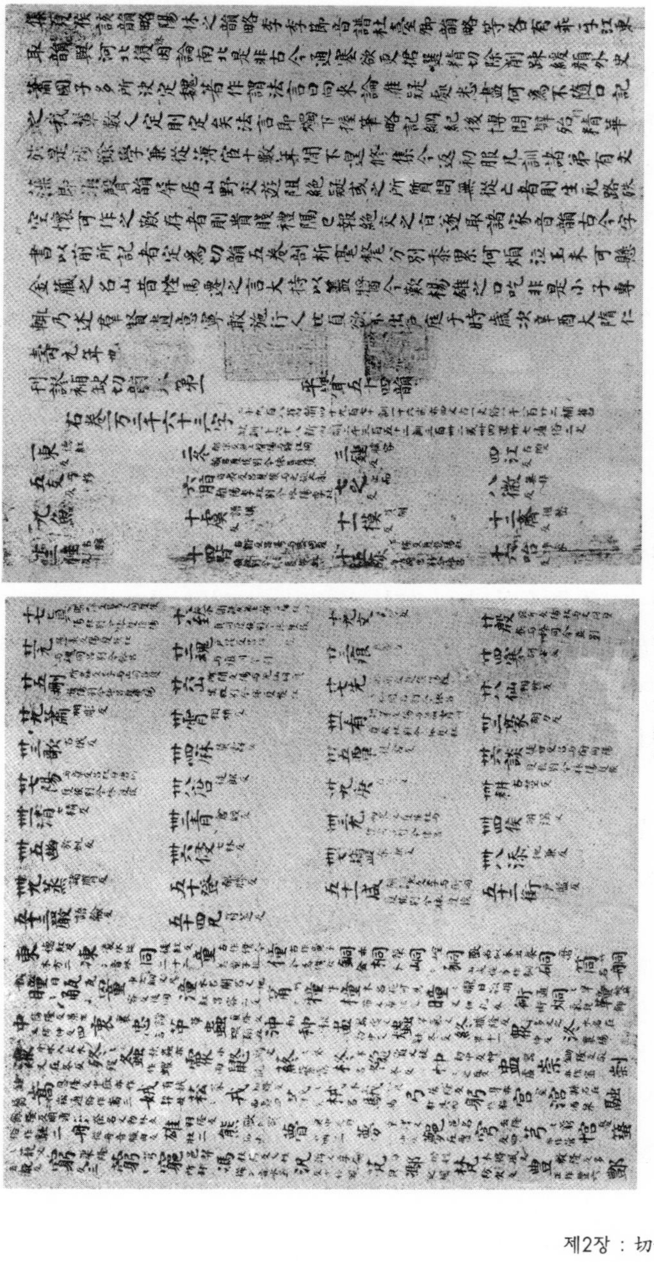

唐寫本王仁昫刊謬補缺切韻 2-3쪽

있는데, 이 중에서『切韻』이 가장 정밀하게 分韻되어있다. 따라서 당시 운서들의 집대성본이라고 할 수 있는 이『切韻』이 자연히 으뜸의 위치를 차지하게 되고, 이윽고 唐初에 官韻으로 정해져서 수 백년간 영향력을 행사하게 된 것이다.『切韻』이래로『切韻』의 증보본들이 끊임없이 간 행되면서 타 운서들은 점차 자취를 감추게 되었다.

2-3-2　孫愐의『唐韻』

이 운서 역시『切韻』의 增修本으로 唐玄宗 開元二十年(732)이후에 지어진 것으로 여겨진다. 이 開元本 원서는 전하지는 않으나, 淸代 卞永 譽(1645~1712)의『式古堂書畵彙考』에 수록된 唐元和(806~820)년간 에 나온 唐寫本『唐韻』의 서문 및 기재사항을 보면, 이『唐韻』은 五卷 으로 되어있으며 195운으로 王仁昫의『刊謬補缺切韻』과 같으나, 수록 자의 수량・뜻풀이 등에 있어서는『王本』과 같지 않다.

1908년 北京에서 발견된 唐寫本『唐韻』殘卷은 去聲(누락부분이 있 음)・入聲의 二卷으로 王國維(『觀堂集林』, 361-363, 379-385)는 이 殘 卷이 바로『廣韻』앞머리에 실린 孫愐의『唐韻』序에서 그가 天寶十年 (751)에 수정했다고 한 그 開元本『唐韻』의 수정본이라고 주장하였다. 그는 또한 이 唐寫本과 南宋의 魏了翁(鶴山)의「唐韻後序」와 비교하여 이 天寶本은 開元本과는 달리 諄準稕術・桓緩換曷・戈果過의 11운 및 齊운 뒤에 移운이 더 있으므로 12운이 더 늘어났으나(平聲 4운, 上 聲・去聲 각 3운, 入聲 2운), 上聲 儼운・去聲 釅운은 없어서 총205운 이 되었을 것이라고 하였다. 따라서 天寶本『唐韻』은『廣韻』의 206운에 상당히 가깝게 접근한다.

『康熙字典』에 실린『唐韻』은 徐鉉이『說文解字』에 注한 反切이다. 이『唐韻』이 곧 孫愐의『唐韻』인지는 명확하지 않으나, 淸代의 학자가

徐鉉의 反切을 고증한 결과, 운의 수가『廣韻』과 같게 나온 것을 보면, 徐鉉의 反切은 天寶本『唐韻』과 가까운 것으로 보인다. 徐鍇의『說文解字篆韻譜』에 인용한 '切韻'은 곧『唐韻』을 가리킨다. 이러한 사실들로 미루어『唐韻』이 唐代에 영향력이 컸던 운서였음을 알 수 있다.14)『唐韻』의 다른 명칭으로 切韻・廣切韻・唐切韻・廣韻등이 있다. 이들 명칭으로 보아도 이『唐韻』과『切韻』과의 밀접한 관계를 알 수 있다.

2-3-3 李舟의『切韻』

원서는 일찍이 실전되어 전하지 않는다. 徐鉉이 개정한『說文解字篆韻譜』에서 韻目순서를 고찰할 수 있는데, 이 李舟의『切韻』은『切韻』의 韻部(일부 -ŋ운부와 -m운부)순서와 平上去入의 배합관계를 수정하였다. 添韻(-m)다음에 놓였던 蒸韻・登韻(-ŋ)은 靑韻(-ŋ)다음으로 옮겨졌고, 陽韻(-ŋ)앞에 놓였던 覃韻・談韻(-m)은 侵韻(-m)뒤로 옮겨졌다. 또한 入聲의 순서를 고쳐서 陽聲韻의 平上去聲과 잘 배합되도록 하였다. 후대의 운서들이 대부분 이 李舟의 순서에 따르게 되었다.『廣韻』의 韻部순서도 이에 근거한 것이다.

2-3-4 陳彭年등의『廣韻』

이 운서의 정식명칭은 大宋重修廣韻으로 宋眞宗 大中祥符元年(1008)에 陳彭年(961~1017)등이 칙령을 받아『切韻』・『唐韻』등 전대의 운서들을 수정하여 펴낸 운서이다. 중국역사상 최초로 官에서 펴낸 운서이며,『切韻』계통의 운서를 집대성한 가장 완정한『切韻』증보본으로서,『王三本』이 발견되기 전에는 중고음체계를 연구하는데 있어서 가장 이르고 완

---

14) 宋 許顗『東齊記事』"自孫愐集爲唐韻, 諸書遂廢。"

정한 자료로 중시되었으며, 현재도 여전히 가장 중요한 자료로 이용되고 있다.

『廣韻』도 역시 타 切韻系韻書들과 마찬가지로 上平聲·下平聲·上聲·去聲·入聲의 五卷으로 나뉘어, 平聲 57운(上平聲 28운·下平聲 29운)·上聲 55운·去聲 60운·入聲 34운으로 도합 206운이 된다. 平上去入聲 운이 서로 짝지어지는데, 入聲운은 鼻音韻尾를 가진 陽聲韻과만 짝지어진다.『廣韻』각 卷首의 韻目 밑에는 '獨用' 또는 '同用'이라는 주가 보이는데, 이는 唐宋代의 실제어음의 변화상황을 나타내주는 중요한 자료가 된다.『廣韻』의 수록자수는 26,194자로『切韻』에 비해 두 배 이상이 늘었으며, 주석도 많이 증가되어 운서의 역할 뿐만 아니라 자전의 역할도 충분히 겸할 수 있게 되었다.『廣韻』은 운의 수·수록자수·주석·小韻수등 모든 부문에서 隋唐운서보다 증가되었는데, 그 '廣韻'이라는 명칭이 바로 '切韻을 넓혔다'는 뜻으로,『廣韻』의 내용과 부합된다.『廣韻』의 판본으로는 여러 종류가 전해오는데, 張氏澤存堂本重刊宋本廣韻, 古逸叢書覆宋本重修廣韻(楊守敬이 일본에서 가져온 宋本을 黎庶昌이 古逸叢書에 그대로 수록하지 않고 張本에 의거하여 刊正하는 과정에서 틀리게 된 경우도 많이 생기게되었으나, 책 뒤에 黎庶昌의 校札이 붙어있어 宋本의 면목을 어느 정도 살펴 볼 수 있다.), 涵芬樓覆印宋刊巾箱本등이 詳注本으로 잘 알려져 있으며 비교적 善本이라고 하지만 아직까지『廣韻』의 완벽한 판본은 없다. 周祖謨(1960)가 張氏澤存堂本을 저본으로 하여 여러 판본들 및 각종『切韻』殘卷들과 비교대조하여『廣韻』을 상세히 교감한『廣韻校本 - 附校勘記』上下는『廣韻』연구에 중요한 참고서이다.

『切韻』과 이들『切韻』의 증보본들을 비교해보면 증보의 방향과 내용을 알 수 있다. 수록자의 증가와 注의 강화가 증보의 주요내용이며, 反切이 간혹 변경되기도 했으나 단지 用字의 변경일 뿐으로 음 자체의 변화는 아니다. 운의 수는 다소 증가하는 방향으로 변하였다. 그러나 이 韻수의 증가가

『切韻』의 韻母체계의 변화를 뜻하는 것은 아니고, 형식상의 변화에 불과
하다. 예를 들면, 『切韻』에서 글자수가 많은 운인 眞韻을 孫愐의 『唐韻』
에서 眞과 諄의 두 운으로 나누고, 寒韻도 마찬가지로 寒과 桓 두 운으로
나눈 것은 開合이 다른 글자들을 두 개의 운으로 나눈 것에 불과하다.

廣韻上平聲卷第一

德紅 東第一 獨用　都宗 冬第二 鍾同用
職容 鍾第三　古雙 江第四 獨用
章移 支第五 脂之同用　夷旨 脂第六
而止 之第七　無非 微第八 獨用
語居 魚第九 獨用　遇俱 虞第十 模同用
莫胡 模第十一　奚徂 齊第十二 獨用
古膎 佳第十三 皆同用　諧古 皆第十四
呼恢 灰第十五 咍同用　來呼咍 咍第十六
職鄰 眞第十七 諄臻同用　之純 諄第十八

七音　韻上平　七

宋

澤存堂藏板 宋本廣韻 七(前)

側
臻第十九　　分文第二十　欣同用

俍
欣第二十一　許　　　　　元第二十二　魂痕同用
　　　　　　　　　　　　　　　　語軒

巾
魂第二十三　昆　戶　　　痕第二十四　戶恩

胡
寒第二十五　安　相同用　官第二十六　乎桓

所姦
删第二十七　　　　山同用　所閒
　　　　　　　　　　　　　山第二十八

一東　春方也說文曰動也从日在木中亦東風菜廣州記云陸地生菜
赤和肉作羹味如酪香似蘭吳都賦云草則東風扶留又姓舜
友有東不訾又漢複姓十三氏左傳魯卿東門襄仲後因氏焉齊有大
夫東郭偃又有東宮得臣晉有東關嬖五神仙傳有廣陵人東陵聖母
適杜氏齊景公時有隱居東陵者乃以爲氏世本宋大夫東鄉爲賈執
英賢傳云今高密有東鄉姓宋有負外郎東陽無疑撰齊諧記七卷昔
有東閭子嘗富貴後乞於道云吾爲相六年未薦一士夏禹之後東樓
公封于杞後以爲氏莊子東野稷漢有平原東方朔曹瞞傳有南陽太
守東萊里昆何氏姓苑有
東萊氏德紅切十七

菜　東風菜義見上注俗加艸

鶇　鶇鳾鳥名美形出廣雅亦作𪁉

獸

辣　各

38　中國語音韻學

山海經曰泰戲山有獸狀如羊一角一
目目在耳後其名曰辣又音陳音楝

東郡名　悰　古文見　凍　瀧凍沾漬說文曰水出發鳩山入於河又都貢切

館名道經

貢魚名　鯂　似鯉　㦬㦬　山名如　塅　地名上塅　蟲　蛅蟴科斗蟲也案爾雅曰蠑螈蜴蜥蜴蝘蜓蝘蜓守宫也科斗活東郭璞云蝦蟇子

從蟲　字俗　䚇　醜兒　同　吾獻其西河地於秦七國時屬魏秦并天下為内史

之地漢武更名馮翊又有九龍泉泉有九源同為一流因

以名之又羌複姓有同蹄氏望在勃海徒紅切四十五

重獨也言童子未有室家也又姓　僮　僮僕又頑也癡也又姓漢有

出東莞漢有環邪内史童仲玉　　交阯刺史僮尹出風俗通

辣　㦬兒出字誤　楝　兒出字誤　㦬　兒出字誤　凍　又凍凌

凍　鳩凍入於河又都貢切　蝀　蝃蝀虹也又音董　凍　又凍凌

僮　交阯刺史　仝　古文出　重

仝　道書　銅　金之

硐　磨也　硐　舩硐犺似　犺　獸似　銅　金之

峒　崆峒山名　罋　車上網　仝　道書　童

瞳　目瞳　瓿　瓦瓶　罋　同上又音衝　橦

瞳　瞳曨日欲明也又他孔切　洞　洪洞縣名在晉州比又徒

桐　之日桐始華又桐君藥錄兩卷　峒　崆峒山名

筒　竹筒吳都賦曰其竹則桂箭射筒　瞳　瞳曨日

潼　水名出廣漢郡亦有桐君藥錄　炯　熱氣炯炯出字林

一桐廬縣在睦州亦有桐君　橦　木名花可為布出

品　一木名月令曰清明之日桐　鸏　鸏鷀鸏水鳥黃喙喙長

櫳　賦曰其竹則桂箭射筒　宋珉

無角　箘　竹名出廣漢郡亦　橦　字書又鍾橦二音

泰山　篘　賦曰其竹　潼　關名又通衝二音

羸牛　簩　賦竹　櫳　字書花可為布出

無角　箘　竹　桐　木名花可為布出

弄　揚子法言云　侗　倥侗顓蒙

切　　　　侗　倥侗顓蒙

澤存堂藏板　宋本廣韻　八(前)

2-3-5 『廣韻』이후의 韻書들

『廣韻』이 간행된지 30년 후에 다시 官에서 편찬한『集韻』(1039)과 『禮部韻略』(1037, 佚)이 있다.『禮部韻略』은『集韻』과 동일한 編者(丁度등)에 의해『集韻』보다 2년 앞서 편찬된,『集韻』의 간략본이라고 할 수 있는 官書이지만 지금 전하지 않는다.『集韻』은 여전히『廣韻』의 206운체재를 따르는 등 형식상으로는 별로 변화가 없어 보통 切韻系韻書로 간주하고 있으나 韻目字나 운의 순서, 同用·獨用관계, 글자의 韻部귀속, 反切등에 변화가 있는데 이는 宋代음운변화를 반영하는 것으로, 이미 切韻系韻書의 틀을 벗어나기 시작하였음을 나타내 준다. 平水韻이라고도 하는 劉淵의『壬子新刊禮部韻略』(1252, 佚)은 107운, 金 王文旭의『新刊韻略』(1227)은 106운, 金 韓道昭의『五音集韻』(1212)은 160운, 元 黃公紹·熊忠의『古今韻會擧要』(1297)는 107운으로 金 이후 운의 대폭적인 병합이 계속 이루어졌음을 보여준다. 元明이후로 지금까지 통행하는 詩韻은 106운으로 平水韻이라고도 하는데, 이 詩韻이 平水人 劉淵의『壬子新刊禮部韻略』의 107운에서 시작되었다고 생각하여 붙은 명칭이다.[15]

2-4 『廣韻』으로『切韻』을 대체하는 이유

"정확한 표준 운"이라는 의미의『切韻』[16]은 물론이려니와 唐代의 『切韻』증보본들도 20세기초반까지는 전해오지 않았기 때문에 1930년 이후 唐五代寫本·刻本·殘卷들이 발견되고, 1947년에『王三本』이

---

15) 平水라는 명칭에 대하여는 흔히 말하는 저자의 출신지 외로 이 韻書의 출판지점 또는 저자의 官名이라는 설도 있다.

16) 王顯.「切韻的命名和切韻的性質」『中國語文』, 1961, 4月號, pp.16-25.

발견되기 전까지 우리가 이용할 수 있는 가장 오래된 자료가『廣韻』밖에 없었다. 20세기초에 칼그렌이 그의 대표저서 '*Études sur la phonologie chinoise*'(1915～1926)에서 최초로『廣韻』(『康熙字典』에 서 뽑은『廣韻』反切)을 분석하여『切韻』의 음운체계를 재구하였다. 이 칼그렌에 앞서 淸代에 이미『廣韻』의 聲韻체계를 통하여『切韻』의 聲 韻체계를 연구한 학자가 바로 陳澧(1810～1882)이다. 淸代古音學者들 은 모두 韻圖의 三十六字母가 今音 즉『切韻』과『廣韻』의 聲母이며, 『廣韻』의 206운을 곧 今音의 韻部로 받아들여,『切韻』(『廣韻』)의 韻母 체계연구에는 관심을 갖지 않고, 古音 즉 上古韻部를 분석하고 귀납하는 작업에만 열중하였다. 陳澧는 이에 대해 최초로『切韻』(『廣韻』)의 聲韻 연구라는 과제를 제기하고 연구한 학자이다. 그가 지은『切韻考』(1842) 는 淸代今音學연구의 대표적 저술이다. 바로 여기서 그는 후대의 음운학 연구에 지대한 영향을 미친 '反切系聯法'을 창안하고 이를 운용하여 『廣韻』反切을 분석함으로써『廣韻』의 聲類 40류와 韻類 311류를 분 류해냈으며,『廣韻』의 새로운 聲調·聲母·韻母배열표를 작성하였다. 淸代의『廣韻』연구의 대표적 저술로는 이『切韻考』외로 梁僧寶의『四 聲韻譜』(1891)를 들 수 있다.『四聲韻譜』는『廣韻』을 韻圖로 작성한 것이다. 현재『廣韻』연구의 텍스트로는 周祖謨의『廣韻校本 - 附校勘 記』上下(1960)가 대표적인데, 이 책에는 뒤에 校勘記(1938)가 실려있어 매우 유용하다.

　　1947년에『王三本』이 발견된 후 같은 해에 탕 란(唐蘭)이 跋文을 붙 여 '唐寫本王仁昫刊謬補缺切韻'이라는 제목으로 이 책이 영인되었다 (北京故宮博物院, 1947). 1964년 臺北 廣文書局에서 이 책을 복사하여 간행하였고, 1968년 롱 위츠운(龍宇純)이『王三本』의 오류를 철저히 고 증하여 수정한 『唐寫全本王仁昫刊謬補缺切韻校箋』(홍콩:中文大學)이 출간되었다. 그러나 아직까지 이『王三本』이 中古音(切韻)체계 재구의

第一次자료로 널리 운용되지는 못하고 있는 실정이다. 1956년 리 르옹(李榮)이『切韻音系』에서 최초로 이『王三本』을 주요자료로 하고,『王一』·『王二』·『廣韻』을 참고자료로 하여『切韻』音系를 재구하였으며, 1982년 사오 르옹훤(邵榮芬)이 리 르옹에 실린『王三本』反切을 인용하여『廣韻』反切과 비교분석한 것이 고작이며, 80년대와 90년대에 출간된 漢語音韻學書에서도 여전히 모두『廣韻』체계의 소개로 일관하고 있다. 이들은 대개 책머리에 "『王三本』이 매우 중요하기는 하지만 일반에게 보급이 되어있지 않아『廣韻』의 음의 체계를 소개한다."는 단서를 달고 있다. 王仁昫의『刊謬補缺切韻』은『廣韻』보다 300년이 앞서고『切韻』원본보다 100년밖에 뒤지지 않는 증보본이므로『切韻』체계의 분석자료로는『廣韻』보다 훨씬 우위에 있으나,『廣韻』만큼 연구축적이 되어있지 않다. 발견된지 반세기밖에 안되었다는 이유도 있겠지만, 자료의 정확성에도 다소 문제가 있기 때문으로 보인다. 우리가 全本으로 여기는『王三本』조차 唐代의 筆寫本으로 誤字·脫字가 많고 잔손된 부분도 일부 있어 독자적인 완벽한 자료로서의 위치에는 미흡한 면이 없지 않다. 일례를 들면, 陸法言의『切韻』에서 증가된 去聲 五十六嚴(釅)운이 韻目목차에는 "陸無此韻自失"(陸法言『切韻』에는 이 운이 없는데, 이는 빠트린 것이다)이라는 注와 함께 실려 있으나 정작 운서 四卷의 去聲속에는 이 운이 없고 다음 운으로 마지막 운인 '五十七梵'이 '五十六梵'으로 되어있으며, 그 밑에는 이 운에 속하는 글자들만 실려 있다. 즉 五十六嚴 운이 몽땅 빠진 것이다. 이와 같이 筆寫者의 誤字·脫字 그리고 王仁昫 자신의 착오(誤收·誤音·誤釋)도 포함된 오류가 많아, 롱 위츠운의 교정본은 교정부분이 원본의 몇 배나 되는 700여 페이지에 달한다.

이에 비하여『廣韻』은 워낙 정확성이 보장된 官書의 권위를 가지고 있을 뿐만 아니라, 唐五代운서의 집대성서로서 운서의 체계가 짜여져 있고,『切韻』체계를 거의 그대로 반영하는 특성을 갖고있으며, 게다가 칼그렌 이래로 연구축적이 상당수준으로 되어있어, 현재 대부분의 학자들이 여전히『廣韻』을 주요자료로 연구하고 있다. 이 책에서도 역시『王三本』보다는『廣韻』을 매개로 한『切韻』체계를 분석하여 얻은 中古音체계를 위주로 소개할 것이다.

2-5 『切韻』의 성질

『廣韻』을 분석하여 최초로 中古音체계를 재구한 칼그렌이『切韻』이 7세기 長安방언을 대표한다고 주장한 이래로『切韻』의 성격과『切韻』이 반영하는 방언에 대한 논쟁이 끊이지 않았다. 칼그렌이 7세기의 長安방언이라고 한 것은『切韻』의 편찬시기와 지점을 단순대입시킨 결과이다. 이 주장에 대하여 츠언 인커(陳寅恪, 1949)가 처음으로 이의를 제기하였다.[17] 그는 7세기에서 10세기까지의 長安방언 또는 西北방언 자료들 즉 顔師古의『漢書注』(641), 顔元孫의『干祿字書』(710~720), 慧遠의『一切經音義』(720), 張參의『五經文字』(775~6), 慧琳의『一切經音義』(810), 敦煌民間韻文筆寫本 등 자료를 분석한 결과 7세기 혹은 그보다 좀 늦은 시기의 長安方言의 음운체계는『切韻』이 나타내는 체계보다 훨씬 간단하다는 사실을 밝히고,『切韻』이 나타내는 음은 東漢의 수도 洛陽에서 유래한 당시 문인들이 고전을 읽을 때의 傳統讀音이라고 하였다. 그 이후로『切韻』의 언어배경에 대하여 여러 가지 설들이 제기되었는데, 대표적인 설들을 소개하면 다음과 같다. 1961~2년 사이에 권위 있는 중국언어학전문학술지『中國語文』에 발표된 논문들에서 王顯・邵榮芬・趙振鐸는『切韻』이 근거한 언어는 洛陽口語라고 하였으며, 何九盈・黃淬伯는『切韻』은 洛陽방언에 근거한 것이 아니고 기존

---

17) 陳寅恪.「從史實論切韻」『嶺南學報』9:2, 1949, pp.1-18.

韻書의 집대성작품이라고 하였다.18) 周祖謨는『切韻』이 단순히 어느 한 지역의 방언을 기록한 것이 아니라 6세기 金陵·鄴下의 標準讀書音에 근거한 것으로 6세기 남북방사대부들 사이에 통용되던 문학언어의 어음 체계라고 할 수 있으며, 따라서 漢語語音발전과정에 있어서『切韻』을 어디까지나 6세기 음의 대표자료로 볼 수 있다고 하였다.19) 장 쿤(張琨) 은『切韻』은 10명의 학자(陸法言의 父 陸爽을 포함하여)가 洛陽·鄴· 金陵 세 도시의 방언에 의거하여 이성적인 표준음으로 재구성해낸 규범 적 음의 체계이며, 당시 학자들이 이 음의 체계를 보편적으로 수용하고 있었기 때문에『玉篇』(543)이나 玄應의『一切經音義』(650년전후), 齊 梁陳(479~589)詩의 用韻이『切韻』의 韻類와 유사하게 나타나는 것이 라고 하였다.20)

　『切韻』의 성질에 대한 자료로서 가장 정확한 자료로는 第一次자료인 『切韻』序가 유일하다고 할 수 있다. 이 서문 속에『切韻』의 편찬배경이 간략하게 설명되어있으므로 전문을 번역하여 싣는다. 모든 음운서들이 이 『切韻』序에서 단편적인 한두 구절만을 필요에 따라 발췌하여 인용하고 있는데, 이 서문의 중요성으로 볼 때 전문을 정확히 이해하는 것이『切 韻』의 성질을 정확히 파악하는 지름길이라고 생각된다. 기본적으로 王仁 昫『刊謬補缺切韻』(王三本)에 실린『切韻』序에 의거하지만, 괄호 안의 글자는『廣韻』에 실린『切韻』序등을 참고하여 수정하거나 보충한 글자 임을 나타낸다.21)

---

18) 王顯.「切韻的命名和切韻的性質」『中國語文』, 1961:4, pp.16-25.
　　　　「再談切韻音系的性質」『中國語文』, 1962:12, pp.540-547.
　　邵榮芬.「切韻音系的性質和它在漢語語音史上的地位」『中國語文』, 1961:4, pp.26-32.
　　趙振鐸.「從切韻序論切韻」『中國語文』, 1962:10, pp.467-476.
　　何九盈.「切韻音系的性質及其他」『中國語文』, 1961:9, pp.10-18.
　　黃淬伯.「關於切韻音系基礎問題」『中國語文』, 1962:2, pp.85-90.
19) 周祖謨.「切韻的性質和它的音系基礎」『問學集』上, 1966, pp.434-473.
20) 張琨著, 張賢豹譯.『漢語音韻史論文集』, 臺北:聯經, 1987, p.18.
21)『廣韻』에 실린『切韻』序 및『王一』·『王二』·『切韻』殘本들을 참조하여 10자를 수

昔開皇初，有劉儀同臻，顏外史之推，盧武陽思道，李常侍若，
蕭國子該，辛咨議德源，薛吏部道衡，魏著作彥淵　等八人，
同詣法言(門)宿。夜永酒闌，論及音韻。古今聲調皆自有別，
諸家取捨亦復不同。吳楚則(時)傷輕淺，燕趙則多涉重濁，秦
隴則去聲爲入，梁益則平聲似去。又支^{卓移反}脂^{旨夷反}魚^{語居反}虞^語
^{俱反}共爲(一)韻，先^{蘇前反}仙^{相然反}尤^{雨求反}侯^{胡溝反}俱論是切。欲廣
文路，自可清濁皆通，若賞知音，即須輕重有異。呂靜韻集，
夏侯該韻略，陽休之韻略，李季節音譜，杜臺卿韻略等，各有
乖互，江東取韻，與河北復殊。**因論南北是非，古今通塞，**欲
更捃選精切，除削疏緩，**顏外史蕭國子多所決定。**魏著作謂
法言曰："向來論難，疑處悉盡，何爲不隨口記之？我輩數人，
定則定矣。"法言即燭下握筆，略記綱紀。後博問(英)辯，殆
得精華。於是(更)涉餘學，兼從薄宦，十數年間，不遑修集。
今返初服，(私)訓諸弟，(凡)有文藻，即須(明)聲韻。屏居山
野，交遊阻絕，疑惑之所，質問無從。亡者則生死路殊，空懷
可作之歎，存者則貴賤禮隔，以報絕交之旨。**遂取諸家音韻，**
古今字書，以前所記者，定(之)爲切韻五卷。剖析毫氂，分別
黍累，何煩泣玉，未(得)懸金。藏之名山，昔怪馬遷之言大，

정보충하였다.『廣韻』에 실린『切韻』序는 상당히 다듬어진 문장으로 역시 官書의 권위
를 갖고 있다. 첫머리에 陸法言의 집에 모여 음운을 토론했던 8인의 이름 직위를 생략
하고 "劉臻等八人"이라고 줄이기도 하였고, 당시 존재했던 韻書名중에서 周思言『音
韻』은『王本』,『切韻』殘本에는 보이지 않으므로,『廣韻』에서 삽입한 것으로 보인다.
六朝음운학자 夏侯該는『王三本』외로『廣韻』과「顏氏家訓」「書證篇」도 夏侯該로
되어있으나,『敦煌本』·『隋書』·李涪『刊誤』에는 夏侯詠(咏)으로 되어있어, 羅常培를
비롯한 많은 학자들이 夏侯詠으로 쓰고 있으나, 이 책에서는『王三本』과『廣韻』대로
該를 따른다. 양자 중에서 하나는 오자일 것이며, 오자일 가능성은 두 글자가 다 갖고있
으나 나타나는 문헌에 비추어 該가 좀더 진실에 가까울 가능성이 높다. 周祖謨가 쓴
『廣韻校本』의『切韻』序는『廣韻』에 실린『切韻』序를『王本』·『切韻』殘本등과 비교
하여 몇 글자 교정한 것이며; 龍宇純의『唐寫全本王仁昫刊謬補缺切韻校箋』의『原序
校箋』(pp.2-5)은 역으로『王三本』에 실린『切韻』序를『廣韻』·『切韻』殘卷과 비교하
여 교정한 것이다. 비교결과, 결국은『王三本』과『廣韻』의『切韻』序가 서로 별로 차이
가 없음을 알게된다.

持以蓋醬，今歎楊雄之口吃。非是小子專輒，乃述羣賢遺意。
寧敢施行人世，直欲不出戶庭。于時歲次辛酉，大隋仁壽元
年也。

오래 전 開皇(581~600)초[22]에 劉臻, 顔之推, 盧思道, 李若,
蕭該, 辛德源, 薛道衡, 魏彦淵 등 여덟명이 나 法言의 집에
와서 함께 밤을 지새게 되었다. 밤이 이슥하고 술자리도 그럭저
럭 흥이 식어갈 즈음, 음운 얘기가 나오게 되었다. 예와 지금의
성조는 당연히 서로 차이가 있는 이상, 여러 학자들이 음을 표기
할 때 취사선택 또한 서로 다르기 마련이다. 吳楚(남방)지방은 종
종 지나치게 가볍고 얕으며, 燕趙(북방)지방은 지나치게 무겁고
탁한 감이 많다.[23] 秦·隴(陝西·甘肅일대의 西北지역)지방은 去
聲을 入聲처럼 발음하고, 梁·益(四川일대의 西南지역)지방은
平聲을 去聲처럼 발음한다. 또 支^{章移反}와 脂^{旨夷反} 그리고 魚^{語居}
^{反}와 虞^{語俱反}는 모두 한 운으로 보고, 先^{蘇前反}과 仙^{相然反} 그리고
尤^{雨求反}와 侯^{胡溝反}를 모두 같은 反切下字라고 한다. 좀더 다양
한 詩文의 창작에 있어서는 물론 淸濁이 넓게 통할 수 있는 융

---

22) '開皇初'를 학자들이 보통 581년 또는 582년이라고 하는데, 이날 밤 陸法言의 집에
온 학자 중에서 盧思道가 죽은 연도가 開皇三年 즉 583년이기 때문에 개연성이 높은
추정이다.

23) 吳楚는 江南지역을 가리키고 燕趙는 북방을 가리킨다. 크게 남북으로 이분한 것이다.
'輕淺'과 '重濁'의 의미는 확실치 않다. 여기서 輕淺은 重濁과 대비되는 개념으로 輕
淸이 본래의 뜻으로 여겨지는데, '지나치게…하다(傷)'는 부정적인 개념으로 쓴 문맥상
淸을 淺으로 바꾼 것이 아닐까? 羅常培(「切韻序校釋」『切韻研究論文集』, 홍콩:實用
書局, 1972, pp.6-25에서 pp.13-14를 참조함.『國立中山大學語言研究所週刊』第三集
第25, 26, 27期, 1928에서 뽑아 전재함)는 北宋 賈昌朝(998~1065)의『羣經音辨』序
에 근거하여 平·上聲은 輕淺하고 陽이며, 去聲은 重濁하고 陰으로 보아서, 당시 吳楚
지역은 平·上聲이 지나치게 많고, 燕趙지역은 去聲이 지나치게 많다는 의미로 해석하
였다. 이는 후에 聲母에 의하여 淸濁陰陽으로 나누어지는 것과는 별개의 다른 의미라고
하였다. 이밖에 모음의 前後, 開口·合口의 차이로 해석한 설도 있으나 위의 "古今聲
調"구절과 밑의 "秦隴則去聲爲入"구절과의 문맥의 전후 연결선상에서 볼 때, 聲調문
제를 언급한 것으로 해석한 羅常培의 설이 비교적 타당성이 있다.

통성이 있지만, 정말로 시를 감상할 줄 아는 자의 평가기준에 맞추려면 반드시 輕重을 구분해야한다.

呂靜의『韻集』, 夏侯該의『韻略』, 陽休之의『韻略』, 李季節의『音譜』, 杜臺卿의『韻略』을 보면, 모두 제각각이다. 江東지역의 음 또한 河北지역과 다르다. 그래서 **남북지역간의 차이와 고금시대에 따른 차이를 논하고** 더욱더 정확하게 들어맞는 음을 고르고, 정확치 않고 느슨한 음들은 삭제해 버렸다. 이 작업에서 **顔之推와 蕭該의 의견이 많이 반영되었다.** 魏彦淵이 내게 말하기를: "이제까지 논란되어오던 것들에서 미심쩍은 곳이 다 없어졌으니 어찌 입으로 말하는 대로 옮겨 적어 내려가지 않을소냐? 우리 몇몇끼리 정하면 그대로 정해지는 것이지 뭘 대수로울 게 있느뇨." 그래서 나는 곧 등잔 밑에서 붓을 들어 대강의 틀을 간략히 적어 내려갔다. 그후로 학문이 뛰어난 사람들에게 널리 가르침을 받아 거의 정수를 얻게 되었다. 그리고서는 방향을 돌려 다른 분야의 학문을 집적거리고 게다가 박봉의 말단 공무원생활에 쫓기다 보니, 십 몇 년간 이를 다듬어 펴낼 겨를이 없었다.

이제 벼슬을 그만두고 개인적으로 여러 제자들을 가르쳐보니 수식이 아름다운 문장은 성률이 필수적이라. 산야에 묻혀 살다보니 학자들과 교유할 길이 없어 의문이 생겨도 물을 곳이 없었다. 죽은 사람 다시 살아 돌아올 수 없을진대, 다시 살아 벌떡 일어나는 감격을 부질없이 꿈꾸어 보기도 하지만…. 살아있는 사람은 신분의 귀천에 따라 서로 대함에 간격이 생기게 되니 내 이미 절교의 뜻을 통보한 바이다.[24]

---

24) 陸法言이 『切韻』序를 쓴 601년에는 開皇초(581, 2년경)『切韻』편찬작업에 참여했던 8인중 盧思道(開皇三年583), 魏彦淵(開皇十年이전), 顔之推(開皇十一年이후), 劉臻(開皇十八年598)은 이미 고인이 되었고, 李若, 蕭該, 辛德源은 불확실하고, 薛道衡은 隋文帝때 吏部侍郎을 지냈었다고 하니 당시 한참 끝발날리고 있었을 것이다. "存者則貴賤禮隔, 已報絶交之旨。"는 薛道衡에 대하여 쓴 구절로 보이며, 이 구절에는 陸法言

마침내는 **여러 학자들의 音韻書, 古今字書에서 취하고, 전에 적어놓았던 것으로써 切韻五卷을 지었다. 잘게 가르고 세밀하게 분류하였다.** 어이 楚나라사람 和氏처럼 내 옥을 알아달라 피눈물 흘리는 수고를 번거롭다 하리오.25) 呂不韋가『呂氏春秋』의 흠을 찾아내보라고 매어달아 놓은 천금을 얻지 못했다.26) 예전에는 "명산에 이를 감추어 그 사람에게 전하리라"27)라는 쓰마 치엔의 말에 쓰마 치엔이 너무 큰소리치는 것이 이상했는데, 이제 보니 "후인들이 이것을 가지고 장독 뚜껑이나 할걸"이라는 劉歆의 조롱에 揚雄이 말더듬이로 (대답대신 웃음으로) 답한 것28)이 감탄스럽다. 이 책은 이 못난 내가 맘대로 지은 것이 아니고 뭇 현자들이 남긴 뜻을 적은 것이다. 어찌 감히 바깥 세상에 이 책이 펼쳐지기를 바라리오. 단지 집안자손들에게 가르치고자 할 뿐이다. 때는 辛酉년 大隋帝國 仁壽 元年(601년)이다.

위의 서에서『切韻』의 편찬배경에 관한 정보를 몇 가지 정리해보면, 첫째,『切韻』은 陸法言이 펴냈으나 내용에서는 여러 학자들의 견해를 종합한 것이라고 할 수 있다. 둘째, 정작『切韻』편찬의 가까운 동기는

이 당시 벼슬에서 물러난 뒤 처량하고 고독하고 울분에 찬 마음이 잘 나타나있다.

25)『韓非子』卷四「和氏篇」: "楚人和氏得玉璞楚山中，奉而獻之厲王。…遂命曰和氏之璧。"

26)『史記』卷八十五「呂不韋列傳」第二十五: "呂不韋乃使其客人人著所聞，集論以爲八覽，六論，十二紀，二十餘萬言。以爲備天地萬物古今之事，號曰呂氏春秋。布咸陽市門，懸千金其上，延諸侯游士貧客有能增損一字者予千金。"

27)『漢書』卷六十二「司馬遷傳」第三十二 遷報任安書曰: "…僕竊不遜，近自託於無能之辭，網羅天下放失舊聞，考之行事，稽其成敗興壞之理，凡百三十篇，亦欲以究天人之際，通古今之變，成一家之言。草創未就，適會此禍，惜其不成，是以就極刑而無慍色。僕誠已著此書，藏之名山，傳之其人通邑大都，則僕償前辱之責，雖萬被戮，豈有悔哉！然此可爲智者道，難爲俗人言也。…"

28)『漢書』卷八十七下「揚雄傳」第五十七下 贊曰: "…時有好事者載酒肴從游學，而鉅鹿侯芭常從雄居，受其太玄法言焉。劉歆亦嘗觀之，謂雄曰: '空自苦！今學者有祿利，然尙不能明易，又如玄何? 吾恐後人用覆醬瓿也。' 雄笑而不應。年七十一，天鳳五年卒，侯芭爲起墳，喪之三年。"

제자들에게 성률이 정확한 아름다운 문장을 가르치기 위함이다. 셋째, 당시 존재했던 기존 운서들이 제각기 지역방언에 의거한 것으로 천차만별이므로 "南北是非"의 是非가 없는 "古今通塞"의 막힘이 없는 표준종합운서가 요구되었다. 『切韻』은 시간과 공간을 통섭하는 표준적 종합적 운서이다. 넷째, 남방지역 金陵(지금의 南京으로 南朝의 중심지)출신인 顔之推29)와 蕭該의 의견이 많이 반영되었다함은 『切韻』이 金陵語에 많이 근거하였다는 의미로 해석될 수 있다. 다섯째, 『切韻』은 전대의 음운서를 계승한 것이다. 그러나 또한 당시음에 의거한 분석결과를 위주로 했음을 알 수 있다. 여섯째, 『切韻』은 엄격한 음의 분석과 세밀한 음의 분류가 특징이다.

　　『切韻』序 이외의 관련자료들에서도 『切韻』序에서 얻은 정보를 보완할 수 있는 방증자료들이 발견된다. 『切韻』편찬에 주요역할을 한 顔之推의 『顔氏家訓』「音辭篇」에서 음운서를 짓는데 한 방언에만 의거할 것이 아니고 "共以帝王都邑, 參校方俗, 考覈古今, 爲之折衷。推以量之, 獨金陵與洛下耳。"(공통적으로 도읍지의 음을 정음으로 하고 방언들을 참조·비교하고 고금음을 자세히 고찰하여 정확한 음을 취해야한다. 따져서 헤아려보건대, 정음으로 삼을 것은 金陵과 洛陽밖에 없다.)라고 하였다. 洛陽은 東漢·魏·西晉·後魏의 도읍지로서 수 백년간 정치문화의 중심지였다. '洛生咏(洛陽서생의 읊조림)'이라는 특수용어가 탄생할 정도로 洛陽語는 문화적으로도 표준어의 위치가 확고하였다.

　　당시 북방의 이민족들이 漢化할 때에도 반드시 洛陽語를 正音으로 배웠다는 기록도 있다. 그러다가 東晉과 南朝 宋齊梁陳이 연이어 약 이백수십년간 金陵에 도읍하였기 때문에 표준어가 점차 변하게 된 것이다.

---

29) 顔之推(531~591?)의 原籍은 琅邪 臨沂(현 山東省)이나, 晉 南渡후 조상이 金陵에 이주하여 살았으므로 顔之推는 金陵출신으로 볼 수 있다.(『北史』『北齊書』참조)

도읍지가 金陵으로 바뀌었다해서 당장에 金陵토속방언이 새 표준어가 되는 것이 아니고, 여전히 洛生咏이 표준어의 위치에 남아있으나 역시 시간의 추이에 따라 金陵지역방언의 색채가 서서히 침투되게 되어 결국은 洛陽語와는 다른 방언 즉 金陵語가 형성되게 된 것이다. 薛鳳生 (1986, 98)은 『切韻』편찬자들이 『切韻』에 흡수하여 종합하려고 한 金陵音은, 실은 당시 "金陵식의 洛陽語"라고 간주하였다. 이와 같은 기준에서 보아도 칼그렌의 7세기 長安방언설은 성립되지 않는다. 갑자기 長安이 隋의 도읍지가 되었다고 당장에 그 지역어인 長安語가 표준어가 될 수가 없기 때문이다.

　顏之推는 「音辭篇」에서 또 『切韻』序에 언급된 五家의 운서 중 자기와 같은 조정(北齊)에서 벼슬했던 鄴城(현 河北省 臨漳縣)출신인 李季節와 陽休之의 운서가 틀린 곳이 많고 조야하다고 비판하였는데, 이는 分韻이 세밀하지 않은 북방음계통의 운서에 대한 불만이라고 해석된다. 『王三本』의 韻目목차 밑에 『切韻』과 五家운서 分韻의 異同관계가 설명되어 있는데 이를 분석하여 보면 『切韻』이 分韻시 참고를 비교적 많이 한 것이 呂靜의 『韻集』과 夏侯該의 『韻略』두 운서이다. 呂靜은 西晉인으로 任城(山東曲阜)人이나 『韻集』의 근거는 洛陽音(早期北方讀書音)이라고 할 수 있고, 夏侯該는 梁人으로 그의 『韻略』은 金陵音(晚期南方讀書音)을 나타낸다고 할 수 있다.30)

---

30) 『切韻』과 전대의 五家운서와의 관계는 『王三本』의 韻目注와 顏之推의 『顏氏家訓』을 참고하여 대략 알 수 있다. 『廣韻』에 실린 『切韻』序에서 언급한 기존의 여섯 종류의 운서에서 '周思言의 『音韻』'은 『切韻』殘本序와 王仁昫 『刊謬補缺切韻』序에는 없으며, 周思言에 대한 사적도 전하지 않아 알 수 없다. 王仁昫의 韻目목차에서 分合관계를 설명한 곳에서도 이를 제외한 五家만 언급하고 있다. 사적에 실린 이 五家의 인적사항을 간략히 소개하면 다음과 같다.

　呂靜: 西晉때 사람으로 原籍이 任城(현재 山東省 曲阜)이다. 그의 『韻集』은 李登의 『聲類』와 함께 중국 최초의 운서로 병칭된다.

　夏侯該: 그의 사적에 대하여는 正史에 傳이 없어 알 수 없으나 唐代의 李涪가 『刊誤』에서 梁人이라고 하였다. 또한 『顏氏家訓』 「書證篇」에서 夏侯該가 數千卷書를 읽었

『切韻』편찬자 9인중 顔之推(金陵) 蕭該(江蘇) 劉臻(安徽) 3인만 남
방인이고, 나머지 陸法言(河北) 魏彦淵(河北) 盧思道(河北) 李若(河北)
辛德源(甘肅) 薛道衡(山西) 6인은 모두 북방인이다. 周祖謨는 위의 3인
은 金陵출신이고, 밑의 6인은 史書와는 달리 鄴에서 출생 또는 성장한
배경을 갖고있어,『切韻』이 金陵과 鄴下의 표준음에 근거했다고 주장하
고, 張琨은 周의 설에 洛陽방언도 첨가하여 3지역 방언에 근거했다고 하
였다. 周祖謨는『切韻』序의 '南北'은 江東과 河北이며 이는 바로 金陵
과 鄴을 가리키는 것이라 하였다.31)

北朝는 鮮卑족왕국 北魏(386~534, 孝文帝[471~499]가 洛陽으로 천
도함)가 華北을 통일한(439) 이래로 漢族의 南朝와 대립된다. 北魏가 멸
망하고, 西魏(535~556, 長安도읍)와 東魏(534~550)가 섰다가 北齊
(550~577)가 鄴에 도읍한 東魏를 잇는다. 北周(557~581, 長安도읍)는
西魏를 이었으므로 北朝는 隋가 통일할 때(581)까지 北齊와 北周 두 왕
조가 할거하고 있었다. 그러므로 鄴이 아무리 東魏와 北齊를 합하여 40
년간의 도읍지였다 해도 중간에 왕조가 바뀌는 혼란이 있었고, 또 정치
의 중심지라고 해도 華北의 일부를 할거하고 있던 이민족왕조의 도읍지

다("謝炅、夏侯該, 並讀數千卷書, …")고 한 것을 보면 그의 박학함을 미루어 짐작할
수 있다.
陽休之: 原籍이 無終(현재 北京동부 河北 薊縣)으로 北齊・北周에서 벼슬하였다.
李季節: 별명이 槪이고 趙郡 平棘(현재 河北省 趙縣)사람으로 北齊에서 벼슬하였다.
杜臺卿: 博陵 曲陽(현재 河北省 定縣)사람으로 北齊와 隋에서 벼슬하였다.
五家중에서 呂靜만 시대가 좀 이르고, 또 夏侯該가 梁에서 벼슬했다는 기록이 있고,
나머지 三家는 모두 北齊에서 벼슬한 河北지역 사람들이다. 이들 3인은『切韻』의 중요
한 편찬자의 한 사람인 顔之推와 같은 조정에서 벼슬하였으며, 陸法言등과도 동시대인
들이다. 이와 같은 가까운 관계를 보아도『切韻』序에서 밝힌 대로『切韻』편찬에 이 五
家의 운서가 중요한 참고자료가 되었으리라는 점이 쉽게 수긍된다.
31) 周祖謨의「切韻的性質和它的音系基礎」『問學集』pp.434-473과 張琨의「切韻的綜
合性質」『漢語音韻史論文集』pp.25-34 참조. 周祖謨의 6인 모두 鄴출신이라는 주장
은 확증이 없다.

로서 표준어의 위치를 획득할 수 있는 영향력이 형성되기 어려웠을 것이며, 역시 鄴城式으로 아직 변하지 않은 洛陽語가 문인들 사이에 통용되던 표준어였을 것이다. 하물며 北魏의 孝文帝가 鮮卑語를 버리고 洛陽語를 배우자고 洛陽으로 천도한 것을 보면 北朝의 鮮卑族이 漢化를 위해 배운 漢語方言이 洛陽語였으며, 당시 洛陽語가 표준어로서의 위치가 확고했음을 알 수 있다.32) 그러므로 6인이 설혹 鄴과 관계가 있다해도 문인이었던 6인의 통용어는 鄴방언이 아니고 어디까지나 洛陽표준어였을 것이다.

唐人 리 후우(李涪)가 『切韻』을 비판한 글 『刊誤』(880)에서 『切韻』은 諸家韻書를 종합한 것으로 응당 東都 洛陽音을 표준음으로 삼아야하는데도 洛陽音과 다른 吳音이 많아 吳音을 모두 洛陽音으로 고친다고 하였다. 이 역시 『切韻』이 洛陽音과 金陵音(吳音)을 근거로 했다는 사실을 나타낸다. 顔・蕭 2인이 음의 분석작업에서 주도적 역할을 했다는 것 역시 이 두 사람만이 문인들의 공통어 洛陽표준어 이외로 金陵어를 알았기 때문이 아니었겠는가. 周의 주장대로 설사 6인이 鄴인으로 鄴방언을 했다고 하더라도 『切韻』편찬에 별로 도움이 되지 않아서 주도적 역할을 하지는 못했으리라고 생각된다.

위의 여러 가지 사실로 미루어 『切韻』편찬의 주요근거언어는 洛陽語와 金陵語였을 것이다. 여기서 그러면 口語에 근거했는지 讀書音에 근거했는지의 의문이 생기게 된다. 운서의 편찬목적은 어디까지나 문인들의 작시의 押韻참고용이므로 『切韻』은 齊梁陳詩의 押韻습관을 규범적으로 적응시킨 것으로 보인다. 앞서 말한 原本 『玉篇』, 玄應의 『一切經音義』뿐 아니라 음률을 엄격히 추구하는 永明體같은 시문체의 韻類와도 일치

---

32) 공교롭게도 『隋書』 「陸爽傳」에 의하면 陸法言의 선조는 鮮卑族 步陸孤氏였는데 北魏의 孝文帝의 漢化정책으로 陸氏로 漢化했다고 한다.

했을 것이다. 어차피 6세기 음운학자들의 의식에서는 실제언어를 그대로 기술하는 기술언어학개념은 성숙되지 않았을 것이며, 그들이 추구한 남북과 고금을 통섭하는 이상적인 표준음체계의 재구는 口語보다는 讀書音에 근거했을 것이 분명하다. 讀書音은 보다 보수적이므로 보다 古音을 반영하는 경향이 있고, 보다 보편적으로 널리 통용되어『切韻』편찬자들의 주요과제였던 '南北是非, 古今通塞' 문제의 해결도 비교적 수월하였을 것이기 때문이다.

이상 여러 의견을 종합하여 결론을 내려보면, 隋가 이백년 만에 다시 통일왕조로 등장한 정치적 상황에서, 남북방언음의 통일이라는 문제의식이 뜻 있는 지식인 사이에 등장하게 되었고, 5·6세기에 걸쳐 南北朝의 여러 왕조들이 흥망을 거듭하는 혼란시기에 성립된 여러 지역의 운서들이 남북방언의 혼란상을 보이고 있으므로, 이들은 洛陽語와 金陵語를 주요근거로 엄격한 음의 분석과정을 거쳐 표준음으로 재구성해내었는데 그 체계가 바로『切韻』인 것이다. 따라서『切韻』은 6세기(또는 광범하게 규정하면 六朝)의 규범적 讀書音체계 즉 문학언어음의 체계라고 할 수 있는데, 周祖謨(1966b, 470)등 학자들이 지적한 것처럼『切韻』이 齊梁陳詩의 用韻이나『玉篇』의 유류와 일치하는 것은 곧『切韻』이 당시의 문인들이 통용하던 실제음에 근거했다는 반증이 된다. 그러므로『切韻』이 어느 한 지방의 실제구어체계의 기술이 아니고, 남북·고금의 차이를 어느 정도 고려한 체계라 해도 이와 같이 어디까지나 실제음에 기초하고 있기 때문에, 6세기 중국어음을 대표하는 中古音자료가 되며, 현대방언들의 來源으로 삼고, 또한 上古音연구의 출발점으로 삼는, 중국역사음운학의 중심축으로서의 가치는 손상되지 않는다.

2-6 『切韻』의 체계(『廣韻』의 체계)

2-6-1 二百六韻

『切韻』은 193운이고『廣韻』은 206운이다. 앞에서 설명한대로『切韻』의 193운에서 上聲과 去聲이 각각 한 운씩 늘어『王本』의 195운이 되었고, 이『王本』의 195운에서 3세트의 운 眞軫震質·寒旱翰曷·歌哿箇를 각기 開口와 合口33)로 분리시켜서 合口韻을 따로 세웠기 때문에 諄準稕術·桓緩換末·戈果過의 3세트 도합 11개의 운이 증가하게 되어『廣韻』의 206운이 된 것이다. 開·合口의 분리는 전적으로 형식상의 분류일 뿐으로, 이로 인한 운의 증가는 음의 변화를 반영하는 것이 아니기 때문에, 운의 총수가 다르다해도『廣韻』은『切韻』체계를 그대로 반영한다고 보는 것이다.

『廣韻』의 206운은 平聲 57운, 上聲 55운, 去聲 60운, 入聲 34운으로 구성되어 있으며, 먼저 四聲별로 卷을 나누고 나서 운별로 글자를 분류하여 수록하고 있다. 앞서 平聲의 글자수가 많아 一·二卷에 나누어 각기 上平聲 28운·下平聲 29운으로 수록하였다고 하였다. 그러므로 一·二卷은 합하여 연속된 平聲57韻으로 본다. 第一(二)·三·四·五 각 권에 나열된 운들을 순서대로 한 세트로 묶을 수 있어 결국은 平上去入이 한 세트가 된다. 각 권의 첫 번째 운들 上平聲一東·上聲一董·去聲一送·入聲一屋의 네 개의 운 東·董·送·屋은 한 세트로 하나의 韻類를 이룬다. 같은 방법으로 순서대로 상응시켜나아가 下平聲一先·上聲二十七銑·去聲三十二霰·入聲十六屑…下平聲二十九凡·上聲五十五范·去聲六十梵·入聲三十四乏까지 모두 상응시킬

---

33) 開口와 合口는 等韻學의 술어로 韻圖부분에서 상세히 설명될 것이다. 介音-w-가 없는 운모는 開口, 介音-w-가 있는 운모는 合口라고 한다.

수 있다. 물론 모든 세트가 四聲을 구비하고 있지는 않지만, 순서는 뒤바뀌지 않는다. 『切韻』系의 운서들이 이 운의 배열순서에 대하여 설명한 적은 없으나 운서마다 四聲의 각 운들이 순서대로 배열되어있다. 또한 서로 상응되는 韻目字는 聲母도 대략 같은 음이라는 것이 특징적으로 나타난다. 江講絳覺·脂旨至·魚語御 등을 보라.34) 상응하는 平·上·去聲은 聲調만 다른 같은 운이며, 入聲은 운미만 다를 뿐이다. 『廣韻』의 206개의 운을 四聲을 상응시키면 다음과 같이 61운류가 된다.

廣韻韻目四聲配合表35)

平	上	去	入
1東	1董	1送	1屋
2冬	( )36)	2宋	2沃
3鍾	2腫	3用	3燭
4江	3講	4絳	4覺
5支	4紙	5寘	
6脂	5旨	6至	

---

34) 『切韻』의 分韻의 표준, 韻目순서, '四聲一貫'의 문제에 대하여는 魏建功의 두 논문 「切韻韻目次第考源 - 敦煌唐寫本'歸三十字母例'的史料價値」『北京大學學報人文科學』第4期, 1957, pp.69-83 및 「切韻韻目四聲不一貫的解釋」『北京大學學報人文科學』第2期, 1958, pp.45-67을 참고하라.

35) 韻目의 순서를 나타내는 숫자는 편의상 한자대신 아라비아숫자로 나타낸다.

36) 2冬과 상응하는 上聲에는 본래 䐃·湩의 두 글자가 있으나 글자수가 적어 『廣韻』은 바로 뒤의 腫운에 넣었다. 『廣韻』의 湩자의 주석에 "此是冬字上聲"이라는 설명이 있으며, 이 글자의 反切은 都鵬切이고, 鵬의 反切은 莫湩切로 이 두 글자의 反切下字는 서로 互用하고 있다. 互用에 대하여는 2-6-3을 참조하라.

7之	6止	7志	
8微	7尾	8未	
9魚	8語	9御	
10虞	9麌	10遇	
11模	10姥	11暮	
12齊	11薺	12霽	
		13祭	
		14泰	
13佳	12蟹	15卦	
14皆	13駭	16怪	
		17夬	
15灰	14賄	18隊	
16咍	15海	19代	
		20廢	
17眞	16軫	21震	5質
18諄	17準	22稕	6術
19臻			7櫛
20文	18吻	23問	8物
21欣(殷)37)	19隱	24焮	9迄
22元	20阮	25願	10月
23魂	21混	26恩	11沒

---

37) 上平聲 21欣은『廣韻』에 의거한 것으로『王本』의 殷과는 달리 韻目이 欣으로 되어있는데, 이는『廣韻』편찬자가 당대의 宋諱를 피하여 韻目字를 바꾼 것이다. 이 운의 수록자중에 들어있는 殷자도 일부러 한 획을 빠트려 肵로 수록하였다. 去聲43映도『王本』은 敬으로 되어있는데, 마찬가지 이유로 인한 韻目字의 변환이다. 여기서는『廣韻』에 따른다.

24痕	22很	27恨	
25寒	23旱	28翰	12曷
26桓	24緩	29換	13末
27刪	25濟	30諫	14鎋[38)
28山	26產	31襉	15黠[38)
1先	27銑	32霰	16屑
2仙	28獮	33線	17薛
3蕭	29篠	34嘯	
4宵	30小	35笑	
5肴	31巧	36效	
6豪	32晧	37號	
7歌	33哿	38箇	
8戈	34果	39過	
9麻	35馬	40禡	
10陽	36養	41漾	18藥
11唐	37蕩	42宕	19鐸
12庚	38梗	43映(敬)	20陌
13耕	39耿	44諍	21麥
14清	40静	45勁	22昔
15青	41迥	46徑	23錫
16蒸	42拯	47證	24職

---

38) 『廣韻』의 韻目순서는 二十七刪과 十四黠, 二十八山과 十五鎋이 짝이 되지만(『王三本』도 마찬가지이다.), 上古音체계로 볼 때 刪과 鎋, 山과 黠의 배합이 타당하다는 董同龢(1948b, 102-103)의 견해에 따라 黠과 鎋의 순서를 바꿨다.

<u>17登</u>	43等	48嶝	25德
18尤	44有	49宥	
19侯	45厚	50候	
<u>20幽</u>	46黝	51幼	
<u>21侵</u>	47寢	52沁	26緝
22覃	48感	53勘	27合
23談	49敢	54闞	28盍
24鹽	50琰	55豔	29葉
25添	51忝	56㮇	30帖
26咸	52嗛	57陷	31洽
27銜	53檻	58鑑	32狎
28嚴	54儼39)	59釅40)	33業
<u>29凡</u>	55范	60梵	34乏

위의 표에서 入聲운과 상응되는 平上去聲운을 陽聲韻이라고 하고, 入聲운과 상응되지 않는 平上去聲을 陰聲韻이라고 한다. 이 入聲韻들은 廣東방언의 대표방언지역인 廣州음으로 읽어보면, 모두 -k -t -p로 끝나는 음절을 가진 음이다.41) 이 入聲韻과 상응하는 平上去聲의 韻目字는 廣

---

39) 『廣韻』의 韻目순서는 52儼・57釅으로 각각 嗛・陷의 앞에 놓여있으나, 戴震・段玉裁등 清代학자로부터 위와 같은 순서로 수정되었는데, 이는『王三本』의 韻目순서와 일치하며, 현재 모든 학자들이 이에 따른다.

40) 주39 참조.

41) 현대방언음을 모은 자료집으로는 北京大學中國語言文學系教研室에서 펴낸『漢語方言字匯』(北京:文字改革出版社, 1962; 第二版, 1989)가 대표적이다.『廣韻』의 운별로 도표를 만들어 17개(第二版: 20개)의 방언지역의 음을 조사하여 실었다. 현대한어방언음에 대하여는 이 자료집을 참조하라.

州語로 읽어보면 모두 -ŋ -n -m으로 끝나는 음절이다. 다시 말하여 入聲韻은 塞音 -p -t -k 韻尾를 가진 운이며, 이와 상응하는 陽聲韻은 비음 -m -n -ŋ 韻尾를 가진 운이다. 陰聲韻은 塞音이나 鼻音운미가 없는 운을 말한다.

도표의 陽聲韻과 入聲韻의 상응관계를 살펴보면, 이들 韻尾의 鼻音과 塞音사이에도 조음위치가 서로 상응됨을 알 수 있다. 陽聲韻을 기준으로 보자. 陽聲韻 1東～4江·10陽～17登의 韻尾는 舌根鼻音 -ŋ이며, 상응하는 入聲韻 1屋～4覺·18藥～25德의 韻尾는 舌根塞音 -k; 17眞～2仙의 舌尖鼻音 -n은 5質～17薛의 舌尖塞音 -t와 상응하며; 21侵～29凡의 雙脣鼻音 -m은 26緝～34乏의 雙脣塞音 -p와 상응한다.

위의 四聲配合表에서 平聲57운에 去聲만 있는 祭·泰·夬·廢의 4운을 더하든가, 또는 去聲60운에 平聲·入聲만 있는 臻·櫛운을 더하면 61세트의 운이 된다. 206운에서 聲調의 차이를 제외하면 61운이 되는 셈이다. 入聲韻 34운도 61운 중의 陽聲韻에 배합되며, 陽聲韻과는 韻尾만 다를 뿐이다.

206운을 외우는 것은 한어음운학입문을 위해 필수적인 기초과정이다. 물론 東董送屋·冬宋沃·鍾腫用燭·江講絳覺…등으로 61세트의 운을 四聲配合表의 순서대로 외우는 것이 정도이지만, 우선 平聲57운에 去聲뿐인 祭·泰·夬·廢 4운을 합한 61운을 순서대로 적절히 16묶음으로 묶어 외우고 나서, 여기에 上去入聲운을 상응시켜 외우는 것이 효율적인 방법이다.『廣韻』의 206운 즉 61운 세트의 순서는 음이 가까운 운끼리 서로 곁하여 배열되었으며, 이러한『廣韻』내지는 切韻系韻書의 韻目순서가 음의 재구에도 많은 도움을 준다. 후기 等韻圖에서 나타난 운의 범주를 가리키는 十六攝이라는 개념이 있는데, 이 61운을 순서대로 묶은 16묶음이 바로 十六攝의 범주와 일치하므로(22元이 순서에 따라 17眞～24痕의 臻攝에 들어가지 않고 25寒～2仙의 山攝에 들어가는 것만은 예외이다), 이 방법은 일석이조의 효과를 얻을 수 있는 이상적인 방법이다.

1. 東冬鍾
2. 江
3. 支脂之微
4. 魚虞模
5. 齊佳皆灰咍 祭泰夬廢
6. 眞諄臻文欣元魂痕
7. 寒桓刪山先仙
8. 蕭宵肴豪

9. 歌戈
10. 麻
11. 陽唐
12. 庚耕淸靑
13. 蒸登
14. 尤侯幽
15. 侵
16. 覃談鹽添咸銜嚴凡

2-6-2　反切

『廣韻』의 206운 각 운에는 수록자들이 同音字별로 배열되어있다. 이 동음자들의 묶음을 小韻이라고 하며 이 小韻의 앞뒤에는 동그라미를 쳐서 다른 小韻과 구분하였다. 小韻첫머리글자(小韻字)에는 글자의 뜻과 함께 反切이 실려있다. 이 反切은 해당 小韻전체의 음을 나타낸다. 앞의 37-39쪽에 실린 『廣韻』卷一의 세 면을 보자. 上平聲 28개의 韻目 목차가 앞 페이지에 연이어 반 페이지에 나열되고, 一東운이 시작된다. '一○東'에서 ○뒤의 東자는 小韻字임을 나타낸다. 그 밑에는 "春方也。…"로 시작한 10줄이나 되는 기나긴 東자의 뜻풀이가 나열되고 끝머리에 "德紅切十七"로 마감된다. 이 '德紅切'이 바로 反切이며, 十七은 이 反切로 표기되는 동음자(小韻)가 東자를 포함하여 모두 17자가 된다는 뜻이다. 그 뒤에 菄자를 위시한 16자가 간략한 뜻풀이와 함께 나열되어있다. 그 다음은 또 다른 小韻 "○同…徒紅切四十五"가 뒤를 잇는다. 『廣韻』四聲五卷 전체가 이와 같은 체재로 26,194자가 수록되어있다. 수록자에 따라 小韻字의 反切이외에 또 다른 음이 있을 경우에는 해당글자별로 '又切'이나 '又音'(直音)으로 처리하였다. 예를 들면, '東'小韻중에서 9번째 글자 涷의 뜻풀이 끝머리에 붙어있는 '又都貢切'이나 바로 그 다음 글자 鶇의 '又音董'등이 바로 이러한 예이다. 涷은 德紅切의 음 외로 都貢切의 음이 있으며, 鶇은 德紅切의 음 외로 董이라는 음도 있다는 뜻이다.

『廣韻』에는 총 3,000여 개의 反切이 있다. 모든 反切은 두 글자로 되어있는데, 앞글자가 反切上字이며 뒷 글자가 反切下字이다. 그리고 反切로 음표기되는 글자는 被切字라고 한다. 東:德紅切에서 東은 被切字, 德은 反切上字, 紅은 反切下字이다. 한편 『王三本』은 "東:德紅反, 同: 徒紅反…"으로 되어있다. 『王三本』 뿐만 아니라 早期韻書는 ○○切 대신 모두 ○○反으로 되어있다. 이 反이나 切의 의미는 명확하지 않다. 33페이지에 실린 『王三本』사본의 一東韻과 『廣韻』을 비교해보면 『王三本』이 수록자도 훨씬 적고 뜻풀이도 간략함을 알 수 있다. 『王三本』에는 '東'小韻의 수록자도 東과 涷 두 글자뿐이다.

反切上字는 被切字의 聲母를 나타내고, 反切下字는 被切字의 韻母 (介音+주요모음+韻尾) 및 聲調를 나타낸다.

被切字	反切	
	反切上字	反切下字
東 tuŋ	德 t(ək)	紅 (ɣ)uŋ
平聲	入聲	平聲

『廣韻』의 3,000여 개의 反切을 분류해보면 反切上字는 4백수십여 개의 서로 다른 글자로 이루어져 있으며, 反切下字는 1,200여 개 정도의 서로 다른 글자로 이루어져 있다.42)

反切上字는 聲母를 나타낸다고 하였다. 그렇다면 『廣韻』・『切韻』・中古音에 400여 개의 聲母가 있다는 말인가? 마찬가지로 韻母는 천여 개가 된다는 말인가? 이 점이 바로 東漢魏晉六朝에 유행한 反切注音法의 한계이다. 反切은 음표와 그 기능은 동일하지만, 현대의 음표와 동일한 것으로 보면 큰 오산이다. 反切이 음표와 같다면, 동일한 聲母는 모두 같은 反切上字로 또 동일한 韻母는 모두 같은 反切下字로 표기되어야하는데 실제로는 그렇지 못하다. 反切上字나 反切下字나 모두 둘 이상 열 댓 개까지 되는 글자로 동일한 聲母 또는 韻母의 음을 나타낸다. 韻圖의 三十六字母가 탄생하기 전에는 하나의 聲母를 하나의 일정한 反切上字로 나타낸다는 의식이 없었으며 前代에 만들어진 反切을 실제음의 변화를 고려하지 않고 그대로 계승하는 경향이 강하였다.43)

2-6-3 反切系聯法

『廣韻』의 反切上下字를 통하여 『切韻』의 聲類・韻類체계를 연구한

---

42) 『廣韻』의 反切上字와 反切下字의 수의 통계가 책에 따라 조금씩 다르다. 反切上字의 수를 陳澧의 『切韻考』에 명기한 대로 452자라고 한 책이 많으며, 反切下字에 대하여는 정확한 수를 밝히지 않고 어림수로 1,100여개, 1,200개정도, 1,200여개 등의 설들이 있다. 董同龢 『漢語音韻學』(p.88)에서처럼, 反切上下字를 각각 400여개, 1,000개이상이라고 어림수로 쓰거나, 아니면 아예 수를 밝히지 않은 책들이 대부분이다.

43) 이밖에도 被切字가 쉬운 글자일 경우는 反切이 훨씬 어려운 글자가 되는 경우가 많은 것이 反切法의 또 하나의 결점으로 지적된다. 예를 들면, 一:于悉切, 八:博拔切등등 그 수가 적지 않다. 이러한 反切의 결점을 개선하는 작업이 明淸代에 여러 학자에 의하여 이루어졌으며 이 反切注音法의 명맥이 20세기 초까지 이어져 내려왔으나, 위에 든 결점 외로도 음이 변화하여 被切字와 反切音 사이에 괴리가 생기는 경우도 많아, 결국 이 反切法은 20세기 초에 만들어진 注音符號나 20세기 중반에 만들어진 漢語拼音字母로 전면 대체된지 오래다.

최초의 음운학서가 150여년전에 츠언 리(陳澧)가 지은『切韻考』(1842)
이다. 그가 창안한 이른바 反切系聯法은 최초의 反切연구방법으로 후대
의 음운학자들에게 反切분석의 방법을 제시한 중요한 이론이다. 그가 제시
한 反切系聯法의 세 가지 원칙을 원문과 역문을 함께 실어 분석해본다.44)

1. 基本條例

切語上字與所切之字爲雙聲, 則切語上字同用者, 互用者, 遞
用者, 聲必同類也。同用者如'冬:都宗切,''當:都郞切,'同
用'都'字也。互用者如'當:都郞切,''都:當孤切,''都''當'
二字互用也。遞用者如'冬:都宗切,''都:當孤切,''冬'字用
'都'字, '都'字用'當'字也。今據此系聯之爲切語上字四十
類, 編而爲表, 直列之。

切語下字與所切之字爲疊韻, 則切語下字同用字, 互用字, 遞
用字, 韻必同類也。同用者如'東:德紅切,''公:古紅切,'同
用'紅'字也。互用者如'公:古紅切,''紅:戶公切,''紅''公'
二字互用也。遞用者如'東:德紅切,''紅:戶公切,''東'字用
'紅'字, '紅'字用'公'字也。今據此系聯之爲每韻一類二類
三類四類, 編而爲表, 橫列之。45)

反切上字와 被切字는 雙聲관계인즉, 反切上字를 同用, 互用,
遞用하는 被切字들의 聲類는 반드시 동류일 것이다. 同用이란

---

44) 陳澧는 세 가지 원칙을 각각 이름하지 않고 "條例"라는 題下에 같이 설명하였다. 여기
서는 그의 세 가지 원칙을 각각 현재 음운학계에서 흔히 사용하는 명칭인 '基本條例,'
'分析條例,' '補充條例'로 이름하였다. 이 명칭은 董同龢(『中國語音史』;『漢語音韻
學』 p.89)의 용어이다.
45)『切韻考』卷一, 二(後)~三(後).

冬:都宗切, 當:都郞切처럼 都자를 같이 反切上字로 쓰는 것이다. 互用이란 當:都郞切, 都:當孤切처럼 상대방글자를 서로 바꾸어 反切上字로 쓰는 것이다. 遞用이란 冬:都宗切, 都:當孤切처럼 反切上字를 冬은 都로 또 都는 當으로 내리쓰는 것이다. 이제 이 系聯法에 의거하여 反切上字 四十類를 이끌어내어 표로 작성하여 세로로 나열하였다[卷二 聲類考].

反切下字와 被切字는 疊韻관계인즉, 反切下字를 同用, 互用, 遞用하는 被切字들의 韻類는 반드시 동류일 것이다. 同用이란 東:德紅切 公:古紅切처럼 紅자를 反切下字로 같이 쓰는 것이다. 互用이란 公:古紅切, 紅:戶公切처럼 상대방글자를 서로 바꾸어 反切下字로 쓰는 것이다. 遞用이란 東:德紅切, 紅:戶公切처럼 反切下字를 東은 紅으로 또 紅은 公으로 내리 쓰는 것이다. 이제 이 系聯法에 의거하여 反切下字를 각 운마다 一類 · 二類 · 三類 · 四類 이끌어내어 표로 작성하여 가로로 나열하였다[卷三 韻類考].

츠언은 이 同用 · 互用 · 遞用이라는 세 가지 기본조례에 의거하여 反切上字를 系聯시켜 40류를 얻었으며, 같은 원리로 反切下字도 系聯하여 206운 각 운마다 1류에서 4류까지 도합 311류를 얻었다.

2. 分析條例

廣韻同音之字, 不分兩切語, 此必陸氏舊例也。其兩切語下字同類者, 則上字必不同類, 如 '紅:戶公切,' '烘:呼東切,' 公東韻同類, 則戶呼聲不同類。今分析切語上字不同類者,

據此定之也。 上字同類者，下字必不同類，如'公:古紅切，'
'弓:居戎切，' 古居聲同類，則紅戎韻不同類。今分析每韻二
類三類四類者，據此定之也。46)

『廣韻』은 동음자에는 反切이 한 가지인데, 이는 틀림없이 루 화
옌의『切韻』을 따른 것일 것이다. 따라서 두 개의 反切에서 反
切下字가 동류일 경우에 反切上字는 틀림없이 동류가 아니다.
紅:戶公切, 烘:呼東切에서 反切下字 公과 東은 韻類가 동류
이므로, 反切上字 戶와 呼는 聲類가 동류가 될 수 없다. 이제
反切上字가 동류가 아닌 것을 이와 같은 방법으로 분류한다. 같
은 원리로 두 개의 反切上字가 동류인 경우에 反切下字는 틀
림없이 동류가 아니다. 公:古紅切, 弓:居戎切에서 反切上字
古와 居는 聲類가 동류이므로, 反切下字 紅과 戎은 韻類가 동
류가 될 수 없다. 이제 이와 같은 방법으로 각 운의 反切下字를
二類・三類・四類로 분류한다.

소위 基本條例는 反切上字 또는 反切下字를 연결시켜 묶어가는 원칙
인데 반하여, 分析條例는 서로 다른 류를 분리하여가는 원칙이다. 츠언
리가 말한대로『廣韻』의 체재를 보면 같은 음의 글자를 다른 反切로 표
기한 예가 있을 수 없다. 小韻단위로 反切이 있는데, 동음자라면 반드시
앞뒤를 동그라미로 격한 같은 小韻안에 들어있게 되므로 동음자에 두 가
지 다른 反切이 존재할 수 없다. 여기서 츠언 리는 反切上字가 동류라면
反切下字가 반드시 다른 韻類이고, 역으로 反切下字가 동류라면 上字가
반드시 다른 聲類라는 원칙을 이끌어낸 것이다.

---

46)『切韻考』卷一, 三(後).

3. 補充條例

切語上字既系聯爲同類矣。然有實同類而不能系聯者, 以其切語上字兩兩互用故也。如'多''得''都''當'四字, 聲本同類, '多:得何切,' '得:多則切,' '都:當孤切,' '當:都郞切,' '多'與'得,' '都'與'當,' 兩兩互用, 遂不能四字系聯矣。今考廣韻一字兩音者互注切語, 其同一音之兩切語上二字聲必同類, 如一東 '涷:德紅切,' '又都貢切,' 一送 '涷:多貢切,' '都貢' '多貢'同一音, 則'都''多'二字實同一類也。今於切語上字不系聯而實同類者, 據此以定之。

切語下字既系聯爲同類矣。然亦有實同類而不能系聯者, 以其切語下字兩兩互用故也。如'朱''俱''無''夫'四字, 韻本同類, '朱:章俱切,' '俱:擧朱切,' '無:武夫切,' '夫:甫無切,' '朱'與'俱,' '無'與'夫,' 兩兩互用, 遂不能四字系聯矣。今考平上去入四韻相承者, 其每韻分類亦多相承, 切語下字既不系聯, 而相承之韻又分類, 乃據以定其分類, 否則雖不系聯實同類耳。(『切韻考』卷一, 三[後]〜四[後])

反切上字가 系聯되면 동류이다. 그러나 실은 동류이면서 系聯되지 않는 것이 있는데, 이는 反切上字 둘이 서로 互用하는 까닭이다. 예를 들면, 多・得・都・當의 4글자는 聲類가 본래 동류인데, 多와 得이 互用하고(多:得何切, 得:多則切), 都와 當이 互用하여(都:當孤切, 當:都郞切), 이 4글자가 系聯되지 못하는 것이다. 이제『廣韻』에서 한 글자에 두 가지 음이 있는 글자에 서로 주음한 두 개의 反切을 살펴보면, 결국 동일한 음을 표기한 두 反切上字는 글자가 다르다해도 聲類가 동류일 수밖에 없다. 예를 들면, 一東운의 涷자는 德紅切(平聲)이지만, 又切이

都貢切(去聲)인데, 정작 去聲韻인 一送운에 보면, 涷자의 反切
이 多貢切이다. 都貢과 多貢은 동일음을 주음한 反切이므로
都와 多는 실은 동류이다. 이제 反切上字가 동류이면서 系聯이
안 되는 것은 이 방법에 의거하여 결정한다.

反切下字가 系聯되면 동류이다. 그러나 실은 동류이면서 역시
系聯되지 않는 것이 있는데, 이는 反切下字 둘이 서로 互用하
는 까닭이다. 예를 들면, 朱·俱·無·夫의 4 글자는 韻類가
본래 同類인데, 朱와 俱가 互用하고(朱:章俱切, 俱:擧朱切), 無
와 夫가 互用하여(無:武夫切, 夫:甫無切), 이 4글자가 系聯되지
못하는 것이다. 이제 서로 상응하는 平上去入 네 운은 각 운의
분류도 또한 대개 서로 상응한다는 점을 살펴서, 反切下字가 系
聯되지 않고 四聲이 상응되는 운도 또한 분류되면, 이에 의거하
여 분류하고, 그렇지 않으면 系聯이 안된다 해도 실은 동류라고
본다.

이와 같이 동류로 짐작되는 反切上字가 反切 자체의 한계성으로 인하
여 系聯되지 못하는 경우에는 又切, 又音같은 제2차자료를 이용하여 系
聯시키는 보완적인 방법을 보충조례라고 한다. 위에 든 反切上字의 예와
같이 平聲字에 달린 去聲음 又切과 실제로 去聲韻에 실린 해당글자의 反
切을 대조하여, 같은 음을 서로 다른 反切上字로 표기한 점(이를 互見이라
고 한다)에 착안하여, 이 두 反切上字를 系聯시키는 방법이다. 反切下字
의 경우도 이와 같은 원리로, 互用으로 인하여 系聯되지 못하는 경우에
이 운과 상응하는 타성조의 운을 살펴서 분류여부를 결정한다. 즉 위에서
예로든 朱·俱·無·夫는 平聲十虞운인데 이와 상응하는 上聲九麌운
과 去聲十遇운의 反切下字는 모두 系聯되어 한 류가 된다. 그러므로

朱・俱・無・夫가 둘씩 互用되어 系聯되지 않을지라도 동류로 본다.

츠언 리는 이 세 가지 원칙을 이용하여 452개의 反切上字를 系聯하여 40개의 聲類를 얻었으며, 1,200개 정도 되는 反切下字를 系聯하여 311개의 韻類를 얻었다. 그후에 학자들이 츠언 리의 反切上下字 분석 결과에 대하여 수정보충작업을 계속하였다. 후대의 학자들도 기본적으로는 츠언의 反切系聯法을 받아들이지만, 세부적인 문제에 문제점들이 드러나게 되어 츠언의 분석결과가 정확하지 못하다고 판단하였던 것이다. 이는 分析條例나 補充條例를 적용하는데 있어서 판단이 주관에 흐를 가능성이 많고, 또한 反切 자체의 결함, 특히 又音, 又切의 혼잡성과 예외성으로 인해 정확한 분석을 행하지 못하는 경우도 많기 때문이다. 基本條例를 적용하는데 있어서도 문제점이 없는 것이 아니다. 反切이 애초부터 系聯을 고려해서 만들어진 것이 아니고 한 자씩 개별적으로 또 상황별로 만들어진 것이므로, 앞서 설명한 것처럼 둘끼리만 互用되어 동류이면서도 系聯되지 못하는 것도 있고, 反切중에는 "上字는 聲母, 下字는 韻母"를 나타낸다는 공식이 딱 맞아떨어지지 않고 上字와 下字사이에 간섭현상이 있는 反切이 있으며, 음의 변화로 일반규칙에 들어맞지 않게 된 早期反切등이 있기 때문에 기본조례의 적용조차도 저해가 되는 경우가 간간이 있다.

2-6-4 『廣韻』의 聲類

츠언 리의 40聲類를 필두로 치엔 쉬앤퉁(錢玄同, 『文字學音篇』, 1921)은 明・微를 나누어 41성류, 칼그렌(『中國音韻學硏究』)은 47성류, 빠이 띠저우(白滌洲)[47]도 47성류, 쩡 윈치엔(曾運乾)은 51聲類[48]로 나

---

47) 白滌洲.「廣韻聲紐韻類之統計」『女師大學術季刊』2:1, 北京, 1931.
48) 曾運乾.「切韻五聲五十一紐考」『東北大學季刊』第一期, 1927, pp.14-21.

누었다. 루 즈웨이(陸志韋), 저우 쭈뭐(周祖謨), 똥 통허(董同龢)에 이어 대부분의 학자들이 이 51聲類說을 따른다. 이 51류는 中古音의 聲母가 아니고 聲母의 부류 즉 聲類로서, 이는 中古音 聲母의 대략의 틀만을 제시할 뿐으로, 정확한 聲母의 분류 및 음가의 재구는 다른 자료에 기댈 수밖에 없다. 아래에 이 51聲類 『廣韻』反切上字表를 싣는다.

『廣韻』反切上字表[49]

博類(9자)

博23 北11 布9 補7 邊2 伯1 百1 巴1 晡1

方類(14자)

方32 甫12 府12 必7 彼6 卑4 兵2 陂2 并2 分2 筆2 畀1 鄙1 封1

普類(4자)

普37 匹32 滂4 譬1

芳類(9자)

芳15 敷12 撫4 孚4 披3 丕1 妃1 峯1 拂1

蒲類(8자)

蒲30 薄22 傍5 步4 部2 白2 裴1 捕1

---

49) 이 反切上字表는 『廣韻』에 反切上字로 가장 많이 쓰인 글자로써 類名을 삼고 출현빈도순으로 나열한 것이다. 각 反切上字 곁의 숫자는 출현회수로서 白滌洲(1931)·王力(1936a)가 처음 밝혔으나 이들은 47聲類說을 따랐으며, 51聲類說에 따른 것으로는 陸志韋의 「證廣韻五十一聲類」(1939a), 邵榮芬의 『切韻硏究』(1982, pp.24-32.), 陳復華의 『漢語音韻學基礎』(1983, pp.51-59, 俟類를 독립시켜 52류가 됨), 唐作藩의 『音韻學敎程』(1991, pp.112-114.)등이 있다. 反切上字의 수도 학자에 따라 차이가 나고 (陳澧 452; 陸志韋 468; 董同龢 477; 邵榮芬 466;…), 각 反切下字의 출현회수도 간혹 차이가 나는데, 이는 『廣韻』의 판본에 따른 反切의 차이 및 문제가 되는 反切의 처리방법의 차이 등에 기인한다. 여기서는 董同龢(1968)의 聲類表(출현회수 欠) 및 陸志韋(1939a)의 출현회수 통계를 위주로 하였으나 이 둘 사이에 간혹 차이가 있을 경우에는 다른 자료들과 대조하여 수정하였다. 이 표에 숫자를 싣는 이유는 어느 글자들이 反切上字로 잘 쓰였는지 알아보기 위함이다.

符類(16자)

符$_{23}$ 扶$_{13}$ 房$_{11}$ 皮$_7$ 毗$_7$ 防$_4$ 平$_3$ 婢$_1$ 便$_1$ 附$_1$ 縛$_1$ 浮$_1$ 馮$_1$ 父$_1$ 弼$_1$ 苻$_1$

莫類(6자)

莫$_{65}$ 模$_2$ 謨$_2$ 摸$_1$ 慕$_1$ 母$_1$

武類(12자)

武$_{24}$ 亡$_{13}$ 彌$_{11}$ 無$_7$ 文$_4$ 眉$_3$ 靡$_2$ 明$_2$ 美$_1$ 綿$_1$ 巫$_1$ 望$_1$

都類(7자)

都$_{37}$ 丁$_{23}$ 多$_{11}$ 當$_9$ 得$_2$ 德$_2$ 冬$_1$

他類(8자)

他$_{54}$ 吐$_{10}$ 土$_6$ 託$_2$ 湯$_2$ 天$_1$ 通$_1$ 臺$_1$

徒類(9자)

徒$_{64}$ 杜$_4$ 特$_2$ 度$_2$ 唐$_2$ 同$_1$ 陀$_1$ 堂$_1$ 田$_1$

奴類(6자)

奴$_{54}$ 乃$_{16}$ 那$_3$ 諾$_2$ 內$_2$ 妳$_1$

女類(4자)

女$_{35}$ 尼$_9$ 拏$_1$ 穠$_1$

陟類(10자)

陟$_{41}$ 竹$_{13}$ 知$_9$ 張$_8$ 中$_2$ 猪$_2$ 徵$_1$ 追$_1$ 卓$_1$ 珍$_1$

丑類(7자)

丑$_{67}$ 敕$_9$ 耻$_1$ 癡$_1$ 楮$_1$ 褚$_1$ 抽$_1$

直類(13자)

直$_{55}$ 除$_7$ 丈$_5$ 宅$_4$ 持$_3$ 柱$_1$ 池$_1$ 遲$_1$ 治$_1$ 場$_1$ 佇$_1$ 馳$_1$ 墜$_1$

作類(4자)

作$_{15}$ 則$_{12}$ 祖$_5$ 臧$_4$

子類(10자)

子$_{62}$ 卽$_{16}$ 將$_7$ 資$_3$ 姊$_3$ 遵$_2$ 茲$_2$ 借$_1$ 醉$_1$ 鑯$_1$

倉類(8자)

倉$_{23}$ 千$_{11}$ 蒼$_3$ 采$_2$ 麤$_2$ 麁$_1$ 靑$_1$ 醋$_1$

七類(7자)

七$_{62}$ 此$_4$ 親$_2$ 遷$_1$ 取$_1$ 雌$_1$ 且$_1$

昨類(6자)

昨$_{27}$ 徂$_{19}$ 才$_{12}$ 在$_{10}$ 藏$_4$ 前$_1$

疾類(7자)

疾$_{16}$ 慈$_9$ 秦$_5$ 自$_1$ 匠$_1$ 漸$_1$ 情$_1$

蘇類(5자)

蘇$_{41}$ 先$_{13}$ 桑$_5$ 素$_4$ 速$_1$

息類(12자)

息$_{31}$ 相$_{11}$ 私$_8$ 思$_7$ 斯$_3$ 辛$_1$ 司$_1$ 雖$_1$ 悉$_1$ 寫$_1$ 胥$_1$ 須$_1$

徐類(10자)

徐$_{11}$ 似$_{11}$ 祥$_4$ 辝$_3$ 詳$_2$ 寺$_1$ 辭$_1$ 隨$_1$ 旬$_1$ 夕$_1$

側類(7자)

側$_{36}$ 莊$_7$ 阻$_6$ 鄒$_1$ 簪$_1$ 仄$_1$ 爭$_1$

初類(8자)

初$_{29}$ 楚$_{23}$ 測$_3$ 叉$_2$ 芻$_1$ 厠$_1$ 創$_1$ 瘡$_1$

士類(12자)

士$_{33}$ 仕$_9$ 鋤$_7$ 鉏$_5$ 牀$_3$ 査$_2$ 雛$_2$ 助$_1$ 豺$_1$ 崇$_1$ 崱$_1$ 俟$_1$

所類(10자)

所$_{45}$ 山$_{14}$ 疎$_6$ 色$_5$ 數$_3$ 砂$_2$ 沙$_1$ 疏$_1$ 生$_1$ 史$_1$

之類(12자)

之$_{29}$ 職$_{12}$ 章$_{12}$ 諸$_7$ 旨$_4$ 止$_3$ 脂$_1$ 征$_1$ 正$_1$ 占$_1$ 支$_1$ 煮$_1$

昌類(6자)

昌$_{29}$ 尺$_{16}$ 充$_7$ 赤$_3$ 處$_3$ 叱$_2$

食類(4자)

食$_{11}$ 神$_6$ 實$_1$ 乘$_1$

式類(14자)

式$_{23}$ 書$_{10}$ 失$_6$ 舒$_6$ 施$_3$ 傷$_2$ 識$_2$ 賞$_2$ 詩$_2$ 始$_1$ 試$_1$ 矢$_1$ 釋$_1$ 商$_1$

時類(16자)

時$_{15}$ 常$_{11}$ 市$_{11}$ 是$_6$ 承$_5$ 視$_3$ 署$_2$ 殊$_2$ 氏$_1$ 寔$_1$ 臣$_1$ 殖$_1$ 植$_1$ 嘗$_1$ 蜀$_1$ 成$_1$

古類(9자)

古$_{136}$ 公$_3$ 過$_1$ 各$_1$ 格$_1$ 兼$_1$ 姑$_1$ 佳$_1$ 乖$_1$

居類(9자)

居$_{79}$ 擧$_7$ 九$_6$ 俱$_4$ 紀$_3$ 几$_2$ 規$_1$ 吉$_1$ 詭$_1$

苦類(11자)

苦$_{86}$ 口$_{13}$ 康$_4$ 枯$_3$ 空$_2$ 恪$_2$ 牽$_1$ 謙$_1$ 楷$_1$ 客$_1$ 可$_1$

去類(18자)

去$_{42}$ 丘$_{37}$ 區$_4$ 墟$_3$ 起$_3$ 驅$_2$ 羌$_2$ 綺$_2$ 欽$_1$ 傾$_1$ 窺$_1$ 詰$_1$ 袪$_1$ 豈$_1$ 曲$_1$ 傾$_1$ 棄$_1$
乞$_1$

渠類(12자)

渠$_{36}$ 其$_{24}$ 巨$_{24}$ 求$_7$ 奇$_2$ 曁$_2$ 臼$_1$ 衢$_1$ 强$_1$ 具$_1$ 狂$_1$ 跪$_1$

五類(4자)

五$_{82}$ 吾$_4$ 硏$_2$ 俄$_1$

魚類(11자)

魚$_{40}$ 語$_{14}$ 牛$_{10}$ 宜$_4$ 虞$_2$ 疑$_1$ 擬$_1$ 愚$_1$ 遇$_1$ 危$_1$ 玉$_1$

烏類(7자)

烏$_{82}$ 安$_3$ 烟$_1$ 鷥$_1$ 愛$_1$ 哀$_1$ 握$_1$

於類(13자)

於$_{110}$ 乙$_8$ 衣$_3$ 伊$_3$ 一$_3$ 央$_2$ 紆$_2$ 憶$_1$ 依$_1$ 憂$_1$ 謁$_1$ 委$_1$ 挹$_1$

呼類(8자)

呼$_{70}$ 火$_{16}$ 荒$_4$ 虎$_4$ 海$_1$ 呵$_1$ 馨$_1$ 花$_1$

許類(9자)

許$_{73}$ 虛$_{16}$ 香$_9$ 況$_7$ 興$_2$ 休$_2$ 喜$_2$ 朽$_1$ 羲$_1$

胡類(9자)

胡$_{90}$ 戶$_{32}$ 下$_{14}$ 侯$_6$ 何$_2$ 黃$_2$ 乎$_2$ 獲$_1$ 懷$_1$

于類(14자)

于$_{20}$ 王$_8$ 雨$_4$ 爲$_3$ 羽$_3$ 云$_2$ 永$_1$ 有$_1$ 雲$_1$ 筠$_1$ 韋$_1$ 洧$_1$ 榮$_1$ 薳$_1$

以類(12자)

以$_{24}$ 羊$_{14}$ 余$_{12}$ 餘$_8$ 與$_7$ 弋$_3$ 夷$_2$ 予$_1$ 翼$_1$ 移$_1$ 悅$_1$ 營$_1$

盧類(9자)

盧$_{26}$ 郎$_{16}$ 落$_{10}$ 魯$_9$ 來$_3$ 洛$_3$ 勒$_2$ 賴$_1$ 練$_1$

力類(8자)

力$_{57}$ 良$_{13}$ 呂$_7$ 里$_2$ 林$_1$ 離$_1$ 連$_1$ 縷$_1$

而類(8자)

而$_{23}$ 如$_{17}$ 人$_{16}$ 汝$_4$ 仍$_1$ 兒$_1$ 耳$_1$ 儒$_1$

이상의 反切上字는 모두 471자이다. 그러나 이 수는 주49)에서 설명한 것처럼 절대적인 숫자는 아니다. 위의 표는 類名으로 쓰인 反切上字가 과연 압도적으로 많이 사용되었음을 보인다. 그러므로 類名만 다 외워도 反切上字의 과반수 이상을 익히는 셈이 된다. 그러나 51류 각 류에서 류명을 제외하고 적어도 서너 개의 反切上字는 외워야하며, 가능한한 400여자 전체를 익히는 것이 좋다.

2-6-5 『廣韻』의 韻類

츠언 리가 약 1,200개의 反切下字를 系聯해서 얻은 결과는 311류이다. 칼그렌은 重紐문제를 다루지 않아 290류이며, 周祖謨는 324류, 李榮은 335류, 邵榮芬은 326류로 학자마다 다소 차이가 있다. 反切下字는 反切上字보다 더욱 복잡하기 때문에 反切系聯法의 적용정도에 따라 이와 같은 차이가 생기게 된다. 대략 츠언 리의 분류에 따른 董同龢의 320류(『漢語音韻學』, pp.98-109)를 근거로 하여 『廣韻』과 대조하고 周祖謨의 『廣韻校本-附校勘記』(1960)의 「校勘記」를 참고하여 오자·탈자를 수정 보충하고 출현회수의 통계를 내어 작성한 『廣韻』反切下字表는 다음과 같다.50)

---

50) 앞의 『廣韻』反切上字表와 마찬가지로 反切下字도 출현빈도수순으로 나열하고 출현회수를 숫자로 나타낸다. 反切下字의 출현회수의 통계작업도 反切上字와 마찬가지로 白滌洲(1931)·王力(1936a)등에서 시작하였으며, 邵榮芬(1982)·陳復華(1983)·唐作藩(1991)등에도 통계표가 실려있다. 反切下字의 경우도 역시 『廣韻』의 판본상의 차이 및 오류의 처리방법에 따라 그 수량이나 출현회수에 약간의 차이가 난다. 도표에서 [ ] 안의 글자는 동운에서 다른 류에 속하는 反切下字가 중복되어 나타난 것으로, 기본조례에 의거하면 같은 글자가 중복되어 나타난 두 류는 한 류로 系聯될 수 있으나 分析條例에 의거하여 두 류로 나뉜 것이다. 일례를 들면, 去聲一送에 나오는 7개의 反切上字 貢·弄·送·凍·鳳·仲·衆은 莫鳳切(夢)·莫弄切(巾家)의 分析條例에 의하여 두 류로 나뉘게 된다. 貢·弄·送·凍은 系聯되어 ①류가 되며, 仲·衆·鳳은 ②류가 된다. ②류에서 仲·衆은 反切로 系聯이 되지만, 鳳은 사실상 이 글자와 관련된 馮貢切(鳳)·莫鳳切(夢)·方鳳切(諷)·撫鳳切(賵)의 모든 反切자료에서 貢 이외의 글자와는 系聯되는 것이 없기 때문에 反切系聯에 의하여서는 仲·衆과 연결되지 않으나 ②류에 넣은 것은 四聲相承관계(東董屋운체계와의 동일성)나 후대의 輕脣化의 조건 그리고 韻圖의 나열위치 등에 의한 것이다(陳澧의 『切韻考』는 反切系聯에만 의거하여 鳳을 ①류에 넣었으며 ②류에는 仲衆뿐이다). 그런데 鳳의 反切이 馮貢切이므로 反切系聯상 이 貢만은 예외적으로 ②류에 속하게 되므로 괄호에 넣은 것이다. 이 도표의 모든 [ ]의 글자가 이와 동일한 상황을 나타낸다. 여기서 分析條例를 어느 정도까지 적용시키느냐에 따라 분류결과에 차이가 생길 수 있다. 글자수가 적어 인근의 二腫운에 들어간 二冬운 上聲글자는 이 표에서는 제 위치에 나열한다. 또한 도표의 예자 중에서 ( )안의 다섯 글자는 인근운자가 섞여들어 온 것을 가리킨다.

『廣韻』反切下字表

平　聲	上　聲	去　聲	入　聲
一東 2异 ①紅₁₂東₂公₂ ②弓₆戎₅中₃融₁宮₁終₁	一董 1异 孔₈董₂動₂揔₁蠓₁	一送 2异 ①貢₇弄₅送₂湅₁ ②仲₇鳳₁衆₁[貢₁]	一屋 2异 ①木₈谷₇卜₁祿₁ ②六₂₀竹₄逐₁福₁菊₁匊₁ 宿₁
二冬 1异 冬₇宗₃	(二腫) 1异 湩₁鵒₁	二宋 1异 綜₂宋₂統₁	二沃 1异 沃₉毒₃酷₂篤₁
三鍾 1异 容₁₇恭₃封₁鍾₁凶₁庸₁	二腫 1异 隴₁₁勇₂拱₂踵₁奉₁冗₁ 悚₁冢₁	三用 1异 用₁頌₁	三燭 1异 玉₁₄蜀₃欲₂足₁曲₁綠₁
四江 1异 江₁₇雙₁	三講 1异 項₄講₂慃₁	四絳 1异 絳₇降₁巷₁	四覺 1异 角₁₇岳₁覺₁
五支 4异 ①支₇移₈離₃知₁ ②宜₆羈₅奇₁ ③規₁隋₁隨₁[爲₁] ④爲₁₁垂₆危₁吹₁[支₁]	四紙 4异 ①氏₇紙₂爾₃㲎₁此₁豸₁ 　侈₃是₁ ②綺₃彼₃倚₂[委₂] ③婢₃弭₃俾₁ ④委₉累₂捶₂詭₁毀₁髓₁ 　靡₁	五寘 3异 ①義₁₃智₃寄₁賜₁豉₂企₁ ②恚₃避₁[義₁] ③僞₈睡₃瑞₁累₁	
六脂 3异 ①夷₈脂₆尼₂資₁飢₁私₁ ②追₃悲₄佳₄遺₁眉₁綏₁ 　維₁ ③[追₁]	五旨 3异 ①几₇履₄姊₃雉₁視₁矢₁ ②軌₄鄙₃美₃水₂洧₁誄₁ 　壘₁累₁ ③癸₂[誄₁]	六至 4异 ①利₉至₆四₃冀₃二₂器₂ 　自₁ ②[利₁] ③類₄醉₃位₃遂₃愧₂秘₂ 　媚₁備₁萃₁寐₁ ④季₃悸₁	
七之 1异 之₁₄其₅茲₂持₂而₁蕾₁	六止 1异 里₁止₃紀₃士₂史₂市₁ 理₁己₁擬₁	七志 1异 吏₁₇記₄置₂志₁	
八微 2异 ①希₃衣₂依₁ ②非₃韋₃微₁歸₁	七尾 2异 ①豈₅狶₁ ②鬼₃偉₁尾₂匪₁	八未 2异 ①旣₅豙₁ ②貴₃胃₂沸₂味₁未₁畏₁	
九魚 1异 魚₁₂居₇豬₂余₂菹₁	八語 1异 呂₁₃與₆擧₄許₂巨₁渚₁	九御 1异 據₇倨₅恕₃御₂慮₂預₂署₁ 洳₁助₁去₁	
十虞 1异 俱₇朱₅無₃于₃輸₁兪₁夫₁ 逾₁誅₁隅₁劬₁	九麌 1异 庚₆矩₅主₄雨₄武₂甫₁禹₁ 羽₁	十遇 1异 遇₁₃句₈戌₂注₂具₁	

十一模 1异 胡$_9$都$_3$孤$_2$乎$_1$吳$_1$吾$_1$姑$_1$ 烏$_1$	十姥 1异 古$_{14}$戶$_1$魯$_1$補$_1$杜$_1$	十一暮 1异 故$_{14}$誤$_2$祚$_1$暮$_1$路$_1$	
十二齊 2异 ①奚$_7$稽$_4$雞$_3$兮$_2$迷$_2$觿$_1$ 低$_1$ ②攜$_3$圭$_2$	十一薺 1异 禮$_{12}$啓$_2$米$_1$弟$_1$	十二霽 2异 ①計$_{16}$詣$_2$戾$_1$ ②惠$_1$桂$_1$	
		十三祭 3异 ①例$_8$制$_5$祭$_2$憩$_1$弊$_1$袂$_1$ 蔽$_1$劂$_1$ ②[例$_1$] ③芮$_8$銳$_2$歲$_2$衛$_2$稅$_1$	
		十四泰 2异 ①蓋$_{11}$太$_1$帶$_1$大$_1$艾$_1$貝$_1$ ②外$_{11}$會$_3$最$_1$	
十三佳 2异 ①佳$_{11}$膎$_1$ ②媧$_3$蛙$_1$緺$_1$	十二蟹 2异 ①蟹$_7$買$_4$ ②夥$_2$扞$_1$[買$_1$]	十五卦 2异 ①懈$_7$賣$_5$隘$_1$ ②卦$_5$[賣$_1$]	
十四皆 2异 ①皆$_{14}$諧$_3$ ②懷$_5$乖$_1$淮$_1$	十三駭 1异 駭$_3$楷$_1$	十六怪 2异 ①拜$_5$介$_4$界$_2$戒$_1$[怪$_1$] ②怪$_5$壞$_1$	
		十七夬 2异 ①犗$_5$喝$_1$ ②夬$_5$邁$_4$快$_2$話$_1$	
十五灰 1异 回$_{13}$恢$_3$杯$_2$灰$_1$	十四賄 1异 罪$_{10}$猥$_4$賄$_3$	十八隊 1异 對$_8$內$_2$佩$_2$妹$_1$隊$_1$輩$_1$績$_1$ 昧$_1$	
十六咍 1异 來$_9$哀$_3$才$_1$開$_1$哉$_1$	十五海 1异 亥$_9$改$_6$宰$_2$在$_1$乃$_1$紿$_1$愷$_1$	十九代 1异 代$_{11}$溉$_2$耐$_1$愛$_1$慨$_1$	
		二十廢 1异 廢$_3$肺$_1$碫$_2$	
十七眞 十八諄 3异 ①鄰$_{11}$眞$_4$人$_4$珍$_3$賓$_1$ ②巾$_7$銀$_1$ ③倫$_{10}$勻$_2$遵$_1$迍$_1$脣$_1$綸$_1$ 旬$_1$贇$_1$筠$_1$	十六軫 十七準 3异 ①忍$_{13}$引$_2$軫$_1$盡$_1$腎$_1$紖$_1$ ②泯$_2$敏$_1$ ③尹$_6$準$_3$允$_1$	二十一震 二十二稕 2异 ①刃$_{13}$覲$_3$晉$_2$遴$_1$振$_1$印$_1$ ②閏$_5$峻$_1$順$_1$	五質 六術 3异 ①質$_7$吉$_5$悉$_4$栗$_4$必$_2$七$_1$ 畢$_2$一$_1$日$_1$叱$_1$ ②乙$_4$筆$_3$密$_2$ ③律$_7$聿$_6$卹$_2$

十九臻 1류 臻$_2$詵$_1$			七櫛 1류 瑟$_2$櫛$_1$
二十文 1류 云$_4$分$_3$文$_2$	十八吻 1류 粉$_5$吻$_3$	二十三問 1류 問$_5$運$_4$	八物 1류 勿$_7$物$_2$弗$_2$
二十一欣 1류 斤$_4$欣$_1$	十九隱 1류 謹$_7$隱$_1$	二十四焮 1류 靳$_4$焮$_1$	九迄 1류 訖$_2$迄$_2$乞$_1$
二十二元 2류 ①言$_5$軒$_1$ ②袁$_5$元$_2$煩$_1$	二十阮 2류 ①偃$_5$幰$_1$ ②遠$_3$阮$_3$晚$_3$	二十五願 2류 ①建$_3$堰$_1$[万$_1$] ②願$_6$万$_4$販$_1$怨$_1$	十月 2류 ①竭$_2$謁$_1$歇$_1$訐$_1$ ②月$_5$伐$_3$越$_1$厥$_1$發$_1$
二十三魂 1류 昆$_{10}$渾$_4$尊$_2$奔$_2$魂$_1$	二十一混 1류 本$_{13}$損$_2$忖$_1$衮$_1$	二十六慁 1류 困$_{11}$悶$_6$寸$_1$	十一沒 2류 ①沒$_8$骨$_8$忽$_2$勃$_1$ ②[沒$_1$]
二十四痕 1류 痕$_2$根$_2$恩$_1$	二十二很 1류 很$_2$墾$_1$	二十七恨 1류 恨$_3$艮$_1$	
二十五寒 1류 干$_7$寒$_5$安$_2$	二十三旱 1류 旱$_9$但$_1$笴$_1$	二十八翰 1류 旰$_8$案$_4$贊$_1$按$_1$旦$_1$	十二曷 1류 割$_6$葛$_3$達$_3$曷$_3$
二十六桓 1류 官$_{11}$丸$_4$潘$_1$端$_1$	二十四緩 1류 管$_{10}$伴$_1$滿$_1$纂$_1$緩$_1$(旱$_2$) (但$_1$)	二十九換 1류 貫$_5$玩$_4$半$_3$亂$_2$段$_1$換$_1$喚$_1$ 筭$_1$慢$_1$	十三末 1류 括$_8$活$_5$潑$_2$末$_2$栝$_1$
二十七刪 2류 ①姦$_3$顏$_2$ ②還$_6$關$_2$班$_1$(頑$_1$)	二十五潸 2류 ①板$_5$赧$_1$ ②[板$_6$]綰$_1$鯇$_1$	三十諫 2류 ①晏$_6$諫$_1$澗$_1$鴈$_1$ ②患$_7$慣$_1$	十四鎋 2류 ①鎋$_{11}$轄$_1$瞎$_1$ ②刮$_7$頒$_1$
二十八山 2류 ①閑$_9$山$_3$間$_3$ ②頑$_5$鰥$_1$	二十六產 2류 ①限$_6$簡$_3$ ②(綰$_1$)	三十一襉 2류 ①莧$_5$襉$_1$ ②幻$_2$辦$_1$	十五黠 2류 ①八$_{10}$黠$_3$ ②滑$_6$拔$_1$[八$_1$]
一先 2류 ①前$_4$賢$_3$年$_2$堅$_2$田$_2$先$_2$ 顚$_1$煙$_1$ ②玄$_5$涓$_1$	二十七銑 2류 ①典$_7$殄$_4$繭$_1$峴$_1$ ②泫$_3$畎$_1$	三十二霰 2류 ①甸$_{13}$練$_1$佃$_1$電$_1$麵$_1$ ②縣$_3$[練$_1$]	十六屑 2류 ①結$_{17}$屑$_1$蔑$_1$ ②決$_3$穴$_2$
二仙 4류 ①連$_9$延$_8$然$_3$仙$_2$ ②乾$_3$焉$_1$ ③緣$_{11}$專$_1$川$_1$宣$_1$泉$_1$全$_1$ ④員$_4$圓$_1$攣$_1$權$_1$	二十八獮 3류 ①善$_7$演$_5$免$_4$淺$_3$蹇$_3$輦$_2$ 展$_2$辨$_1$剪$_1$ ②兗$_{12}$轉$_2$緬$_1$篆$_1$ ③[兗$_1$]	三十三線 4류 ①戰$_5$扇$_2$膳$_1$ ②箭$_3$線$_2$面$_2$賤$_1$碾$_1$ ③戀$_5$眷$_4$倦$_2$變$_2$卷$_2$囀$_1$ 彥$_1$ ④絹$_5$掾$_1$釧$_1$	十七薛 4류 ①列$_{22}$薛$_1$熱$_1$滅$_1$別$_1$竭$_1$ ②[列$_1$] ③悅$_5$雪$_4$絶$_3$爇$_1$ ④劣$_8$輟$_1$
三蕭 1류 聊$_3$堯$_2$么$_2$彫$_2$蕭$_1$	二十九篠 1류 了$_6$鳥$_3$皎$_2$皛$_1$	三十四嘯 1류 弔$_9$嘯$_1$叫$_1$	

四宵 2异 ①遙8招4昭3霄2宵1邀1消1焦1 ②嬌4喬2嚻1瀌1	三十小 2异 ①小7沼7少2兆1 ②夭2表2矯1[兆1]	三十五笑 2异 ①照5召4笑3妙2肖1要2少1 ②廟1[召1]	
五肴 1异 交16肴1茅1嘲1	三十一巧 1异 巧7絞5爪1飽1	三十六效 1异 敎4孝1皃1稍1	
六豪 1异 刀3勞3袍2毛1曹1遭1牢1襃1	三十二皓 1异 皓7老5浩3早1抱1道1	三十七号 1异 到13報2導1耗1	
七歌 1异 何11俄1歌1河1	三十三哿 1异 可11我3	三十八箇 1异 箇2佐2賀1个1邏1	
八戈 3异 ①禾11戈4波1婆1和1 ②伽3迦1 ③韡3忙2肥1	三十四果 1异 果14火3(可2)	三十九過 1异 臥14過5貨1唾1	
九麻 3异 ①加14牙2巴2霞1 ②瓜5華2花1 ③遮8邪4車1嗟1奢1賒1	三十五馬 3异 ①下14雅2賈2疋1 ②瓦6寡2 ③者4也3野1冶1姐1	四十禡 3异 ①駕11訝2嫁2亞2罵1 ②化4吳1霸1[駕] ③夜8謝2	十八藥 2异 ①略7約4灼3若2勺1爵1雀1虐1藥1 ②縛6鑠1钁1
十陽 2异 ①良13羊7莊2章1陽1張1 ②方1王2[良1]	三十六養 2异 ①兩20夌3獎1掌1養1网1昉1 ②往1[兩1]	四十一漾 2异 ①亮21讓1向1樣1 ②放21況2妄1訪1[亮1]	十九鐸 2异 ①各14落3 ②郭6博1穫1[各1]
十一唐 2异 ①郎12富2岡2岡1 ②光5旁1黃1	三十七蕩 2异 ①朗17黨1 ②晃1廣1	四十二宕 2异 ①浪16宕1 ②曠1謗1	二十陌 3异 ①格6伯6陌4白2 ②擭1[伯1]虢1[白1] ③戟4逆1劇1卻1
十二庚 4异 ①庚12行1[盲1] ②橫2盲2 ③京3卿1驚1 ④兵3明1榮1	三十八梗 4异 ①梗4杏2冷1[杏1] ②猛2礦1鲭1[杏1] ③影1丙1[永1] ④永1憬1	四十三映 4异 ①孟6明4 ②橫4[孟1] ③敬6慶2 ④痛1命2	二十一麥 2异 ①革9核1厄1摘1責1戹1 ②獲5麥3摑1
十三耕 2异 ①耕8莖6[萌1] ②宏2萌2	三十九耿 1异 幸4耿1	四十四諍 1异 迸4諍2	二十二昔 2异 ①益4昔3石2隻2亦2積1易1辟1迹1炙1 ②役4[隻1]
十四清 2异 ①盈9貞3成2征1情1幷1 ②營5傾1	四十靜 2异 ①郢9井3整1靜1 ②頃1潁1	四十五勁 1异 正10政4盛2姓1令1鄭1	二十三錫 2异 ①歷11擊4激2狄1 ②闃1臭1鶪1
十五青 2异 ①經7丁5靈1刑1 ②扃1螢1	四十一迥 2异 ①挺5鼎4頂3到1醒1涬1 ②迥7	四十六徑 1异 定10徑6佞1	二十四職 2异 ①力18職4逼3側2卽1翼1極1直1 ②[逼2]
十六蒸 1异 陵12冰2兢2矜2膺1蒸1乘1仍1升1	四十二拯 1异 拯2廎1	四十七證 1异 證9孕2應2餕1	二十五德 2异 ①則5得4北4德2勒1墨1黑1 ②或2國1
十七登 2异 ①登6滕3棱1增1崩1朋1恒1 ②肱1弘1	四十三等 1异 等3肯1	四十八嶝 1异 鄧7亙3瞪1贈1	

十八尤 1류 鳩$_7$求$_5$由$_5$流$_4$尤$_3$周$_2$秋$_2$州$_1$浮$_1$謀$_1$	四十四有 1류 九$_9$久$_9$有$_3$柳$_3$酉$_1$否$_1$婦$_1$	四十九宥 1류 救$_{18}$祐$_5$又$_1$咒$_1$副$_1$僦$_1$溜$_1$富$_1$就$_1$	
十九侯 1류 侯$_{13}$鉤$_2$婁$_1$	四十五厚 1류 后$_6$口$_1$厚$_2$苟$_2$垢$_2$斗$_1$	五十候 1류 候$_{10}$奏$_3$豆$_2$遘$_1$漏$_1$	
二十幽 1류 幽$_5$虯$_3$彪$_2$烋$_1$	四十六黝 1류 黝$_9$糾$_1$	五十一幼 1류 幼$_2$謬$_2$	
二十一侵 2류 ①林$_4$針$_4$心$_2$深$_2$淫$_2$任$_1$尋$_1$ ②金$_1$吟$_2$今$_1$簪$_1$	四十七寑 2류 ①荏$_5$甚$_5$稔$_5$枕$_2$朕$_2$凜$_1$ ②錦$_6$飮$_3$瘁$_1$	五十二沁 1류 禁$_9$鵁$_6$蔭$_2$任$_1$譖$_1$	二十六緝 2류 ①入$_{10}$立$_9$及$_4$戢$_2$執$_1$汁$_1$ ②急$_1$汲$_1$
二十二覃 1류 含$_5$南$_1$男$_1$	四十八感 1류 感$_{13}$禫$_1$唵$_1$	五十三勘 1류 紺$_{13}$暗$_1$	二十七合 1류 合$_{11}$荅$_4$閤$_1$杳$_1$
二十三談 1류 甘$_7$三$_2$酣$_2$甜$_1$談$_1$	四十九敢 1류 敢$_{11}$覽$_2$	五十四闞 1류 濫$_6$瞰$_1$蹔$_1$暫$_1$矙$_1$	二十八盍 1류 盍$_{13}$臘$_1$榼$_1$雜$_1$
二十四鹽 2류 ①廉$_7$鹽$_6$占$_2$ ②炎$_2$淹$_1$[廉$_1$]	五十琰 2류 ①琰$_5$冉$_4$染$_2$斂$_1$漸$_1$ ②檢$_3$險$_1$儉$_1$奄$_1$	五十五豔 2류 ①豔$_5$贍$_2$ ②驗$_3$窆$_1$	二十九葉 2류 ①涉$_7$葉$_4$攝$_1$接$_1$ ②輒$_1$[葉$_1$]
二十五添 1류 兼$_8$甛$_1$	五十一忝 1류 忝$_5$玷$_4$簟$_1$	五十六㮇 1류 念$_{10}$店$_2$	三十帖 1류 協$_9$頰$_2$愜$_1$牒$_1$
二十六咸 1류 咸$_9$讒$_1$	五十二鎌 1류 減$_9$斬$_4$鎌$_1$	五十七陷 1류 陷$_8$韽$_1$賺$_1$	三十一洽 1류 洽$_{10}$夾$_2$図$_1$
二十七銜 1류 銜$_7$監$_1$	五十三檻 1류 檻$_6$黤$_1$	五十八鑑 1류 鑑$_5$懺$_3$	三十二狎 1류 甲$_5$狎$_1$
二十八嚴 1류 嚴$_3$驗$_1$	五十四儼 1류 广$_1$掩$_1$	五十九釅 1류 釅[欠$_2$][剱$_1$]	三十三業 1류 業$_2$怯$_2$劫$_1$
二十九凡 1류 凡$_1$芝$_1$	五十五范 1류 犯$_4$錽$_1$范$_1$	六十梵 2류 ①泛$_1$梵$_1$ ②劒$_2$欠$_1$	三十四乏 1류 法$_5$乏$_1$

『廣韻』의 각 운의 反切下字를 분석하여 위의 표를 작성하는 과정에서 나타나는 개별적인 문제점들을 상황에 따라 처리하되 처리기준에 일관성을 잃지 않도록 하였다. 예를 들면, 인근의 운에 속하는 反切下字가 잘못 수록된 것 중에서 운의 끝머리에 수록된 것은 『廣韻』의 增加字로 보고

통계에서 제외시켰으며, 운의 중간에 수록된 것은 ( )안에 실었다. 『廣韻』의 206운은 『切韻』(193운)·『王本』(195운)에서 眞諄·寒桓·歌戈 3세트의 開合口운의 分韻으로 이루어졌음을 설명하였다. 이『廣韻』의 分韻체계를 분석해보아도 이 3세트의 開合口운이 서로 완전히 나누어지지 않고 섞이는 현상이 있다.

　眞軫震質과 諄準稕術을 『廣韻』에서는 開口·合口에 따라 分韻하기는 했지만 이 두 운의 反切下字가 여전히 서로 얽혀있어 깨끗이 나누어지지 않는다. 周祖謨(「陳澧切韻考辨誤」)등 학자들이 『切韻』殘本등의 早期韻書와 早期韻圖등을 참조하여 이 眞軫震質와 諄準稕術 두 운의 歸字(수록자의 韻部귀속)를 재조정하여 두 운의 反切下字를 다시 나누기도 하였지만, 역시 문제가 많아서 여기서는 董同龢의 의견에 따라 이 두 세트의 운을 합쳐서 분석하였다. 寒旱翰曷·桓緩換末 및 歌哿箇·戈果過도 『廣韻』은 나누었으나 철저히 분류되지 않아 上聲二十三旱운과 二十四緩운이 反切下字로 '旱'을 같이 쓰며, 上聲三十三哿운과 三十四果운이 반절자로 '可'를 같이 쓴다.51)

---

51) 平聲六脂운의 式之切(尸)은 式脂切(『王三本』)의 誤記로 보이므로 통계숫자에서 제외시켰다.
　　去聲十三祭운의 끝에 실린 두 글자 丘吠切(㰟)·呼吠切(㵝)의 反切下字가 吠이지만, 이 두 글자는 『廣韻』의 增加字이며, 또한 吠는 二十廢운자이므로 제외시켰다.
　　去聲十九代운에서 苦蓋切(愷)의 蓋는 誤記이므로 제외시켰다.
　　入聲九迄운의 居乙切(訖)의 乙은 본래 質운자이므로 『切三』·『王本』·『唐韻』등에 의거하여 乞로 수정하였다.
　　平聲二十五寒운 끝에 실린 乃官切(濡)의 官은 桓운자이므로 제외시겼다.
　　上聲二十四緩운의 蒲旱切(伴)·莫旱切(滿)의 旱 및 奴但切(攤)의 但은 二十三旱운자이다. 『切韻』·『王本』에서는 나누지 않은 寒·桓(上聲 旱·緩)운을 『廣韻』에서는 나누었지만 上聲에서는 여전히 서로 얽혀있음을 알 수 있다. 이 緩운의 反切下字 旱과 但은 旱운자이므로 도표에서 ( )에 넣었다.
　　平聲二十七刪운에 수록된 頑자는 본래 山운자(『切三』)로, 끝에 수록된 阻頑切(跧)은 山운에 들어가야 하는 反切이므로 頑을 ( )에 넣었다. 上聲二十五潸운에서 下扳切(僝)·戶板切(阪)로써 扳과 板이 두 류로 나누어지는데, 板의 反切이 또한 奴板切이므로, 板은 두 류에 걸치게 된다. 11개의 板자중에서 脣音·喉音피절자(6자)는 ②류로, 舌音·齒音·牙音피절자(5자)는 ①류로 들어간다. 이는 또한 脣音의 開合口 문제와 이밖에 『廣韻』의 分韻체재에 관해서는 주36)~주40)에서 설명한 것 이외로 다음과 같은 문제들이 있다. 上聲十九隱운에 수록된 두 개의 벽자

연결되는데, 『韻鏡』을 비롯한 五大韻圖들이 모두 이 脣音자를 合口로 보았으며 이에 따라 ②류에 넣었다.

上聲二十六産운의 끝 부분에 실린 初縮切(憷)의 縮은 淸운으로 여기서는 이 縮과 같이 系聯되는 글자도 없으므로 오류로 보인다. 그러나 상응하는 平去入聲운의 反切下字가 모두 두 류이므로, 이 縮자를 ②류에 ( )에 넣었다.

上聲二十八獮운의 兗은 狂兗切(蜎)・渠篆切(圈)로써 두 류로 나뉜다.

去聲三十三線운의 끝에 方見切(偏)이 있으나 見은 霰운자이므로 董同龢의 ⑤류는 삭제하였다.

上聲三十小운의 兆는 治小切이지만, 또한 於兆切(夭)・於小切(闄)로써 두 류로 나뉜다. 去聲三十五笑운의 召는 彌笑切(妙)・眉召切(廟)로써 두 류로 나뉜다.

上聲三十四果운의 反切下字 可는 哿운자이므로 ( )안에 넣었다. 歌・戈(哿・果)운도 寒・桓(旱・緩)운과 마찬가지로 『切韻』에서는 나뉘지 않았다. 去聲三十九過운의 끝 부분에 실린 安賀切(侉)은 箇운자이므로 제외시켰다.

去聲四十禡운에서 必駕切(霸)・呼禡切(化)로써 化와 駕는 系聯될 수 있다.

平聲十陽운에서 方은 府良切이므로 良과 系聯될 수 있으나, 巨王切(狂)・巨良切(强)로써 王과 良은 두 류로 나뉜다. 上聲三十六養운의 兩과 去聲四十一漾운의 亮도 平聲陽운과 동일한 상황이다.

入聲十九鐸운의 博은 補各切이지만, 古落切(各)・古博切(郭)로써 各・落과 博・郭의 두 류로 나뉜다.

平聲十二庚운의 盲은 武庚切이지만, 戶庚切(行)・戶盲切(橫)로써 庚・行과 橫・盲을 나눈다. 上聲三十八梗운의 猛은 莫杏切(『切三』)이지만, 古杏切(梗)・古猛切(礦)로써 梗・杏과 猛・礦은 두 류로 나뉜다. 居影切(驚)・俱永切(憬)로써 影과 永이 나뉜다. 去聲四十三映운에서는 古孟切(更)・莫更切(孟)이나, 下更切(行)・戶孟切(蝗・橫), 於孟切・烏橫切로써 孟과 橫이 나뉘며, 入聲二十陌운에서는 乙白切・烏格切과 胡格切・胡伯切, 苦格切(客)・丘擭切로써 格과 擭 두 류로 나뉘며, 白・伯은 두 류에 걸쳐진다.

平聲十三耕운에서 萌은 莫耕切이지만, 戶萌切(宏)・戶耕切(莖)로써 宏・萌과 耕・莖이 나뉜다.

入聲二十二昔운에서 役은 營隻切이며, 石과 隻은 互切한다. 그러나 七迹切・七役切로써 두류로 나뉜다.

入聲二十四職운에서 許極切(赩)・況逼切(洫)로써 두 류로 나뉘는데, 이 況逼切(洫)과 雨逼切(域)의 두 글자가 合口字로 ②류가 된다.

入聲二十六緝운은 伊入切(揖)・於汲切(邑)로써 두 류로 나뉜다.

入聲二十九葉운은 鞙이 陟葉切이지만, 於葉切(魘)・於鞙切(敐)로써 두 류로 나뉜다.

去聲五十九釅운의 反切下字 欠・劍은 去聲六十梵운에 수록되어있다. 釅・梵 두 운이 명확히 나뉘지 않는다.

平聲二十九凡운의 凡자는 『廣韻』은 符咸切로 되어있으나 『切三』・『王本』에 의거하여 符芝切로 고친다.

鯀・粦(仄謹切)이 본래는 十九臻韻의 上聲이고, 또 이 上聲十九隱운에 수록된 글자 齓의 又切인 初靳切이 去聲二十四焮운에 속하는 음인데, 이것이 본래는 臻韻去聲이었을 것이라는 戴震(1723~1777, 『聲類考』)의 주장에 따라 이 글자들을 臻韻의 上聲 및 去聲으로 처리한 학자들이 많으나, 여기서는 『廣韻』의 체재에 따른다. 早期韻圖 『韻鏡』등에 의거하여 入聲十一沒韻에 수록된 麧(下沒切)小韻 5글자를 平聲二十四痕운의 入聲字로 보기도 하나(『七音略』・『切韻指南』), 여기서는 『廣韻』의 체재에 따른다. 이상의 反切下字분석의 결과로 도합 319류를 얻었다. 董同龢의 320류에서 去聲三十三線운에서 한 류가 삭제된 것이다.

　지금까지 切韻系韻書의 대표적이고 집대성적인 운서인 『廣韻』을 분석하여 『切韻』이 반영하는 六朝시기의 讀書音체계를 살펴보고자 하였다. 『廣韻』의 체재에서 음운연구의 핵심자료인 四聲과 206운과 3,000여 개의 反切의 체계를 중심으로 고찰하였다. 그리하여 反切에서 反切上字로 쓰인 400여 개의 글자와 反切下字로 쓰인 1,200여자를 분석하여 51聲類와 319韻類를 얻었다. 여기까지가 韻書 및 反切이 우리에게 제공할 수 있는 음운체계의 귀중한 정보인 동시에 또한 한계점이라고 할 수 있다.

　이제 우리가 中古音을 재구하기 위해서는 이 운서의 자료만으로는 부족하다. 다행히 우리에게는 풍부한 중국현대방언자료들이 있으며 주변국가의 漢字音(Sinoxenic dialects)자료들이 있고 또 佛經譯音자료들이 있다. 이들 자료들이 中古音연구에 중요한 비교연구자료가 되며, 실제로 칼그렌 이래로 모든 학자들이 이 자료들을 이용하여 中古音의 음가를 재구하였다. 또한 세부적인 문제해결의 실마리도 상당수 이들에게서 제공받아왔던 것도 사실이다. 그러나 이들 자료들은 『切韻』처럼 中古音연구의 직접적인 자료는 되지 못한다. 어디까지나 참고자료일 뿐이다. 그러면 反

切을 분석하여 얻은 51聲類를 우리가 그대로 中古音의 聲母체계로 볼 수 있으며, 319韻類를 그대로 中古音의 韻母체계로 볼 수 있는가? 그렇다면 또 206韻과 319韻類와의 관계는? 中古音의 모음체계는 어떠한가? 이들의 음가는 어떻게 재구할 것인가? 反切체계 자체가 그 탄생배경의 배면에 지니고 있는 체계적인 결함으로 인한 분석결과의 문제점은 또 어떻게 해결할 것인가? 이와 같은 문제들을 풀기 위하여서는 무엇인가 규거가 될만한 整體적인 원시자료가 필요한데, 이것이 바로 韻圖이다. 『切韻』분석자료를 中古音의 재구의 길로 이끌어 가는 길잡이가 바로 韻圖자료인 것이다.

. . . .

第三章　韻圖

3-1 韻圖자료

宋元代에 나온 대표적인 韻圖로는 宋代에 간행된 저자미상의『韻鏡』,
鄭樵의『七音略』, 저자미상의『四聲等子』, 司馬光이 지었다고 잘못 전
해오는『切韻指掌圖』및 元代에 劉鑑이 지은『經史正音切韻指南』(보
통 '切韻指南'으로 약칭된다)의 다섯 종류가 있다.

풀리블랭크는 韻書와 韻圖자료는 시대와 지역이 다르므로 분리해야한
다고 하였다. 그의 논리는 타당하지만 실제 분석작업에서는 이 두 가지의
분리가 불가능하다. 韻圖의 도움이 없이 韻書만으로 中古音을 연구하기는
불가능하다. 칼그렌도『廣韻』과 더불어『切韻指掌圖』를 기본자료로 하
여 中古音을 연구하였다. 그러나 그가 자료로 삼은『切韻指掌圖』는『切
韻』의 체재와는 상당한 거리가 있는 後期韻圖이기 때문에 부적절한 선택
이라고 학자들의 비판을 받고 있는 것이다. 우리가 현재 접할 수 있는 운
도 중에서 시기가 가장 이른 운도는『韻鏡』·『七音略』이다. 현재 대부분
의 학자들은 특히『韻鏡』을 中古音연구자료로 이용하고있다.『韻鏡』의
편찬시기는 확실치 않으나 그 성립시기는 守溫의 三十字母가 성립된 850
년경이후 즉 대략 唐末로 추정하고 있으므로 적어도『切韻』과는 이백년
이상의 차이가 있으며,『韻鏡』의 편찬자가 근거한 방언도『切韻』과 다른
당시의 실제방언이었을 것이다. 그러나『韻鏡』의 체재를 고찰해보면, 切

韻系韻書의 체계를 그대로 따라 운서의 운과 反切을 이용하여 도표로 만들었음을 알 수 있다. 도표에 수록한 글자들은 『廣韻』의 小韻字와 거의 일치한다.[1] 즉 反切이 다른 小韻字들은 운도의 도표에서 제각기 해당음을 표시해주는 자리를 차지하고 있으며 서로 뒤섞이는 법이 없다. 그러므로 『韻鏡』의 편찬자는 의심의 여지없이 切韻系韻書를 근거로 하여 운도를 작성하였음을 알 수 있다. 따라서 '『韻鏡』(및『七音略』)은 운서의 오류를 정정하고 운서의 부족한 점을 보완할 수 있는 중요한 자료'라고 한 董同龢(1968, 113)의 주장은 지극히 타당하다.

『韻鏡』은 우리가 反切系聯法으로『切韻』의 反切을 분석하여 얻은 결과를 반추하여 볼 수 있는 가설체계이다. 『韻鏡』의 저자라든가 저작년대, 저작배경등의 모든 외적사항은 전하지 않으므로[2] 책 자체의 체재 및 내용으로 고찰해보건대, 『韻鏡』은 唐代의 음운학자가『切韻』의 체계 및 反切을 자료로 하여 새로운 음운분석방법으로 당시음운체계를 분석하여 도표로 작성하여 정확한 음을 표시한 순수음운이론의 결정체이자 동시에 反切의 음을 정확히 익히는데는 더없이 실용적인 체재라고 할 수 있다. 그렇다면 『韻鏡』이란 운도는 시대에 앞선 唐의 음운학자가 새로운 방법론으로『切韻』의 음운분석을 시도한 중국전통음운학의 귀중한 성과가 아닐 수 없다.

『韻鏡』을『切韻』反切의 음을 표기한 도표로 보고 우리가 反切系聯으로 얻은『切韻』反切체계가『韻鏡』체계와 동일하게 나타나는 것은 『切韻』의 음운체계의 반영으로 보고, 다르게 나타나는 것에 대하여는 韻

---

1) 孔仲溫은 黎刊永祿本『韻鏡』에 수록한 글자와『廣韻』의 小韻字를 비교하여 완전히 같은 글자의 비율이『韻鏡』의 총 글자수의 86.83%, 『廣韻』의 총 小韻字수의 87.82%가 됨을 밝혔다(『韻鏡硏究』, p.16).

2) 현재 전하는『韻鏡』의 간행년대는 펴낸이 張麟之의 서문에 의하면 初刊이 南宋 高宗 紹興三十一(1161)年이다. 이『韻鏡』은 중국에는 오랫동안 전해오지 않다가, 淸 光緒 년간에 일본에서 전하던 張麟之의 三刊서문(寧宗嘉泰三年, 1203년)이 있는『韻鏡』이 수 백년 만에 중국으로 다시 들어와서 알려지게 되었다. 『韻鏡』의 전승에 대한 자세한 내용은 孔仲溫의『韻鏡硏究』(42-50)를 참조하라.

圖시대의 언어의 현상으로 볼 수 있다.

3-2 韻圖의 탄생배경

韻圖의 쏘프트웨어 및 하드웨어전부를 오래 전부터 等韻이라고 칭했
으므로,3) 학자들은 韻圖보다 等韻圖라는 명칭을 더 즐겨 쓰는 경향이
있다. 또한 이 等韻圖를 연구하는 학문을 等韻學이라고 한다. 이 等韻의
발생배경에서 최초의 等韻圖가 나온 정확한 시기나 저자는 불명하나 불
교와의 밀접한 관계는 명확하다.

東漢의 反切의 발명이나 六朝의 四聲의 발견, 즉 韻書의 탄생 배경에
는 불교의 전래라는 문화적 요인이 깔려있다고 앞에서 추정하였다. 韻圖
즉 等韻의 탄생 역시 불교와 관련되어 있는데, 관련문헌의 기록 및 운도
에서 사용하는 용어나 운도의 체재로 볼 때 불교의 전래와 직접적으로
연관되어 있다는 사실이 쉽게 증명된다.

等韻은 산스크리트문자, 음운, 문법 등에 관한 학문을 지칭하는 悉曇
(siddham)과 불가분의 관계가 있다.4) 일찍이 南宋의 鄭樵가 『七音略』

---

3) 陳澧는 『切韻考』「外篇」 卷三, 十九에서 '等韻'이라는 명칭이 『四聲等子』라는 宋代
   의 운서로부터 시작한 것으로 추정하였다. 淸代의 음운학자 李光地는 "歷代韻譜多分
   四等, 古俗呼等韻_"(『音韻闡微』)이라고 모호하게 얼버무렸고, 혹자는 等韻이라는 명
   칭이 淸初의 江永(1681~1762)으로부터 나온 것이라고 하였다. 이는 江永이 等韻이라
   는 명칭을 많이 사용하였고 '等'의 개념에 대한 풀이를 처음 하였기 때문에 생긴 오해
   로 여겨진다. 『康熙字典』(1716)의 卷首에 이미 이전에 지어진 것으로 작자미상의 『等
   韻切音指南』이라는 운도가 실려있는 것을 보면 '等韻'은 江永이전에 나온 술어임을
   알 수 있다. 等韻의 等은 운도의 체계에서 韻母가 4개의 等으로 나뉘어진데서 온 것이
   다. 等韻圖의 핵심개념인 等에 대하여는 뒤에 상세한 설명을 할 것이다.
4) siddham은 siddha ('성취한,' '준비된')에서 온 낱말로, 중국에서는 書體와 字母를 悉
   曇이라하고 文法·語句解釋은 梵語라고 구분하여 칭했으나; 일본에서는 구분 없이 모
   두 悉曇이라고 칭하였다. 悉曇字母表를 摩多體文이라고 부르는데 여기서 摩多(māta
   또는 mātṛkā는 본래 '어머니'라는 뜻으로 漢譯은 '文字之母'이다)는 모음을 가리키

의 서문에서 다음과 같이 等韻의 유래를 밝혔다.

> 七音之韻, 起自西域, 流入諸夏﹑ 梵僧欲以其敎傳之天下, 故
> 爲此書﹑

> 七音之韻[等韻]은 서역에서 생긴 것으로 중국 땅으로 흘러들어
> 온 것이다. 인도중이 이로써 불교를 중국 전토에 전파하기 위하
> 여 이 책을 지은 것이다.

『康熙字典』(1716)의 앞에 부록된 「明顯四聲等韻圖」뒤의 <切字要法>이란 題下의 설명문이 '夫等韻者, 梵語悉曇﹑'이라는 구절로 시작한 것을 보아도 等韻과 悉曇의 관계를 알 수 있다. 불경자료의 연구로 유명한 음운학자 위 민(兪敏)은 唐初에 중국으로 전해진 密敎가 산스크리트로 된 呪文(眞言mantra)을 한자로 음역하면서 중국인들이 본격적으로 悉曇을 연구하게 되었다고 하였다. 주문은 음이 조금이라도 달라지면 큰 재앙이 내릴지도 모르는 일이기에, 올바른 산스크리트(梵文)음을 익히기 위해 悉曇을 열심히 연구하다가, 급기야는 悉曇을 모방한 中國語音圖도 만들게 되어 탄생한 것이 바로 等韻圖라고 하였다. 또한 悉曇은 본래 인도아동에게 글자를 가리키기 위해 만들어진 자모표이며, 等韻圖도 처음에는 反切의 정확한 음을 위해 만들어진 것이라고 하였다.5) 唐代의 일본의 중 安然(841~?889-898)의 『悉曇藏』卷五(2702,

---

며, 體文(vyáñjana 본래 '수식,' '암시,' '자음'의 뜻으로 文字, 文辭로 漢譯하였다)은 자음을 가리킨다. 字母의 합성방법을 기록한 책을 悉曇章이라고 한다. 이 悉曇章에 해설을 첨가한 唐僧 智廣의 『悉曇字記』(780~804)를 日僧 空海가 일본으로 전하여 일본에 悉曇學이 성행하게된 것이다. 空海는 中國密敎를 일본에 전파하고 眞言宗의 개조가 된 唐代의 일본 승려이다. 일본의 悉曇學의 집대성서가 바로 880년에 나온 日僧 安然의 『悉曇藏』八卷이다.

5) 兪敏. 『兪敏語言學論文集』, 北京:商務, 1999, p.263. 및 兪敏이 쓴 『中國百科全書—語言文字』「等韻」條 p.51을 참조.

418)6)에서 "上代飜譯, 梵漢不定。 眞言對注, 梵唐粗定。"(唐代이전의 梵漢對譯에는 체계가 없었으나, 진언 즉 주문을 한어로 옮기다보니 梵文과 唐朝漢語의 대역관계가 대략 확정되기 시작했다.)이라고 설명하는 구절도 呪文이 불경의 중국어번역체계 특히 梵漢對譯의 譯音체계를 정립하는 데 견인차의 역할을 했음을 말하고 있다.

唐代에 유행했던 悉曇의 체재에 대하여 위에서 인용한 安然의 『悉曇藏』卷五, 卷二 및 空海(774~835)의 『梵字悉曇字母幷釋義』에 상세히 설명되어있다. 요컨대, 悉曇字母 五十字가 一切字의 근본이 되는데, 그 중 十六韻頭에서 十二자는 모음에 해당하고, 四字(ṛ, ṝ, ḷ, ḹ)는 世俗에서 잘 쓰지 않는 글자라서 제외시킨다. 나머지 三十四자는 자음인데, 12모음이 34개의 자음과 서로 만나면 408자가 되고, 더 병합이 되어 더 많은 글자가 만들어진다고 하였다.

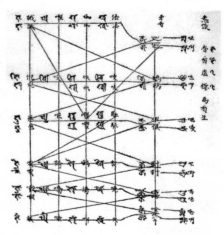

우측에 실은 悉曇字母表 <涅槃經悉曇章>은 唐의 중 智廣에게서 『悉曇字記』를 배운 일본의 중이 가져온 것이라고 傳抄한 것이라고 전해온다.7)

이 표는 牙音의 一組(k kʻ g gʻ ŋ+a ā)만을 실은 것이다. 가로와 세로줄만 보기로 하자(사선으로 되

---

6) 悉曇學의 저술은 모두 『大正新修大藏經』에서 인용하였으며, 괄호 안의 숫자는 앞은 작품의 번호이며, 뒤는 페이지 수를 나타낸다.

7) 이 涅槃經悉曇章에는 羅什三藏(꾸마라지바)이 번역한 것이라는 唐人의 題記가 있다. 羅振玉은 이 羅什三藏이 晉代사람이므로 이 悉曇章은 晉代의 산물이라고 하였으나, 趙蔭棠은 판단을 유보하여, 羅氏의 설이 맞으면 이 悉曇章의 탄생 년대가 智廣·義淨의 훨씬 전에 나온 것이며, 설령 맞지 않는다해도 五代이후로 내려가지는 않는다고 하였다(『等韻源流』, pp.29-30).

어있는 줄도 자모의 병합을 나타내는 것으로 보이지만, 여기서는 논외의 문제이니 남겨둔다). 위 표의 제목은 悉曇대신 悉談으로 되어있으며, 그 밑의 魯留盧樓는 곧 세속에서 쓰지 않아 보통 논의에서 제외시키는 四字(ṛ, ṝ, ḷ, ḹ)를 말한다. 이 네 글자는 생경한 것으로 간주한다고 하였다(爲看生). 이는 安然이『悉曇藏』卷二에서 이 悉曇중에서 二合자인 遏哩·遏梨 두 글자(ṛ, ṝ을 가리킴)는 이 땅에는 없는 음이라서 童蒙들이 배우기가 불가능하다고 탄식한 것과도 통한다. 오른쪽부터 왼쪽으로 나열된 첫째 횡렬의 글자들은 迦迦·佉佉·伽伽·㖶·誐誐의 다섯 조가 있는데, 왼쪽 곁에 해당 산스크리트자모가 적혀있다. 이들은 산스크리트자음 k k‘ g g‘ ŋ을 나타내는 자모글자로, 이 음은 각각의 자음에 모음 a 및 ā를 더한 ka kā, k‘a k‘ā, ga gā, g‘a (g‘ā), ŋa ŋā 이다. 그리고 세로의 제일 왼쪽에 줄로 끌어내어 종렬로 나열된 二字組들 啞啊·噫咿·㖶嘦·哩嘢·嗚咆·唵啊는 각각 산스크리트의 12모음 a ā, i ī, u ū, e ai, o au, aṃ aḥ(끝의 둘은 모음+자음의 형태이지만 정확히는 ṃ와 ḥ로 표기하며, 12모음에 포괄시킨다)를 가리킨다. 그러므로 第一 종렬의 迦迦·鷄鷄·俱俱·計計·晧晧·唫唫는 ka kā, ki kī, ku kū, ke kai, ko kau, kaṃ kaḥ를 나타낸다. 이것은 바로 가로는 자음, 세로는 모음자모로 되어 가로세로가 만나는 곳에 해당 음의 글자를 집어넣은 형식의 자모음표이다. 왼쪽 곁에 산스크리트 즉 悉曇字母가 병기되어 있는데, 실은 悉曇字母表에 한자로 音譯을 하여 오른쪽에 토를 달았다고 설명하는 것이 옳을 것이다. 이 기록대로라면, 羅什三藏이 한자로 음을 달았을 것이다. 羅什은 곧 鳩摩羅什(Kumārajīva, 350~409?)를 가리킨다.[8] 第二·三·四·五종렬도 이

8) 꾸마라지바는 본래 龜玆國에 온 인도의 귀족과 龜玆國왕의 여동생 사이에서 태어났으며, 독실한 불교신자인 어머니 밑에서 어렸을 때부터 승려로서의 교육을 받았다. 9살 때 서북인도에서 공부를 했으며, 후에 龍樹의 대승불교를 연수하고 선양했다. 384년에 龜玆國을 격파한 前秦에 포로로 잡혀 중국땅으로 끌려오게 되었고, 401년에 長安의 後秦王의 영접을 받게된다. 이어 중국의 학승들의 도움을 받아 35部 297卷이라는 空前의 대대적인 불경번역을 하였다(『法華經』『維摩經』『般若經』등 및 『般若經』에 대한 龍

에 준하나, 자음과 모음의 결합이 결한 부분이 보인다.

이와 같은 悉曇章의 자모표의 형식은 한자의 음 때문에 골머리를 앓던 당시 중국인에게는 더할 수 없는 복음이었을 것이다. 운서가 유행하고 反切로 음을 익힌다 하지만, 反切자체가 체계적이지 못하여 비효율적이던 차에 悉曇章의 틀을 빌어 가로는 聲母를 세로는 韻母를 함수로 하여 만든 도표에 모든 反切의 음을 집어넣어 중국어자모표(韻圖)를 만들었으니 反切에 비하여 얼마나 쉽게 또 정확히 음을 익힐 수 있었으랴.

3-3 韻圖의 체재

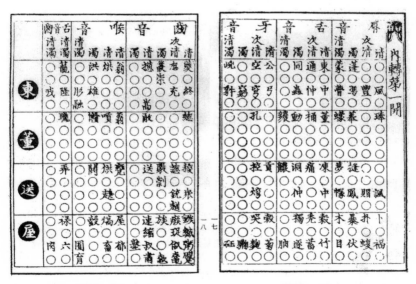

韻鏡 p.18.   韻鏡 p.17.

樹의 상세한 주석서『大智度論』100卷등). 그가 번역한 제 經論들은 중국불교의 대표적인 경전이 되었다.(『東洋史辭典』, 東京:東京創元社, 1976, p.188을 참조.)

3-3-1 四十三轉

『韻鏡』과 『七音略』은 43개의 도표로 구성되어있다. 위에 실은 도표가 바로 『韻鏡』의 四十三轉중의 第一轉이다. "轉"의 뜻도 역시 悉曇과 연결된다. 空海는 『梵字悉曇字母並釋義』(2701, 362)에서 迦·迦·祈·鷄·句·句·計·蓋·句·咭·欠·迦의 12글자 뒤에 다음과 같이 주를 달았다.9)

> 右十二字者, 一箇迦字之一轉也。 從此一迦字母門出生十二字。 如是一一字母各各出生十二字, 一轉有四百八字。 如是有二合三合四合轉, 都有一萬三千八百七十二字。 此悉曇章, 本有自然眞實不變常住之字也。

> 우측의 열두 글자는 하나의 '迦'자의 轉이다. 이 한 迦字母門에서 열두 글자가 생겨나고, 이와 같이 자모마다 각각 열두 글자가 생겨나면, 一轉에 사백팔 개의 글자가 생기게 된다. 이렇게 이차배합·삼차배합·사차배합하는 轉이 있게되면, 모두 만삼천팔백칠십이字가 생기게된다. 이 悉曇章에는 본래 스스로 그렇고 진실되고 불변하고 항상 그러한 글자들이 있다.

여기서 "迦字之一轉"이란 바로 자음 k(迦)가 12개의 모음과 서로 병합

---

9) 이 12글자는 곧 위의 悉曇章에서 설명한대로 산스크리트자음 k에 a ā, i ī, u ū, e ai, o au, aṃ aḥ의 12모음을 합한 음을 漢字로 옮긴 것이다. 여러 가지 불경의 출처에 따라 약간의 글자의 차이는 있다.

空海(774~835)는 804년에 遣唐使를 따라 唐의 도읍지 長安에 가서 靑龍寺의 惠果에게 사사하였고, 806년에 많은 經論과 曼茶羅, 法具등을 청해 가지고 귀국하여 中國 密敎를 전하고 또한 새로이 眞言宗을 열어 眞言宗의 開祖로 일컬어진다. 그는 卽身成佛과 社會敎化를 宗旨로 하여 당시 문화·교육·사회사업을 널리 펼쳐 一代의 師表로 추앙받았다. 諡號는 弘法大師이다. 여기서 우리는 悉曇과 密敎와의 밀접한 관계를 다시금 확인할 수 있다.(『岩波佛敎辭典』, 東京:岩波, 1989, p.197을 참조.)

된다는 뜻이다. 그리하여 迦·迦, 祈·鷄, 句·句, 計·蓋, 句·唔,
欠·迦(ka kā, ki kī, ku kū, ke kai, ko kau, kaṃ kaḥ)의 12글자가 이
한 k자모(迦字母門)에서 나오게 되었다고 한 것이다. 34자음과 12모음
이 서로 병합되면 모두 408자(음절)가 된다. 轉이란 한 자음이 끊임없이
돌고 돌아 열두 모음과 병합함을 가리킨다.10) 그러므로 『韻鏡』이나 『七
音略』의 四十三轉의 轉도 이 悉曇의 轉(parivarta)에서 온 것이 분명하
다.11)

　『韻鏡』에서 四十三轉에 나열된 韻의 수는 『廣韻』과 같은 206운이
며, 이들의 나열순서도 『廣韻』의 순서와 같으나 다만 蒸拯證職과 登等
嶝德을 제일 뒤의 第四十二轉(開)과 第四十三轉(合)에 나열한 것만이
다르다. 李舟이전의 韻書에서는 이 蒸拯證職·登等嶝德는 添忝桥帖
과 咸豏陷洽사이에 나열되어 있었다. 李舟가 이 두 세트를 앞으로 옮
겨 靑迥徑錫과 尤有宥사이에 나열한 것으로 『廣韻』도 이에 따른 것이
라고 학자들은 본다. 『韻鏡』의 저자는 아마도 기본적으로 『唐韻』天寶

10) 역대 諸經譯文의 산스크리트字母와 漢字音譯대조표로는 羅常培가 「梵文顎音五母之
　　藏漢對音硏究」(『歷史語言硏究所集刊』, 1931, 263-276)의 뒤에 첨부한 <四十九根本
　　字諸經譯文異同表>와 <圓明字輪四十二字諸經譯文異同表>가 있다. 李榮의 『切韻
　　音系』 뒤 p.164와 p.165사이에 첨부한 附錄一·附錄二의 표는 羅常培의 표를 옮긴
　　것이다. 趙蔭棠의 『等韻源流』 p.6와 p.7사이에 첨부한 표도 참조할 수 있다. 그러나
　　羅常培의 산스크리트 음표기가 趙蔭棠의 음표기보다 정확하다.
11) 산스크리트 'parivarta'에는 '廻轉,' '(별의)運行'등등의 뜻과 더불어 '책의 章'이라
　　는 뜻도 있다(Sir Monier Monier-Williams의 A Sanskrit-English Dictionary,
　　Oxford:1988, 초판 1899와 荻原雲來의 『漢譯對照梵和大辭典』, 東京:講談社, 1986
　　을 참조함). 兪敏(『中國大百科全書-言語文字』, 301)이 이 'parivarta'라는 한 낱말에
　　轉의 의미와 함께 章의 의미도 있음을 지적한 것은 우리가 等韻圖의 轉의 의미를 파악
　　하는데 있어서 이해의 폭을 넓혀준다. 그러나 산스크리트 parivarta가 지니고 있는 두
　　가지 뜻에서 兪敏이 動詞용법이라고 주장한 '輪轉의 轉'이나 '轉變의 轉'이라는 뜻도
　　'篇章'과 마찬가지로 동사가 아니고 남성명사이므로 수정을 요한다. 轉에 대한 학자들
　　의 설은 대개 일치한다. 그 연원은 悉曇이며, 그 의미도 唱誦, 輪轉, 乘轉, 등등의 뜻으
　　로 풀고있어 대동소이하다. 轉에 대하여 풀이한 대표적 논문으로는 羅常培의 「釋內外
　　轉」(『歷史語言硏究所集刊』 4-2, 1933, 209-226), 趙蔭棠의 『等韻源流』(臺北:文史哲,
　　1974, 15-16), 周祖謨의 「宋人等韻圖中轉字的來源」(『問學集』上, 北京:中華, 1966,
　　507-510)등이 있다.

수정본(205韻)이후로 206韻체계가 확립된 切韻系韻書를 참조하였을 것으로 추정되지만, 蒸·登운을 제일 뒤에 나열한 것으로 볼 때 韻目의 나열순서에 대하여는 李舟이전의 韻書도 참고로 했을 가능성이 크다. 『七音略』도 206운체제이며, 蒸拯證職·登等嶝德을 제일 뒤에 놓은 것은 『韻鏡』과 동일하지만, 더 나아가 覃感勘合에서 凡范梵乏까지 모두 여덟 세트의 운을 앞으로 옮겨 第三十轉 麻馬禡와 第三十四轉 唐蕩宕鐸·陽養樣藥사이(第三十一轉~第三十三轉)에 나열한 것은 『韻鏡』이나 切韻系韻書와 다르다. 『七音略』의 이러한 독특한 조치는 韻目나열순서에 관한 한 覃感勘合·談敢闞盍 두 세트를 麻馬禡와 陽養樣藥·唐蕩宕鐸 사이에 두었던 李舟이전의 韻書체재에 아이덴티티를 가지고 있으나 그대로 두 세트만 옮긴다면 -m韻尾群(이 여덟 세트가 고스란히 咸攝에 속한다)이 흩어지게 되므로, 이들을 한 組로 묶기 위하여 함께 앞으로 옮긴 것이라고 생각된다. 이러한 현상을 통하여 우리는 『七音略』이 비록 四十三轉이라는 틀에 의하여 운을 분류했으나, 그 이면에는 이미 十六攝이라는 운의 분류 카테고리가 배태되어 있었다고 볼 수 있다. 그밖에는 切韻系韻書 『廣韻』과 동일한 순서로 되어있다.

3-3-2　十六攝

『四聲等子』·『切韻指掌圖』·『切韻指南』은 『韻鏡』이나 『七音略』처럼 운이 四十三轉으로 분류되지 않고 十六攝으로 분류되어 있다. 『韻鏡』·『七音略』은 몇 개의 韻이 하나의 轉으로 묶여서 한 圖를 이루고 있으므로 四十三圖가 되지만, 이 『四聲等子』등 후기의 세 韻圖는 몇 개의 轉이 하나의 攝으로 묶여서 한 圖를 이루고 있다.12)

---

12) 같은 攝이라도 開口운과 合口운이 圖를 달리하고 있어 十六圖가 아니고 二十圖(『四聲等子』·『切韻指掌圖』), 또는 二十四圖(『切韻指南』)가 된다.

四聲等子 p.16.　　　　　　　　　四聲等子 p.15.

　　현재 전하는 韻圖로는 『四聲等子』가 攝을 표시한 최초의 韻圖이지만,
十六攝이라는 等韻圖의 운의 분류 범주개념은 『四聲等子』이전에 이미
시작되어 사용된 것으로 본다. 薛鳳生(1985, 40)이 제시한 다음 두 가지
이유가 이러한 추정을 타당하게 한다. 첫째 『四聲等子』의 각 攝명밑에
內·外의 표시가 있고 그 다음에 숫자가 표시되어 있는데, 이 숫자가 나
열된 攝의 순서대로 通攝內一·效攝外二·宕攝內三…으로 매겨져 있
는 것이 아니라, 通攝內一·效攝外五·宕攝內五…처럼 순서 없이 매겨
져있는 것을 보면, 『四聲等子』가 그 이전에 나온 十六攝의 순서를 재편
성한 것임을 알 수 있다. 둘째 『四聲等子』가 비록 十六攝명을 표기하였
으나, 江攝·假攝·梗攝의 세 개의 攝은 각각 인근의 宕攝·果攝·曾

攝의 세攝과 합병하여 결국 二十개의 도표는 十三攝의 開合口圖이다. 만일 十六攝이 『四聲等子』에서 시작하였다면 十六攝을 병합없이 모두 독립시켜 도표를 작성했을 것이므로 二十圖가 훨씬 넘었을 것이다. 이 또한 바로 十六攝이 『四聲等子』이전에 나왔음을 가리키는 증거가 된다.

그렇다면 十六攝의 탄생시기는 언제인가? 이에 대한 정확한 답은 아직 얻지 못하였으나 『四聲等子』보다 이른 『七音略』에 이미 攝의 개념이 있었을 것이라고 바로 앞 절에서 언급하였다. 『七音略』뿐만 아니라 『韻鏡』에도 攝의 개념이 있었음을 『四聲等子』와의 체제비교를 통하여 알 수 있다. 『四聲等子』각 攝 뒤에 붙은 內一·外五·內五…등 무순의 편차가 숫자의 순서대로 나열해보면 『韻鏡』四十三轉의 內·外 및 나열순서(물론 인근하여 있는 몇 개의 轉을 攝으로 묶어서 대응시킴)와 신기할 정도로 일치한다. 그러므로 『四聲等子』의 각 攝에 표시된 內·外뒤의 숫자는 『韻鏡』의 四十三圖순서에서 온 것으로 보이며, 따라서 『韻鏡』에서 攝을 표시하지는 않았으나 이미 攝의 개념을 암시하고 있었음을 증명하는 것이라는 薛鳳生의 주장은 타당하다.[13] 즉 『韻鏡』·『七音略』은 十六攝으로 분류하지는 않았지만, 이들에게는 이미 十六攝의 개념이 있었으며 또한 四十三轉圖의 작성에 있어서도 암암리에 이러한 개념을 사용한 것으로 볼 수 있다. 이러한 전제를 하고 다시 『四聲等子』의 內一·外五·內五…등을 분석해 보자. 『韻鏡』의 四十三轉·內外轉을 자료로 놓고 순서대로 몇 개의 轉을 한 攝으로 묶어 內一·外一·內二·外二…등등으로 內轉八攝과 外轉八攝의 총 十六攝으로 나누어 이름을 붙인, 즉 十六攝의 저자가 있었을 것이다. 『四聲等子』의 저자는 이 기존의 十六攝을 보고 다시 자신의 생각대로 합병하여 十三攝으로

---

13) 李新魁(1986b, 255)도 『韻鏡』이나 『七音略』이 十六攝으로 나누지는 않았으나 內外轉으로 나눈 것은 낱개의 圖로 출발한 것이 아니라 몇 개의 가까운 운을 묶어서 攝의 개념으로 고려한 것이므로 『四聲等子』와 똑같이 전체가 攝으로부터 출발한 것으로 보아야한다고 하였다.

줄이고 순서도 재구성하였으나 명칭은 그대로 답습하였기 때문에 通攝內
一・效攝外五・宕攝內五…와 같이 순서가 고르지 않은 체계가 된 것
이라고 추측된다.

『四聲等子』의 卷頭에 실린 <辨內外轉>에도 十六攝의 명칭이 內
轉八攝과 外轉八攝으로 나뉘어 나열되어 있으나 아무런 체계적 순서가
없이 나열되어 있으므로, 여기서는 『切韻指南』의 뒤에 실린 「檢韻十六
攝」의 內外轉 각 八攝의 순서를 좇아 十六攝을 나열한다. 이 순서는
『廣韻』의 운의 나열순서와 일치하며 『韻鏡』과도 曾攝(第四十二轉~
四十三轉)을 제외하고는 순서가 일치한다.

　内八轉: 通攝・止攝・遇攝・果攝・宕攝・曾攝・流攝・深攝
　外八轉: 江攝・蟹攝・臻攝・山攝・效攝・假攝・梗攝・咸攝

　攝이란 명칭 역시 불교용어(산스크리트: parigraha)에서 온 것으로
'槪括,' '包括'의 의미를 갖고있다.[14] 攝은 결국은 여러 개의 韻 내지
는 轉을 개괄하여 묶는다는 뜻으로 해석되며, 이 十六이라는 수는 趙蔭
棠(1974, 17)이 언급한대로 산스크리트 '十六韻'(열여섯모음)과 관련있
다고 볼 수 있으며, 그 근거는 日僧 安然이 지은 『悉曇藏』 卷二(2702,
383)에서 찾을 수 있다.

　　又如眞旦『韻詮』五十韻頭, 今於天竺悉曇十六韻頭, 皆悉攝
　　盡更無遺餘: 以彼羅盧何反家古牙反攝此阿阿引; 以彼支章移反之止而
　　反微無飛反攝此伊伊引; 以彼魚語居反虞語俱反模莫胡反攝此鄔烏引; 以
　　彼佳[15]胡膎反齊組兮反皆古階反移成西反灰呼恢反哈呼来反攝此翳愛; 以彼

---

14) 兪敏. 『中國大百科全書 - 語言文字』 「攝」항목(p.237)의 설명 참조.
15) 胡는 古, 다음 줄의 蕭은 蕭, 侅는 侯의 誤植이다.

肅[15]蘇聊反霄相焦反周之牛反幽於虯反侯[15]胡溝反肴胡交反豪胡刀反攝此污奧;以彼東德紅反冬都宗反江古邦反鍾之容反陽移章反唐徒郎反京古行反爭側耕反青倉經反清七精反蒸七應反登都藤反春尺倫反臻側詵反文武分反魂戶昆反元愚袁反先蘇前反仙相然反山所姦反寒胡安反琴渠今反岑鋤簪反覃徒含反談徒甘反咸胡讒反嚴語欠反添他兼反鹽余占反及以諸入聲字, 攝此暗惡。 如攝韻頭, 從韻皆攝。 以彼平上去入之響, 攝此短聲, 或呼平聲, 或呼上聲, 及以長聲引呼幷以涅槃音也。 其悉曇中遏哩二合遏梨二合二字, 此方都無, 所謂童蒙所不能學, 豈非此哉云云。

또한 眞旦의 『韻詮』의 五十韻은 이제 天竺의 悉曇十六韻을 모두 하나도 남김없이 통섭한다: 저 중국의 羅·家운은 이 산스크리트 阿a 阿引ā를 통섭하고; 支·之·微운은 伊i 伊引ī를 통섭하고; 魚·虞·模운은 鄔u 烏引ū를 통섭하고; 佳·齊·皆·移·灰·咍운은 翳e 愛ai를 통섭하고; 蕭·霄·周·幽·侯·肴·豪운은 汚o 奧au를 통섭한다. 東·冬·江·鍾·陽·唐·京·爭·青·清·蒸·登·春·臻·文·魂·元·先·仙·山·寒·琴·岑·覃·談·咸·嚴·添·鹽 및 諸入聲字들은 이 暗aṃ 惡aḥ을 통섭한다. 韻頭를 통섭할 때는 운을 따라 모두 통섭한다. 저 중국의 平上去入의 소리로써 이 산스크리트 短音을 통섭하는데, 平聲으로 발음하기도 하며, 上聲으로 발음하기도 한다. 長音으로 끌어 발음할 때에는 아울러 涅槃音으로써 발음한다. 悉曇중에 遏哩 ṛ 遏梨 ṝ 두 글자는 이 나라에는 없는 음이다. 소위 어린 아동이 배우지 못할 것이라는 것이 어찌 이것이 아니겠는가…

眞旦의 韻詮이라는 책은 전하지 않으나 兪敏(1999, 273)의 설에 따르면, 唐代 ─ 則天武后(690~705)의 周朝 ─ 에 존재하였던 平聲韻 五十韻을 가진 중국의 韻書일 것이다.[16] 이 平聲韻 五十韻 명칭은 『切韻』과 약간의 차이는 있으나 대다수는 일치한다. 이 五十韻은 산스크리트 十六母音을 모두 통섭함을 보여주었는데, 실은 여기서 16모음이 아니라 12모음만 들었다. 앞서도 설명한 것처럼 ṛ, ṝ, ḷ, ḹ은 제외시킨 것이다. 일반적으로 중국어의 平上去入 四聲의 음이 산스크리트 단모음을 통섭하는데 있어서는 혹은 平聲으로, 혹은 上聲으로 발음하며; 장모음 ā ī ū등은 끌어 발음하는데, 또한 아울러 소위 涅槃點(visarga)이라고 하는 惡aḥ로써 발음한다. 또 제외시킨 네 글자 중에서 ṛ, ṝ 두 글자를 들어서 중국인들이 배우기 힘든 음이라고 설명하였다. 여기서 安然은 산스크리트 16모음(실제로는 12모음)은 중국어의 五十韻(平聲韻만 들었으나 上去入聲韻도 이에 포괄된다), 즉 중국어의 일체의 운으로 통섭시킬 수 있음을 보여주었다.

또 安然이 지은 『悉曇十二例』(2703, 462)에서 第二例인 「二. 十六轉韻有無例」의 앞부분을 인용하면, "義淨三藏傳云, 阿等十六韻字, 用呼迦等三十三字母除又都有三十三箇十六之轉, 是名初章。合十八章。"(義淨三藏傳에서 말하기를, 阿등 十六韻字를 迦등 三十三字母[又를 제외한]를 써서 발음하면, 모두 三十三개의 十六之轉이 되는데, 이것을 이름하여 初章이라한다. 합해서 十八章이다.)이다. 여기서 '三十三箇十六之轉'은 바로 33개의 자음에서 매 자음이 16개의 모음과 돌아가며 결합하는 것을 말한다. 이와 같은 문헌기록들을 종합해보면, 十六攝의 내원이 바로 산스크리트 十六母音이라는 것이 조금도 지나친 추측이 아니라는 것이 드러난다.

---

16) 『韻詮』十五卷이 『新唐書』「藝文志」小學類에 실려있는데, 그 실린 위치가 孫愐의 『唐韻』과 唐玄宗의 『韻英』사이이다. 또한 尤韻을 周韻으로 고친 것 등으로 볼 때 密教經典을 대대적으로 번역했던 則天武后의 周朝(690~705)가 아닌가 라고 兪敏(『兪敏語言學論文集』, 北京:商務, 1999, p.273)이 그 시대를 추정하였고, 나아가서 이 책이야말로 等韻의 맹아로 볼 수 있다고 주장하였다.

이 十六이라는 수와 관련하여 韻圖상에는 재미있는 오류가 하나 있다. 『韻鏡』의 간행인인 南宋의 張麟之가 三刊序文(1203) 바로 뒤에 실린 「調韻指微」라는 題下의 글에서 鄭樵가 쓴 『七音略』서문의 문장을 인용한 것으로, "作內外十六轉圖, 以明胡僧立韻得經緯之全。"(內外十六轉圖를 지음으로써 胡僧이 韻을 세워 經緯의 완전함을 얻었음을 밝히고자 하였다.)이라는 문장이 있다. 그런데 정작 鄭樵의 『七音略』의 서문 원문을 보면, "又述內外轉圖, 所以明胡僧立韻得經緯之全。"으로 '十六'이 빠져있다. 이러한 차이가 생기게된 소이를 周祖謨(1966d, 510)는 본래 內外十六轉圖로 되어있던 것을 후인이 十六과 『七音略』의 四十三轉圖와는 그 수가 맞지 않으므로 빼버린 것이 아닐까 라고 추정하였는데, 이는 內外十六轉圖를 위에서 인용한 安然의 산스크리트(悉曇) '三十三箇十六之轉'의 '十六之轉'과 동일한 것을 가리키는 것으로 보는 것을 전제로 한 추정이다. 이 추정은 상당히 설득력이 있다고 생각된다. 혹설에는 이 內外十六轉圖가 곧 內外十六攝을 지칭하는 것으로 보아서, 『七音略』 또는 『韻鏡』시기에 十六攝이 이미 구체화되어 있었고 이들 韻圖의 실제의 분류도 바로 이 十六攝에 의거한 것이라고 하는 주장도 있으나, 이는 十六이라는 숫자를 가진 술어로서 '十六攝'만 알고 '十六之轉'은 모르는 소치이다.

攝의 범주는 서로 유사한 음을 가진 轉들, 나아가서는 서로 유사한 음을 가진 韻들의 총화인데, 이 동일한 攝내의 여러 운들의 공통특징은 음이 유사하며 적어도 韻尾는 같은 운들이라는 것이다. 韻들 사이의 친소관계를 상당히 구체적으로 보여주는 이러한 장치는 또한 『切韻』의 음운체계의 연구에서 韻圖만이 기여할 수 있는 부문이다.

十六攝별 운의 나열순서는 이미 『韻鏡』이나 『七音略』같은 早期韻圖의 틀을 벗어나 더 이상 韻書의 순서를 따르지 않았다. 이는 韻圖가 韻

書의 틀을 완전히 벗어나 독자적으로 당시 음운을 분석하여 체계를 세워 작성했다는 것을 나타내는 한 좋은 예라고 할 수 있다.

3-3-3　三十六字母

三十六字母는 等韻圖의 성모체계를 가리킨다. 『韻鏡』은 四十三轉圖에서 三十六字母의 명칭은 직접 쓰지 않고 脣・舌・牙・齒・喉의 五音 아래에 다시 淸・次淸・濁・淸濁으로 聲母를 나타냈으며, 도합 23행으로 되어있으나 실은 三十六字母체계로 되어있다. 『七音略』도 역시 23행이나 聲母가 직접 三十六字母명으로 나열되어 있고, 『四聲等子』나 『切韻指掌圖』등 이후에 나온 운서 역시 모두 三十六字母명으로 나열되어 있다. 이 三十六字母는 反切上字와는 성격이 다른 개념이다. 위에서 소개한 츠언 리의 反切系聯法처럼 反切上字를 系聯하여 얻은 결과가 아니라 완전히 새로운 체계이다. 이와 같은 韻書에서 韻圖로의 체계상의 변화, 즉 反切上字에서 字母로, 反切下字에서 等韻으로의 음운학적인 대도약은 학자들로 하여금 이 等韻學의 탄생이 중국음운학사에서 체계적인 음운분석의 시작일 뿐만 아니라,[17] 나아가서는 천년도 더 지난 이십세기에 와서야 탄생한 현대 서구의 음운학이론이 근거한 정신과 완전히 합치된다는 주장까지도 가능케 한다.[18] 그러면 等韻圖의 제작을 가능케 한 三十六字母는 언제 처음 나왔을까?

宋의 학자 鄭樵가 지은 『通志』「藝文略」 및 王應麟의 『玉海』에 「守溫三十六字母圖」가 실려있으며, 그 이후의 학자들도 대개는 守溫이 三十六字母를 창시했다고 생각하였다. 물론 守溫이외로도 胡僧 了義, 또는 大唐舍利, 또는 唐僧 神珙이라는 인물이 三十六字母의 창시자로

---

17) 董同龢. 『漢語音韻學』, p.112.
18) 薛鳳生. 「試論等韻學之原理與內外轉之含義」 『語言研究』1期, 1985년, pp.38-52의 p.39 참조.

등장하기도 하였다.19) 금세기 초에 敦煌에서 발견한 唐寫本『守溫韻學

19) 守溫이 三十六字母를 창제했다는 설은 宋을 거쳐 明淸代까지 그대로 계승되어 일반론이
   되었다. 그러나 한편, 宋末 祝泌『皇極經世解起數訣』序文(1241)에 "惟胡僧了義三十
   六字姆流傳無差。"(胡僧 了義의 三十六字母만이 별탈이 없이 전해 내려온다.)라는 구절
   이 있으며, 明의 上官萬里가 北宋 邵雍의『皇極經世聲音圖』에 단 주에서도 "自胡僧了
   義以三十六字母爲翻切母, 奪造化之巧。"(胡僧 了義가 처음 三十六字母로써 성모표기
   의 자모로 삼았는데, 이 이상 신기하고 훌륭할 데가 없다.)라는 구절이 나온다. 이것이 胡
   僧 了義의 三十六字母창제설의 근거이다. 羅常培(「敦煌寫本守溫韻學殘卷跋」『歷史語
   言硏究所集刊』3:2)는 위의 문헌기록과『守溫韻學殘卷』에 의거하여, 守溫은 三十字母
   를 지었고 三十六字母는 胡僧 了義가 이를 증보하여 만든 것이라고 하였다. 또 다른 한
   설의 근원이 된 明釋 眞空의『篇韻貫珠集』에 실린「字源歌」는 다음과 같다.(『等韻源
   流』31에서 재인용) "法言造韻野王篇, 字母溫公舍利傳, 等子觀音斯置造, 五音呼喩是
   軒轅, 大唐舍利置斯綱, 外有根源定不防, 後有梁山溫首座, 添成六母合宮商, 輕中添
   出微于奉, 重內增加幫泄淺, 正齒音中床字是, 舌音舌上却添娘。" 그 後 明의 袁子讓
   은『字學元元』(1603)凡例에서 "大唐舍利作字母三十以切字, 溫首座又益以娘幫泄奉
   微床六母。"(大唐舍利가 字母三十개를 지어 글자의 성모를 표음하고, 溫首座는 또 여기
   에 娘幫泄奉微床의 여섯 자모를 보태었다.)라고 하여 三十字母는 大唐舍利가 지은 것이
   고 三十六字母는 溫首座가 지은 것이라고 주장하였는데, 이것은「字源歌」에 근거한 것
   이다.「字源歌」에서 또 大唐舍利는 舍利로 溫首座는 溫公으로도 적었는데 이 두 사람
   에 대하여는 여타 관련 기록이 없으며, 단지 佛家라는 것만 추측될 뿐이다. 그러나 일반적
   으로 溫公 또는 溫首座는 守溫을 가리킨다고 본다.
   또 이상의 설과는 달리 淸의 方本恭은『等子述』에서 "宣城梅氏以爲字母乃唐僧神珙所
   造。"(李新魁1983, 33에서 재인용)라고『字彙』의 저자인 明의 梅膺祚가 字母의 작자를
   唐僧 神珙으로 생각했다는 것을 소개하였다. 이상은 문헌의 기록으로 전해오는 설들이다.
   현재 학자들이 주장하고있는 설들은 다음과 같다. 첫째, 三十字母는 唐末의 중 守溫이
   만들고, 이를 정리하여 宋人이 三十六字母를 만들었다는 설; 둘째, 三十字母와 三十六
   字母가 모두 守溫의 작품이라는 설; 셋째, 三十字母는 守溫이전 僧門에서 나온 것이고
   三十六字母는 守溫에게서 나온 것이라는 설; 넷째, 위에서 언급한 羅常培의 三十字母
   는 守溫, 三十六字母는 了義가 지은 것이라는 설이 있다. 사실 이들 모두가『守溫韻學
   殘卷』및 문헌기록에 의거하여 추정한 것으로 확고한 증거는 없다. 다만『守溫韻學殘
   卷』의 '南梁漢比丘守溫述'의 守溫과 문헌상의 守溫, 溫首座, 溫公등의 이름이 일치하
   거나 관련지을 수 있기 때문에 字母는 守溫과 연결시키는 것이 현재로서는 가장 가능한
   설이다. 그러나『殘卷』의 '守溫述'은 三十字母를 守溫이 지은 것이 아니라 적은 것일
   뿐이라는 해석도 가능하기 때문에, 三十字母守溫창제설에 다소 제동이 걸리는 것도 사
   실이다. 江永(『音學辨微』「三. 辨字母」p.5 後葉)은 "等韻三十六母, 未知傳自何人,
   大約六朝之後隋唐之間精於音學者爲之。"(等韻三十六母는 누구로부터 시작하였는지
   알지 못한다. 대개 六朝이후 隋唐지간에 音學에 정통한 사람이 만들었을 것이다.)라고
   신중한 태도를 취하였다. 그러나 그가 만일 敦煌文書『守溫韻學殘卷』을 보았다면 그의
   견해는 달라졌을지도 모른다. 三十六字母의 기원은 守溫三十字母에서 찾을 수 있으며,
   守溫三十字母의 기원은 역시 梵文에서 찾을 수밖에 없게 된다.

殘卷』과 唐人의 『歸三十字母例』는 우리에게 唐人 守溫이 지은 것은 三十六字母가 아니고 三十字母였다는 사실을 직접 보여준다. 일찍이 리우 후우(劉復)가 1923년 파리 유학 중 파리국가도서관에 소장된 『守溫韻學殘卷』(P2012)을 손으로 베껴서 자신의 논문 「守溫三十六字母配列法之硏究」 뒤에 부록으로 첨부하여 발표함으로써(『國學季刊』第一卷三號, 1923, 北京大, pp.451-464), 최초로 『守溫韻學殘卷』의 존재가 중국에 알려지게 된 것이다. 『守溫韻學殘卷』에 실린 守溫三十字母는 다음과 같다.[20]

> **南梁漢比丘守溫述**
> 脣音　不芳並明
> 舌音　端透定泥是舌頭音
> 　　　知徹澄日是舌上音
> 牙音　見(君)溪羣來疑等字是也
> 齒音　精淸從是齒頭音
> 　　　審穿禪照是正齒音
> 喉音　心邪曉是喉中音淸
> 　　　匣喩影亦是喉中音濁

牙音에서 君자는 잘못 들어간 글자임이 字母의 수를 세어보아도 알 수

---

[20] 敦煌石室사본중에서 모두 세 도막으로 된 극히 낡고 부스러진 두루마리가 소위 『守溫韻學殘卷』인데 그중 한 도막에 첫 행이 '南梁漢比丘守溫述'로 시작하며 字母가 五音별로 나열된 것이 바로 守溫三十字母이다. 같은 도막에 '定四等重輕兼辨聲韻不和無字可切門'과 '四等重輕例'가 실려 있다. 다른 두 도막 중 하나에는 齒頭音 精系와 正齒音 照系의 等의 차이문제를 설명한 짧은 불완정한 글, 그리고 다른 하나에는 '兩字同一韻憑切定端的例,' '聲韻不和切字不得例,' 類隔切문제, '辨宮商徵羽角例,' '辨聲韻相似歸處不同'이 실려있다. 劉復의 위의 논문에 첨부한 『守溫韻學殘卷』은 생략한 부분이 있어 완정하지 않으나, 潘重規(1974, 72-91)가 다시 이 P2012문서를 抄寫하고 또 正寫하여 劉復의 오자를 정정하고 빠진 부분을 보충하였다. 黃永武가 편한 『敦煌寶藏』(112冊, 105)에는 이 문서의 필림본이 실려있다.

있고, 역시 敦煌문서에서 발견된 唐人의 『歸三十字母例』(S512)와 비교하여도 알 수 있다.21) 이 『歸三十字母例』는 三十字母의 각 字母밑에 例字를 네 글자씩 들고 있다.

— 『敦煌寶藏』 第四冊 p.202 필림본에서 전재 —

歸三十字母例

端丁當顛战　精煎將尖津　知張衷貞珍

透汀湯天添　清千槍僉親　徹倀忡樫繽

定亭唐田甜　從前墻替秦　澄長蟲呈陳

泥寧囊年拈　喻延羊鹽寅　來良隆冷隣

審昇傷申深　見今京犍居　不邊逴賓夫

穿稱昌嗔覘　磎欽卿襄祛　芳偏鋪繽敷

禪乘常神諶　羣琴擎襄渠　並便蒲頻符

日仍穰忞任　疑吟迎言鮫　明綿模民無

心修相星宣　曉馨呼歡祅

邪囚祥餳旋　匣形胡桓賢

照周章征專　影纓烏剜煙

21) 竺家寧(『聲韻學』, 臺北:五南, 1992, 240)은 이 君자는 例字일 것이라고 하였다.

『歸三十字母例』는 字母를 들고 매 字母 밑에 例字를 네 글자씩 들고 있는데, 이 三十字母는 守溫의 三十字母와 명칭은 완전히 동일하다. 단지 三十字母의 五音별 나열순서와 각 字母의 五音귀속에 차이가 있는데, 周祖謨는 「讀守溫韻學殘卷後記」(1966c, 503-504)에서 守溫三十字母가 脣舌牙齒喉라는 五音배열순서가 『韻鏡』등의 순서와 일치하고 照・日・喩모의 귀속이 『歸三十字母例』보다 조리가 있으므로 守溫三十字母가 『歸三十字母例』보다 시기가 이를 수 없다고 보았다. 그런데 守溫의 正齒音의 배열순서가 照穿審禪이 아니고 審穿禪照인 것이 唐人의 審穿禪日의 순서와 같은 것을 보면 三十字母는 守溫 이전에 이미 창제된 것일 가능성이 크다는 것이다. 그는 또한 守溫三十字母에서 來母가 牙音에 들어간 것과 心邪二母가 喉音에 들어간 것은 명백한 誤記라고 하였다.[22] 그러나 우리는 이 설이 설령 맞다해도 守溫이전의 어느 누가 처음 지었는지 아는 것이 현재의 자료로는 불가능하므로 여전히 守溫三十字母로 부를 수밖에 없다. 이 守溫의 三十字母는 梵文뿐 아니라 藏文 즉 티베트문자에서 왔다는 설이 羅常培(1931b, 257, 附表二 守溫字母源流表), 董同龢(1968, 115), 제리 노만(1988, 30)등에 의해 주장되었다. 이 三十이라는 숫자가 고전티베트어의 성모 수와 정확히 일치할 뿐 아니라, 三十字母와 藏文자모도 대략 일치하므로 티베트어의 영향을 받았을 가능성이 있음을 제기한 것이다. 趙蔭棠(1974, 194)도 西域語 즉 藏文이 漢語와 梵語 사이의 다리역할을 했음을 인정하였다.

等韻圖의 三十六字母는 이 守溫의 三十字母와 그 내용이 같다. 단지 三十字母에서 여섯 개의 字母 즉 輕脣音 非敷奉微와 娘・牀이 더 늘

---

[22] 『歸三十字母例』가 來를 知徹澄에 넣은 것을 보면 守溫이 牙音에 넣은 것은 오기이며, 心邪도 喉音에 넣어 曉와 한데 묶은 것은 오기라는 것을 『殘卷』의 둘째 조각에 나오는 문장에서 精淸從心邪를 묶어 설명하고 있는 것을 증거로 들어 주장하였다.

어났을 뿐이다. 守溫의 三十字母에는 輕脣音字母가 없다. 『歸三十字母例』에 실린 예자를 살펴보면, 脣音字母 不芳並明은 重脣과 輕脣을 다 포함하고 있다. 이는 重脣과 輕脣을 나누지 않은 韻書의 反切(上字)체계와도 일치하는 것이며, 바로 脣音의 輕脣化가 일어난 시기가 中古音 후기로서 그 이전에는 輕脣·重脣의 분화가 이루어지지 않고 있었음을 알려준다. 守溫三十字母에 娘이 없고, 또한 三十六字母의 泥·娘母가 反切上字의 系聯으로 얻은 奴·女류의 경계와 일치하는 것이 아니므로 대부분의 학자들이 舌上音 娘母는 舌頭音 泥母에 대한 형식상의 설치로 본다. 守溫字母에 牀母는 없으나 『歸三十字母例』의 禪母 아래의 네 개의 例字를 보면 두 개(乘·神)는 牀母자이고 두 개(常·諶)는 禪母자이다. 그러므로 守溫은 牀·禪을 나누지 않았음을 알 수 있는데, 이는 많은 現代方言音이나 佛經譯音, 漢字音등 자료에서도 일치하는 현상이다. 三十六字母의 齒頭音인 心邪가 曉와 같이 喉音에 들어가 있고 또한 喉中音淸으로 분류되어 匣喩影의 喉中音濁과 대립되어있는 것이 좀 색다를 뿐 三十六字母와 거의 모두가 일치한다.

　그러므로 三十六字母의 기원은 唐末의 중 守溫에게서 찾을 수 있으며 조기운도 『韻鏡』의 기원은 唐末 守溫이전으로 올라가기는 어렵다는 결론이 내려진다.

　三十六字母의 내용은 다음과 같다. 조기운도 『韻鏡』의 五音(七音)·淸濁 및 『七音略』의 三十六字母명을 조합하고, 후기운도의 술어로 보충하여 나열한다.23)

---

23) 五音과 淸濁에 대한 설명은 바로 뒤 3-3-4와 3-3-5에 나온다. 三十六字母명에서 正齒音의 牀은 『七音略』과 『切韻指南』에는 俗字인 床자를 썼으나 『四聲等子』와 『切韻指掌圖』는 牀자를 썼다. 둘은 異體字인데, 『七音略』을 따른다면 床을 써야하나, 현재 牀을 더 보편적으로 쓰므로 이에 따른다.

三十六字母表

七音 \ 清濁		全清	次清	全濁	次濁	全清	全濁
脣音	重脣	幫	滂	並	明		
	輕脣	非	敷	奉	微		
舌音	舌頭	端	透	定	泥		
	舌上	知	徹	澄	娘		
牙音		見	溪	群	疑		
齒音	齒頭	精	清	從		心	邪
	正齒	照	穿	牀		審	禪
喉音		影	曉	匣	喩		
半舌音					來		
半齒音					日		

3-3-4 五音과 七音

五音은 脣音・舌音・牙音・齒音・喉音의 분류를 말하며, 이때 半舌音・半齒音[24])은 각기 舌音과 齒音에 포함시킨다. 七音은 半舌音・半齒音을 독립시킨 분류이다. 『韻鏡』 및 『七音略』의 분류가 이 七音분류에 속한다. 九音이라함은 七音에서 半舌半齒를 舌齒音으로 합치는 반면, 脣音은 重脣과 輕脣으로 나누고, 舌音은 舌頭와 舌上으로 나누고, 齒音은 齒頭와 正齒로 나눈 분류를 말한다. 『切韻指掌圖』의 분류가 이에 속한다.

---

24) 『韻鏡』은 이 半舌音 來母와 半齒音 日母를 舌音齒라는 항목으로 묶었다. 『韻鏡』앞에 첨부된 「調韻指微」의 설명에 의하면 이 舌音齒는 舌音과 齒音이 반씩 섞인 來母와 日母를 가리키는데, 來母는 舌音이 먼저 오므로 舌齒音이라하고, 日母는 齒音이 먼저 오므로 齒舌音이라고 한다. 『韻鏡』이나 『四聲等子』『切韻指掌圖』등 모든 등운도의 舌音齒, 舌齒音, 半舌半齒音, 半徵半商音, 半商徵音 등등의 술어는 모두 來母와 日母의 二母를 병칭하는 술어이다. 그러므로 현재 等韻學에서 來를 半舌音, 日을 半齒音으로 부르는 것은 唐宋代 等韻家의 原義에서는 벗어난 명칭이라고 할 수 있다. 원의를 정확히 반영하자면 來는 半舌半齒音, 日은 半齒半舌音이라고 해야한다.

전통음악용어인 宮商角徵羽의 五聲을 五音에 배합시키기도 하는데, 둘 사이에 필연적인 관계는 없으며, 等韻圖에 따라 차이가 나기도 한다. 『韻鏡』과 『切韻指南』은 五聲과의 대응표가 없다. 『七音略』은 四十三轉 모든 圖의 七音밑에 五聲표시를 하였고, 『四聲等子』와 『切韻指掌圖』는 앞머리에 첨부한 <七音綱目>·<三十六字母圖>·<切韻指掌之圖> 등에 五音과 五聲을 대응시켰다. 『七音略』과 『切韻指掌圖』는 脣音-羽·舌音-徵·牙音-角·齒音-商·喉音-宮에 대응시켰으나, 『四聲等子』는 脣音과 喉音의 五聲을 서로 뒤바꾸어 脣音-宮·喉音-羽로 대응시켰다.

　『韻鏡』과 『七音略』은 脣舌牙齒喉의 순서이나, 『四聲等子』·『切韻指南』 『切韻指掌圖』는 牙舌脣齒喉의 순서로 五音이 나열되었는데, 이는 『四聲等子』가 바꾼 五音의 순서를 후기운도가 따른 것이라고 볼 수 있다. 훈민정음도 牙舌脣齒喉의 순서에 따랐음은 창제시 이용한 운도가 『韻鏡』·『七音略』과는 관계없음을 나타낸다.

3-3-5 清濁

　清濁이라는 용어는 중국의 음악에서 쓴 용어이기도 하고 음운학에서 쓴 용어이기도 하다. 물론 일상적인 언어로 清은 '맑음(clear)' 濁은 '흐림(muddy)'이라는 의미로 쓰지만, 음악용어로는 清은 고음을, 濁은 저음을 나타낸다. 『禮記』 「樂記」의 한 구절 "倡和清濁, 迭相爲經。"[25] 에서 '清濁'을 漢代의 巨儒 鄭玄은 "清謂蕤賓至應鐘也, 濁謂黃鐘至仲呂。"라고 주를 달았으며, 唐의 孔穎達은 『正義』에서 鄭玄의 주에다 "長者濁也。" "短者清也。"를 덧붙였다. 黃鐘에서 仲呂까지는 낮은 음

---

25) 『十三經注疏本 禮記』, p.682.

이며, 蕤賓에서 應鐘까지는 높은 음이다. 관악기에서 길이가 길면 음이 낮아지고 길이가 짧으면 음이 높아진다. 그러므로 여기서 鄭玄이나 孔穎達이나 모두 淸濁을 淸은 고음, 濁은 저음으로 설명한 것이다. 또한 중국전통음악악보에서 宮商角徵羽는 간략하게 숫자로도 나타내는데, 여기서 宮은 1로 나타내고, 淸宮은 i로 한 옥타브 높은 宮음을 가리키며, 濁宮은 1로 한 옥타브 낮은 宮음을 가리킨다. 이 또한 淸은 高, 濁은 低를 나타내는 것이다.

음운학에서도 淸은 고음, 濁은 저음을 가리키는 것이 통설로 되어있으나, 이는 음악에서와는 달리 뚜렷한 기준이 없는 극히 애매한 용법이다. 그러나 淸濁이 음의 高低를 가리킨다는 것은 그 나름대로 근거를 찾을 수 있다. 中古音에서 濁聲母는 현대 각 방언에서 대개 低調로, 淸聲母는 대개 高調로 나타나는데, 이들은 바로 陰平・陽平, 陰上・陽上, 陰去・陽去, 陰入・陽入이라는 명칭으로 지칭되며, 여기서 陰調는 淸聲母이며, 陽調는 濁聲母이다. 이러한 현상은 소위 中古의 四聲이 성모의 淸濁에 따라 陰陽八調였으리라는 일부 학자의 가설의 근거가 되기도 한다.

물론 자오 위앤르언(1959, 495)이 지적한대로 한 가지 명칭으로 한 가지 사안을 판별하도록 명칭의 분화가 이루어져야하지만, 실제로는 淸濁의 역대용법에 뚜렷한 개념의 정의나 분화가 이루어지지 않았던 것이 사실이다. 聲母의 淸濁개념과 聲調의 高低개념이 뭉뚱그려져서 淸濁이라는 하나의 용어로 표시되어 오기도 하였다.

자오(1959, 493-494)는 中國語音韻史에서 淸濁에 대한 용법의 연혁을 切韻派 및 韻鏡派의 두 파로 나누어 살펴보았다. 唐末이전 즉『切韻』序의 "吳楚則時傷輕淺, 燕趙則多涉重濁。"이라든가 "欲廣文路, 自可淸濁皆通, 若賞知音, 卽須輕重有異。"에 나타나는 淸濁의 개념은 모호하다. 또한『廣韻』의 말미에 첨부된「辨四聲輕淸重濁法」은 平上去

入 四聲을 輕淸과 重濁으로 나누어 예자들을 실어 놓은 표로서, 이 輕淸과 重濁의 구분을 단일한 잣대로는 전혀 判辨할 수 없는 체재이다. 羅常培(1932, 445)는 이 둘의 구분이 開合의 구분도 아니고, 內外轉의 구분도 아니고, 淸濁의 구분도 아니고, 等의 구분(輕은 二等 四等, 重은 一等 三等운을 가리킨다는 鄒漢勛[1805~1854]의 『五韻論』의 說)도 아니고, 不送氣·送氣의 구분도 아니라고 하였다. 탕 란(唐蘭)[26]은 이 무질서한 예자들에서 부분적인 구분규칙들을 이끌어내었다. 前母音은 淸하고 後母音은 濁하다든가; 開口는 淸하고 合口는 濁하다든가; 四等은 가장 淸하고 一等은 가장 濁하다든가; 知系는 淸하고 照系는 濁하다든가 하는 등등의 淸濁개념을 구분하는 규칙들이다. 이는 대개 운모의 분류에 관계되는 개념으로 썼으며, 자오 위앤르언은 이러한 상당히 모호한 용법들을 切韻派의 淸濁용법이라고 칭하였다.[27]

반면 韻鏡派의 淸濁개념은 聲母에 국한해서 쓴다는 점이 切韻派와 다른 점으로, 현대중국어음운학에서 사용하는 淸濁과 그 용법이 일치한다. 이 韻鏡派의 淸濁개념을 가장 명확히 분류한 학자는 淸代의 江永이다.

위의 도표에서의 淸濁의 분류는 『韻鏡』에 의거한 것이지만, 그 각각의 명칭은 『韻鏡』을 따르지 않고 等韻學의 보편적 술어를 따랐다. 『韻鏡』은 全淸·全濁을 淸·濁이라고 하고, 次濁은 淸濁이라고 하였다. 『四聲等子』나 『切韻指掌圖』는 次濁을 不淸不濁이라고 하였고, 邪禪二母를 全濁대신 半淸半濁(또는 半濁半淸)이라고 칭하였으므로, 淸濁의 분류가 한 가지가 더 늘어난 셈이다.

위와 같이 心審二母를 全淸으로, 邪禪二母를 全濁으로 칭하면 全淸인 精照二母와 全濁인 從牀二母와 구분되지 않으므로, 等韻家들이 이

---

26) 唐蘭.「論唐末以前的輕重和淸濁」『北京大學五十週年紀念論文集』, 1948. 趙元任(1959, 494)에서 재인용함.
27) 이 淸濁용법은 모두 다음 항목에서 설명할 輕重의 용법으로 환원될 수 있다.

문제를 해결하기 위해 『四聲等子』나 『切韻指掌圖』와 같이 부분적으로 명칭을 수정하기도 하였으나, 他字母와 명칭이 겹치는 문제를 완전히 해결하지는 못했다. 그리하여 江永은 『音學辨微』(1759)에서 心審二母를 又次淸, 邪禪二母를 又次濁이라고 하여 타 자모와 완전히 구분하였다. 이 淸濁개념을 현대음성학용어로 대응시키면 다음과 같다.

全淸─不送氣淸塞(擦)音　　次淸─送氣淸塞(擦)音
全濁─濁塞(擦)音　　　　　次濁─流音(鼻音・邊音・零聲母)
全淸(又次淸)─淸擦音　　　全濁(又次濁)─濁擦音

3-3-6 輕重

일찍이 晉代의 郭璞이 『山海經』 「北山經」에 나오는 "景山, 其上多艸, 藷藇."구절에 주를 달면서 "根似羊蹄, 可食。 曙豫二音。 今江南單呼爲藷, 音儲。 語有輕重耳"[28]이라고 음에 대한 설명으로 '輕重'을 말하였다. 羅常培(1932, 443-444)[29]는 이러한 설명에 대하여 천천히 읽어 두 글자가 되는 것은 輕이라하고, 급하게 읽어 한 음이 되는 것은 重이라고 한다고 설명하였다.

六朝시대에 산스크리트로 쓰인 불경을 한자로 옮기는 과정에서 梁武帝의 『涅槃疏』에서는 산스크리트全濁送氣音에 重聲이라고 주를 달았으며, 『涅槃文字』에서는 不送氣・送氣音을 대비시켜 輕重을 사용하였는데, 不送氣音은 '稍輕呼之' 送氣音에는 '稍重呼之' 그리고 鼻音에는

---

28) 藷藇shǔ yù는 곧 薯蕷shǔ yù인데, 이는 현재 山藥이라고 부른다. 明代 李時珍의 『本草綱目』 「菜二・薯蕷」에 의하면, 이 薯蕷가 唐 代宗의 이름 預(豫)의 避諱로 薯藥이 되고, 다시 宋 英宗의 이름 署(曙)를 避諱하여 山藥이 되었다고 한다.

29) "此以'緩讀之爲二字'者爲輕, 而以'急讀之成一音'者爲重也。" 「釋重輕」 『歷史語言研究所集刊』 第二本 第四分, 1932, pp.441-449.

'不輕不重呼之'라는 주를 달았다. 그는 不送氣送氣와 淸濁이라는 두 가지 개념을 輕重으로 나타냈음을 알 수 있다.

　'輕重'은 『切韻』序에 나타나며, 『切韻』의 편자 중의 한 사람인 옌 즈 뒈이(顏之推)가 쓴 『顏氏家訓』「音辭篇」에도 보인다. 『切韻』序는 위의 '淸濁' 항목에서 인용한 "吳楚則時傷輕淺, 燕趙則多涉重濁。"과 "欲廣 文路, 自可淸濁皆通, 若賞知音, 卽須輕重有異。"에서 보이며, 「音辭篇」 은 "而古語與今殊別, 其閒輕重淸濁, 猶未可曉。"(하지만 옛말이 오늘말 과 매우 달라 둘 사이의 輕重淸濁조차도 이해하기가 힘들다.)에서 보인다. 이 문장에서는 모두 輕重과 淸濁을 나란히 들어 輕重과 淸濁이 같은 성질의 개념 내지는 묘사각도가 다른 같은 개념이라는 것을 암시한다. 『七音略』 序에서 운도의 연원을 밝히는 구절 "七音之韻, 起自西域, 流入諸夏。梵 僧欲以其敎傳之天下, 故爲此書。雖重百譯之遠, 一字不通之處, 而音 義可傳。華僧從以定之, 以三十六爲之母, 重輕淸濁, 不失其倫。天地 萬物之音, 備於此矣。"에서도 輕重淸濁을 병칭하여 운도의 체재를 개괄 하였다.

　江永(1759)도 "其有最淸, 最濁, 次淸, 次濁, 又次淸, 又次濁者, 呼之 有輕重也。"라고 淸濁과 輕重을 병용하였다. 음의 淸濁의 차이가 실제 발음에서 輕重의 차이로 나타나게 된다는 그의 설명으로 보건대, 이는 한 가지 사안의 양면적 기술이라고 생각된다. 여기서 淸濁의 개념은 명 확하지만, 輕重의 개념은 모호하다.

　실제로 淸濁과 輕重을 의미의 구분이 없이 쓴 예가 고문헌에 보인다. 日僧 明覺은 『悉曇要訣』(2706, 507)에서, "初低終昻之音可爲上聲之 重。"이라고 일본에 들어온 唐代의 음 濁上聲이 낮은 음으로 시작하여 뒤를 올리는 음이라고 설명하였는데, 여기서 濁대신 重을 썼으며, 또 다 른 日僧 了尊의 『悉曇輪略圖抄』(2709, 657)도 "上聲重, 初低後昻, 上 聲輕, 初後俱昻。"이라고 上聲의 음에 대하여 동일하게 설명을 하였는데, 淸上聲은 처음부터 끝까지 높은 음이라고 설명하여 처음은 낮은 음인 濁上聲과 대비시켰다. 그도 역시 淸濁대신 輕重을 썼다. 이러한 예들은 옛 학자들이 輕重을 淸濁과 같은 개념으로 썼다는 사실을 증명하며, 淸과 濁은 각각 高音과 低音을 나타낸다.[30]

敦煌文書에서 발견된 唐寫本『守溫韻學殘卷』의「四等重輕例」는 四等이란 무엇인가를 밝혀주기 위하여 平上去入聲에 속하는 예자들을 四等별로 나열한 것이다.[31] 여기서 重輕이라 함은 韻類의 음의 고저를 가리키는 것으로 생각된다. 즉 四等의 음의 차이에 대한 묘사어로서 一等은 重하고, 四等은 輕하다는 뜻이다. 이는 탕 란이『廣韻』의「辨四聲輕淸重濁法」의 예자들을 분석한 것 중에서 一等이 가장 (重)濁하고 四等이 가장 (輕)淸하다는 규칙과 맞아떨어진다. 그러므로 重濁은 저음, 輕淸은 고음을 나타내는 전통을 그대로 계승하여 四等의 운모의 음의 고저의 차이를 예시하는 例字表의 제목을 '四等重輕例'로 붙인 것이라고 생각된다. 흔히 말하는 '輕重'이 아니고 순서를 뒤바꾸어 생경하게 '重輕'이라고 칭한 것도 一二三四等의 순서대로 음을 묘사하기 위함이리라. 그러므로 이 四等重輕例가 '重輕'(聲母의 조음위치 및 淸濁의 차이)으로 聲類를 四等으로 分等한 개념이라고 주장한 리 신퀘이의 설은 따르기 어렵다.[32]

『七音略』은 四十三轉의 각 圖의 끝에 重中重·輕中輕·重中輕·輕中重이라는 네 가지 표목중의 하나가 표시되어있다. 四十三轉의 표시 상황을 살펴보면 重中重 19개, 輕中輕 14개, 重中輕 3개, 輕中重 2개에다가 작은 글자로 '內重' 혹은 '內輕'을 붙인 重中重內重·重中重內輕·輕中輕內輕·重中輕內重·輕中重內輕 이 각 한 개씩이다. 한편 『韻

---

30) 2장의 주23)에 인용한 羅常培의 平上聲은 輕淺하고, 去聲은 重濁하다는 설은 이 輕淸音高音·重濁音低音설과는 별개의 다른 설이다.
31) 3-3-9에 이「四等重輕例」가 실려있으니 참고하라.
32)『漢語等韻學』, pp.53-55.

鏡』에는 四十三轉 각 圖의 앞머리에 內外轉표시밑에 일련번호와 開合
표시가 있다. 『七音略』의 重輕표시와 이 『韻鏡』의 開合을 비교한 결과
앞글자가 重으로 된 重中重·重中輕·重中重內重·重中重內輕·重中輕
內重은 『韻鏡』에서는 모두 開로 되어있고, 앞글자가 輕으로 된 輕中輕·
輕中重·輕中輕內輕·輕中重內輕은 『韻鏡』에서는 모두 合으로 되어있다.
그 뿐만 아니라 『四聲等子』는 四十三轉을 十六攝으로 묶어 二十圖로
나열했는데 도표의 앞머리 攝名밑에 重輕開合을 다 사용하여 開合口 상
황을 설명하였다. 여러 轉을 한 圖로 묶다보니 開合口가 서로 섞이는 경
우가 많아 重輕을 어느 한쪽만을 취하여 말할 수 없으므로 重少輕多韻
(通攝·遇攝·止攝), 重多輕少韻(宕攝·果攝·曾攝), 全重無輕韻(效
攝·流攝·深攝), 輕重俱等韻(蟹攝·臻攝·山攝), 重輕俱等韻(咸攝)
등으로 기술하였다. 十六攝에서 江攝·假攝·梗攝은 각각 宕攝·果
攝·曾攝에 병합하였기 때문에 十三攝이 되었는데, 假攝과 梗攝은 각
기 果攝과 曾攝 표제 밑에 攝名만 첨부하였는데 유독 宕攝에 첨부한 江
攝에는 '全重'이라고 명시하였다. 『七音略』에서 江攝을 나타낸 '重中
重'이 『四聲等子』에서 정의한 宕攝의 '重多輕少韻'이라는 범주에 포
괄되기 어렵기 때문으로 풀이된다. 이와 같은 『韻鏡』·『七音略』·『四
聲等子』의 비교를 통하여 羅常培(1932, 441-443)는 이 『七音略』의 重
輕을 『韻鏡』의 開合과 똑같은 개념으로 보았으며, 현재까지 학자들은
이 설을 그대로 따르고 있다.

이상에서 살펴본 輕重의 고문헌자료에서의 용법을 정리하면, 첫째, 운
서가 나오기 이전에 나온 용례로서 천천히 음절을 그대로 다 발음할 때
의 소리와 급히 발음하여 두 음절이 한 音節化할 때의 소리를 대비적으
로 묘사하는 낱말로서의 輕重이 있는데, 이는 전문술어라기보다는 일반
적 용법으로 생각된다. 둘째, 韻書시기에 輕重으로 不送氣·送氣를 구

분하기도 하고, 淸濁과 병칭하여 같은 의미 내지는 성질을 묘사하여, 高音과 低音의 대비로 輕淸과 重濁을 썼는데, 이러한 용법은 역시 일반적인 용어의 성격이 강하다. 셋째, 韻圖시기로 가면 淸濁의 용법이 현대의 성대의 진동여부로 결정되는 淸濁과 같은 전문술어의 성격을 갖게된다. 이에 따라서 輕重도 일반적 용어에서 전문술어로 탈바꿈하게된다. 바로 輕重이 合口와 開口를 가리키는 전문술어로서 사용된 경우이다. 전해오는 자료로 볼 때 『七音略』이 그 선구로서 『四聲等子』가 이 용법을 계승하였다. 그러나 『七音略』의 重中重 · 輕中輕 · 內重 · 內輕…등의 술어의 의미는 아직까지 불명이다.

중국어음운학 전통술어의 용법을 살펴볼 때 일반적으로 나타나는 현상이 한 술어로서 여러 가지 명제를 포괄하는 것이다. 바로 불경역경과정에서 나타난 送氣(aspiration)와 淸濁(voice)문제를 輕重으로 한꺼번에 지칭하는 梁武帝의 『涅槃疏』같은 예이다. 또한 輕重이라는 술어로 운모의 等의 차이를 나타내기도 하는데, 이는 음의 고저를 대비적으로 가리킨다는 점에서는 전통적인 淸濁용법에서 벗어나지 않는다. 종합적으로 輕重이라는 술어를 살펴볼 때, 이는 여러 가지 다양한 전통음운현상을 묘사하는 묘사어로서 전문적이라기보다 일반적인 단어로서의 성격을 가진 용어로 생각된다. 그러므로 이같이 다양한 사안에 나타나게 되는 것이다. 상보배제성(complementarity)만 확보가 되면, 한 술어의 중복된 명제가 크게 문제되지 않을 것이다. 輕重의 문제도 이와 같은 맥락에서 이해되어야하리라고 본다.

3-3-7 內轉 · 外轉

『韻鏡』은 四十三轉이 모두 內轉 혹은 外轉으로 나뉘어져있다. 이들은 內轉第一開・內轉第二開合・外轉第三開合…등으로 內轉이 도합 20轉이고 外轉이 도합 23轉이다. 『韻鏡』과는 內・外轉의 분포에 약간의 차이가 있기는 하나 『七音略』도 마찬가지로 四十三轉이 內轉 또는 外轉으로 나뉘어져있다. 그러나 이들 韻圖에는 內外轉의 표시만 있을 뿐 정작 內轉과 外轉에 대한 설명은 찾아볼 수 없다. 『四聲等子』는 二十圖전체가 通攝內一・效攝外五・宕攝內五,… 등의 형식으로 되어있으며, 『切韻指南』도 『四聲等子』와 같은 형식으로 되어있다. 그러나 『切韻指掌圖』는 全二十圖에 十六攝명칭 뿐 아니라 內外傳표시도 없다. 內外轉에 대하여는 『韻鏡』이후에 나온 『四聲等子』에 처음으로 그 설명이 보인다. 明代의 邵光祖가 쓴 「切韻指掌圖檢例」에도 <辨內外轉例>가 나오지만 전문이 『四聲等子』와 동일한 것으로 미루어 『四聲等子』를 베낀 것으로 추정된다.33) 여기에 『四聲等子』의 <辨內外轉例>의 전문을 인용한다.

> 內轉者, 脣舌牙喉四音更無第二等字, 唯齒音方具。外轉者, 五音四等都具足, 今以深曾止宕果遇流通括內轉六十七韻, 江山梗假效蟹咸臻括外轉一百三十九韻。

> 內轉은 脣舌牙喉音의 四音에는 第二等字가 전혀 없고, 齒音에만 갖추어진 것이며; 外轉은 五音에 四等이 다 갖추어진 것을 말한다. 이제 深曾止宕果遇流通攝으로 內轉67韻을 묶고, 江山梗假效蟹咸臻攝으로 外轉139韻 묶는다.

---

33) 『切韻指掌圖』의 <辨內外轉例> "舊圖以通止遇果宕流深曾八字括內轉六十七韻, 江蟹臻山效假咸梗八字括外轉一百三十九韻。"은 『四聲等子』의 <辨內外轉例>에서 '今'을 '舊圖'로 고치고, 內・外轉 八攝명칭 뒤, '括'자 앞에 각각 '八字'를 덧붙인 것만 다르고, 攝名의 순서가 좀 뒤바뀌었으나 내용과 문장형식은 완전히 같은 것으로 보아 『四聲等子』를 그대로 베낀 것이 완연히 드러난다. 여기서 '舊圖'는 곧 『四聲等子』를 가리키는 것이다.

이 문장에서 얻을 수 있는 정보는 內轉은 齒音 照二系 외에는 二等字가 없는 운을 말하며, 外轉은 齒音뿐 아니라 脣舌牙喉 四音에도 二等字가 갖추어져 四等이 다 구비될 수 있는 운을 말한다. 『四聲等子』에서 十六攝이라는 범주를 처음으로 사용하여 內轉67韻과 外轉139韻을 묶는데, 深・曾・止…등 八攝으로는 內轉운들을 묶고, 江・山・梗…등 나머지 八攝으로는 外轉운들을 묶었다. 그러나 여기에도 정작 內外轉 자체에 대한 설명은 없다. 內轉・外轉이 무엇인지, 왜 이러한 이름이 붙었는지에 대한 설명이 전혀 없다.

元代(1336)에 劉鑑이 지은 『經史正音切韻指南』은 제작시기는 좀 늦으나 전통 韻圖의 형식을 답습한 표준적인 韻圖로서 『韻鏡』・『七音略』・『四聲等子』・『切韻指掌圖』와 함께 五大韻圖의 하나로 꼽힌다. 줄여서 보통 切韻指南이라고 부르는 이 韻圖에는 뒤에 '門法玉鑰匙'라는 等韻門法으로는 가장 완비된 等韻에 대한 규정 열 세가지 즉 十三門을 싣고 있어 유명하다.[34] 이 十三門에서 마지막 열 세번째가 '內外門'인데, 이 문장내용은 다음과 같다.

> (十三) 內外者, 謂脣牙喉舌來日下爲切, 韻逢照一, 內轉切三, 外轉切二, 故曰內外, 如古雙切江, 矣殊切熊字之類, 是也。

> (十三) 內外라는 것은 脣音・牙音・喉音・舌音・半舌音(來)・半齒音(日)의 글자가 反切上字가 되고, 反切下字가 照二系글자를 만나면, 被切字가 內轉에서는 三等이고, 外轉에서는 二等이다. 그러므로 內外라고 한다. 예를 들어 '古雙'으로 江을 표기하고, '矣殊'으로 熊을 표기하는 것[35] 같은 것들이다.

---

34) 等韻門法에 대하여는 3-4에 설명한다.
35) 『廣韻』에서 熊은 羽弓切로 東韻이며, 矣殊切이 될 수 없다. 殊은 蒸韻에 속하는 글자로 反切은 山矜切이다. 淸初의 熊仕伯은 『等韻元聲』 「辨切韻二十門法」에서 열 세

여기서 雙은 所江切로 審二等자이다. 이 雙은 外轉 江의 反切下字로 쓰여 二等을 표시한다. 殌은 山矜切로 역시 審二等자이다. 그러나 內轉 熊의 反切下字로 쓰여 三等을 표시한다. 그러므로 元明 이래로 소위 內三外二門이 생기게되었다. 그렇지만 內轉과 外轉의 차이가 무엇인지, 왜 內外라는 명칭이 붙었는지, 즉 內外轉자체가 뜻하는 바가 무엇인지에 대하여 역대학자들이 '氣出·氣入,' '開口·合口,' '斂·侈(弇·侈)' 등 몇 가지설을 제기했으나 대개가 비논리적이며 불명확하여 받아들이기 어렵다.[36]

　　內外轉의 구분에 대하여 현대 음운학자들이 따르고 있는 두 가지 대표적인 설을 소개하면 다음과 같다. 하나는, 『四聲等子』 이래로 내려온 전통적인 설을 이어받아 二等字의 유무로 內外轉을 구분하는 해석이다. 董同龢는 內轉八攝은 전부 二等性韻母가 없고 外轉八攝은 전부 독립적인 二等性韻母가 있다고 하여, 韻攝에 진정한 二等韻 글자의 존재여부가 內外轉결정의 관건이 됨을 주장하였다.[37] 다른 하나는, 淸代의 侈斂설을 계승하여 內外轉이 주요모음의 고저의 차이로 구분된다는 설이다. 羅常培는 內外轉의 차이가 주요모음의 차이라고 주장한 일본의 『韻鏡』학자 大島正健(『韻鏡新解』, 1932), 大矢透(『韻鏡考』, 1924; 『隋唐音圖』, 1932)등의 학설[38]을 이어받아 "內轉은 모두 후설모음[u] [o], 중설모음[ə] 및 전설고

번째의 "內三外二門"에서 熊을 蠅으로 바꾸었다. 그러나 『廣韻』이나 『集韻』에서 蠅은 余陵切이며, 矢殌切이라는 反切은 존재하지 않는다.

36) 氣入하여 소리가 이루어지는 것이 內轉이고, 氣出하여 소리가 이루어지는 것이 外轉이라는 설(宋代의 祝泌의 『皇極經世解起數訣』), 內轉은 合口이고 外轉은 開口 즉 內外轉을 開合로 보는 설(淸代 戴震의 『聲韻考』), 內外轉을 聲音의 侈斂(혹은 侈弇) 즉 모음의 開口度의 차이를 나타내는 개념으로 侈는 開口度가 큰 음이고 斂(弇)은 開口度가 낮은 음을 나타내는데, 內轉은 斂이고 外轉은 侈라는 설(淸代 江永 『古韻標準』 第十二部總論, 夏燮 『述韻』 卷十)등이 있다. 이중에서 江永의 侈弇설을 여기에 싣는다. "二十一侵至二十九凡, 詞家謂之閉口音, 顧氏合爲一部。愚謂: 此九韻與眞至仙十四韻相似, 當以音之侈弇分爲兩部。神珙等韻分深攝爲內轉, 咸攝爲外轉, 是也。"
37) 『漢語音韻學』, p.133.
38) 羅常培. 「釋內外轉」『歷史語言硏究所集刊』第四本 第二分, 1933, pp.209-226에 소개함.

모음[i] [e]를 가진 운이며; 外轉은 모두 전설모음[e] [ɛ] [æ] [a], 중설모음[ɐ] 및 후설저모음 [ɑ] [ɔ]를 가진 운을 말한다."[39]고 하였으며, 또한 內와 外의 의미를 모음삼각도에 나타나는 이들 모음의 위치의 차이로 풀었다. 內轉과 外轉에 나타나는 모음의 경계선을 e 모음점과 ə바로 밑의 한점과 사선으로 연결하고 다시 수평으로 o와 ɔ 사이의 점까지 점선으로 연결시키고는, "점선이상의 모음은 비교적 후설로 고모음인데, 후설모음은 발음할 때 혀가 수축하고 고모음은 입이 가려덮이는(弇)고로 '內'라고 이르며; 점선이하의 모음은 비교적 전설로 저모음인데, 전설모음은 발음할 때 혀가 퍼지고 저모음은 입이 벌어지는(侈)고로 '外'라고 이른다." 라고 內外라는 명칭의 의미까지 풀었다.[40]

李新魁(1986b, 256)[41]는 二等字의 유무로 구분하는 『四聲等子』이래

---

39) "內轉者, 皆含有後元音[u] [o], 中元音[ə]及前高元音[i] [e]之韻; 外轉者, 皆含有前元音[e] [ɛ] [æ] [a], 中元音[ɐ]及後低元音[ɑ] [ɔ]之韻。"(「釋內外轉」, 222)

40) 羅常培의 <內外轉元音分配圖>

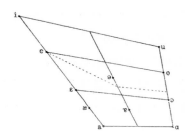

"線以上之元音較後而高, 後則舌縮, 高則口弇, 故謂之'內'; 線以下之元音較前而低, 前則舌舒, 低則口侈, 故謂之'外'。"(「釋內外轉」, 223)

일본학자 賴惟勤(라이 쯔토무.「內轉·外轉について」『中國音韻論集』, 東京:汲古書院, 1989, pp.228-235)는 廣東·廣西方言의 入聲의 변화를 근거로 들어 內外轉이 주요모음의 고저의 차이일 뿐만 아니라 聲調의 차이까지 나타내기 위한 구분이라고 주장하였다.

41) 李新魁.「論內外轉」『音韻學硏究』第二輯, 中國音韻學硏究會, 1986, pp.249-256.

의 전통적인 설을 받아 內·外를 설명하였다. 그는 等韻圖에 있어서 內外轉이라는 것은 攝의 관념에서 출발하여 三等韻을 거점으로 삼는다고 하였다. 그러므로 즉 같은 攝내에서 照二等자의 反切下字가 三等韻안에 들어가면 곧 內轉이고, 三等韻안에 들어가지 않으면 곧 外轉이라고 하였다. 이 역시 內外轉의 구분과 內外轉 명칭의 설명을 겸하고 있다. 그의 內轉·外轉의 구분은 객관성이 있으나, 三等韻을 중심으로 하여 內·外라는 명칭을 결정했다는 것은 羅常培의 설명과 마찬가지로 역시 주관적이므로 받아들이기가 어렵다. 이와 같이 內·外라는 명칭에 대하여는 아직까지 정설이 없다.

內外轉은 역시 기능적인 측면에서 그 성격을 규명해야 할 것이다. 위에서 인용한 『四聲等子』등에 실린 <辨內外轉例>라든가 <內外門>이라든가 元明시기에 유행하던 <內三外二>라는 것은 等韻圖의 틀에 들어가지 않는 照二等자에 대한 설명이며 해결방법을 말한 소위 等韻門法인 것이다. 즉 三等자의 反切下字로 쓰인 照二等자(소수)나 照二等자의 反切下字로 쓰인 三等자(다수)는 被切字와 反切下字는 같은 等내에 있어야한다는 等韻圖의 전제에 들어맞지 않는 예외로서, 이들을 설명하기 위해 門法으로 세운 것이 바로 <辨內外轉例>나 <內外門>이다. 內轉은 照二等자의 反切下字를 三等에서 찾아야하고 外轉은 照二等자의 反切下字를 二等에서 찾아야 함을 지시해주는 장치로서, 이러한 단순한 기능이 바로 薛鳳生(1985, 45)이 말한 소위 內·外의 '原始簡單功能'이다.

3-3-8 開合

『韻鏡』은 四十三轉 각 도의 앞머리에 開 또는 合(冬鍾·江·支·模

虞의 네 개의 轉은 '開合'으로 표시됨)으로 표시되어 있으며, 『七音略』에서는 이를 重輕으로 표시하였다고 하였다.

江永은 일찍이 開合口에 대하여 정의를 하였는데, 開口는 발음을 할 때 입술을 모으지 않는(吻不聚) 음이고 合口는 입술을 모으는(吻聚) 음이라고 하였다.[42] 이는 바로 현대음성학에서 말하는 圓脣(lip-rounding)의 정의와 일치한다. 開口는 不圓脣(unrounded)음을 가리키고 合口는 圓脣(rounded)음을 가리킨다.

그러나 韻圖에서 開合口라함은 단모음의 圓脣여부를 구분하는 것이 아니고 韻을 단위로 하여 圓脣여부를 가리는 용어이므로 어떤 운에 圓脣母音 u나 介音 w(u로도 표기)가 있으면 合口韻이 되며, 없으면 開口韻이 된다. 여기서 韻이라함은 介音을 포괄하는 광의의 韻으로 韻母(Final)와 동일한 개념이 되며, '운이 맞는다'고 할 때와 같은 介音을 배제한 협의의 韻(Rhyme)을 가리키는 것이 아니다.

이 開合口는 明末淸初로 내려오면 開口는 開口와 齊齒로 양분되고 合口는 合口와 撮口로 양분되어 소위 四呼가 된다. 이 四呼는 현대중국어 운모를 기술하는데도 여전히 유용하다. 그러므로 韻圖의 용어였던 開口와 合口를 때로는 협의(四呼의 開口 및 合口)로, 때로는 광의(開口＋齊齒＝開口, 合口＋撮口＝合口)로 그대로 사용하고 있다.[43]

---

42) 『音學辨微』「七. 辨開口合口」: "音呼有開口合口。合口者吻聚, 開口者吻不聚也."
43) 四呼는 韻圖의 四等과는 다른 개념으로 문헌기록으로 볼 때 明末淸初에 성립된 것으로 여겨진다. 四呼의 명칭 開口呼·齊齒呼·合口呼·撮口呼가 구비되어 나타나기 시작한 것은 明末로 1612년 이전에 지어진 것으로 여겨지는 무명씨의 等韻圖「韻法直圖」(梅膺祚의 字滙[1615]에 실려 전해옴)이지만, 名實이 지금의 형태로 확립된 것은 淸初의 潘耒가 지은 等韻書『類音』(1712)에서부터이다. 潘耒는 開口는 '平舌舒脣,' 齊齒는 '擧舌對齒, 聲在舌齶之間,' 合口는 '歙脣而蓄之, 聲滿頤輔之間,' 撮口는 '蹙脣而出聲'이라고 四呼의 조음에 대하여 설명하였는데, 開口·合口·撮口는 각기 발음할 때 입술 모양의 차이 舒脣(입술을 펴서) 歙脣(입술을 죄서) 蹙脣(입술을 찌푸려서)으로 구분하였으나 齊齒는 혀의 움직임 擧舌對齒(혀를 이를 향해 들어서)로 설명하였다.
현재 일반적으로 통용되는 四呼의 정의로 董同龢(1968, 21)의 四呼설을 인용한다.
開口: 介音이 없고 주요모음이 [i] [u] [y]가 아닌 운모

『韻鏡』四十三轉의 開合표시중에서 開로 표시된 轉이 19개이며, 合으로 표시된 轉이 20개이다. 그리고 나머지 4개의 轉은 開合으로 표시되었다. 모든 等韻圖가 체재상으로 開口와 合口가 한 圖에 나열되지 않는다. 그러므로 이『韻鏡』의 內轉第二開合 冬宋沃・鍾腫用燭, 外轉第三開合 江講絳覺, 內轉第四開合 支紙寘, 內轉第十二開合 模姥暮・虞麌遇의 네 개의 轉은 상궤에서 벗어나는 開合표기이며, 설사 開口韻과 合口韻이 한 도에 섞여있어 開合이라고 했다손 치더라도 內轉第五合 支紙寘가 따로 있으므로 체재상 이러한 가설은 성립되지 않는다. 이 문제에 대하여 현재 보편화되어있는 설은 開나 合자의 誤添이다. 이들 네 개의 轉을 비롯한 몇 개의 轉의 開와 合이 잘못 표기되었다고 보아서 董同龢를 위시한 학자들이『七音略』의 重輕을 잣대로 삼아『韻鏡』의 開와 合 및 開合을 수정하였다.

이 문제에 대하여 李新魁(1981, 130-131)는 다음과 같은 재미있는 가설을 제기하였다.44) 그는 開 뒤에 合을, 또는 合 뒤에 開를 우연히 잘못 첨가했다는 일반적인 설은 전체 체재상으로 성립하기 힘들다고 보았다. 『韻鏡』의 권말에 붙어있는 일본인 宣賢의 짧은 跋文에 의하면, 泉南宗仲論이『韻鏡』을 改訂했다고 하였는데, 이 泉南宗仲論을 明 嘉靖년간에 일본으로 간 閩南 泉州의 승려라고 보았으며, 이 승려가 바로 開와 合의 두 가지 음을 가진 자신의 방언음에 따라 의도적으로 開 또는 合을 첨가하여 네 개의 轉을 開合으로 만들어, 開로 발음해도 좋고 合으로 발음해도 좋다는 뜻을 나타낸 것으로 보았다. 閩南 泉州방언에는 內轉第二開合에 수록된 글자 중에서 攻封逢奉供從頌등은 [uŋ]이고, 冬烔鬆重

齊齒: 介音[i]가 있거나 주요모음이 [i]인 운모
合口: 介音[u]가 있거나 주요모음이 [u]인 운모
撮口: 介音[y]가 있거나 주요모음이 [y]인 운모
44)「韻鏡研究」『語言研究』創刊號, 1981, pp.125-166.

共綜등은 [aŋ](話音)과 [uŋ](讀書音) 즉 開口와 合口의 두 가지 음이 있으며, 다른 두개의 轉 內轉第四開合 및 內轉第十二開合도 마찬가지로 공교롭게도 閩南방언음으로 볼 때는 각 轉에 開口의 글자들과 合口의 글자들이 공존하며 일부글자는 開合口의 두 가지 음을 갖고있어 『韻鏡』의 改訂을 담당했다는 宗仲論이 開合으로 고쳤을 가능성이 크다고 하였다.

리 신퀘이는 그러나 外轉第三開合 江講絳覺의 문제만은 閩南방언의 특색이 아닌 일반론으로 돌려 해결하려고 하였다. 江韻은 당시 宋代에 이미 음의 변화가 생겨서 屑牙喉음은 그대로 開口로 남아있으나, 舌音·齒音은 合口로 변하였고, 『四聲等子』나 『切韻指南』등 후기운도는 이 변화를 운도에 반영하였다. 『四聲等子』는 江攝을 宕攝에 합하여 開口圖와 合口圖로 나누었는데, 江운의 舌音·齒音은 合口에 넣었으며, 『切韻指南』은 江攝을 한 圖에 넣었으나, 전체 二十四圖에서 유독 이 圖에서만 開口·合口를 七音별로 친절하게 표시해주었다. 이로 미루어 당시 江韻의 舌音·齒音의 合口로의 변화는 두드러졌기 때문에 등운학자들이 모두 이 변화를 인지하였으며 이를 운도에 반영했을 것이다. 그러므로 후에 江永도 "한 韻가운데 開合이 서로 섞인 운은 오로지 江講絳覺의 四韻으로 牙音·重屑·喉音은 開口呼이며 舌上·正齒·半舌은 合口呼다."라고 특기하였을 것이다.[45] 宗仲論도 이러한 당시의 음의 변화를 반영하여 이미 江韻을 開合으로 표시한 기존 운도를 그대로 수용하여 개정한 것이라고 리 신퀘이는 설명하였다. 그러나 문제는 이 江韻의 舌音·齒音이 閩南方言에서는 현재까지도 合口로 변화하지 않았다는 사실이다. 이들 운모는 거의 모두 [-ɔŋ]이며, 牙屑喉音도 [-ɔŋ] [-aŋ] [-iɔŋ] [-iaŋ] 등으로 나타난다. 이 같은 현상이 閩南방언에 국한되지 않은 남방방언에 보편적으로 나타나는 현상으로 볼 때, 이 江韻에서의 舌音·齒音의 合

---

45) 『音學辨微』 「七. 辨開口合口」.

口化는 북방방언의 현상이며 이 변화를 수록한 『四聲等子』나 『切韻指南』은 북방방언을 반영하는 운도라고 할 수 있다. 리 신퀘이가 주장한대로 宗仲論이 開 또는 合으로 표시되었던 운도의 틀 자체를 開合으로 뜯어고치는 대대적인 작업에 있어서 기준이 되는 잣대를 자신의 閩南方言音으로 삼았다면, 江韻을 절대로 開合으로 고치지 않고 『七音略』이 처리한대로 開口(重中重)로 그대로 두었을 것이다. 그러므로 리 신퀘이의 설은 기준의 일관성이 결여되어 납득하기 어렵다. 역사음운변천이나 방언의 음의 차이로 이 문제를 풀려면, 우리는 역으로 江韻의 '開合' 표기만은 당시 변화된 음을 반영한 것이라고도 볼 수 있으며, 나머지 세 개의 '開合'에 대한 해석은 闕如로 남겨둘 수밖에 없게 된다.

이 문제를 손쉽게 誤添으로 처리해버리지 않으려면, 『韻鏡』의 내적구조로 방향을 돌려 증거를 찾아보아야 한다. 우리는 칼그렌 이래로 현대음운학자들이 재구한 음으로부터 이 네 '開合'韻들의 공통점을 찾아보자. 칼그렌의 재구음을 부분적으로 수정하고 국제음성부호화하여 수용하여 보다 간명한 董同龢의 재구음으로는 冬鍾[(j)uoŋ], 江[ɔŋ], 支[je], 模虞[(j)uo]가 되는데, 여기서 공통점은 支韻외에는 모두 주요모음이 圓脣後舌中母音 o, ɔ라는 점이다. 그런데 또한 같은 止攝에 속한 다른 세 운 脂·之·微운은 주요모음이 i이거나 韻尾가 -i인데 비하여 支韻만은 별다르게 주요모음 e의 開音節이다. 이러한 支韻의 음의 차이는 대부분의 학자들이 인정하며, 음소론적 분석을 한 마틴(Samuel E. Martin, 1953)의 支韻은 /iə/이다. 이 ə는 중설중모음으로 그의 모음체계에서 후설중모음 o, ɔ는 없다. 요컨대 이와 같은 네 轉의 운의 성격으로 볼 때, '開合'이란 혹시 이들 圓脣후설중모음에 대한 특수용어가 아닐까하는 가능성을 생각해 볼 수 있다.[46]

---

46) 이 책에서 재구한 支韻은 -ie이므로, 冬·江·模·虞운과 같은 원순모음과는 다르다. 그러므로 여기서는 그러한 가능성만 제기할 뿐으로, 이 문제는 앞으로 해결해야 할 과제

3-3-9 等

等이라는 것은 韻圖에 있어서 三十六字母와 함께 핵심이 되는 요소로서 韻書에서의 反切과 같은 위치를 차지하고 있다. 韻圖가 等韻圖로 불리어왔다는 점은 바로 韻圖에 있어서의 等의 중심위치를 잘 나타내주고 있다. 韻圖에는 韻書처럼 음을 표기한 反切이 없는 대신 三十六字母가 있어 反切上字의 기능을 하고, 等이 있어 反切下字의 기능을 한다고 말할 수 있다.

韻圖에서 가로에는 三十六字母가 七音(또는 九音)별로 나열되고, 세로에는 韻이 나열되었다. 세로의 체재를 보면 韻圖에 따라 우선 平上去入의 四聲별로 나누고 나서 각 운을 다시 네 등분한 것도 있고(『韻鏡』·『七音略』·『切韻指掌圖』), 우선 먼저 네 등분한 후 각 란에 平上去入한 세트의 운을 나열한 것도 있다(『四聲等子』·『切韻指南』).47) 여기서 네 등분했다는 것은 바로 소위 四等으로 나누었다는 말이다. 분류에 있어서 이러한 선후순서의 차이는 韻圖의 체재에 어떤 변화를 주는 것은 아니다. 그러나 우리는 이와 같은 체재의 차이가 '韻鏡派'와 '四聲等子派' 사이의 모종의 차이를 나타내주는 점으로 이해할 수 있을 것이다. 『四聲等子』계열은 等을 강조하여 十六攝 각 攝의 도표를 작성하는데 있어서 분류 기준 중에서 等을 聲調보다 우선으로 했다는 점이 드러나는 반면에; 『韻鏡』계열의 운도는 等보다는 聲調를 우선으로 했다는 점이 다르다. 뒤이어 설명되는 '等'과 '位'라는 명칭의 차이에서도 두 계파간의 이러한 차이가 드러나게 된다.

等이라는 명칭은 敦煌文書에서 발견된 唐寫本 『守溫韻學殘卷』「四等重輕例」(파리국가도서관소장, P2012)에 처음 보인다.

로 남겨두는 수밖에 없다.
47) 앞의 四十三轉항목과 十六攝항목에 실린 『韻鏡』과 『四聲等子』도표를 참고하라.

— 『瀛涯敦煌韻輯別錄』 pp.72-73(潘重規抄錄)에서 전재 —

四等重輕例

平聲

高 古豪反	交 肴	嬌 肖	澆 蕭
觀 古桓反	關 刪	憍 力宣	涓 先
樓 落侯反	○	流 尤	鏐 幽
裒 薄侯反	○	浮 尤	浟 幽
擔 都甘反	䎃 咸	霑 鹽	痁 添
丹 多寒反	譠 山	邅 仙	顛 先
□每 亡侯反	○	謀 尤	繆 幽
駒 呼侯反	○	休 尤	烋

上聲

辥歌旱反	簡產	寒獮	𥙩銑
埯烏散反	齴檻	掩琰	魘琰
滿莫伴反	蠻灒	免選	緬獮
杲古老反	姣巧	矯小	皎篠

去聲

旰古案反	諫[諫](48)	建願	見霰
岸五旰反	鴈[諫]	彥線	硯霰
但徒旦反	綻襉	纏線	殿霰
半布判反	扮[襉]	變線	遍[線]

入聲

勒郎德反	礐麥	力職	歷錫
刻苦德反	緈麥	陊陌	喫錫
𪒠奴德反	搦陌	匿職	溺錫
特徒德反	宅陌	直職	狄錫
[黑]呼德反	[赫]陌	弑職	欶錫
北布德反	蘗麥	逼職	壁錫
𥃔古德反	革麥	棘職	擊錫
忒他德反	圻陌	勑職	惕錫
飱烏德反	䪞陌	憶職	益錫
墨莫德反	麥麥	寘職	覓錫

여기에 나타나는 韻目名은『韻鏡』등과 같은 韻圖와 일치하지만, 平聲의 宣운과 上聲의 選운이 지금 전하는 切韻系韻書에서는 보이지 않는 韻目字이며, 이 두 운은『廣韻』에서는 각각 仙운과 獮운이다. 이 宣·選 두 운은 羅常培(1931b, 251)에 의하면, 夏竦(985~1051)의『古文四聲韻』이 의거한『唐切韻』과 같으며, 또 徐鍇(921~975)의『說文解字篆韻

---

48) 괄호를 친 것은 교정을 거친 것으로, 이는 羅常培(1931b,「敦煌寫本守溫韻學殘卷跋」) 를 따른 것이다.

譜』가 의거한『切韻』및 徐鉉(917~992)이 개정한『篆韻譜』가 의거한 李舟의『切韻』에는 宣운은 있으나 選운은 없다. 그리고 陸法言의『切韻』, 孫愐의『唐韻』, 王仁昫의『刊謬補缺切韻』은 모두 이 두 韻이 없다. 王國維(「書古文四聲韻後」『觀堂集林』卷八, 372-373)는『古文四聲韻』에 실린 反切에 의거하여 다음의 추정을 하였다. 즉 平聲이 宣·仙 두 운으로 나뉘어 있어 上聲도 選을 증운하여 平聲 宣운에 배합시킨 것인데, 獮·選운이 동일한 反切下字 '袞'을 쓴 것은 미처 고치지 못한 까닭이라고 하였다. 選운이 나온 시기는『唐韻』이나『小徐本』(徐鍇)이 의거한『切韻』이후의 일이라고 하였다. 王國維(「李舟切韻考」『觀堂集林』卷八, 375-376)는 또 李舟의『切韻』이 나온 시기를 杜甫의 시(送李校書二十六韻)에 근거하여 唐代宗(762~779)·德宗(779~804)의 시기로 보았다. 羅常培는 이에 근거하여 守溫과 夏竦이 의거한『切韻』이 唐德宗이전으로 올라갈 수는 없다고 하였다. 그리고 또한 劉復가『守溫韻學殘卷』의 紙質과 字蹟을 唐代의 寫本으로 추정한 것으로 미루어 唐代에 나온 것으로 볼 수 있으므로, 守溫이 唐末沙門이라는 전해오는 설이 믿을 만하다고 본다.

이「四等重輕例」에서 平上去入聲의 글자들을 四等에 의해 나열한 예자들을 살펴보면, 루어 츠앙페이(1931b. 256)가 이미 간파한대로『韻鏡』의 等의 구분경계와 일치한다. 즉 四等의 체계가『韻鏡』이나『七音略』과 같으며, 四等을 구성하고 있는 예자들도 이들 운도와 같은 글자가 많다. 이「四等重輕例」는 후에 나온 韻圖와 같이 전면적인 것은 아니고 단지 단편적인 예를 든 것으로서 平聲 八組, 上聲·去聲 각 四組, 入聲 十組로 도합 二十六組로 되어있는데, 이 二十六組중에 合口韻은 한 組밖에 없으며 모두 開口韻이다(脣音의 開合口는 논외로 한다). 이들을『韻鏡』의 四十三轉과 대조하여 보면 매 一組가 매 一轉에 대응되는 것이 아니라, 一組가 一轉내지 三轉(二轉으로 구성된 組가 과반수)의 축약형이다. 그러므로 이「四等重輕例」는 결코『韻鏡』이나『七音略』과 동일한 체계를 근거로 작성한 것은 아닌 것 같다. 한편 이들을 十六攝과 대조해 보면 마침 한 組가 한 攝으로 깨끗이 떨어진다. 攝으로 환원하여 보면 效攝(2조)·流攝(4조)·山攝(8조)·咸攝(2조)·曾梗攝入聲(10조)으로 구성되어있는데, 이들 중 去聲은 모두 山攝이며, 入聲은 모두 曾·梗혼합攝인 것을 제외하면, 이 예들이 四聲별로 일관된 운의 체계를 가진 것도 아니고 무슨 규칙을 가지고 나열된 것도 아니다. 예자들의 聲母분포 상황을 보아도 脣音(6조)·舌音(6조)·牙音(8조)·喉音(4조)과 半舌音(2조)은 나타나지만 齒音과 半齒音은 전혀 나타나지 않는다. 이로 미루어 볼 때「四等重輕例」의 제작목적이 開合口의 구분이나, 운의 분류나 성모의 구분에 있지 않음을 알 수 있다.「四等重輕例」의 제작자는 四等이 구비된 운攝중에서 等의 차이를 뚜렷하게 구분할 수 있는 운攝으로 效攝·流攝(二等자가 缺함)·山攝·咸攝 및 入聲韻으로 曾梗攝운을 고른 반면, 복잡한 蟹攝이나 臻攝등은 취하지 않았다. 여기서 특기할 점은 入聲韻의 예가 十組로 가장 많으며, 이 入聲韻중에서 一等·三等은 曾攝자들이고 二等·四等은 梗攝자들로 曾梗혼합攝이라는 점인데, 이는『四聲等子』에서 曾梗攝을 한 圖(第17圖: 曾攝內八 附 梗攝外八)로 합한 것과 일치한다. 이와 같이「四等重輕例」는 그 체재면에 있어서도 『韻鏡』·『七音略』보다는『四聲等子』와 더 가까우며, 예자들 또한 入聲은 물론 平上去聲組에 있어서도 실은『四聲等子』의 수록자와 더 일치한다는 점은 우리에게 시사하는 바가 적지 않다.「四等重輕例」는 아마도『四聲等子』와 동일한 원형에서 나온 것으로 추정된다. 이와 같은 상황으로 판단하건대 守溫의「四等重輕例」는 이미 攝에 의거하여 운의 等을 분류한 것으로 보인다. 특기할 것은 守溫의 시기에 이미 十六攝의 개념이 분명히 형성되어있었을 뿐만 아니라 이 개념이 실제로 운을 分合하는데 운용되었다는 점이다. 더욱이『四聲等子』처럼 벌써 十六攝의 경계를 무너뜨리고 曾攝과 梗攝을 한데 합쳤다는 사실은 等韻學史에서 『韻鏡』보다 시대를 훨씬 앞선 조치이다. 지금까지 기존의 等韻學계에서 이 守溫의 「四等重輕例」는『韻鏡』・『七音略』같은 早期韻圖의 선구적인 위치 정도로만 평가를 해왔는데 이제 우리는 이 「四等重輕例」의 가치를 전면적으로 재검토해야한다. 우리는 「四等重輕例」의 이러한 특징을 시대의 선후라는 문제를 떠나서 趙蔭棠(1974, 56)이 주장한 北派・南派等韻으로 나누는 기준에 따라 守溫의 等韻은『四聲等子』와 동일한 北派等韻이라고 해야할까? 그래서『韻鏡』과『七音略』보다도 후에 나온 『四聲等子』와 오히려 체재상으로 더욱 가까운 것일까?『韻鏡』・『七音略』은 아무리 守溫의 시기에서 얼마 떨어지지 않은 早期韻圖일지라도 어디까지나 南派等韻이기 때문에 체재상으로는 이렇게 차이가 큰 것인가? 이러한 추정의 방향이 옳으면 韻圖의 체재에서 四十三轉에서 十六攝으로 변했다는 일반적인 설은 수정을 요한다. 四十三轉과 十六攝은 서로 다른 유파에서 사용하던 운의 分合범주로서 공존했다고 보아야할 것이다. 이러한 가설이 맞는다면,『韻鏡』에 이미 十六攝개념이 있었다고 주장하며, 十六攝의 기원을 시기를 올려 잡으려는 그간의 학자들의 노력은 무색하여진다. 守溫시대에 이미 十六攝이 있었으니까.

早期韻圖라고 하는『韻鏡』이나『七音略』에서는 이상하게도 等이라는 명칭은 전혀 나타나지 않는다. 『韻鏡』의 앞에 붙은 「韻鑑序例」의 <歸字例>나 <四聲定位>항목 등의 설명문장을 보면 等이라는 명칭 대신 한결같이 位를 썼다. 이「序例」는 간행자 張麟之가 紹興辛巳年 (1161)에 첨부한 것으로 여겨진다.[49] 그러므로 이『韻鏡』이 간행된 南

---

49) 현재 전하는『韻鏡』은 張麟之가 嘉泰三年(1203)에 찍은 三刊본으로 紹興辛巳년 (1161)初刊본 서문이 앞에 실려있다. 이 초간서문은 慶元丁巳년(1197)에 찍은 重刊본에 실려있던 것으로 서문가운데 "深欲與衆共知, 而或苦其難, 因撰字母括要圖, 復解數例, 以爲沿流求源者之端,"이라는 구절이 있으므로『韻鏡』의「序例」가 張麟之에 의해 지어진 것임을 알 수 있다.

宋시기에는 『四聲等子』계열에서는 等이라는 명칭이 보편화되었을 것으로 추정되는데도 『韻鏡』이 '等'을 안 쓰고 '位'로 일관한 것은 『韻鏡』계열이 『四聲等子』와는 다른 계보를 갖고있기 때문이라고 생각된다. 이는 또한 趙蔭棠이 『等韻源流』(55-56)에서 『韻鏡』·『七音略』을 南派等韻, 『四聲等子』·『切韻指南』을 北派等韻으로 나누어 보아야한다고 주장한 것과도 합치된다.[50]

等의 정체가 무엇인지는 韻圖의 저자들이 설명하지 않았으며, 門法의 어느 항목에도 等이 무엇인지에 대한 확실한 단서를 찾아볼 수 없다. 淸의 江永에 와서야 처음으로 四等에 대하여 명시적으로 설명하였다.[51] "音韻有四等, 一等洪大, 二等次大, 三四皆細, 而四尤細。學者未易辨也。辨等之法須於字母辨之。凡字母三十六位, 合四等之音乃具。"(음운에는 四等이 있는데, 一等은 洪大하고, 二等은 次大, 三等과 四等은 모두 細한데 四等이 더 細하다. 배우는 이들이 이를 쉽게 구분을 못하고 있다. 四等을 구분하려면 字母에서 구분해야한다. 무릇 字母 36개가 四等의 음과 합하여질 때 모두 갖추어지게 되는 것이다.)라는 그의 문장에서 四等을 묘사한 洪細[±palatalized]는 『韻鏡』이래로 일반화된 開合[±labialized]과 함께 중국전통음운학술어로 정착되었으나, 정작 그의 洪大·次大·細·尤細라는 낱말이 뜻하는 바는 극히 모호하므로 等의 정체에 대하여는 별로 도움을 주지 못한다. 또한 四等을 字母로서 구분해야한다는 그의 주장은 이론적인 설명이 아니고 방편적인 설명이다. 이는 等의 본질을 설명하는 것이 아니고 字母와 等과의 결합상황을 판별하여 等을 구분한다는, 즉 等列의 구분을 위한 방편으로서 字母를 제시한 설명이다. 그러므로 그는 위의 설명에 뒤이어 <等位圖> 및 <等位圖歌>를 실어 四等별로 나타나는 字母명을 밝히고 字母별로 나타나는 等을 밝힌 것이다. 그

---

50) 趙蔭棠은 같은 문장에서 『切韻指掌圖』는 混合派等韻 즉 南北이 혼합된 韻圖라고 하였다.
51) 『音學辨微』 「八. 辨等列」.

의 이와 같은 等을 字母로 구분한다는 설은 후에 츠언 리에 의하여 "等은 聲을 말하는 것이 아니라 韻을 말하는 것"이라고 수정되었다.[52]

52) 陳澧의 『東塾集』 卷三 「等韻通序」: "等之云者, 當主乎韻, 不當主乎聲." 이 문장은 『等韻源流』(p.326)에서 재인용한 것이다.

리 신쿼이(1983, 49-61)는 守溫의 「四等重輕例」, 宋 沈括의 『夢溪筆談』 藝文二, 明 邵光祖의 『切韻指掌圖』檢例, 宋 祝泌의 『皇極經世解起數訣』 등의 예를 들어 等韻學의 초기에는 等의 개념이 輕重과 淸濁과 한데 얽혀서 聲母를 분류하는 개념으로 쓰이다가 후에 韻母를 분류하는 개념으로까지 확대되었다고 주장하였다.

趙克剛(「四等重輕論」 『音韻學硏究』 三輯, pp.42-48)은 한 걸음 더 나아가 江永이 '洪細說'에 뒤이어 말한 "辨等之法, 須于字母辨之." 구절 및 宋元代에 유행하던 字母의 淸濁을 四等으로 칭하는 소위 '四等淸濁'설(沈括, 『韻會』등)을 금과옥조로 삼아서 聲母를 四等에 연결시키면서 또 동시에 '四等重輕'에 꿰어서, 等은 韻母의 차이가 아니고 聲母의 차이를 가리키는 개념이라고 주장하였다. 여기서 그가 주장하는 바의 四等의 차이(重輕)를 드러낸다고 하는 聲母는 單聲母가 아니고, 반드시 聲母에 介音 또는 모음이 합해진 결합체(예: 四等開口ka, kr, kj, ki; 四等合口ku, krw, kjw, kiu)라고 하였다. 그렇다면, 그가 말하는 聲母는 보편적인 의미의 聲母가 아니므로 等의 차이는 聲母의 차이라는 그의 주장은 실제로 성립되지 않으며, 결국 等의 차이는 다시 介音이나 주요모음의 차이로 돌아가게 된다. 또한 자신의 四等重輕論의 핵심이론이 되는 '-中重(聲母+r介音)二等說' 및 '-中輕(聲母+j介音)三等說'에 맞추려고 자료로 쓴 『七音略』의 重中重, 輕中輕…의 표기를 자의적으로 열 곳이나 수정하였다면, 어떻게 이 설을 긍정적으로 받아들일 수 있겠는가.

趙振鐸(「廣韻與等」 『音韻學硏究』 三輯, pp.57-62)는 反切上字와 反切下字의 等이 서로 일치하지 않을 때 被切字의 等의 귀속이 反切上字의 等에 의거한 等韻門法에서의 몇몇 항목을 예로 들어 等과 聲母가 서로 밀접한 관계에 있음을 주장하였다. 그러나 이러한 주장에는 부분적인 상황을 보편법칙화한다는 불합리성이 내재된다. 더구나 等韻門法이란 等韻圖의 규격에 맞지 않는 예외상황을 설명한 조칙일진대, 이러한 예외조치의 예를 들어 等과 聲母의 관계를 주장한다는 것은 그야말로 본질과 방법론을 혼효하는 처사라고 아니할 수 없다. 江永은 그의 다른 저서 『四聲切韻表』의 凡例에서, "凡分韻之類有三: 一以開口合口分, 一以等分, 一以古今音分."(무릇 운을 분류하는 기준은 세 가지가 있는데, 그 하나는 開口・合口로 나누는 것이요, 또 하나는 等으로 나누는 것이요, 또 하나는 古音・今音으로 나누는 것이다.)이라고 하였다. 여기서는 等이 韻의 분류기준이 된다는 것, 즉 等이 韻의 차이를 나타낸다는 것을 분명히 보여준다. 이는 『音學辨微』에서 말한 "辨等之法, 須以字母辨之"와는 상반되는 입장으로 해석되므로, "辨等之法, 須以字母辨之."의 문면의 해석에만 구애되어 等이 聲母의 개념이라고 주장하는 학자들을 곤혹스럽게 한다. 앞에서도 말했듯이 이 『音學辨微』의 구절은 어디까지나 초학자가 等을 보다 쉽게 익히기 위해 우선 字母와의 관계로부터 익혀 들어가라는 江永의 방편의 제시일 뿐이며, 江永이 이해한 等의 본질은 이 『四聲切韻表』의 구절과 같이 韻의 차이를 나타내는 개념임을 알 수 있다.

等은 等韻學의 중심개념으로서, 等이 무엇인지 즉 四等의 차이가 무엇인가에 대하여 江永이 洪大·次大·細·尤細라고 묘사한 이후로 음운학자들의 지대한 관심의 대상이 되어왔고 또 연구를 해왔다. 우선 等이 성모보다는 운모와 관련되는 개념이라는 것에는 거의 이의가 없다.[53] 대개 학자들은 江永이 정의한 四等은 운모의 開口度의 차이를 말한다고 해석하여왔다. 開口度의 차이에 있어서 일등은 洪大하고, 二等은 次大하고 三等은 皆細하고 四等은 尤細하다고 풀이하였다. 루어 츠앙페이 (1956, 44)는 "其實所謂'等'者, 卽指介音〔i〕之有無及元音之弇侈而已。"(실은 等이라고하는 것은 곧 介音〔i〕의 유무 및 모음의 開口度를 가리킨다고 할 수 있다.)라고 하였다. 韻圖의 체재에서 五音·七音·三十六字母·淸濁은 聲母의 범주에 속하며, 等은 開合·內外轉과 함께 韻母의 범주에 속하는 기전이다. 물론 三十六字母와 四等의 배합관계가 七音이나 개별字母에 따라 다르므로 江永이 제시한 것과 같이 四等에 나타나는 三十六字母를 나열하여 等을 익힐 수도 있다. 그러나 等은 어디까지나 韻母의 차이를 나타내는 개념이다. 四等과의 배합에 있어서 모든 字母가 四等에 다 나타나는 것이 아닌 것과 마찬가지로 모든 운이 四等에 다 나타나는 것은 아니다. 어떤 韻이 어느 等에 나타나는지 韻圖의 歸字歸韻을 살펴보자.

一等: 東₁, 冬, 模, 咍, 灰, 泰, 痕, 魂, 寒, 桓, 豪, 歌, 戈₁, 唐, 登, 侯, 覃, 談, 및 이들 平聲韻과 짝이 되는 上去入聲韻.

二等: 江, 皆, 佳, 夬, 臻, 刪, 山, 肴, 麻₂, 庚₂, 耕, 咸, 銜, 및 이들 平聲韻과 짝이 되는 上去入聲韻.

三等: 東₃, 鍾, 支, 脂, 之, 微, 魚, 虞, 祭, 廢, 眞, 諄, 欣, 文, 仙,

---

53) 근래 몇몇 학자들은 等을 운모에만 한정되는 개념이 아니라 성모에도 관계되는 개념이라는 주장을 한다. 바로 앞의 주52)를 참조하라.

元, 宵, 戈三, 麻三, 陽, 庚三, 淸, 蒸, 尤, 幽, 侵, 鹽, 嚴, 凡, 및
이들 平聲韻과 짝이 되는 上去入聲韻.

四等: 齊, 先, 蕭, 靑, 添, 및 이들 平聲韻과 짝이 되는 上去入聲韻.

위에서 보면 모든 韻은 한 개의 等에 나타나지만, 한 韻이 두 개의 等에
나뉘어 나타나는 예외적인 운이 東・戈・麻・庚운(및 짝이 되는 上去入
聲운을 합하여) 네 세트가 있다. 東韻・戈韻은 一等과 三等에 나타나고,
麻韻・庚韻은 二等과 三等에 나타난다. 韻이 나타나는 等에 따라 一
等韻・二等韻・三等韻・四等韻이라고 부른다.

칼그렌을 비롯한 학자들은 현대방언의 음의 차이와 한국・일본・베트
남한자음의 차이, 산스크리트어 音譯음의 차이, 및 唐宋이래의 韻部의
分合관계로써 等에 대하여 정의를 내렸다. 칼그렌은 다음과 같이 等의
차이를 공식화하였다.

十六攝에서 四等이 구비된 蟹攝・山攝・效攝・咸攝의 경우54):

一等　â
二等　a
三等　iä
四等　ie

여기서 等의 차이는 주요모음과 介音의 차이로 나타난다.

---

54) 칼그렌의 『中國音韻學研究』(1915-1926, 中譯本, 1940)의 표기는 "Compendium"(1954)
의 표기와 차이가 있다. 趙元任등이 『研究』의 번역과정에서 음표기부호를 고친 것이다. 여
기서는 "Compendium"에 의거하였는데, 『研究』에서는 â를 ɑ로, iä를 ĭɛ로 표기하였다.

一等과 三等이 同韻인 通攝 東韻의 경우:

一等 u

三等 i̯u

同韻으로 等이 다른 경우는 위에서 든 東韻・戈韻 一・三等 및 麻韻・庚韻 二・三等이다. 이 同韻의 경우에 一・三等이나 二・三等의 차이는 介音의 유무의 차이로 나타난다. 一等과 二等은 介音이 없고 三等은 介音이 있다는 차이 밖에 없으며, 주요모음은 같다. 그러므로 이 東・戈・麻・庚 네 세트의 운은 等이 달라도 韻이 같은 한 주요모음은 동일하다.

그렇다면 운모의 무슨 차이가 等의 차이를 나타내는지에 대하여는 羅常培처럼 江永의 洪細를 운모의 開口度를 가리키는 술어로 보아 開口度의 차이가 주요모음과 介音에 다 걸린 문제로 보는 설이 일반적이지만, 드물게는 介音의 차이로만 보는 설도 있다.[55]

---

55) 史存直(『漢語音韻學論文集』, 1997, pp.290-314)는 韻圖의 성격을 전적으로 운서의 反切을 정확히 익히기 위하여 만든 音節總表로 규정하고, 고금남북방언의 종합체인 운서의 反切체계에 마치 象嵌을 하듯이 적응시키는 과정에서 여러 가지 운도의 체계적인 모순이 야기된 것은 불가피하다고 하였다. 운도의 等은 어디까지나 운도를 만들고 나서 결과적으로 생겨난 추상적 개념이므로 일반적으로 말하는 齒音에서의 "假二等, 假四等"이라는 개념은 인정할 수가 없다고 했다. 그러므로 三等韻의 韻圖에서 照二系나 精系四等은 다른 성모와 똑같이 假가 아닌 眞二等・眞四等으로 인정해야하며, 그렇게 되면 齒音을 가진 三等韻은 한 韻이 二三四等을 공유하게된다. 따라서 等을 주요모음의 차이로 본다면 한 韻이 세 가지 다른 주요모음으로 이루어졌다는 모순이 생기므로 필연적으로 等의 차이는 介音의 차이로만 볼 수밖에 없게된다. 결국 "等이 介音의 차이"라는 그의 설은 韻圖의 체재가 단지 고금남북의 종합체계인 反切에의 적응의 결과일 뿐이라는 그의 잘못된 전제에서 온 것이므로 설득력이 없다. 그러나 기존의 설과는 크게 다른 면이 있어 여기에 인용하였다.
풀리블랭크는 초기(1970, "Late Middle Chinese I")에는 四等의 차이를 介音의 차이로만 보았으나 후기(1984, *Middle Chinese*)에는 주요모음(주요모음이 저모음인 운에서 一等과 二等의 차이는 a 와 aa, 즉 모음의 장단의 차이로 추정) 및 介音의 차이로 수정하였다. 주어진 음운자료를 분석하여서는 等을 介音의 차이로만 설명할 수가 도저히 없

이상에서 설명한 것과 같이 가로의 三十六字母가 세로의 각 운의 一·
二·三·四等과 서로 만나는 자리에 해당음을 가진 글자가 나열되는 것
이 韻圖의 기본체재이다. 韻圖의 체재에서 가로에는 聲母 즉 三十六字母
를 나열하였는데, 도표는 三十六行으로 되어있지 않고 二十三行으로 되
어있는 것이 대부분이다. 바로 五音중에서 脣音·舌音·齒音에는 각각
두 세트의 字母가 중복나열되었기 때문이다. 이 두 세트가 대개 상보적분
포로 四等에 나타나므로 歸字시 글자의 충돌은 생기지 않는다. 脣音은
重脣 幫滂並明과 輕脣 非敷奉微, 舌音은 舌頭 端透定泥와 舌上 知徹澄
娘, 齒音은 齒頭 精淸從心邪와 正齒 照穿牀審禪인데, 重脣音은 一二三
四등, 輕脣音은 三等에 나타나고, 舌頭音은 一四等, 舌上音은 二三등에
나타나고, 齒頭音은 一四등, 正齒音은 二三등에 나타난다.[56]

었기 때문이었다.

56) 『韻鏡』은 三十六字母명으로 나열되지 않고. "淸·次淸·濁·淸濁"이란 명칭으로 대
신하고 있다. 그러나 『七音略』·『四聲等子』·『切韻指掌圖』·『切韻指南』은 모두 三
十六字母명으로 나열되어있다. 그런데 매 도표에서 三十六字母를 다 펼쳐놓은 것이 아
니고 두 가지 세트의 자모가 중복되는 脣音·舌音·齒音은 이 두 세트의 명칭을 겹쳐
서 실었다. 말하자면 脣音밑에 幫滂並明과 非敷奉微 두 세트의 자모를 옆으로 펼쳐서
나열한 것이 아니고 幫滂並明밑에 非敷奉微를 겹쳐서 나열한 것이다. 앞에 실은 『四聲
等子』의 첫 페이지를 참고하라. 舌音·齒音의 字母나열법도 이에 준한다. 『韻鏡』도
字母명은 나타나지 않고 '淸·濁'으로 되어있으나 역시 二十三행의 같은 틀이다. 『切
韻指掌圖』만은 三十六字母를 다 펼쳐 나열하여 三十六행으로 도표를 만들어 二十三
行의 틀에서 벗어났다.
각 운도의 三十六字母의 표기상황을 살펴보면, 『七音略』은 四十三轉에서 輕脣音 非
敷奉微를 곧이곧대로 표기해준 곳이 몇 군데 되지 않는다는 점이다. 물론 轉에 따라 輕
脣音이 본래부터 없는 것도 있으나, 輕脣音글자들이 나열된 轉에도 字母명이 빠진 곳
이 많다. 이에 반하여 『四聲等子』는 效攝外五와 臻攝外三開口 두 圖만 輕脣音의 字
母명이 빠져있는데 물론 輕脣音의 글자가 이 攝에 없어서 표기를 안 하였을 수도 있으
나 이 두 攝외에는 輕脣音자가 없는 攝도 輕脣音자모를 다 표기한 것을 보면 인쇄상의
착오일 가능성이 크다. 『切韻指南』과 『切韻指掌圖』는 이 輕脣音 字母명 非敷奉微가
빠진 곳이 없이 모든 圖에 표기되어 있다. 이러한 韻圖의 차이는 제작시대의 전후를 잘
나타내준다. 다른 韻圖들보다 이른 시기에 나온 것으로 여겨지는 『韻鏡』이 특히 輕脣
音의 존재가 重脣音과 분간하기 힘든 체재로 되어있는데, 이는 輕脣音의 형성이 당시
아직 확고하게 확립이 되지 않은 상태를 반영한다고도 볼 수 있을 것이다. 그래서 『韻
鏡』의 저자가 輕脣音을 뚜렷이 드러내는 표지를 하지 않았을 것이다. 『七音略』도 같은

앞에 실린 『韻鏡』의 第一轉(內轉第一開)에는 東董送屋운의 글자들이 나열되어 있는데, 이 韻은 一等韻과 三等韻이므로 원칙적으로 一等과 三等에만 글자들이 나열되어 있어야한다. 그러나 二等과 四等에 글자들이 실린 예외적인 경우가 세 가지 나타난다. 첫째 齒音하에 四等자리에 놓인 글자들인데 이들은 바로 齒頭音 精淸從心邪자모 글자들이다. 같은 齒音하에서 三等자리는 正齒音 照穿牀審禪자모가 차지하고 있다. 여기서 齒頭音은 운도의 체재상 四等에 놓이게 된 것이므로 四等에 나열되었다고 하여 이 齒頭音글자들이 四等韻은 아니다. 이 역시 三等韻자이다. 둘째 齒音에서 또 二等에 글자들이 도합 다섯 자 나타나는데 이들은 正齒音으로 三等에 나열되는 글자들 소위 照三系와는 다른 한 세트 照二系로 反切에서도 이들 두 종류는 系聯이 안되는 다른 두 류이다. 셋째는 喉音의 淸濁행의 第四等에 나타난 두 글자(平聲 融, 入聲 育)로 이들은 喩母(喩母四等, 以母)자인데 이 또한 三等에 나타난 喩母(喩母三等, 于母)자들과는 反切系聯이 안되는 다른 류이다. 이들은 韻圖의 체재상으로 또는 다른 이유로 인하여 三等에서 벗어나 二等이나 四等에 놓이게 된 것으로 실은 이들 모두 역시 三等韻에 속한다. 앞에서 언급한 假二等, 假四等이 바로 이들이다.

이밖에 또 等과 관련되어 여기서 논의되어야 할 두 가지 중요한 문제가 있는데, 이들이 소위 重紐과 重韻이라는 현상이다.

3-3-10 重紐

重紐는 三等韻인 支脂祭眞(諄)仙宵侵鹽韻(및 짝이 되는 上去入聲韻)에서 脣牙喉音 聲母의 글자가 開口·合口의 차이 외로 서로 系聯되지

이유로 非敷奉微의 표기에 인색하였을 것이라고 추정된다.

않는 두 세트의 反切下字를 갖고 있으며, 韻圖에서도 이 두 세트가 각각 三等과 四等의 위치에 따로 놓이는 현상을 가리킨다.57) 이 특정 三等韻 내의 脣牙喉音 聲母를 가진 두 세트의 小韻간의 차이 즉 重紐의 차이를 聲母의 차이로 보기보다는 韻母의 차이로 보는 것이 현재 더 보편적인 설로 인정되고 있다. 董同龢(1948a)가 처음 명명한 것으로 알려진 '重紐' 즉 '겹친聲母'라는 뜻의 이 명칭 때문에 혹 聲母의 차이로 오인할 소지도 없지는 않다.58)

이와 같이 동일한 운 속에서 反切이 서로 系聯이 안되는 현상에 대하여 일찍이 장 삥린(章炳麟)과 그의 제자 후앙 칸(黃侃)은 『切韻』이 『聲類』·『韻集』등 전대의 韻書들의 옛 反切을 그대로 계승하여 수록하고 는 당시음을 기준으로 한 운으로 합쳤기 때문에 생긴 괴리로 보았다. 따라서 이러한 비체계적인 反切을 근거로 하여 분류하면 당시의 실제음과 는 거리가 멀어진다고 하며 重紐현상을 인정하지 않았다.59) 칼그렌도 重紐현상에 주의하지 않았고, 三等韻을 재구함에 있어서도 重紐를 전혀 다루지 않았다. 왕 리(王力 1984, 196-7)도 이러한 입장을 계승하여 重紐를 인정하지 않았을 뿐 아니라, 重紐의 차이를 주장하는 학자들의 상세한 논의 풍조를 비판하기까지 하였다.60)

---

57) 이 여덟운 외로 尤幽운과 淸운에도 重紐로 볼 수 있는 현상이 나타나지만, 이 여덟 운과는 양상이 좀 다르므로 일반론을 좇아 논의에서 제외시켰다.

58) 이 重紐라는 명칭이 나오기 이전에는 '三四等合韻重出之脣音, 重出之牙喉音'(陸志韋「三四等與所謂'喩化'」, 王靜如「論開合口」)등으로 불렀다. 重紐는 '重出之脣牙喉音'에서 나온 명칭으로 보인다. 그러므로 重紐즉 '겹친성모'는 결국은 '거듭나오는 脣牙喉音'의 준말일 것이다. 영어로는 보통 'fan-ch'ieh doublets'라고 한다.

59) 章炳麟.「音理論」『國故論衡上』, 1917~1919 (『聲韻學論文集』, 臺北:木鐸, 1976, 55-62에 수록한 「音理論」의 58-59). 黃侃(「倂析韻部左證」)의 문장은 周法高(1948a, 49-50)의 인용문을 참조하였다. 章炳麟·黃侃의 뒤를 이어 錢玄同, 林尹, 陳新雄 등이 이 설을 따른다.

60) "高氏在三四等裏不認爲有重韻, 而中國某些音韻學者却也認爲支脂祭眞仙宵鹽諸韻也有重韻. 這樣越分越細, 所構擬的音主觀成分很重, 變成了紙上談兵."(高氏[칼그렌]는 三四等에는 重韻이 있다고 보지 않았다. 그런데 중국의 어떤 음운학자들[王力는 자신의

그러나 『切韻』反切자료가 中古音연구의 經緯가 되는 이상, 이 여덟 개의 三等韻에 일률적으로 나타나는 체계적인 뚜렷한 현상을 전대의 운서의 비체계적인 계승이라 하여 이에 대한 논의를 거부하는 것은 어차피 문헌자료에 의거할 수밖에 없는 中古音의 역사연구분석작업에서 지양되어야할 비합리적인 태도이다. 더욱이 『切韻』자체의 反切체계가 아니라도 이 重紐의 존재를 방증할 수 있는 자료는 얼마든지 있다. 우선 重紐의 차이를 체계적으로 각각 三等과 四等에 나누어 나열한 韻圖의 조치만으로도 重紐의 존재를 긍정하는데 충분한 근거가 된다. 그러나 이밖에도 여러 가지 자료가 重紐의 차이를 나타내주고 있다.

저우 화까오(周法高, 1948e)가 분석한 玄應의 『一切經音義』(650년전후)의 反切은 『切韻』의 反切과는 다른데도 불구하고 『切韻』과 똑같은 重紐현상을 보인다. 『原本玉篇』(543)殘本의 反切 및 日本의 승려 空海(774~835)가 지은 『萬象名義』속에 실린 『原本玉篇』의 反切 또한 모두 重紐를 보여준다.[61] 『切韻』보다 출간시기가 약간 이르므로 『切韻』을 답습했을 가능성이 없는 루 떠밍(陸德明)의 『經典釋文』(583)에 실린 反切이나 또한 『切韻』보다 시기가 약간 늦으나 『切韻』과는 反切이 판이하게 다른 옌 스꾸(顔師古)의 『漢書注』(641)의 反切에도 重紐의 차이가 나타난다.[62] 그러므로 『切韻』의 反切에 나타나는 重紐현상은 결코 『切韻』의 체계적 결함으로 나타난 예외적 현상이 아니고 당시 실제음에 존재하던 실상이었음이 확실시된다. 韓國漢字音·吳音·베트남漢字音에서의 重紐사이의 음의 차이도 重紐의 존재를 부인할 수 없는 확실한 증거로서 인용된다.[63] 또 元代남방음을 근거로 한 13세기말

주에서 董同龢, 李榮, 陸志韋의 세 학자를 들었다]은 支脂祭眞仙宵鹽의 제운에도 重韻이 있다고 보았다. 이렇게 나누면 나눌수록 잘게 나누어지게 되고 재구한 음은 주관적인 요소가 강해져서 결국은 탁상공론에 불과하게 된다.)

61) 周祖謨. 「萬象名義中之原本玉篇音系」『問學集』上, 北京:中華, 1966, pp.270-404.
62) 楊劍橋. 『漢語現代音韻學』, 上海:復旦大學, 1996, pp.122-124.
63) 베트남한자음에서는 重紐三等의 脣音聲母는 그대로 脣音聲母이지만, 重紐四等의 脣

에 나온 운서『古今韻會擧要』(1297)에도 重紐의 차이를 보이고 있는 현상은 重紐의 존재를 긍정하는데 중요한 근거가 된다.

　隋初 開皇년간에 지어진 것으로 추정되는『顔氏家訓』「音辭篇」에서 옌 즈뒈이(顔之推 531～590이후)는 支韻의 牙音 重紐字인 岐·奇·祇 세 글자를 예로 들어 江南에서 이 글자들을 틀리게 발음함을 지적하였다. "岐山當音爲奇, 江南皆呼爲神祇之祇。江陵陷沒, 此音被於關中。"(岐山의 岐는 음이 奇이어야 하지만, 江南에서는 모두들 神祇의 祇로 발음한다. 江陵이 함락되어 이 음이 關中에 이르게 된 것이다.)64) 우리는 이 문장을 통하여 최소한 옌 즈뒈이의 표준음에서는 奇와 祇는 다르다는 것을 알 수 있다. 그런데『廣韻』反切은 岐·祇는 巨支切이고, 奇는 渠羈切이다. 分析條例에 의거하여, 岐·祇와 奇는 다른 음임을 알 수 있다.『韻鏡』과『七

音聲母는 舌尖音聲母로 변하였다. 重紐문제의 논의에 이 베트남한자음의 重紐四等脣音聲母변화의 예를 일찍부터 많은 학자들이 언급하고 나열하였으나, 단지 장 쿤(Chang Kun, 1974)의 "Ancient Chinese Phonology and the Ch'ieh-yün"(*The Tsing Hua Journal of Chinese Studies*, New Series 10-2, p.66)에 실린 베트남한자음표가 간명하여 여기에 인용하였다.

	重紐三等		重紐四等	
支	皮	bi	牌	tỳ
脂	悲	bi	琵	ti
眞	彬	bân	賓	tân
	岷	mận	民	dân
	密	mât	必	tất
仙	弁	biền	便	tiên
	免	miên	緬	diển
	別	biệt	滅	diệt

64) 湖北省에 위치한 江陵은 顔之推가 처음으로 散騎侍郎벼슬을 한 梁元帝때의 도읍지였는데, 西魏의 宇文泰에게 격파되었다. 顔之推는 곧 처자를 이끌고 北齊로 도망가서 黃門侍郎의 벼슬을 하였다. 北齊가 패망한 후 그는 北周에서도 入仕하였고, 뒤이어 隋朝에서도 入仕하였다. 이 江陵은 그후 後梁의 도읍지였다가 隋에 통일되었다. 隋는 北周의 도읍지를 그대로 이어 長安에 도읍하였다. 그래서 顔之推가 남북의 경계지역인 江陵이 함락되어 남방과 북방의 언어교류가 이루어져서 江南의 음이 關中 즉 長安지역으로 퍼지게 되었다고 한 것이다.(『北史』·『北齊書』 참조)

音略』에도 內轉第四圖의 群母하에 三等에는 奇, 四等에는 祇가 실려있으므로, 奇와 祇(岐)는 重紐의 차이임을 알 수 있다. 북방과 남방을 대비시켜 음의 차이를 서술한「音辭篇」전체의 서술방식으로 볼 때 최소한 이 문제에 있어서는 河北지역의 음이 옌 즈퉤이의 표준음으로서 岐는 奇와 동음(岐=奇)이다.65) 그런데『切韻』의 편집 과정 중 당시의 음을 변별하는 작업에서 주도적인 역할을 하였다는 옌 즈퉤이의 音(岐=奇)이『切韻』(『廣韻』)의 음과 배치되는 입장에 있을 뿐 아니라, 그가 틀렸다고 지적한 江南의 음(岐=祇)이 오히려『切韻』과 일치됨은 어찌 된 일인가?66)『廣韻』과는 달리 왕 르언쉬(王仁昫)의 『刊謬補缺切韻』의 反切에는 '岐'에 巨支反과 又切 渠羈反의 二音이 있다. 즉 岐는 祇(巨支反)와 동음이며, 또한 奇(渠羈反)와도 동음이 된다. 이러한 상황을 추측해 보건대, 옌의 표준음에서는 岐가 渠羈反一音 뿐으로 奇와 동음이었으며, 巨支反의 祇와는 다른 음이었기 때문에, 혹시 옌에게는 江南에서 奇와 동음인 渠羈反 岐를 巨支反의 祇로 발음하는 것이 소위 重紐三四等을 구분하지 못하는 잘못된 현상으로 비추어졌을지도 모르겠다. 그러나, 韻書에서는 비록『王三本』에 岐의 又切이 실려있다고 하지만, 第一反切이 祇와 같은 巨支反이며,『廣韻』은 이 巨支反一音 밖에는 없는 상황에서 볼 때, 岐=祇의 江南音을『切韻』의 정확한 반영으로 볼 수밖에 없으므로, 이「音辭篇」의 구절로써 重紐문제를 논하기는 어렵다. 中國語音韻學史上 重紐현상이 있다는 사실을 발견한 것은 淸末에 이르러서이다.

---

65) 盧文弨(1717~1796)는『顏氏家訓補注』(抱經堂校定本)에서 "岐山當音爲奇, 江南皆呼爲神祇之祇."구절에 대하여 "俗間俱讀岐爲奇, 與顏氏合."(일반대중들은 모두 岐를 奇로 발음하는데, 이는 顏氏와 일치한다.)이라고 주를 달았는데, 문장의 논리에 의거한 추정인 듯, 그 근거는 불분명하다.

66)『切韻』序: "因論南北是非, 古今通塞, 欲更捃選精切, 除削疏緩, 顏外史蕭國子, 多所決定."(그래서 남북지역간의 차이와 고금시대에 따른 차이를 논하고 더욱더 정확하게 들어맞는 음을 고르고, 정확치 않고 느슨한 음들은 삭제해 버렸다. 이 작업에서 顏之推와 蕭該의 의견이 많이 반영되었다.)

清末의 음운학자 츠언 리가 反切系聯과정에서 몇몇 운들 가운데 系聯이 안되는 脣牙喉音의 이러한 예외적인 두 가지 反切체계가 있음을 처음으로 발견하였다. 그는『切韻考』「韻類考」 卷四·卷五에서 反切下字를 系聯하여 206운의 小韻(反切첨부)을 모두 도표로 작성하여 운별로 나열하였는데, 이 도표를 보면 위의 支脂…등 여덟 운의 反切체계에 重紐현상이 뚜렷이 드러난다. 예를 들면 그가 卷三에 나열한 206운 각 운의 韻類수를 나열한 목록 중에서 '五支韻 訛香支切 · 犧許羈切 · 麾許爲切 · 隓許規切 四類' 바로 밑에 '香許聲同類'라는 주가 달려있는데, 이는 즉 '反切下字 支·羈·爲·規는 동류가 아니다'라는 뜻으로 풀이된다.[67] 여기서 支·羈는 開口, 爲·規는 合口이므로 支·羈와 爲·規는 開合口가 달라서 동류가 될 수 없는 것이다. 그렇다면 같은 開口끼리인 支·羈사이 그리고 같은 合口끼리인 爲·規사이는 왜 둘씩 서로 동류로 系聯될 수 없는 것인가? 이는 바로 重紐의 차이 때문이다.

早期韻圖『韻鏡』과『七音略』을 보면, 內轉第四 曉母四等에 訛, 三等에 犧; 內轉第五 曉母 三等에 麾, 四等에 隓가 놓여있다. 이들을 보통 重紐三等·重紐四等이라고 부르는데, 周法高(1948a)[68]가 처음으로 이 韻圖의 四等에 놓이는 脣牙喉音 즉 重紐四等을 重紐A류라고 하고 三等에 놓이는 脣牙喉音 즉 重紐三等을 重紐B류라고 칭한 이래로 이 A류·B류가 重紐三等·重紐四等과 함께 重紐를 가리키는 보편적 명칭이 되었다. 이 책에서는 직접적으로 소속을 밝혀주는 重紐三等·重紐四等이란 명칭을 주로 쓰지만, 필요시에는 A류·B류도 쓴다.

츠언 리가 이 重紐현상을 발견한 이래로, 이 현상을 어떻게 해석할 것인가에 대하여는 오랫동안 많은 학자들의 논제가 되어왔다. 그러나 최초로 中古音체계를 재구한 칼그렌은 이 츠언 리가 발견한 重紐현상에 대하

---

67) 2-6-3에서 설명한 反切系聯法에서 分析條例를 참조하라.
68) 「廣韻重紐的硏究」『歷史語言硏究所集刊』 13, 1948, pp.49-117.

여 별다른 견해가 없었으며 운모를 재구함에 있어서도 이 현상을 무시하였다. 후에 陸志韋(1939b)[69]가 다시 重紐문제를 이끌어낸 후 많은 학자들은 이 重紐현상을 중시하였으며 重紐의 차이에 대하여 다양한 견해를 발표하였다. 같은 운에 속하며 같은 反切上字(聲母)를 갖고있는 이 重紐의 차이가 도대체 무엇인지에 대하여 학자들마다 주장하는 바가 제각각이며, 重紐三等·四等 중 어느 脣牙喉音이 같은 韻의 舌音·齒音과 동일한 종류인지에 대하여 학자들의 의견이 일치하지 않는다. 陸志韋이후 여러 학자들이 제기한 重紐의 차이에 대하여는 聲母의 차이·주요모음의 차이·介音의 차이라는 세 가지 설로 나누어 볼 수 있다.

陸志韋(1947)[70]와 王靜如(1941, 1948)[71]는 重紐의 차이를 聲母 및 介音의 차이로 보았다. 즉 韻圖에서 四等의 위치에 놓이는 A류 脣牙喉音은 不圓脣音이며 介音 i를 가지는 ki pi…인데; 三等에 놓이는 B류 脣牙喉音은 圓脣音(labialized initial)이며 介音 ɪ를 가지는 k^wɪ p^wɪ… 라고 하였다. 陸志韋는 또한 重紐三等은 舌音·齒音에서 照二系·知系·來母와 한 류가 되고, 重紐四等은 舌音·齒音의 나머지와 한 류가 된다고 하였다.

李新魁(1984)[72]는 王靜如의 설을 부분적으로 수용하여 重紐의 차이를 聲母의 차이로 분석하였다. 즉 重紐三等이 重紐四等과 다른 점은 脣

---

69) 「三四等與所謂'喩化'」『燕京學報』第二十六期, 1939, pp.143-174.
70) 陸志韋는 「三四等與所謂'喩化'」(1939)에서는 重紐의 차이를 介音의 차이이기보다는 주요모음의 차이로 보아야한다고 하였으나, 뒤에 생각이 바뀌어 『古音說略』(1947, pp.24-29)에서는 王靜如(1941)의 聲母 및 介音의 차이라는 주장과 동일하게 되었다. 王靜如가 상기논문에서 陸志韋와 침식을 폐하고 토론을 해가며 이 논문을 완성했으며 여러 가지 문제에서 陸志韋의 설을 주로 따랐음을 밝힌 주는 陸志韋가 이미 1941년에 重紐에 대한 견해가 바뀌었음을 시사한다.
71) 「論開合口」『燕京學報』第二十九期, 1941, pp.143-192.
   「論古漢語之腭介音」『燕京學報』第三十五期, 1948, pp.51-94.
72) 「重紐研究」『語言研究』第二期, 1984, pp.73-104.

化音聲母(k^w- p^w- x^w- $?^w$-····)를 가지고 있다는 점이라고 하였다. 그는 또한 三等韻으로 脣牙喉音만 있으며 모두 韻圖에 三等에만 놓이며 또 脣音이 후에 모두 輕脣音으로 변한 微·廢·欣·文·元·嚴·凡의 일곱 韻은 본래 脣音化聲母를 가진 운으로 각각 重紐A류와 짝이 되는 重紐B류였었는데 『切韻』이전에 聲母의 脣音化요소가 없어지고 원순모음이 되어 독립된 운으로 세워졌다고 하였다. 즉 이 韻들은 각각 重紐韻 脂·祭·眞·諄·仙·鹽의 B류와는 동음이었었다는 것이다(微-脂 廢-祭 欣-眞 文-諄 元-仙 嚴凡-鹽). 이러한 관계가 바로 重紐三等의 脣音化聲母설이 나오게 된 배경이다. 그는 重紐四等은 같은 韻내의 舌音·齒音과 한 류가 된다고 하였다.

董同龢(1948a)[73]는 韻圖의 四等에 놓이는 A류는 같은 韻내의 舌音·齒音과 같은 류이며, 韻圖의 三等에 놓이는 B류는 독립된 운으로 보았다. 그는 重紐三等과 重紐四等은 上古音에서는 서로 다른 韻部에 속했다는 사실을 처음으로 밝히고, 이러한 연유로 重紐의 차이는 주요모음의 차이로 보아야한다고 주장하였다. 그가 밝힌 重紐三·四等의 서로 다른 上古音의 來源을 살펴보면 다음과 같다. 支紙寘운에서 重紐四等은 上古音의 佳部에서 온 글자들이며, 重紐三等은 上古音의 歌部에서 온 글자들로 구성되어있다. 眞軫震·諄準稕운의 重紐四等 韻母의 來源은 上古音 眞部이며, 重紐三等 韻母의 來源은 上古音 文部이다. 이와 마찬가지로 이들의 入聲韻 質·術韻은 重紐四等은 上古 脂部에서, 重紐三等은 上古 微部에서 왔다. 그는 重紐 A·B 두 류의 上古音來源이 서로 다른 이 같은 현상이 重紐韻 전반에 걸쳐 나타나는 사실로 볼 때, 이 두 류의 차이는 介音에 있는 것이 아니고 주요모음에 있음이 분명하다고 하였다. 宵운이나 鹽운에서 뚜렷하게 나타나는 重紐의 A·B류간의 諧聲偏旁의 분화현상(麃喬夭:票堯要, 奄弇:厭)도 주요모음의 차이라는

---

73) 「廣韻重紐試釋」 『歷史語言硏究所集刊』 第十三本, 1948, pp.1-20.

주장을 타당화시키는 근거로 제기하였다. 물론 上古音에서는 重紐가 서로 다른 韻部였으므로, 上古音에서 주요모음이 서로 달랐을 것이라는 주장은 가능하다. 장 쿤(張琨, 1972)은 『詩經』韻의 上古音보다 이전의 原始漢語韻母체계를 재구하는 과정에서 諧聲字와 더불어 이같이 上古音 韻部의 來源이 다른 重紐현상을 주요근거로 삼기도 하였다. 薛鳳生 (1996)이 『切韻』이 근거한 방언의 체계와는 별개의 타방언의 요소로 重紐를 해석하는데도 이 董同龢의 다른 上古韻部來源설을 적용하였다. 周法高(1948a)[74]도 같은 期의 『歷史語言硏究所集刊』에 董同龢와 나란히 발표한 논문에서 重紐의 차이를 주요모음의 차이라고 주장하였다.

일본의 음운학자 아리사카 히데요(有坂秀世, 1939)는 일찍이 칼그렌의 三四等介音을 비판하면서 주로 한국한자음자료를 이용하고 베트남한자음자료를 참고하여 重紐三四等介音을 재구하였다. 그는 重紐三等은 ɪ로, 重紐四等은 i로 재구하였으며, 한국한자음의 현상으로 볼 때 同韻의 舌音·齒音·半舌半齒音이 모두 重紐四等과 동류이나, 照二系만은 重紐三等과 동류라고 하였다.

리 르옹(李榮, 1956)[75]은 重紐의 차이를 介音의 차이로 보았다. 重紐 A류는 同韻 내의 舌音·齒音과 마찬가지로 介音[i]이며 重紐B류는 介音[j]라고 하였다. 邵榮芬(1982)[76]은 리 르옹의 설을 그대로 따라 介音 [i]와 [j]의 차이라고 보았으나, 重紐A류를 독립된 류로 보고, B류를 같은 韻내의 舌音·齒音과 한 류로 본 것이 리 르옹과는 반대이다. 그러므로 그의 重紐A류는 거꾸로 介音 [j]가 되고, 重紐B류가 [i]가 되며, 同韻내의 舌音·齒音도 重紐B류와 같이 [i]가 된다. 그는 重紐AB류와 舌音·齒音의 관계에 대하여 董同龢와 陸志韋가 제기한 설을 逐條반박하

74)「廣韻重紐的硏究」『歷史語言硏究所集刊』第十三冊 1948, pp.49-117.
75)『切韻音系』, 北京:科學, 1956, pp.78-9, 140-1.
76)『切韻硏究』, pp.70-80.

고, 『古今韻會擧要』와 『蒙古字韻』자료를 인용하여 董同龢의 설과는 정반대로 重紐A류는 독립된 류이고, B류가 同韻내의 舌音·齒音과 한 류가 된다고 주장하였다.

일본학자 토오도오 아키야스(藤堂明保, 1957, 190-1)[77]는 역시 介音의 차이로 보았으나, 重紐三等은 -rj-, 重紐四等은 -j-로 재구하였다. 그는 베트남한자음·한국한자음·日本吳音·『中原音韻』·『蒙古字韻』 등의 자료에 나타나는 음으로 볼 때 重紐三等 介音은 重紐四等보다 약하고 느슨하고 中舌的인 音으로 추정하고, 이 음을 介音 r로 보아 -rj-로 재구한 것이다. 이 r은 그의 현대北京語음운체계에서 j·w와 함께 반모음으로서 介音이 된다.

龍宇純(1970, 174-5)[78]은 三四等은 細音이라는 설에 따라 칼그렌의 三四等의 子音性介音 -j-와 母音性介音 -i-를 그대로 따르며, 四等介音이 모음이므로 一二等과 한 조가 되고 三等介音은 자음성 -j-이므로 구개화되고 마찰성분도 있어서 一二四等과는 음이 다르기 때문에 독립된 한 조를 이룬다고 칼그렌의 재구음을 그대로 설명하였다. 그런데 칼그렌이 간과한 重紐문제는 다음과 같은 방식으로 해결하였다. 重紐A류자가 韻圖에서 三等에 빈자리가 있어도 반드시 四等의 위치에 놓이는 것은 소속 三等韻의 성질 외로 또 四等의 성질이 있기 때문으로 보아, 이 重紐A류의 介音을 -ji-로 재구한 것이다. 重紐A류는 四等韻과 가깝고, 三等에 놓이는 重紐B류가 오히려 同韻의 舌音齒音과 한 류로 이들과 같은 형태인 介音 -j-라고 하였다. 즉 重紐의 차이는 介音에 있는데 重紐A류는 -ji-이고, 重紐B류는 -j-이다. 그는 『守溫韻學殘卷』「四等重輕例」의 四等의 例字로 重紐A류의 성격을 가진 三等韻 幽韻 네 글자(鏐繆烋滮)와 仙

---

77) 『中國語音韻論』, 東京:江南書院, 1957.
78) 龍宇純.「廣韻重紐音值試論 - 兼論幽韻及喩母音値」『崇基學報』, 홍콩:1970, pp.161-181.

韻(上聲)重紐A류자(緬)·鹽韻(上聲)重紐A류자(魘)가 한 글자씩 제시된
것을 重紐A류의 四等韻적 성격을 나타내주는 예로 들어, 자신의 '重紐A
류 介音 -ji-설'의 타당성을 입증하고자 하였다. 重紐三等B류가 同韻내
의 舌音齒音과 한 류가 되고, 重紐四等A류가 독립된 류라는 그의 주장
은 십이년 후에 제기된 邵榮芬의 설과 일치한다. 邵榮芬이 제시한 여러
가지 근거들로 이 논지를 보강할 수 있을 것이다. 그러나 重紐四等A류가
三等韻이면서 四等韻과 가깝다는 그의 주장은 기존 설들에서는 찾아볼
수 없는 소박한 논리이다.79) 李方桂(1971)가 上古音재구를 위해서 칼그
렌의 中古音을 일부 수정하여 사용하였는데, 그가 칼그렌의 中古音에 첨
가한 重紐A류의 介音이 B류 -j-에 -i-만 더 첨가된 형태 -ji-로서 龍宇純
의 重紐韻재구음과 완전히 일치한다는 사실은 이 龍宇純의 重紐A류 -ji-
재구음의 입지를 강화시켜준다.

위 민(兪敏)80)은 佛經譯音자료를 통하여 重紐B류는 介音 r을 가지고
있고 重紐A류는 介音 j를 갖고 있다고 주장하였다.81) 慧琳의 『一切經
音義』第二十五卷(2128, 470)에 산스크리트의 특수모음인 r r̥을 각각
乙上 乙去聲으로 음역한 것에 근거하여, 重紐B류인 乙은 ʔrid 로 재구하
고, 이와 짝이 되는 重紐A류인 一은 ʔjid로 재구하였다. 산스크리트 r̥은
인도의 여러 지역에서나 구미에서 대부분 ri로 발음을 하므로 ʔrid로 재
구할 수 있으며; 一의 재구음 ʔjid는 日本승려 玄昭82)의 『悉曇略記』에
서 壹로 산스크리트 i를 음역한 것이나 역시 일본의 승려 明覺의 『悉曇
要訣』卷二(2706, 527)에 인용한 산스크리트 i에 대하여 唐僧 玄奘이
壹로 음역한 것 등에 근거한 것이다. 이 위 민의 重紐介音 r : j설은 근

79) 그는 三等이면서 四等에 놓이는 이 重紐四等A류운의 介音을 -ji-로 재구하면서 '不三
不四'(이도 저도 아닌)韻類라는 해학적 표현을 썼다.
80) 『兪敏語言學論文集』, 北京:商務, 1999, pp.275-276.
81) 兪敏은 반모음을 y로 표기하였으나 여기서는 보편적인 IPA표기 j로 바꾸었다.
82) 兪敏이 인용한 『悉曇略記』의 저자 玄照의 照는 昭의 誤植이다. 『悉曇略記』(大正新修
大藏經 2704, p.468)를 참조하라.

거자료가 다르지만, 결과는 토오도오와 일치하는 것이 독특하다.

풀리블랭크(1984, 172-4)는 重紐A류는 ji, B류는 i로 대비시켰으나, 그의 B류의 i는 실은 ˙i일 가능성을 제시하였다. 이들의 일부는 바로 上古音의 r-複聲母군(筆:律 등의 諧聲字들)을 내원으로 하며, 6세기의 闍那崛多(Jñanagupta)의 梵漢對音(589~592)에서 산스크리트捲舌音 ṭi ḍi ṇi 등을 대역한 舌上音(郅·稚·膩)에 단 反切의 反切上字는 舌頭音이고 反切下字가 重紐B류(都筆反·徒寄反·奴寄反)인 반면에; 산스크리트舌尖音 ti 등을 대역한 舌頭音(底등)에 단 反切은 反切下字가 重紐A류(都棄反)인 사실 및 산스크리트 kṣi를 重紐B류자로 대역한 사실(kṣi: 器, 敧)등등은 『切韻』과 동시기인 6세기말에 重紐B류가 아직도 r-의 자질을 지니고 있음을 나타내는 증거라고 하였다. 그러나 上古歌部에서 온 B류자(奇·皮등 聲符字)는 r-複聲母의 가능성이 없어 『切韻』의 重紐B류를 ˙i로 재구하는 것은 문제점이 있을 수 있다고 하였다. 마침 『切韻』시기에 이미 重紐A류에 j가 나타났다는 확실한 증거가 있으므로 A류를 ji로 하고 B류를 i로 하되, i는 그 앞에 j가 오지 않을 경우에는 捲舌音의 자질이 있다고 보면 된다고 하였다. 그는 兪敏과 같은 梵漢對譯자료에 근거하였으며, 결과도 兪敏·토오도오와 서로 통한다.

필자(1999)가 한국한자음자료를 분석하여 重紐의 차이를 고찰하여 본 바, 얻은 결론은 重紐 三·四等의 차이는 오로지 介音 j의 유무에 있다는 점이다. 즉 四等에 놓이는 重紐A류에는 介音 j가 있으며, 三等에 놓이는 重紐B류는 介音 j가 없다는 것이다.[83] 한국한자음자료가 이러한

[83) 「韓國漢字音에 나타난 重紐현상과 해석」(『中國言語硏究』 제8집, 1999, pp.1-44)에서 重紐현상을 가진 支脂祭眞仙宵侵鹽의 여덟 운 전체에 나타나는 小韻字의 韓國漢字音 早期현실음을 조사하여 '重紐韻韓國漢字音表 二十六圖'를 작성하여 重紐의 차이를 분석하였다. 또한 重紐현상이 있는 脣牙喉音 뿐만 아니라 舌音齒音의 韓國漢字音까지 조사하여 重紐A류와 重紐B류의 관계, 그리고 이들과 동운의 舌音齒音과의 관계도 아울러 살펴보았다. 여기에 인용한 것은 이 분석의 결과이다.

뚜렷한 대비를 제시한 것은 상당히 유용하다고 생각되지만, 정확한 음표기라는 면에서는 韓國漢字音의 자료적 한계성이 지적될 수밖에 없다. 보편적으로 인정되고 있는 中古音의 三等의 顎化介音이 한국한자음의 重紐자료에서는 전혀 나타나지 않는 것이다. 한국한자음에서 重紐A류는 同韻의 舌音齒音과 대개는 한 류로 나타나며, 또한 純四等韻과도 한 류로 나타난다. 純四等韻이 重紐A류와 완전히 병합된 것은 唐末의 韻圖시기로 보는 것이 통설인데, 그렇다면 한국한자음의 전래 및 성립시기가 唐末이후로 늦추어지게 되며 따라서 『切韻』시기의 重紐의 차이를 고찰하는데 시기적으로 모순이 생기게 된다. 또한 支脂…운의 齒頭音은 한국한자음에서 대개 重紐A류와 동류[-i-]로 나타나는데, 유독 止攝 支脂운의 開口齒頭音만은 모두 예외없이 운모가 ·[ɐ]로 나타난다. 이것은 바로 『切韻指掌圖』第十八圖에 三等韻인 支脂韻 齒頭音자들이 一等의 위치에 실려있는 것이나, 또 元代의 『中原音韻』(1324)의 支思운[-i]에 이들이 실려있는 것과 동일한 현상으로 바로 止攝開口齒頭音의 음(韻母)의 변화를 나타내 준다. 따라서 이 止攝開口齒頭音의 한국한자음도 『切韻』中古音을 반영하는 것으로 볼 수 없다. 이러한 부분적 현상에 근거하여 아리사카(1957, 305-7)[84]는 한국에 한자음의 借入시기가 六朝까지 거슬러 올라갈 수가 없을 뿐 아니라 隋唐이후로 볼 수밖에 없으며, 또한 北音系에 근거했다고 볼 수밖에 없다고 하였다. 그는 '近代朝鮮漢字音'이 기초로 한 중국음은 여러 가지 현상으로 볼 때 10세기 宋代의 開封音으로 보는 것이 지극히 합당하다고 주장하였다. 그러나 그는 또 전체적으로 볼 때 '朝鮮漢字音'은 日本의 漢音과 함께 中古音의 범주에 속한다고 하였다. 이렇게 한국한자음의 전래시기를 칼그렌처럼 7세기의 長安音으로 보기도 하고; 풀리블랭크(1984, 100)처럼 8, 9세기 이래로 형성되기 시작했다고도 하고; 또 아리사카처럼 10세기로 내려오기도 한다. 이렇게 전

---

84) 「漢字の朝鮮音について」『國語音韻史の研究』, 東京:三省堂, 1957, pp.303-326.

래시기가 학자에 따라 들쭉날쭉 차이가 나는 것은 한국한자음이 반영하는 중국음이 여러 층대로 나타나기 때문이다. 즉, 한국한자음의 형성은 한 시기에 단번에 이루어진 것이 아니고 고대부터 오랜 기간을 통하여 형성된 것으로 보아야한다. 이점은 아리사카(1957, 325)도 인정하여 10세기 開封音을 기초로 한 것은 '近世朝鮮漢字音'이며, 신라시대에 형성된 한자음은 별도의 체계로 연구해야 한다고 하였다. 한국한자음의 분석결과를 中古音연구에 직접 적용하기 위하여서는 자료별 시대의 규정을 정확히 하여야 하며, 한국어의 음의 체계에 대한 합리적인 해석과정을 거쳐야 하리라고 생각된다. 따라서 한국한자음에서 止攝開口齒頭音같은 자료는 『切韻』의 重紐연구에 있어서는 시대적으로 부적절한 자료가 된다.

여기서 다시 重紐A · B류의 서로 다른 上古音의 來源 문제를 살펴보자. A류는 모두 전설모음을 가진 韻部에서 왔고 B류는 모두 非전설모음을 가진 韻部에서 왔다. 開口韻의 예를 들면, 支韻A류의 來源이 되는 上古音佳部는 *-jeg(卑企등)이고, B류의 來源인 上古音歌部는 *-ja(皮奇등)이다. 眞韻A류의 내원인 上古音 眞部는 *-jen(賓緊因眞등)이고, B류의 내원인 上古音文部는 *-jən(彬巾贇등)이다. 質韻A류의 내원인 上古音脂部는 *-jet(畢栗吉一등)이고, B류의 내원인 上古音微部는 *jət(筆乙등)이다.85) 이 A류와 B류의 두 가지 上古音韻部를 비교해보면 두 류 사이의 모음의 前 · 後舌의 차이가 잘 드러난다. 그러므로 中古音의 重紐는 이와 같은 上古音 모음의 [±front]자질의 자취로 볼 수 있는데, 『切韻』에서는 [+front]인 A류는 그 전설모음의 요소가 강하여 韓國漢字音에서는 A류는 介音 -j-로 나타나고, [−front]인 B류는 전설모음의 요소가 약하여 韓國漢字音에서는 介音을 나타낼 필요가 없었다고 설명

---

85) 이 上古音은 董同龢의 재구음이다. 그의 재구음은 eːa, eːə의 대립이지만, 李方桂(1971)나 張琨(1972)의 재구음은 모두 iːa, iːə의 대립이 된다. 후자의 재구음이 中古音의 重紐四等의 성격을 더 뚜렷이 나타내준다.

할 수 있을 것이다.『切韻』에서 비록 두 종류의 韻이 합병되어 주요모음은 같아졌으나 여전히 介音의 차이가 남아있어 反切로서 구분이 된 것이며, 韻圖에서는 三等과 四等의 자리에 분포되었고, 한국한자음에서는 j의 유무로써 구분표기를 하게된 것이다. 그러므로 董同龢의 논리처럼 이렇게 上古音韻部가 달랐다고 해서, 음이 변화하여 하나의 운으로 병합된『切韻』시대에도 여전히 주요모음이 달라야 할 필연성은 전혀 없다고 생각된다.

무엇보다도 韻의 조건은 주요모음과 韻尾가 동일해야한다. 押韻의 지극히 단순한 조건이다. 따라서『切韻』은 주요모음과 韻尾가 동일한 음절을 한 韻으로 묶었으며, 韻尾나 주요모음이 다른 음절은 철저히 分韻을 하였을 것이다. 193운은『切韻』序에서도 밝혔듯이 잘게 가르고 세밀하게 분류하여 정확한 음을 고르고 느슨한 음은 삭제하는 작업을 거쳐 이루어진 것이므로, 한 韻내에 한가지 이상의 주요모음이 있을 가능성은 거의 없다고 본다. 따라서 우리가 重紐를 韻의 차이 즉 주요모음의 차이로 보는 시각은 介音의 차이로 보는 것보다 입지가 약한 것이 분명하다. 그러므로 重紐의 차이를 주요모음의 차이보다는 介音의 차이로, 나아가서는 介音 j의 유무의 차이로 보는 것이 韻의 성격에서나, 上古音韻部의 母音의 차이에서나, 韓國漢字音자료등 여러 면에서 볼 때 더욱 타당하다고 생각된다. 풀리블랭크(1984)가 재구한 早期中古音(Early Middle Chinese)운모체계에서 重紐八韻운모의 A류는 B류보다 개음 j가 더 있다는 차이 밖에 없다는 것은 한국한자음에서 분석해낸 重紐의 차이와 정확하게 일치한다. 물론 그의 三等介音은 칼그렌과 다르며, 四等韻은 介音이 없으며 주요모음은 ε이다.

重紐의 문제는 아직 풀어야 할 과제가 많다. 그러나 여러 가지 현상으로 볼 때 重紐B류는 微廢欣文元嚴凡등 純三等韻과 가깝고, 重紐A류는 齊蕭先添등 純四等韻과 가깝다.『切韻』이전의 上古漢語의 押韻이나

諧聲관계에서도 그렇고,86) 『切韻』이후에 나온 慧琳의 『一切經音義』 (810)의 反切에서의 병합이나 『古今韻會擧要』(1297)에서의 운의 병합 관계에서도 그렇다.87) 한국한자음에서도 B류는 微廢欣文元嚴凡의 純三 等韻과 음이 같고, A류는 齊蕭先添등 純四等韻과 음이 같은 현상을 보 인다. 그러므로 重紐B류는 韻圖에서 三等에 배열했으나, 四等과 가까운 重紐A류는 四等의 자리에 배열했을 것이다. 唐代에 慧琳의 『一切經音 義』때에는 이미 四等韻이 重紐四等A류와 같은 음이 되었기 때문에 早 期韻圖에서도 이들을 같은 四等의 위치에 나열한 것이며, 이러한 현상은 물론 『切韻』이후의 현상으로 본다.

　최근 薛鳳生(1996)에 의하여 아직 확신하는 단계는 아니고 추측에 불 과하다는 단서가 붙은 重紐에 관한 독특한 학설이 하나 제기되었다. 重紐 의 차이는 聲母의 차이도 아니요, 介音의 차이도 아니라, 운에 따라 주요 모음의 차이일 수도 있고 韻尾의 차이일 수도 있다는 것이다. 重紐라는 것은 『切韻』이 여러 사람에 의해 편찬되었으므로 『切韻』이 근거한 방언 과는 괴리되는 早期韻書나 방언의 요소가 타협되어 들어가서 나타난 현 상, 즉 『切韻』의 '南北是非, 古今通塞'에 대한 편면적인 타협의 결과로 나타난 현상으로, 『切韻』당시의 진실한 음운현상이라는 것이다. 그러나 이러한 重紐라는 음운현상은 어디까지나 『切韻』이 근거한 방언에는 이 미 소실되어 없어진 『切韻』이전의 현상이 타방언에 남아있다가 『切韻』 에 편입된 요소이므로, 『切韻』의 음운체계의 제한을 받지 않는다. 그러므 로 비록 重紐가 한 운 속에 속해있다고 해도 주요모음이나 韻尾의 차이 로 해석할 수 있는 것이다. 重紐를 古音을 보존하고 있는 방언의 국부적 현상으로 보는 그의 주장은 실제로는 重紐문제가 『切韻』의 음운체계의

---

86) 張琨(1972)은 上古音에서는 脂B류-微, 祭B류-廢, 眞B류-欣文, 仙B류-元, 鹽B류-凡
　　등의 세트가 같은 음이었다고 하였다. 李新魁(1984)도 이와 같은 가설 하에서 그의 'B
　　류 脣化音聲母說'을 제기한 것이다.
87) 董同龢(1948a, 11)참조.

영역 밖으로 밀려나는 효과를 가져온다. 그러한 면에서는 章炳麟등의 重紐현상에 대한 부정적 시각과는 달리 긍정적으로 수용하면서도 그들과 동일한 결과를 초래하게 되는 것이다. 사실 현재까지도 重紐에 대하여 확고한 학설이 없으며, 『切韻』音韻體系의 공시적이나 통시적인 시각에서 볼 때에도 필연성을 찾기 어려운 존재로서, 『切韻』의 체계에서 분리하여 합리적으로 해석하는 것이 가능하다면 우리가 다시 한번 틀어야 할 방향을 薛鳳生이 제시하였다고 생각된다. 그는 止攝과 蟹攝의 重紐분석만 시도하였는데, 더 나아가 重紐 전체의 전반적이고 세밀한 분석이 기대된다.

3-3-11 重韻

一 二等韻중에서 同攝으로 開合과 等이 같은 韻이 두 개 이상이 있을 때 이를 重韻이라고 한다. 重韻에는 東冬, 咍(灰)泰, 皆佳夬, 刪山, 庚耕, 覃談, 咸銜으로 모두 일곱 조가 있다(上去入聲도 포함). 이 重韻의 차이를 어떻게 해석하고 재구해야 하는가 라는 문제가 等의 문제와 연관되어 있는데, 薛鳳生(1996, 46)은 重韻은 전적으로 『切韻』과 『等韻』사이의 음의 변화로 인하여 나타난 현상이라고 하였다. 다시 말하면 『切韻』시대에는 重韻이라고 불러야 할 현상이 없었으나, 이후 等韻시대에는 두 운이 유사하게 변화하여 같은 攝 같은 等에 속하게 된 것을 重韻이라 일컫는다.

重韻의 차이를 칼그렌은 주요모음의 장단의 차이로 해석하였으나, 드라구노프(A. Dragunov, 龍果夫)를 위시하여 董同龢 · 邵榮芬등 대부분의 학자들은 주요모음의 음의 차이로 해석한다. 칼그렌(1940, 478-483)은 東 · 冬 및 庚 · 耕만 주요모음의 차이로 보고, 그 밖의 重韻은 모두 주요모음의 長(咍灰 · 皆 · 山 · 覃 · 咸)과 短(泰 · 佳夬[88] · 刪 · 談 ·

---

88) 칼그렌(1940, 482)은 現代方言자료로는 夬운과 佳운의 차이를 발견하지 못하여 두 운

衔)의 차이로 보았다. 그는 한국한자음에서 一等韻 咍灰:泰, 二等韻 皆:
佳의 차이를 주요 증거로 들었으나, 한국한자음의 차이는 결코 칼그렌이
지적한 모음의 長短이 아니고 실은 모음자체의 음의 차이이다. 전자의
주요모음은 ·[ɐ]이고 후자의 주요모음은 ㅏ[a]이다.

咍운: 開기 怠팃 海히 代딕 來리
泰운: 蓋개 泰태 害해 大대 奈내
皆운: 皆기 楷히 排비
佳운: 街개 賣매   夬운: 敗패 快쾌

위와 같이 한국한자음이 결코 모음의 장단의 차이로 나타나는 것이 아니
라 모음의 음의 차이로 나타나고 있어서 칼그렌의 자료해석이 정확치 못
함을 알 수 있다. 따라서 董同龢(『上古音韻表稿』, p.76)가 칼그렌의 이와
같은 '모음장단의 차이'설을 반박하기 위하여 역설한 "譯音이라는 것은
실재로 方言의 변화에 비길 수 있는 것이 아니다. 한국한자음이 모음의
長短의 차이라고 해서 본래 漢語에서도 모음의 長短이 있었다고 말할 수
는 없다."라는 주장은 아예 존립근거가 사라지게 된다. 한편 董同龢는 이
렇게 칼그렌의 설의 문제점을 지적하는 동시에 廣州(泰ai: 咍oi)·蘇州
(泰a: 咍e) 등지의 중국어방언의 음의 차이를 들어 重韻을 주요모음의 음
의 차이로 해석하였다. 重韻의 음의 차이는 중국어방언에서 뿐 아니라 한
국한자음에서도 단편적으로 나타난다. 그러나 한국한자음에서는 위에서
예로 든 咍:泰 및 皆:佳·夬의 重韻이외로 다른 重韻에서는 음의 차이가
드러나지 않는다. 重韻의 문제에 있어서도 앞의 重紐의 문제를 설명하면
서 제기했던 소위 '一韻一主要母音'이라는 전제에서 '二韻二主要母
音'(운이 다르면 주요모음도 다르다)이라는 논리를 이끌어내어 설명할 수

을 같은 음으로 재구하였다.

있을 것이다. 그러므로 重韻의 차이는 韻이 서로 다른 한, 주요모음의 차이로 보는 것이 운서의 성격으로 볼 때 타당하다.

3-4 等韻門法

3-4-1 유래 및 형성과정

等韻門法은 宋元等韻圖의 卷首나 卷末, 또는 等韻書에 실려있는 것으로 韻書의 反切을 중심으로 한 反切字와 被切字간의 다양한 관계를 설명한 조례들을 가리킨다. 早期韻圖로 불리는 『韻鏡』이나 『七音略』에는 等韻門法의 항목이라고 딱 짚어 말할 수 있는 조항은 나타나지 않는다.[89] 지금 전하는 가장 이른 等韻門法은 『四聲等子』의 卷首에 실려 전해오는 <辨音和切字例> 등 일곱 항목이다. 그러나 우리는 敦煌문서 『守溫韻學殘卷』에 이미 等韻門法의 범주에 들어가는 항목이 들어있음을 발견하게 된다. 『守溫韻學殘卷』에 있는 원문은 아래와 같다. 이 『守溫韻學殘卷』은 낡고 잔손된 두루마리 세 도막으로 되어있는데, 그중 한 도막에 三十字母와 等韻門法에 관한 문장과 「四等重輕例」 등 세 가지가 실려 있다. 이중에서 等韻門法에 관한 문장은 다음과 같다.[90]

---

89) 『韻鏡』의 앞머리에 실린 「歸字例」는 反切을 가지고 韻圖에서 정확한 음을 찾는 방법을 설명해주고 있는데, 이는 門法과 유사한 성질을 가진 것으로 볼 수도 있으나, 門法처럼 항목이 분리되지 않았으며, 또한 正例에서 벗어난 變例가 아닌 단순한 歸字를 설명하고 있다. 歸字는 해당韻圖의 글자수록체재를 가리키지만, 역으로 보면 查字 즉 글자 찾는 법이라고도 할 수 있다. 歸字例나 門法이나 모두 韻圖의 歸字法 내지는 查字法이라고 볼 때에는 歸字例가 조목조목 분리 설명이 되지 않은 점만 제외하면 모두 凡例류의 조항으로 동일시할 수도 있을 것이다.

90) 劉復. 「守溫三十六字母排列法之研究」, 1923, pp.461-463. 및 潘重規. 『瀛涯敦煌韻輯別錄』, 1974, pp.71-91. 참조.

<定四等重輕兼辨聲韻不和無字可切門>
<四等重輕을 정하고, 겸하여 聲韻이 맞지 않아 反切을 달 글자가 없음을 변별하는 법>

高 此是喉中音濁。 於四等中是第一字。 與歸審穿禪照等字
不和。 若將審穿禪照中字爲切, 將高字爲韻, 定無字可切。
但是四等喉音第一字, 總如高字例也。

高 이 글자는 喉中音濁이다.[91] 四等중에서 一等字이다. 審穿
禪照등 자모와 어울리게 되면 서로 맞지 않는다. 만일 審穿禪照
모 중의 글자를 反切上字로 하고, 高자를 反切下字로 하면, 필
시 이 反切을 달 被切字가 없을 것이다. 무릇 四等喉音에서
一等字는 모두 高자의 예와 같다.

交 此字是四等中第二字。 與歸精淸從心邪中字不和。 若將
精淸從心邪中字爲切, 將交字爲韻, 定無字可切。 但是四等
第二字, 總如交字例也。 審高反, 精交反, 是例諸字也。

交 이 글자는 四等중의 二等字이다. 精淸從心邪母 중의 글자
와 어울리게 되면 서로 맞지 않는다. 만일 精淸從心邪母중의
글자를 反切上字로 하고, 交자를 反切下字로 하면, 필시 이 反
切을 달 被切字가 없을 것이다. 무릇 四等에서 第二等字는 모
두 交자의 예와 같다. 審高切, 精交切이 이 예들이다.

이상의 두 문장은 守溫의 「四等重輕例」의 첫머리에 나오는 글자 一等
字 高자와 二等字 交자를 예로 들어 音和切(및 非音和切)에 대한 설명
을 한 것이다. 이 音和切은 항상 等韻門法의 첫 번째 항목으로 나타난

---

91) 喉中音濁은 守溫三十字母에서 匣喩影母를 지칭하였다. 高는 牙音인데 여기서 喉中音
濁이라고 한 것은 오류로 보인다.

다. 一等 高자와 三等 照系자가 反切을 이루면 等이 달라 音和切이 될
수 없고, 二等 交자와 一等·四等에 나타나는 精系자와 反切을 이루면
音和切이 될 수 없음을 설명하고 있다. 즉 反切上字와 反切下字의 等이
다른 反切은 성립되기 어려움을 말한 것이다. 또 다른 한 도막에 실린 잔
손된 문장은 精系字와 照系字가 위의 문장처럼 서로 音和하지 않음을
설명하고 있으며, 마지막 한 도막에도 이와 유사한 反切과 等의 관계를
예로 들고있는데, 이중에서 <聲韻不和切字不得例>로 題한 예들은 等
韻門法의 類隔切을 설명하고 있어 여기에 인용한다.

<聲韻不和切字不得例>
<反切上字와 反切下字가 서로 맞지 않아 被切字를 얻지 못하는 예>

　　　　切生　聖僧　床高　書堂　樹木　草鞋　仙客
　　　　夫類隔切字有數般, 須細辨輕重, 方乃明之。引例於後:
　　　　如 都敎切 罩, 他孟切 掌, 徒幸切 埸: 此是舌頭舌上隔。
　　　　如 方美切 鄙, 芳逼切 堛, 苻巾切 貧, 武悲切 眉: 此是
　　　　切輕韻重隔。
　　　　如 匹問切 忿, 鋤里切 士92): 此切重韻輕隔。
　　　　恐人只以端知透徹定澄等字爲類隔, 迷於此理, 故擧例如上,
　　　　更須子細子細。

이 제목은 '聲과 韻 즉 反切上字와 反切下字가 等이 서로 맞지 않으면
이 反切에 해당하는 被切字를 얻을 수 없는 例'라는 뜻이다. 切生을 비
롯한 낱말과 흡사한 일곱 개의 예들은 '聲韻不和'의 예이다. 切은 淸母
四等이며, 生은 審母二等(庚韻)이다. 聖은 審母三等이며, 僧은 心母一

---

92) 이 反切은 反切上字와 被切字가 모두 照二系이며, 反切下字가 來母三等(止韻)으로
　　적절한 예가 아닌 誤例이다.

等(登韻)이다. 나머지 다섯 예도 마찬가지로 上·下字가 等이 서로 다른 예들이다. 그 다음에 "대저 類隔切字가 몇 가지 있는데 輕重을 세밀히 가려야 명확해진다. 다음에 예들을 인용한다."라는 설명 뒤에 "舌頭·舌上의 隔," "輕脣反切上字에 重脣反切下字의 隔," "重脣反切上字에 輕脣反切下字의 隔"의 세 가지 類隔切의 예를 들었다. 그 밑에는 "사람들이 端系와 知系자만 類隔으로 알고 이에 미혹되어 있을까 염려되어 위와 같이 예를 들었으니, 더욱 자세하고 명백히 할 것이다."라고 끝맺었다. 여기서 분명한 것은 守溫은 類隔切에 舌頭舌上자 뿐 아니라 輕脣重脣자도 넣었다는 점이다. 또한 그 당시나 그 이전에는 舌頭舌上만을 類隔으로 여기는 설도 존재했다는 것을 미루어 추측할 수 있다.

이와 같이 守溫시대에 等韻門法과 동일한 조례가 이미 존재하였으며, 결코 等韻門法이 『四聲等子』에서 처음 시작한 것이 아님을 알 수 있다. 守溫의 조례가 비록 단편적인 일부에 지나지 않으나 후에 나온 『四聲等子』에 실린 門法과 비교하여보면 아주 유사한 성격을 갖고 있음을 발견하게된다. 類隔切에서 舌頭舌上의 舌音뿐이 아니라 輕脣重脣의 脣音도 포함된다고 역설하는 위의 문장은 『四聲等子』의 類隔切이 설명하는 대로이며,93) 舌音만을 類隔切로 보는 『切韻指掌圖』나 『切韻指南』과는 다르다. 또한 위에 인용한 守溫의 두 가지 예가 하나는 '…門'으로 되어있고, 하나는 '…例'로 되어있는 형식조차 『四聲等子』와 일치한다.94) 이러한 현상은 '守溫이 『四聲等子』와 동일한 韻圖의 계파'일 가능성을 더욱 강화시켜준다. 『韻鏡』과 『七音略』은 守溫 및 『四聲等子』와는 달리 等韻門法이 실려있지 않은 점 또한 이 두 종류가 서로 다른

---

93) 『四聲等子』는 <辨類隔切字例>에서 첫머리에 重脣輕脣, 舌頭舌上 뿐 아니라 齒頭正齒까지 언급하였으나, 정작 실례를 들어 설명할 때는 齒音의 예는 없고 舌音과 脣音의 예만 들었다.

94) 守溫에 나오는 또 하나의 조례 제목은 <兩字同一韻憑切定端의例>이다. 이 역시 '…例'로 되어있다.

계보의 韻圖라는 점을 증명하는 또 하나의 증거로 볼 수 있다.

현재 전하는 가장 이른 체계적인 等韻門法으로는 『四聲等子』에 실린 等韻門法을 꼽는다. 董同龢(1949, 259)는 守溫에 실린 이러한 門法류의 항목 등에 근거하여 초기에 等韻門法은 韻圖와는 별도로 독립적으로 제작되어 내려왔었는데 『四聲等子』가 최초로 門法과 韻圖를 합하여 실은 것으로 추정하였다. 『四聲等子』의 서문에 실려 전하는 "切韻之作始乎陸氏, 關鍵之設肇自智公。"이라는 구절에서 『四聲等子』의 作者로 든 智公이 바로 門法과 韻圖를 合載한 최초의 인물이 아니겠느냐는 것이다. "『切韻』의 시작은 陸法言에서, 빗장(관건)의 설치는 智公에서부터" 라는 말은 집대성적인 운서의 최초의 저자와 집대성적인 운도의 최초의 저자를 對聯으로 읊은 것이다. 陸氏는 명확한데, 智公은 모호하다. 일설에는 智公이 『龍龕手鑑』서문을 쓴 智光을 가리킨다고 한다.

『四聲等子』에는 <辨音和切字例> <辨類隔切字例> <辨廣通偏狹例> <辨內外轉例> <辨窠切門> <辨振救門> <辨正音憑切寄韻門法例> <辨雙聲切字例> <辨疊韻切字例>의 아홉 가지 항목이 있다. 이중에서 <辨正音憑切寄韻門法例>는 다시 <正音憑切門> <互用憑切門> <寄韻憑切門> <喩下憑切門> <日母寄韻門法>의 다섯 가지로 나누어진다. 그래서 도합 14가지가 되지만, <辨雙聲切字例>와 <辨疊韻切字例>는 후에 확립된 等韻門法항목 속에는 들어가지 않는다. 그래서 董同龢(1949, 257, 259-260)는 『四聲等子』의 門法에서 이 두 가지는 제외시켰다. 『四聲等子』에서는 위에서 보이는 바와 같이 門法을 지칭하는 명칭이 일관되지 않고 ○○例와 ○○門의 두 가지 형식으로 나뉘어진다. 그는 대개 ○○例는 『四聲等子』가 제작되기 이전에 성립된 門法이며, ○○門은 후인이 元代 劉鑑이 지은 『切韻指南』권말에 실린 「門法玉鑰匙」의 十三門등을 참조하여 첨가한 것이라고 본다. 『四聲等子』를 따른 것이라고 보는 『切韻指掌圖』의 門法이 『四聲等子』에서의

○○例라는 명칭의 門法만을 실은 것을 보면, 본래 이들만이 『四聲等子』에 실렸던 門法의 전부였을 가능성이 크다. 또한 <辨窠切門> <辨振救門> 및 <辨正音憑切寄韻門法例>하의 다섯 가지 ○○門은 대략 「門法玉鑰匙」의 나열순서 및 명칭과 일치하는데, 이것은 「門法玉鑰匙」를 참조한 결과 때문으로 볼 수 있다.

宋紹定三年本(1231)『切韻指掌圖』[95]는 卷頭에 <檢例上> <檢例下> <音和切> <類隔切> <辨五音例> <辨字母淸濁歌> <辨字母次第例> <辨分韻等第歌> <辨內外轉例> <辨廣通偏狹例> <辨獨韻與開合韻例> <辨來日二字母切字例> <辨匣喩二字母切字歌> <雙聲疊韻例>등 14항목이 있다. 이중에서 <檢例下> <音和切> <類隔切>의 문장은 『四聲等子』의 <辨音和切字例> <辨類隔切字例>와 동일하다. <辨內外轉例> 및 <辨廣通偏狹例>도 『四聲等子』의 同名의 門法과 동일하다. 이들은 대개 『四聲等子』에서 취한 것으로 추정된다.

그렇지만 等韻門法의 집대성으로 볼 수 있는 것은 바로 元代에 나온 劉鑑의 『經史正音切韻指南』의 권말에 실려있는 「門法玉鑰匙」 十三門이다.[96] 이 十三門은 순서대로 적으면, <音和門> <類隔門> <窠切門> <輕重交互門> <振救門> <正音憑切門> <精照互用門> <寄韻憑切門> <喩下憑切門> <日寄憑切門> <通廣門> <偏狹門> <內外門>이다. 劉鑑은 이 十三門을 모두 설명한 뒤에 「總括玉鑰匙玄關歌訣」[97]을 첨부하였는데, 이것은 牙音・舌音・脣音・齒音・喉音・半舌半齒音의 여섯 부분으로 나누어 노래형식을 빌어 자신의 견해로 각종 門法을 총술한 것이다. 等韻門法은 바로 여기서 확립되게 된다. 明代의 승려 眞空은 이 劉鑑의 「門法玉鑰匙」와 「總括玉鑰匙玄關歌訣」을 근거로

---

95) 古逸叢書三編之十二 『切韻指掌圖』, 北京圖書館藏宋朝刻本原大影印, 北京:中華, 1985.
96) 「門法玉鑰匙」를 「玉鑰匙」로 약칭하기도 한다.
97) 「總括玉鑰匙玄關歌訣」은 흔히 줄여서 「玄關歌訣」이라고 한다.

하여 「直指玉鑰匙門法」을 만들었는데 이는 도합 二十門이다. 이 二十門은 劉鑑의 十三門에 다음 일곱 가지를 더 첨가한 것이다. <麻韻不定門> <前三後一門> <寄正音和門> <就形門> <刱立音和門> <開合門> <通廣侷狹門>등이 이들인데, 이들은 모두 「門法玉鑰匙」十三門중에 포함시키기 어려운 예외적인 소수의 예를 설명하기 위하여 새로 세운 門法이다. 이들은 어디까지나 소수 예외를 설명하기 위한 부차적인 조례이므로 等韻門法에서 언급하지 않는 경우가 많다. 元代 劉鑑의 門法을 저본으로 해서 나온 明代 眞空의 門法과 이 眞空의 門法을 저본으로 해서 나온 淸代의 「續七音略」(淸의 乾隆三十二年 [1767]에 칙령으로 간행된 『續通志』에 수록됨)의 門法이 갈수록 근거 없이 門法을 세워나가면서 결국은 거꾸로 反切을 門法에 맞추어 날조하는 본말이 전도되는 경우도 빈번하게 되었다. 본래 韻圖사용방법으로 나오게 된 門法이 이와 같이 점차 得보다 失이 많아지게 됨에 따라 종종 明淸等韻학자들의 비난의 대상이 되기도 하였다.

　다음에 전개해나갈 等韻門法에 대한 설명은 門法을 확립시킨 劉鑑의 「門法玉鑰匙」를 중심으로 하면서 최초의 모습인 『四聲等子』의 원문도 중시한다. 十三門은 상세히 설명하고, 眞空二十門에 실린 나머지 七門은 간략히 설명하는 것으로 宋元代의 等韻門法家들이 구현하려고 하였던 等韻이론체계를 고찰하고자 한다.

3-4-2　十三門法

3-4-2-1　音和

『四聲等子』의 <辨音和切字例>는 다음과 같다:

　　凡切字, 以上字爲切, 下字爲韻。取同音, 同母, 同韻, 同等,

四者皆同, 謂之音和。謂如丁增切登字。丁字爲切, 丁字歸
端字母, 是舌頭字。增字爲韻, 增字亦是舌頭字。切而歸母,
卽是登字。所謂音和遞用聲者此也。

모든 反切에 있어서 上字는 切(聲母)이 되고, 下字는 韻(韻母)
이 된다. 같은 五音, 같은 三十六字母, 같은 韻, 같은 等을 취
하게 되는데, 이 네 가지가 모두 같으면 이를 音和라고 한다. 예
를 들면, '丁增'은 登자의 反切인데, 여기서 丁은 성모로 舌頭
音 端母자이다. 增은 운모로 역시 舌頭音자이다. 反切에 좇아
해당字母로 돌아가 보면 곧 登자이다. 소위 "音和는 聲母를 갈
마들이며 쓴다"는 말이 바로 이것이다.

위에서 齒頭音인 增자를 舌頭音이라고 한 것이 틀렸음은 이미 학자들이
지적한 바이며, 또한 反切에서 '增'은 韻인 이상 韻과 等만이 물음의
대상이므로 舌頭音이라는 聲母의 정보가 무의미하다는 것도 이미 지적
되었다. 이는 아마도 反切上字·下字·被切字의 三者간에 모든 항목이
일치해야하는 것으로 오인한 소박한 초기 이론으로 보인다.
　音和切은 劉鑑의 「門法玉鑰匙」第一門 <音和門>이 보다 명확하게
설명하였다:

音和者: 謂切脚二字, 上字爲切, 下字爲韻。先將上一字歸知
本母, 於爲韻等內本母下, 便是所切之字。是名音和門。故
曰: 音和切字起根基, 等母同時便莫疑, 記取古紅公式樣, 故
敎學切起初知。

音和라는 것은 反切의 두 자가 上字는 聲母, 下字는 韻母가
되는데, 우선 上字를 무슨 字母에 속하는지 안 연후에 (下字가
속한)韻과 等내의 (上字의)해당字母 밑을 보면 바로 被切字가

있게되는 것이다. 이것을 이름하여 音和門이라고 한다. 그래서
말하기를, "音和切反切의 기본을 세우면, 等과 字母가 동시에
명확해지네, '古紅切 公'이라는 양식을 기억하면, 反切을 가르
치고 배우는데 기초를 세우게 되네."

　　音和切이란 韻圖에서 被切字가 反切上字와는 같은 字母(聲母)에 속
하고, 反切下字와는 같은 韻・等에 속하는 反切을 말한다. 이 音和切은
韻圖의 歸字(글자수록체계)의 총칙이며 동시에 查字(글자 찾는 방법)의 총
칙이다. 글자의 정확한 음을 고르기 위해서 韻書의 해당反切을 上字와
下字로 분리하여 각각 韻圖의 字母 및 韻・等에 맞추어보는 과정에서
被切字와 反切字간에 等이 서로 맞지 않는 反切이 나타나게 되는데, 이
러한 反切의 等에 있어서의 모순을 설명하고 보완하기 위하여 탄생한 것
이 바로 門法이다. 音和란 본래 아무런 等의 모순이 없는 反切체계를 말
하므로, 여러 가지 모순을 보완하기 위해 성립한 等韻門法의 여타 조항
들과는 성격이 다르다. 音和는 韻圖歸字의 正例이며, 여타 門法은 韻圖
歸字의 變例이다. 音和에 속하는 韻書의 反切은 70%가 되며, 여타 門
法에 속하는 문제反切이 30%가 된다고 한다.[98] 그러므로 이 音和를 等
韻門法조항에서 아예 제외시키는 학자도 있다.[99]

3-4-2-2　類隔

　　앞에 인용한 바와 같이 守溫이 일찍이 이 類隔에 대하여 설명하였다.
『四聲等子』의 <辨類隔切字例>는 다음과 같다.

---

98) 史存直.「關於"等"和"門法"」『漢語音韻學論文集』, 上海:華東師範, 1997, 297.
99) 史存直.「關於"等"和"門法"」『漢語音韻學論文集』, 上海:華東師範, 1997, 290-
　　301.

凡類隔切字, 取脣重脣輕, 舌頭舌上, 齒頭正齒, 三音中淸濁
同[100]者謂之類隔。如端知八母下, 一四歸端, 二三歸知。一
四爲切, 二三爲韻, 切二三字。或二三爲切, 一四爲韻, 切一
四字是也。假若丁呂切貯[101]字。丁字歸端字母, 是舌頭字。
呂字亦舌頭字。貯字雖屬知, 緣知與端俱是舌頭[102]純淸之
音, 亦可通用。故以符代蒲, 其類奉並, 以無代模, 其類微
明, 以丁代中, 其類知端, 以敕代他, 其類徹透。餘倣此。

類隔切자는 重脣輕脣・舌頭舌上・齒頭正齒의 三音중 淸濁
이 일치하는 것을 취하는데, 이것을 일컬어 類隔이라한다. 즉 端
系・知系의 여덟 字母하에서 一四等은 端母에, 二三等은 知母
에 속하는데, 一四等字를 反切上字로 하고, 二三等字를 反切
下字로 하여 二三等字의 反切이 되거나, 또는 二三等字를 上字

---

100) 『四聲等子』의 원문에는 "同"자가 없으나, 董同龢(1949, 271)는 『切韻指掌圖』의
  <檢例下>에 실린 『四聲等子』와 동일한 문장에 의거하여 "淸濁"뒤에 "同"을 첨가
  하여 의미가 통하게 하였다. 여기서는 이에 따른다.
101) 『四聲等子』의 원문에는 柱자로 되어있으나, 董同龢(1949, 271)는 『四聲等子』의 문
  장과 거의 같은 『切韻指掌圖』의 <類隔切>원문에 의거하여 貯로 고쳤다. 그가 지적
  한대로 柱는 知母가 아니고 澄母자인데, 『四聲等子』에는 遇攝 知母三等하에 나열되
  어 있고, 같은 圖의 來母하에는 呂자가 없다. 『韻鏡』・『七音略』・『切韻指掌圖』・
  『切韻指南』은 모두 『四聲等子』와 달리 語韻 또는 遇攝의 知母에는 貯자, 來母에
  는 呂자가 어김없이 실려있다. 이로 미루어 『四聲等子』가 처음 轉을 等으로 묶으면
  서 歸字를 추리는 과정에서 형평성과 정확성이 결여된 이와 같은 오류가 생긴 것으로
  추측된다. 『四聲等子』에 실린 이 類隔切에 관한 等韻門法은 『四聲等子』 이전에 만
  들어진 것인데, 『四聲等子』에 실으면서 『四聲等子』의 圖를 대조하여 해당위치에 실
  린 柱자로 바꾸어 넣은 것으로 생각된다. 또한 呂자는 圖에 없으므로 半舌音이라는
  정확한 五音을 명시하지 못하고 舌頭音이라고 한 듯하다. 『切韻指掌圖』는 第三圖에
  貯는 물론 來母하에 呂자를 실었으나, <類隔切>설명에는 『四聲等子』와 같이 "呂字
  亦是舌頭音"이라고 하였다. 『切韻指掌圖』門法은 『四聲等子』를 그대로 따른 것이
  나타난다. 따라서 이 『四聲等子』에서의 柱는 誤記가 분명하므로 원문의 柱를 모두
  『切韻指掌圖』대로 貯로 고쳤다.
102) 『四聲等子』와 거의 같은 내용의 『切韻指掌圖』 <類隔切>의 문장에는 '舌頭'대신
  '舌音中'으로 되어있어 『四聲等子』의 오류가 수정되었음을 알 수 있다. 이 '舌頭'
  는 傳抄의 오류로 생각되나 원문은 수정하지 않고 그대로 둔다.

로 하고, 一四等字를 下字로 하여 一四等字의 反切이 된 것이
바로 類隔이다. 예를 들어 丁呂가 貯의 反切이라고 할 때, 丁은
舌頭音端母이며 呂역시 舌頭音자이다. 貯자가 知母자이지만,
知母와 端母가 둘 다 같은 舌頭純淸之音(舌音의 全淸音)이므
로 통용될 수 있다. 그러므로 하나는 奉母 또 하나는 並母로 그
類가 달라도 [둘 다 같은 脣音 全濁音자이므로] 符로 蒲를 대신
할 수 있고, 微母 無가 明母 模를, 端母 丁이 知母 中을, 徹母
敕이 透母 他를 대신할 수 있다. 기타 모두 이와 같다.

謝雲飛(1968, 128)는 音和切에 대한 『四聲等子』의 원문의 부분적인
오류를 강력히 비판하였듯이 이 類隔切에서도 『四聲等子』의 설명이 근
본적인 몰이해에서 나온 誤釋으로 사람들을 호도한다고 통렬히 비판하였
다. 물론 知母로 든 柱자도 틀렸고, 反切下字 呂자는 三等韻이라는 사
실만 명시하면 그만인 것을 五音을 밝힌 것은 부적절한 설명인데, 게다
가 半舌音을 舌頭音이라고 한 것도 오류이다. 더 나아가서 五音과 淸濁
만 같으면 反切上下字를 서로 통용할 수 있다고 한 것은 이렇게 통용되
는 反切 즉 類隔切이 형성되게 된 역사적인 배경 — 고대에는 同音이었
으나 후에 음이 서로 다르게 변한 反切 — 을 간과한 채로, 아무 글자나
五音·淸濁이 동일하다는 조건만 충족되면 통용이 가능하다고 설명하는
것이 되므로 분명 문제가 있다. 그러나 이 『四聲等子』의 類隔切 현상에
대한 설명은 틀리지 않으므로 통째로 폄하할 수는 없다. 우리가 等韻門
法을 연구하기 위하여 주요근거로 삼고 있는 최초의 원시자료를 설사 현
재의 엄밀한 방법론에 부합되지 않는 부분이 있다고 하여 전체의 자료적
가치를 말살하려는 태도는 바람직하지 못하다고 생각된다. 이와 같이 원
시자료가 부족한 상황에서는 董同龢처럼 가능한 한 傳抄의 과정에서 생
긴 오류는 확실한 근거에 의거하여 수정하고 이들 자료를 긍정적인 시각

으로 해석하는 자세를 견지할 필요가 있다.

『四聲等子』는 類隔에 舌音·脣音·齒音을 포함시켰으나,「玉鑰匙」는 舌音만으로 제한시켰고, 脣音은 <輕重交互門>, 齒音은 <精照互用門>으로 따로이 門法을 세워 분리시켰다. 眞空도 이에 따랐다.「玉鑰匙」의 第二門 <類隔門>을 인용한다.

> 類隔者: 謂端等一四爲切, 韻逢二三, 便切知等字。知等二三爲切, 韻逢一四, 却切端等。字爲種類阻隔而音不同也, 故曰類隔。如都江切椿字, 徒減切湛字之類是也。唯有陟邪切爹字, 是麻韻不定切。
>
> 類隔이라는 것은 反切上字는 端系一四等, 反切下字는 二三等자인데 被切字가 知系일 경우, 또 反切上字는 知系二三等, 反切下字는 一四等인데 被切字가 端系일 경우를 말한다. 글자가 種類가 가로막혀 격리되어 음이 같지 않기 때문에 類隔이라 하는 것이다. 예를 들면 都江으로 椿을, 徒減으로 湛자의 反切을 다는 것이다. 다만, 陟邪로 爹자의 反切을 단 것은 '麻韻不定切'이다.

舌頭音 端系와 舌上音 知系간의 互用이 類隔이라고 설명하였다. 문장의 말미에 "陟邪切 爹는 麻韻不定切이다."라고 한 것은 類隔에는 넣기 힘든 특수한 예이기 때문이며, 董同龢(1949, 272-274)가 이에 대하여 상세히 설명하였다. 그에 의하면, 爹자는 『廣韻』이전의 韻書와 『四聲等子』이전의 韻圖에는 나타나지 않는다.103) 『廣韻』의 뜻풀이는 "羌人呼

---

103) 黎氏古逸叢書本 『韻鏡』에는 麻韻端母四等下에 이 爹자가 실려있다. 이러한 사실에 대하여 龍宇純은 『韻鏡校注』(1969, 216)에서 『廣韻』이전의 韻書에도 이 글자가 없고, 『七音略』에도 없으며, 또한 이 黎氏本[永祿本]과 같은 享祿戊子覆宋本 『韻鏡』의 異本인 臺灣大學校 소장의 日本刊本 및 北京大學影印本[寬永本]에 이 글자가

父也。"(羌족사람들이 아버지를 부르는 말이다.)이므로 이 글자는 中古후기에 들어온 외래어를 표기하기 위하여 생긴 글자라는 것을 알 수 있다. 그러므로 『廣韻』과 『四聲等子』에 처음으로 이 글자가 수록되었으나, 그 韻圖자체 보다는 성립시기가 더 이른 것으로 추정되는 『四聲等子』나 『切韻指掌圖』에 실린 門法에는 이 글자에 대한 언급이 없는데,104) 이는 당시에 이 反切의 글자가 아직 존재하지 않았음을 의미한다. 上字 陟은 知母三等이며, 下字 邪는 精系邪母四等이며, 爹는 『四聲等子』에 端母四等에 나열되어 있으므로 類隔切의 조건에 맞는다. 『四聲等子』와 『切韻指南』은 舌音하의 四等에 수록하였으나, 『切韻指掌圖』는 이 글자가 수록되지 않았다. 대개 『切韻指掌圖』보다 성립시기가 이르다고 보는 『四聲等子』에 이 글자가 실려있는데도 『切韻指掌圖』에는 이 글자가 수록되지 않은 이유는 아마도 『切韻指掌圖』의 圖表의 체재에서 찾아야 할 것 같다. 『切韻指掌圖』는 다른 韻圖와는 달리 三十六字母를 二十三行 속에 맞추어 넣은 것이 아니고 三十六行으로 펼쳐놓았다. 그러므로 端系와 知系도 같은 舌音하에 중복나열하지 않고 분리나열하였다. 여기서 爹

실리지 않은 것으로 보아 후인이 집어넣은 것으로 추정된다고 하였다.

104) 『切韻指掌圖』의 現存最古本은 宋紹定三年讀書堂刻本(1231)이다. 淸代 四庫全書本 이래로 『切韻指掌圖』二卷 뒤에 明代의 邵光祖의 「檢例」一卷을 첨부하는 형식이 되었다. 이 「檢例」에 바로 等韻門法이 실려있다. 현재 가장 보편적인 『切韻指掌圖』의 판본인 啁南嚴式誨刻音韻學叢書本(1930)은 宋紹定本을 影抄한 淸末同文書局石印本에 근거한 것이므로 祖本은 宋紹定本이다. 이 판본은 또 淸 張海鵬의 墨海金壺叢書本으로써 교정하고 校記를 붙이고, 邵光祖의 「檢例」 부분은 전적으로 墨海金壺叢書本에 의거하였는데, 이 墨海金壺叢書本은 四庫全書本에 근거한 것이다. 이 嚴式誨本 『切韻指掌圖』의 門法은 明代의 邵光祖가 지은 「檢例」 속에 있으나, 이 門法 자체는 『四聲等子』이전에 성립된 『四聲等子』의 門法을 그대로 계승한 것으로 추정된다. 宋紹定(1231)刻本 『切韻指掌圖』(古逸叢書三編之十二 切韻指掌圖 北京圖書館藏宋朝刻本原大影印 中華書局:1985)의 卷首에 서문 다음에 실린 <檢例上> 및 <檢例下> 등으로 시작하는 門法항목과 邵光祖의 「檢例」속의 門法항목과 비교해보아도 邵氏의 「檢例」가 앞에 설명문과 뒤에 <廣韻類隔今更音和>항목이 더 첨가되어 例字를 늘어놓은 것을 제외하고는 차이가 전혀 없다. 그러므로 邵光祖의 「檢例」는 宋代의 門法을 그대로 계승한 것으로서, 절대로 明代의 산물로는 볼 수 없다.

자의 처리는 더욱 곤란해진다. 知母하에 놓자니 麻韻知母三等에는 본래 글자가 없으므로 실제 음과 맞지 않게 되며, 端母四等하에 놓자니 역시 麻韻은 四等에 본래 글자가 없는 사실과 맞지 않으며 上字와의 非音和 현상이 생긴다. 그러므로 가장 좋은 방법은 아예 이 문제의 글자를 수록하지 않는 것이었을 것이다. 『四聲等子』나 『切韻指南』은 그래도 知系와 端系를 중복나열하므로 反切上字·下字·被切字의 위치가 종횡이 벗어나지 않게 되어 音和의 형상을 띠게된다. 그러므로 麻韻四等이라는 예외를 감수할지라도 글자수록을 감행하였고 이 예외상황에 麻韻不定切이라는 이름을 씌웠을 것이다. 이 爹자의 현대 北京語음 dié를 위시한 여러 方音으로 볼 때, 端母四等에 수록한 것이 실제음에 맞는 것이다. 만일 爹의 反切이 정말로 陟邪切이었다면 韻圖에서 이 爹자를 四等端母하에 넣었을 리도 없고 현대음도 zhe음으로 변하였지 die로 변하지 않았을 것이다. 그러나 본래 麻韻三等에는 知系자가 없으며 麻韻은 四等자가 없는 운인데 이렇게 四等에 놓인 것은 예외적이다. 「玉鑰匙」는 이 예외적인 예를 麻韻不定切이라고 하였고, 眞空은 이에 의거하여 '麻韻不定'이라는 독립된 門을 세운 것이다.

類隔에 대한 정의를 하자면 董同龢(1949, 274)가 주장한대로 「玉鑰匙」의 <類隔門>에서 앞의 "端等一四爲切, 韻逢二三便切知等字。" 한 구절이면 충분하다. 反切上字가 知系, 下字는 一四等자, 被切字가 端系인 예는 실제로 없기 때문이다.

3-4-2-3 窠切

『四聲等子』 <辨窠切門>:

知母第三爲切, 韻逢精等影喩第四, 並切第三等是也。

反切上字가 知系三等字, 反切下字가 精系·影母·喩母등
第四等자인데, 被切字가 第三等자일 경우를 말한다.

위의 인용문에는 생략하였지만, 문미에 작은 글자로 쓴 "如中遙切朝字"
라는 주가 달려있다. 여기서 中은 知母, 遙는 喩母四等, 朝는 三等(知
母)이다. 이 『四聲等子』나 아래에 인용한 「玉鑰匙」에서 反切下字의 성
모로 精系와 喩母와 나란히 影母를 들었는데, 이것은 소위 重紐韻에서
四等의 위치에 놓이는 脣牙喉音중의 影母를 가리킨다. 董同龢(1949,
284)는 이 影母자가 知系의 反切下字로 쓰인 두 가지 예, 『廣韻』眞韻
竹恚切 媋 와 質韻 直一切 質을 들었다. 이들은 重紐韻이다.

「玉鑰匙」의 第三門 <窠切門>은 다음과 같다.

> 窠切者: 謂知等第三爲切, 韻逢精等影喩第四, 並切第三。爲
> 不離知等第三之本窠也, 故曰窠切, 如陟遙切朝字, 直猷切儔
> 字之類是也。

> 窠切이라는 것은 反切上字가 知系三等, 反切下字는 精系·
> 影母·喩母등 四等자로, 被切字는 三等字가 되는 것을 말한
> 다. 反切上字 知系三等의 본래의 둥지를 떠나지 않기에 窠切
> 이라 부르는 것이다. 陟遙切 朝, 直猷切 儔 같은 예들이다.[105]

「玉鑰匙」는 『四聲等子』에 실린 門法에 설명을 좀 더 첨가했을 뿐이다.

---

105) 앞으로 인용되는 거의 모든 等韻門法이 말미에 "如○○切△字, ○○切△字之類是
也。"라는 서술형식으로써 그 門法에 해당하는 反切실례를 두 개를 들고 문장설명을
끝내는 것으로 일관되어 있다. "○○切△字"의 정확한 번역은 "○○가 △자의 反切
이 되는 것" 또는 "○○로 △자의 反切을 다는 것"같이 '切'을 동사로 풀어야하지
만, 편의상 보편화된 고정형식 "○○切 △"로 통일한다.

그러므로 이 두 가지 門法이 동일한 뿌리에서 나온 것으로 보이는데, 역시 <窠切門>에 있어서는 『四聲等子』의 문장이 「玉鑰匙」에서 발췌한 것으로 보는 것이 역의 방향으로 설명하는 것보다 가능성이 크다고 생각된다. 窠切은 知系의 反切上字에 精系影母喩母등 韻圖에서 四等에 놓이는 글자가 反切下字가 되지만 被切字는 그대로 知系三等에 놓이는 경우를 말한다.

3-4-2-4 輕重交互

『四聲等子』에서는 이 항목을 類隔에 포함시키고 있으나, 「玉鑰匙」는 脣音문제를 분리하여 第四門 <輕重交互門>을 세웠다.

> 輕重交互者: 謂幫等重音爲切, 韻逢有非等處諸母第三,[106]
> 便切輕脣字。非等輕脣爲切, 韻逢一二四, 皆切重脣字。故
> 曰輕重交互。如匹尤切䬛字, 芳栖切胚字之類是也。

> 輕重交互라는 것은 反切上字는 幫系 重脣音이고, 反切下字는
> 非系가 있는 韻의 諸字母 三等字로 被切字는 輕脣音字가 되는
> 것, 그리고 反切上字가 非系 輕脣音, 反切下字가 一二四等으
> 로 被切字가 모두 重脣音자가 되는 것을 말한다. 그러므로 輕重

---

106) 趙蔭棠이 『等韻源流』(126)에서 「玉鑰匙」의 <輕重交互門>을 인용한 문장은 여기
서 근거한 판본과는 달리 "韻逢有非等處交互門中諸母, 乃先賢而誤派, 今暫除之, 後哲再審, 第三等"
으로 이 문장의 중간에 작은 글자로 된 긴 주가 달려있으며, '諸母'가 생략되어 있고,
또 끝에 '等'이 첨가되어 있다. 董同龢나 李新魁의 인용문에도 諸母가 생략되고 끝
에 等이 붙은 것으로 보아 趙蔭棠과 같은 판본에 근거한 듯하다. 이 小注는 "交互門
중의 諸母는 선현이 잘못 첨가한 것으로 지금 잠시 삭제하니 후인이 다시 고찰하기를
바란다."는 내용으로 이 門法의 작자가 아닌 후인이 자신의 견해에 맞추어 원문에 있
던 諸母를 마음대로 삭제한 것임을 알 수 있는데, 문맥으로 볼 때 오히려 諸母가 있
는 것이 의미를 명확히 하여주므로 삭제할 하등의 이유가 없다고 생각된다. 여기서는
諸母가 그대로 있는 『等韻名著五種本』에 수록된 『切韻指南』에 의거한다.

交互라 한다. 匹尤切 貁, 芳梧切 胚같은 예들이 이것이다.

『廣韻』이전의 切韻系韻書와 韻圖의 三十六字母와의 사이에 생긴 가장 큰 음의 변화가 바로 脣音에서 발생하였다. 韻書의 反切은 脣音이 한 類로 묶이지만, 三十六字母는 幫滂並明의 重脣과 非敷奉微의 輕脣의 두 類로 나누어진 것이다. 그러므로 자연적으로 非音和 脣音反切들이 많이 생기게되어 韻圖의 제작자들이 이들 현상을 설명할 수 있는 門法을 만들 필요가 생기게 된 것이다. 그래서 생긴 門法이 바로 초기 守溫의 '切輕韻重隔,' '切重韻輕隔,' 이고, 『四聲等子』의 <辨類隔切字例>요, 그 뒤에 類隔에서 분리된 이 「玉鑰匙」의 <輕重交互門>이다.

위의 門法을 요약하면, 韻 즉 反切下字가 輕脣音이 나타나는 三等韻이기만 하면, 上字는 重脣이라도 被切字는 반드시 輕脣이며, 反切下字가 重脣音이 나타나는 三等韻이기만 하면, 上字가 輕脣이라도 被切字는 반드시 重脣이 된다. 이러한 反切을 輕重交互라고 한다. 三等韻중에 輕脣音이 나타나는 韻에는 微·廢·文·元·凡의 純三等韻과 東三·鍾·虞·陽·尤등 普通三等韻이다.107) 그 이외의 三等韻은 輕脣音이 나타나지 않고 모두 重脣音이다. 그러므로 董同龢(1949, 282)는 輕脣上字에 反切下字가 三等韻이라도 被切字가 重脣인 '府巾切 貧'이라는 眞韻 反切을 예로 들어서 「玉鑰匙」의 원문에서의 "韻逢一二四"는 "韻逢有幫等處一二三四"(幫系가 나타나는 韻에서의 一二三四等字가 反切下字가 되면)라고 고쳐야 三等韻에 幫系字도 존재하는 실제상황과의 사이에 모순이 없어진다고 하였다.

---

107) 東三韻과 尤韻의 脣音중에서 次濁音은 輕脣化하지 않았다. 劉鑑이 「玄關歌訣」脣音條에서 이러한 예외적인 현상에 대하여 이미 설명하였으며 眞空은 이에 근거하여 '前三後一'이라는 門法을 세웠다.

3-4-2-5　振救

『四聲等子』 <辨振救門>:

> 精等五母下爲切, 韻逢諸母第三, 並切第四, 是名振救門法例。

> 反切上字가 精系, 反切下字가 諸字母 三等字로, 被切字가
> 四等인 것을 이름하여 振救門法例라 한다.

이 문장에도 문미에 이 門法에 해당하는 反切의 예 "如蒼憂切秋字"
가 小注로 붙어있다.

「玉鑰匙」 第五門 <振救門>:

> 振救者: 謂不問輕重等第, 但是精等字爲切, 韻逢諸母第三,
> 並切第四。是振救門。振者擧也, 整也。救者護也。爲擧其
> 綱領, 能整三四, 救護精等之位也。故曰振救。如私兆切小
> 字, 詳里切似字之類是也。

> 振救라 함은 輕重·等第를 불문하고 反切上字는 精系자, 下
> 字는 諸字母의 三等자로 被切字는 第四等인 것을 말한다. 이
> 를 振救門이라 한다. 振은 擧, 整의 뜻이고 救는 護의 뜻이다.
> 그 강령을 들어서 三四等을 정돈하여 精系의 등위[四等]를 구
> 하여 보호하는 것이다. 그러므로 振救라고 한 것이다. 私兆切
> 小, 詳里切 似가 이것이다.

東三·鍾·之·魚·虞·麻·陽·尤·蒸 등 운은 三等韻인데, 精
系자모는 이들 운에서 四等의 자리에 놓인다. 그러므로 三等의 자리에
놓이는 다른 자모의 글자와 互切(서로 反切로 쓰임)하게 되면 필시 非音

和현상이 발생하게 된다. 이러한 운에서 精系字母가 反切上字이고 기타 三等字가 下字일 경우에 被切字는 下字의 等을 따르지 않고 上字를 따라 四等에 놓이게 된다. 이를 振救라고 한다.

3-4-2-6   正音憑切

『四聲等子』는 <正音憑切門>에서 <日母寄韻門法>까지의 다섯門을 <辨正音憑切寄韻門法例>하에 넣었다. 『四聲等子』의 <正音憑切門>의 설명은 다음과 같이 간략하다.

> 照等五母下爲切, 切逢第二, 韻逢二三四, 並切第二, 名正音憑切門。

> 照系의 다섯 자모가 反切上字가 될 경우, 上字가 二等이고, 下字가 二三四等으로, 被切字는 第二等이다. 이를 正音憑切門이라고 한다.

여기서 反切上字가 莊系자일 때, 二等韻에서는 反切下字도 二等이 되므로 "韻逢二三四"라고 한 것 같으나, 反切下字가 二等이면 音和切이 되므로 '二'는 삭제되어야 한다. 「玉鑰匙」의 第六門 <正音憑切門>에서는 보다 정확히 설명하였다.

> 正音憑切者: 謂照等第一爲切, 韻逢諸母三四, 並切照一。爲正齒音中憑切也。故曰正音憑切。如楚居切初, 側鳩切鄒字之類是也。

> 正音憑切이라함은 反切上字가 照二系, 反切下字는 諸字母三四等으로 被切字는 照二系인 것을 말한다. 正齒音중에서 反切上字에 의거하는 것이다. 그러므로 正音憑切이라고 한다.

楚居切 初, 側鳩切 鄒같은 것이다.

三十六字母에서 照二系(莊系)는 三等韻에서도 二等의 위치에 놓인다. 그러므로 同韻의 타자모의 글자들과 互切할 경우에 非音和현상이 발생하게된다. 門法에서 '照第一'은 照二系 즉 莊系를 가리키며, '照第二'는 照三系 즉 章系를 가리킨다. 이와 마찬가지로 '精第一'은 精系一等字를 가리키고, '精第二'는 精系四等字를 가리킨다. 그러므로 위의 문장에서 照等第一이나 照一은 莊系자를 말한다. 正音憑切은 莊系자가 反切上字인 경우 下字가 三等이든 四等이든 관계없이 上字에 따라 被切字가 二等에 놓이는 경우를 말한다. 門法에서 '…憑切'은 모두 被切字의 等이 上字에 의거하는 門法을 말한다.

3-4-2-7 精照互用

『四聲等子』는 <辨類隔切字例>의 앞부분에서 類隔의 종류를 설명할 때에는 舌頭舌上, 脣重脣輕과 함께 齒頭正齒도 포함시켰으나, 실제로 예를 들어 설명한 뒷부분에서는 舌音과 脣音의 예 밖에는 들지 않았다.

「玉鑰匙」第七門 <精照互用門>은 다음과 같다.

> 精照互用者: 謂但是精等字爲切, 韻逢諸母第二, 只切照一字, 照等第一爲切, 韻逢諸母第一, 却切精一字。故曰精照互用。如士垢切鯫字, 則減切斬字之類是也。

> 精照互用이라함은 무릇 精系자가 反切上字가 되고, 下字는 諸字母 二等인데 被切字는 照二系만 되는 경우; 또 照二系자가 反切上字가 되고, 下字는 諸字母 一等인데, 被切字는 오

히려 精系一等이 되는 경우를 말한다. 그러므로 精照互用이라
고 한다. 士垢切 鯫, 則減切 斬이 바로 이 예이다.

『四聲等子』에서 <辨正音憑切寄韻門法例>하의 두 번째 하위조항
<互用門憑切>이 언뜻 보기에 이 精照互用과 유사한 것으로 보이므로
여기에 인용한다.

切逢第一, 韻逢第二, 只切第一, 名互用門憑切。

反切上字는 一等, 反切下字는 二等인데, 被切字는 一等만
되는 경우를 互用門憑切이라 이름한다.

이와 같이 『四聲等子』의 <互用門憑切>은 설명이 지나치게 간략하
여 모호하다. 그러나 이는 확실히 「玉鑰匙」의 <精照互用門>과는 다르
다. 精系一等자는 본래 二等에는 나타나지 않고 照二系는 본래 一等에
는 나타나지 않는데, 예외적으로 上字가 精系一等이라해도 下字가 二等
韻일 경우에는 被切字가 二等 照二系자리에 놓이며, 上字가 照二系라
해도 下字가 一等韻일 경우에는 被切字가 一等 精系자리에 놓이게 되
어, 精照互用이라고 한 것이다. 被切字의 等第는 反切下字 즉 韻에 의
거한다. 士垢切 鯫에서 士는 崇母二等, 垢는 一等厚韻, 鯫는 從母一等
上聲자리에 놓였고, 則減切 斬에서 則은 精母一等, 減은 二等豏韻, 斬
은 莊母二等上聲자리에 놓였다. 『四聲等子』의 <互用門憑切>은 이와
같이 一等과 二等의 互用일지라도 精照互用과는 반대로 反切上字의 等
에 의거하는 것이며, 또 上字는 一等, 下字는 二等이라는 일방적인 경우
만을 말하므로 <精照互用門>과는 다른 것으로 생각된다.

3-4-2-8 寄韻憑切

『四聲等子』의 <寄韻憑切門>의 설명 또한 간략모호하다.

切逢第三, 韻逢一三四, 並切第三, 是寄韻憑切門。

反切上字는 三等자, 下字는 一三四等이며, 被切字는 三等字
인 것을 寄韻憑切門이라 한다.

「玉鑰匙」第八門 <寄韻憑切門>:

寄韻憑切者: 謂照等第二爲切, 韻逢一四, 並切照二。言雖寄
於別韻, 只憑爲切之等也。故曰寄韻憑切。如昌來切㹀, 昌
給切茝字之類是也。

寄韻憑切이라 함은 照三系가 反切上字가 되고, 下字가 一四
等인데, 被切字가 照三系인 것을 말한다. 비록 다른 韻에 기탁
한다고 해도 다만 反切上字의 等에 의거하는 것이다. 그러므로
寄韻憑切이라고 한다. 昌來切 㹀, 昌給切 茝 같은 예가 바로
이것이다.

　昌은 照三系 穿母이며, 來와 給는 각각 『廣韻』의 一等韻 平聲咍韻
과 上聲海韻이다. 그러나 被切字인 㹀와 茝는 韻圖에서 蟹攝開口 穿母
하의 一等이 아닌 三等平聲과 上聲에 각각 놓여 있다. 咍운에는 본래
三等자가 없으므로 『韻鏡』에는 外轉十三轉의 三等자리에는 韻目名이
없으나, 『四聲等子』와 『切韻指南』등에는 본래 四等韻인 齊·薺가 三
等란에도 표기되어있다. 董同龢(1949, 275)는 㹀와 茝의 두 글자가 본래
咍·海운의 三等音인데 一等字 來·給를 빌려 反切下字를 삼은 것이
아닐까라는 추측을 하였다. 위에 든 두 예는 모두 反切下字가 一等字인

경우이다. 『四聲等子』의 원문 중에 "韻逢一三四"에서 '三'은 誤添으로 보이므로 삭제해야한다. 董同龢가 든 反切下字가 四等인 예는 充自切 痓, 職容切 鍾 등이 있는데, 이들은 精系四等이나 喩母四等자로서 韻圖에서는 四等의 위치에 놓이나 실은 三等韻자모이므로 이 門法에서 표방하는 寄韻 즉 '다른 운에 기탁한다'는 정의에는 딱 들어맞지 않을지도 모르지만, 等韻門法에서는 항상 해당글자가 韻圖에 실제 나열되는 等으로 계산을 하기 때문에 이러한 경우도 寄韻으로 보아서 이 門法에 넣은 것이다.

3-4-2-9　喩下憑切

『四聲等子』는 <喩下憑切門>에서도 여전히 간략하게 일방적인 경우만 서술하였다.

> 單喩母下爲切, 切逢第四, 韻逢第三, 並切第四, 是喩下憑切門。

> 反切上字가 喩母일 경우만을 말한다. 反切上字가 四等, 反切下字가 三等이며, 被切字가 四等일 때, 이를 喩下憑切門이라고 한다.

「玉鑰匙」의 第九門 <喩下憑切門>은 쌍방적인 경우를 다 설명하였다.

> 喩下憑切者: 謂單喩母下三等爲覆, 四等爲仰, 仰覆之間只憑爲切之等也。故曰喩下憑切。如余招切遙字, 于聿切颮字之類是也。

喩下憑切이라 함은 단지 喩母하의 三等은 覆이 되고 四等은 仰이 되어 仰覆지간에 다만 反切上字의 等에만 의거하는 것을 말한다. 그러므로 喩下憑切이라고 한다. 余招切 遙, 于聿切 颱같은 예가 바로 그렇다.

喩母는 三等韻에만 나타나지만 反切체계에서 두 類로 나뉜다. 소위 于母와 以母라고 하는 것으로 于母는 韻圖의 三等에만 놓이고, 以母는 韻圖의 四等에만 놓인다. 于母上字에 反切下字가 四等에 있는 경우와 以母上字에 反切下字가 三等에 있는 경우에 非音和현상이 생기는 데, 이때 被切字가 反切上字의 等에 의거하는 것을 말한다.「玉鑰匙」에서 예로 든 余招切(以母四等 上字에 下字 招는 三等)은『廣韻』·『集韻』의 餘昭切·餘招切과는 同音이 되지만, 于聿切(于母三等上字에 下字 聿은 以母四等)의 경우는『廣韻』은 于筆切(質韻),『集韻』은 越筆切로서 둘 다 音和切이다. 董同龢(1949, 287)는「玉鑰匙」의 '于聿切 颱'이『五音集韻』에 의거한 것이라고 했으나 정확하지 않다. 현재 전하는 大明成化庚寅重刊本『五音集韻』(1992, 中華書局刊行)도『廣韻』과 같은 于筆切이다. 그러므로「玉鑰匙」가 정확히 무슨 韻書의 反切에 근거한 것인지 알 수 없으며, 혹은 門法에 맞추어 일부러 反切을 만들어내어 颱은 臻攝外三 合口呼三等에, 聿은 同圖 四等에 수록한 것인지도 모른다. 그러므로 于母자가 精系나 以母를 反切下字로 쓴 예는 韻書에 없거나, 적어도『五音集韻』(1208) 이전의 韻書에는 존재하지 않았다고 할 수 있다. 그렇다면,『四聲等子』에서 以母字만을 설명한 것이 실제의 상황에 더욱 가까운 서술이라고 할 수 있겠다.『四聲等子』도 이 反切字 聿·颱의 실제수록상황은『切韻指南』과 완전히 동일하다.

3-4-2-10　日寄憑切

『四聲等子』의 <日母寄韻門法>은 다음과 같다.

又日母下第三爲切, 韻逢一二四, 便切第三, 是日母寄韻門法。

또 日母하의 三等자가 反切上字가 되고, 反切下字가 一二四
等으로 被切字가 三等이 되는 것을 日母寄韻門法이라고 한다.

「玉鑰匙」 第十門 <日寄憑切門>:

日寄憑切者: 謂日字母下第三爲切, 韻逢一二四, 並切第三。故
曰日寄憑切。如汝來切茹字, 儒華切楼, 如延切然字之類是也。

日寄憑切이라함은 日母하의 三等자가 反切上字가 되고, 反切
下字가 一二四等으로, 被切字는 三等이 되는 것을 말한다. 그
러므로 日寄憑切이라고 한다. 汝來切 茹, 儒華切 楼, 如延切
然 등이 이러한 예이다.

　「玉鑰匙」의 <日寄憑切門>은 '日母寄韻憑切門'의 줄인 명칭이라고
할 수 있다. 三等에만 나타나는 日母가 反切上字가 되고, 下字가 三等
이외의 等일 경우에 被切字가 上字인 日母의 等을 따라 三等에 놓이는
경우를 말하므로 붙은 이름이다. 위에 든 예는 각각 下字가 一等(來) 二
等(華) 四等(延)의 예이다. 이중에서 汝來切 茹을 董同龢(1949, 277)는
앞의 寄韻憑切에서 언급한 昌來切 㸒, 昌絅切 菹처럼 '哈韻三等음'으
로 볼 수 있다고 하였다.

3-4-2-11 通廣

『四聲等子』의 <辨廣通偏狹例>는 通廣(=廣通)과 偏狹을 함께 설명하였다.

> 廣通者, 第三等字通及第四等字。 偏狹者, 第四等字少, 第三
> 等字多也。 凡脣牙喉下爲切, 韻逢支脂眞諄仙祭淸宵八韻,
> 及韻逢來日知照正齒第三等, 並依通廣門法, 於第四等本母
> 下求之。 韻逢東鍾陽魚蒸尤鹽侵, 韻逢影喩及齒頭精等四爲
> 韻, 並依偏狹門法, 於本母下三等求之。

> 廣通은 第三等 자가 第四等 자까지 통하여 미치는 것이다. 偏狹
> 은 第四等 자가 적고 第三等 자가 많은 것이다. 反切上字가 脣
> 牙喉音이고, 反切下字가 支脂眞諄仙祭淸宵의 八韻에 속하는
> 來日知照正齒第三等 자이면 通廣門法에 의거하여 第四等 本
> 母아래에서 찾는다. 東鍾陽魚蒸尤鹽侵운에서 影喩모 및 齒頭
> 音精系四等 자가 反切下字가 되면 偏狹門法에 의거하여 本母
> 아래 三等에서 찾는다.

『四聲等子』에서는 廣通과 偏狹을 함께 설명하였으나, 「玉鑰匙」는 이 두 가지를 門을 달리하여 설명하였다. 「玉鑰匙」의 第十一門 <通廣門>은 다음과 같다.

> 通廣者: 謂脣牙喉下爲切, 以脂韻眞諄是名通,[108] 仙祭淸宵
> 號廣門, 韻逢來日知照三, 通廣門中四上存。 所謂通廣者, 以
> 其第三通及第四等也, 故曰通廣。 如符眞切頻, 芳連切篇字
> 之類是也。

---

[108] "以脂韻眞諄是名通"에서 '脂韻'은 '支脂'의 誤記일 것이다. 『四聲等子』의 門法
에도 "支脂眞諄仙祭淸宵八韻"으로 되어있다. 이 여덟 운은 바로 重紐韻이다.

通廣이라 함은 脣牙喉音자가 反切上字일 때, 支脂眞諄韻에서
는 通이라고 하고, 仙祭淸宵韻에서는 廣門이라고 하는 것을 말
한다. 反切下字가 來母 日母 知系 照三系인데, 通廣門에서는
四等에 놓이게 된다. 소위 通廣이라 함은, 第三等이 第四等에
통하여 미치는 것을 말한다. 그래서 通廣이라고 하는 것이다. 符
眞切 頻, 芳連切 篇등이 여기에 속한다.

『四聲等子』의 <辨廣通偏狹例>의 전반부와 「玉鑰匙」의 <通廣門>
은 일치한다. 「玉鑰匙」가 『四聲等子』에 근거하여 두 門으로 분리하여
정리한 것으로 보인다. 그러나 「玉鑰匙」는 한 걸음 더 나아가 通廣을 通
과 廣으로 다시 나누어 支脂眞諄운은 通, 仙祭淸宵운은 廣으로 이름하
였다. 이 <通廣門>은 전적으로 韻書反切의 重紐문제를 위하여 세운
조항이다. 重紐현상이 있는 支脂…등 여덟韻[109]에서 脣牙喉音성모자들
에는 反切下字가 서로 系聯이 안되는 A · B류 두 세트가 있으며, 韻圖
에서는 이들이 각각 四等과 三等의 위치에 나열된다. 脣牙喉音자가 反
切上字이고, 下字가 來日知系照三系등 舌音齒音 三等자모인데, 被切
字가 四等에 놓이게 되는 重紐A류의 경우를 通廣이라고 한다. 通廣중에
서 同攝(止攝, 臻攝)에 純四等韻이 없는 支脂眞諄운은 通이라고 하고,
同攝(山攝 · 蟹攝 · 梗攝 · 效攝)에 純四等韻(先 · 齊 · 靑 · 蕭韻)이 있는
仙祭淸宵운은 廣이라고 하였다. 『韻鏡』의 歸字는 通廣의 차이를 뚜렷
이 드러낸다. 通은 同轉에 純四等韻이 없어 빈 四等자리에 重紐A류字
가 나열되었고, 廣은 同轉에 純四等韻이 이미 四等자리를 차지하고 있

---

109) 重紐현상이 있는 韻으로는 支脂祭眞諄仙宵운 외로도 侵鹽尤淸운을 든다. 尤韻은 平
上去聲韻 통틀어 한 예만 있고, 淸韻은 三 · 四等에 나뉘어 놓이지 않고 四等에만 놓
이며, 侵韻과 鹽韻은 喉音影母에만 重紐현상이 나타나는 등 특수하여, 일반적으로
서술할 때는 보통 제외시킨다. 그러나 門法에서는 淸韻이 三等韻이면서 脣牙喉音이
四等에만 놓이므로 舌音 · 齒音과의 互切상황에서 非音和의 상황이 되므로 언급한
것으로 여겨진다.

으므로 인근 轉圖의 四等자리에 重紐A류字가 나열되어 있다. 개중에는 宵韻처럼 마땅한 인근 轉圖가 없으므로 순전히 이 宵韻 重紐A류字를 위하여 새로 圖(外轉第二十六)를 만들기도 하였다. 그러므로 通은 同圖 四等의 자리에 손을 뻗치는 것을, 廣은 인근의 다른 圖 四等자리까지 넓혀 손을 뻗치는 것을 의미한다고 할 수 있을 것이다.110)

『四聲等子』나 『切韻指南』은 轉을 攝으로 묶어 圖수를 줄였기 때문에 仙祭淸宵운의 重紐四等(A류)이라도 同圖에 四等자리에서 純四等韻 先齊靑蕭운과 섞이게 되어 通·廣의 이와 같은 同圖·異圖의 차이는 의미가 없어지게 된다. 『切韻指南』은 三等韻이 있는 모든 韻圖의 첫머리에 通門·廣門·偏門·狹門을 표시하였다. 그러나 이 通門·廣門은 명칭의 의미로 볼 때 후기의 攝으로 합병된 韻圖의 체제보다는 轉으로 된 『韻鏡』같은 早期韻圖의 체제를 더 비근하게 설명한다. 이러한 현상은 이 門法이 『切韻指南』이나 『四聲等子』의 韻圖체계를 설명하기 위해 만들어진 것이 아니고 그 유래가 오래되었다는 것을 말해준다.

3-4-2-12 偏狹

「玉鑰匙」第十二門 <偏狹門>:

> 偏狹者: 亦謂脣牙喉下爲切, 韻逢東鍾陽魚蒸爲偏, 尤鹽侵麻
> 狹中依, 韻逢精等喩下四, 偏狹三上莫生疑。所謂偏狹者, 爲
> 第四等字少, 第三等字多, 故曰偏狹。如去羊切羌字, 許由切
> 休字之類是也。

---

110) 董同龢의 『漢語音韻學』(134)에는 "同攝에 진정한 四等字가 있는 것이 '通,' '偏'이고; 진정한 四等字가 없는 것이 '廣,' '狹'이다."라고 하였는데, 이는 인쇄상의 착오로 보인다. 그의 논문 「等韻門法通釋」(291)에는 "通이 獨立四等字가 없고 廣이 先齊淸蕭운이 있다."라고 제대로 설명되어 있다.

偏狹이라는 것은 역시 脣牙喉음자가 反切上字가 되고 反切下字가 東鍾陽魚蒸운자이면 偏이 되며, 尤鹽侵麻운자이면 狹에 기댄다. 反切下字가 精系·喩母四等字라도 偏狹에서는 三等이라는 것에 의심이 생기지 않는다. 소위 偏狹이라는 것은 四等字가 적고 三等字가 많은 것이다. 그러므로 偏狹이라고 한다. 去羊切 羌, 許由切 休같은 예들이다.

이 「玉鑰匙」의 설명보다는 오히려 위의 通廣에서 인용한 『四聲等子』의 <辨廣通偏狹例>의 후반부 문장 "…偏狹자는 第四等字가 적고 第三等字가 많은 것이다. …東鍾陽魚蒸尤鹽侵운에서 影喩모 및 齒頭音精系四等자가 反切下字가 되면 偏狹門法에 의거하여 本母아래 三等에서 찾는다."가 더 의미가 명확하다. 『四聲等子』와 『切韻指南』에서 偏狹자는 四等字가 적고 三等字가 많다고 한 것은 端系·精系자모와 喩母四等(以母)자만 四等위치에 놓이는 普通三等韻이 脣牙喉音자가 重紐로 인하여 四等에 놓이는 글자가 더 많은 重紐三等韻에 비하여 三等字가 더 많기 때문일 것이다.

董同龢(1949, 288)가 지적한대로 偏狹에 나열된 三等韻가운데 之韻·虞韻이 빠져있으나 이는 韻書속의 이 두 韻(및 上去入聲韻)에 偏狹현상의 실례가 없기 때문에 門法에서 싣지 않은 것이다. 한편 重紐현상이 있는 侵·鹽韻을 여기 偏狹에 실은 것은 이 두 韻의 重紐현상은 影母에 국한되어 있는데, 影母字는 마침 모두 喩母四等 자로 反切下字를 썼기 때문에 音和가 되며, 이 侵·鹽 두 운의 기타 字母글자들은 모두 東鍾陽…韻들과 같기 때문이다. 「玉鑰匙」에서는 反切下字가 精系와 喩母四等일 경우라고 하였으나 『四聲等子』에서는 여기에 影母를 더 첨가하였는데, 이는 四等에 놓이는 侵·鹽韻의 影母가 같은 운의 脣牙喉音의 反切下字가 되는 것을 가리키는 것으로 보이는데, 실제로 反切

의 實例를 찾아볼 수 없어「玉鑰匙」에서는 삭제한 것으로 보인다. 『四聲等子』에는 없으나「玉鑰匙」에서 추가된 麻韻은 본래 三等 脣牙喉音자가 없다. 『切韻指南』에 脣音明母자 '彌'가 反切上字가 되고 下字가麻韻上聲 以母자 '也'로 된 反切 '彌也切'의 被切字 '乜'자가 실려있는데, 이것은 三等에 있지 않고 四等에 있으므로 이 偏狹에 해당되지않는다. 그러므로「玉鑰匙」의 門法에서 尤鹽侵 다음에 들어간 麻운은誤添이므로 삭제하여야 한다.

　重紐현상이 없는 東鍾陽魚蒸尤鹽侵운의 脣牙喉音자는 韻圖에서 모두 三等의 자리에 놓이는데, 이들이 反切上字가 되고, 四等에 놓이는 精系·喩母四等자가 反切下字가 되면, 被切字는 三等에 놓이므로 反切下字가 四等이라도 三等에서 글자를 찾아야한다. 이것이 偏狹이다.

　「玉鑰匙」에서는 通廣과 마찬가지로 偏과 狹을 분리하였다. 通廣과같은 원리로 東鍾陽魚蒸운의 偏은 同攝에 純四等字가 없으며, 尤鹽侵운의 狹은 同攝에 純四等字(幽添)가 있는 것을 말한다.111) 이와 같이反切下字의 等에 관계없이 重紐현상의 유무가 被切字의 等을 결정하는관건이 된다는 점에서 通廣·偏狹은 둘 다 같이 重紐현상을 설명하는門法이라고 할 수 있다.

　3-4-2-13　內外

『四聲等子』의 <辨內外轉例>는 다음과 같다.

　　內轉者, 脣舌牙喉四音更無第二等字, 唯齒音方具足。外轉者,
　　五音四等都具足, 今以深曾止宕果遇流通括內轉六十七韻, 江

---

111) 尤鹽侵(麻)과 같은 攝에 純四等자가 있는 운은 실은 鹽韻(添韻)밖에 없으며, 尤韻과
　　同攝에서 四等에 놓이는 幽韻은 본래는 三等韻으로 기타 純四等韻과는 성격이 좀
　　다르다. 侵운에는 同攝에 純四等韻이 없다.

山梗假效蟹咸臻括外轉一百三十九韻。

內轉은 脣舌牙喉音의 四音에는 第二等字가 전혀 없고, 齒音
에만 갖추어진 것이며; 外轉은 五音에 四等이 다 갖추어진 것
을 말한다. 이제 深曾止宕果遇流通攝으로 內轉67韻을 묶고,
江山梗假效蟹咸臻攝으로 外轉139韻을 묶는다.

「玉鑰匙」第十三門 <內外門>:

內外者: 謂脣牙喉舌來日下爲切, 韻逢照一, 內轉切三, 外轉
切二, 故曰內外。如古雙切江, 矣殊切熊字之類是也。

內外라는 것은 脣牙喉音 舌音 來母 日母자가 反切上字인데,
反切下字가 照二系자를 만나면, 被切字가 內轉에서는 三等,
外轉에서는 二等이 되는 것을 말한다. 그러므로 內外라고 한다.
古雙切 江, 矣殊切 熊이 바로 이러한 예이다.

內外門은 照二系(莊系)자를 위한 門法이다. 莊系자는 二等韻과 三等
韻에 나타난다. 二等韻은 外轉이고, 三等韻은 內轉이다. 二等韻에서는
反切下字 莊系자와 被切字가 같이 二等에 나타나므로(外轉切二), 실은
音和切이 된다. 莊系자는 三等韻에서도 역시 二等의 자리에 놓이므로,
이 三等韻에서 다른 字母자의 反切下字로 쓰일 때 被切字는 三等에 나
타나므로(內轉切三), 이 反切下字와 被切字의 等이 다르게 된다. 따라서
이 內外門은 內轉의 변례적 경우를 설명하기 위하여 外轉의 정례적 상
황을 들어 대조한 것으로 여겨진다. 莊系자가 三等韻에서 다른 자모의
反切下字로 쓰인 反切은 극히 드물다. 「玉鑰匙」에서 든 例에서 첫 번째
古雙切 江은 外轉으로 莊系 反切下字 雙과 被切字 江이 모두 二等韻
이므로 音和이다. 矣殊切 熊은 『集韻』의 反切인데, 照二系 生母인 反

切下字 殀은 二等, 被切字 熊은 三等韻자이므로 非音和이다. 그러나 이러한 예는 이『集韻』의 예 하나와『廣韻』의 良士切 里의 예 하나뿐이다. 董同龢(1949, 293)는 莊系자가 三等韻에 나타난 역사가 일천하여 이들이 다른 글자의 反切로 쓰인 예가 이렇게 드문 것이라고 하였다. 『四聲等子』의 설명은 反切에서 等의 차이를 서술한 것이 아니라 內轉과 外轉의 정의와 범위를 알려주는 것으로 끝났는데, 아마도 門法의 본래의 취지인 等의 차이에 대한 설명은 빠뜨린 것이 아닌가 생각된다.

3-4-3 二十門法

眞空의「直指玉鑰匙門法」二十門중에서 劉鑑의 十三門을 제외한 나머지 七門을 보자.

3-4-3-1 麻韻不定

앞의 類隔切에서 이미 麻韻不定切에 대하여 상세히 설명하였다. 眞空은 劉鑑의「玉鑰匙」의 <類隔切> 설명문 속의 한 구절에 근거하여 새로이 門法을 세운 것이다. 이 門法에 속하는 反切은 '陟邪切 爹'의 예 하나 뿐이다. 이 爹자를『四聲等子』나『切韻指南』에서 麻韻端母四等에 나열한 것에 대하여 劉鑑은 類隔切의 예외로 보았고, 眞空은 窠切의 예외로 보았다.[112] 麻韻不定之切은 陟邪切 爹가 反切上字는 知母三

---

112) 眞空의 <麻韻不定門>:

　　麻韻不定之切者: 亦謂知徹澄娘第二爲切, 韻逢精淸從心邪曉匣影喩第四, 當切出第二知等字。今稽開合俱無, 却切第二端等者。故曰: 韻逢影喩精雙四, 知二無時端二陳。如陟邪切爹字, 是麻韻不定之切。…(麻韻不定之切이라고 하는 것은 또한 知系三等자가 反切上字가 되고, 精系曉母匣母影母喩母四等자가 反切下字가 되면, 응당 被切字는 知系第三等에 놓여야한다. 그러나 지금 검토해보니 被切字가 의외로 開合모두 知系三等은 없으며, 端系四等에 놓여있다. 그러므로 反切下字가 影母 喩母四等 精系四等을 만나면, 知系三等이 없을 때는 端系四等에 놓는다고 말한다. 陟邪切

188　中國語音韻學

等이고 反切下字는 邪母四等인데, 被切字는 麻韻端母四等에 놓인 것을 말한다. 類隔切도 아니고 窠切도 아니고 音和切도 아니고, 麻韻의 等의 성질에도 맞지 않아 麻韻不定之切이라고 하였다.

3-4-3-2 前三後一

「玉鑰匙」의 <輕重交互門>의 예외이다. 후에 輕脣音으로 변한 三等韻중 東韻·尤韻의 次濁音 즉 明母가 輕脣音化하지 않은 예외적 현상을 설명한다. 劉鑑의 「玄關歌訣」에서 脣音에 대한 설명 중, "唯有東尤非等下, 相違不與衆同情。重遇前三隨重體, 輕逢後一就輕聲。"(東韻·尤韻의 非系자만은 다른 韻과 다르다. 重脣(一等)이 三等과 만나면 重脣이 되고, 輕脣이 一等과 만나면 輕脣이 된다.)의 밑에 단 原注에 重脣一等(後一)이 三等(前三)과 만나면 輕脣이 되어야 하는데, 重脣이 된 反切의 예로서 莫浮切 謀와 莫六切 目을 들었다. 또 三等輕脣(前三)이 一等(後一)과 만나면 重脣이 되어야 하는데 輕脣이 된 反切의 예로 馮貢切 鳳을 들었다. 「玄關歌訣」의 이 구절이 바로 이 眞空의 <前三後一門>의 근거가 되었다. 董同龢(1949, 299)는 馮貢切 鳳의 예는 輕脣音변화의 정례에 벗어나는 예가 아니고 <寄韻憑切門>의 昌紿切 菡과 동일한 예로서 여기서 제외시켜야 한다고 하였다. 그는 이를 뒤에 설명할 <就形>에 귀속시켰다.

3-4-3-3 寄正音和

章系자는 본래 二等韻에는 나타나지 않는다. 그러나 『王三本』과 『廣

爹 같은 예로서, 이것이 麻韻不定之切이다.····)
　知系三等 反切上字에 精系四等影母喩母四等 反切下字일때 被切字가 反切上字인 知系三等의 等을 따라 三等에 놓이는 것을 窠切이라고 한다. 그렇다면 여기서 眞空은 麻韻不定之切을 劉鑑처럼 類隔切의 예외로 본 것이 아니고 窠切의 예외로 본 것이다.

韻』의 山韻에 充山切 犤이 있는데, 反切上字 充은 穿母三等이고, 下字
山은 二等韻이므로 非音和切이 된다. 韻圖에서는 이 글자를 反切下字
에 따라 二等에 놓아 莊系字로 취급한다. 莊系와 章系는 正齒音照系로
묶이므로 이 反切은 실은 音和로 보인다. 眞空은 劉鑑의「玄關歌訣」의
문장을 오해하여 '三二精照寄正音和'라고 하였으며 反切下字를 照二
系에 국한시키지 않고 諸母二等으로 넓히고 예도 첨가하였으나 타당하
지 않으므로, 여기서는 略名 '寄正音和'를 취한다.[113]

---

113) 眞空은 劉鑑의「玄關歌訣」에서 齒音설명부분의 끝의 두 구절 "切三韻二不離初, 精
照昭然眞可信."(反切上字가 三等, 下字가 二等이고, 被切字가 二等이 된다[原注에
의거하여 해석함]. 精系照系(齒音)가 명료하고 믿을 수 있게 되었다.)을 이어받아 "三
二精照寄正音和者, 謂照穿床審禪第二等爲切, 韻逢諸母第二, 幷切照一等字. 故曰:
切三韻二不離初, 精照昭然眞可信."(三二精照寄正音和라고 하는 것은 照三系字가
反切上字가 되고, 下字는 諸字母二等字인데 被切字는 照二系인 것을 말한다. 그
러므로 "切三韻二不離初, 精照昭然眞可信."이라고 한 것이다.)이라고 설명하였다.
劉鑑의 '切三韻二不離初'는 본래 充山切 犤한 예를 설명하기 위한 것이므로, 眞空
이 反切下字의 범위를 照二系에서 諸母二等字로 넓힌 것은 근거가 없다.
「玄關歌訣」의 '精照昭然眞可信'이라는 끝 구절은 劉鑑이 精系와 照系의 非音和반
절들을 위한 門法들, 즉 互用·振救·正音憑切·寄韻憑切·寄正音和등에 대한 설
명을 모두 마친 후에, 이러한 조치로 인하여 이제 "精系照系(齒音)가 명료하고 믿을
수 있게 되었다"는 전체의 설명을 끝맺는 말이다. '切三韻二不離初'와 '精照昭然眞
可信'은 서로 관련 없는 두 개의 독립된 문장이다. 이「玄關歌訣」의 문장에서 대개
는 두 구절이 의미상으로 한 세트로 묶이는 형식이지만, 그렇지 않은 예도 있다. (같은
齒音설명문 중, 몇 구절 앞에 연이어 나열된 '四二相違互用呼'와 '四三還歸四名振'
은 각각 互用과 振救를 설명한 독립된 두 문장이다.) 더구나 두 구절이 한 세트라면
이에 대한 原注는 이 두 구절 다음에 온다. 그런데 '切三韻二不離初'의 바로 뒤에
이를 설명하는 原注가 붙어있고, '精照昭然眞可信'의 뒤에는 아무 注도 없이 끝난
다. 이러한 겉으로 나타나는 문장형식만 보아도 劉鑑의 뜻을 알아차릴 수 있을 터인
데, 眞空은 안일하게 이 구절을 바로 앞 구절 '切三韻二不離初'와 의미상으로 연결
되는 한 조로 오인하여, '三二精照寄正音和'라는 억지 명칭을 만들어 내었으며, 이
구절에 대한 다음과 같은 견강부회하는 주석까지 달았다. "或曰: 斯精照者, 僞也. 答
云: 精爲精而不雜, 照爲照而不參. 故所謂精照也. 曷言僞焉."(혹자가 말하기를 '이
精照라는 것이 잘못된 것이 아닌가'라고 묻기에 답하기를, '精은 미세하고 잡스럽지
않은 것이요, 照는 빛나며 뒤섞이지 않은 것이다. 그러므로 이른바 精照라고 하는 것
이다. 어이하여 잘못된 것이라고 하느뇨.') 현재까지도 이러한 眞空의 오류에서 아직
까지도 완전히 벗어나지 못한 듯, 董同龢(1949, 301)가 이미 劉鑑의 이 '精照昭然眞
可信'구절을 "收尾語로서 가리키는 바가 없다(無所指)"고 지적하였는데도 불구하고,

3-4-3-4 就形

反切上字가 三等자인데 下字가 一等자가 올 경우에 被切字는 下字에 의거하지 않고 上字에 의거해서 三等에 놓이는 경우를 말한다. 許戈切 靴와 馮貢切 鳳의 두 反切이 이러한 예이다. 眞空이 처음으로 이 <就形門>을 세워서 이러한 例外反切을 설명하였다. 眞空이 든 反切의 예는 네 개이지만 許戈切 靴를 제외한 나머지는 董同龢(1949, 279)가 지적한대로 근거 없는 反切이므로 제외시켰으며, 馮貢切 鳳의 反切을 여기에 넣었다. 이 馮貢切 鳳은 劉鑑·眞空등이 前三後一에 넣었으나, 董同龢(1949, 299)는 一等자 貢은 三等자 鳳의 진정한 韻이 아니므로 <輕重交互>의 예외로 보는 것이 불합리하다고 하였다.

3-4-3-5 㘞立音和

『廣韻』 養韻에 毗養切 騳라는 反切이 있다. 養韻은 脣牙喉音이 모두 三等에 놓이는 偏狹운이므로 反切下字가 설사 精系四等이나 喩母四等자라고 하여도 被切字는 반드시 三等에 나열된다. 그러나 騳자는 三等에 놓이지 않고 韻圖 四等에 놓인다. 이 글자는 『廣韻』이전의 韻書에는 나타나지 않으며, 『韻鏡』과 『切韻指掌圖』에도 보이지 않는다.[114] 『廣韻』의 뜻풀이가 "姓也。"로 되어있는데 이는 蕃姓을 가리키며, 필시 후대에 外國에서 들어온 音譯音일 것이다. 또한 養韻의 수록자 들 중에

李新魁(1983, 『漢語等韻學』, 150)는 여전히 이 구절의 성격을 제대로 파악하지 못하고 속절없이 구구이 설명하였다.

114) 『七音略』養韻四等의 위치에 騳자가 있다. 李新魁(1983, 151)는 『七音略』에 이 글자가 수록되어있다고 하였다. 그러나 董同龢(1949, 289)는 卪·騳가 『七音略』에도 보이지 않는다고 하였는데, 卪·騳 두 글자 중의 하나 卪가 수록되지 않은 까닭으로 둘을 한데 묶어서 『七音略』에 卪·騳가 보이지 않는다고 한 것인지, 또는 이 글자의 外來借音이라는 배경으로 볼 때 『七音略』에 수록된 것은 후인이 집어넣은 것으로 보고 수록되지 않았다고 한 것인지 불분명하다.

서 거의 끝 부분(끝에서 세 번째)에 실려있는 것을 보면 후에 증보된 글자라는 것을 나타내준다.(『廣韻』수록자중 각 韻의 끝 부분에 수록된 僻字들은 대개 후에 증보된 글자들로 보아도 무방하다.) 후에 나타난 글자이므로 偏狹에 들어맞지 않는 例外反切이지만 韻圖에서는 反切下字 養(喩母四等)과 被切字 驤이 모두 四等에 나열되므로 이 反切은 실은 音和切이 된다. 그러나 偏狹에 위배되므로 이 門法이 나오게 되었는데, 최초로 이러한 현상을 설명한 학자는 『五音集韻』의 저자인 金人 韓道昭(1170?~1230?)이다. 그는 『五音集韻』의 養韻에 泥母四等 饟자를 새로 세워 乃驤切이라고 反切을 달았으며, 驤자에는 並四(並母四等)로 표시하고 反切을 毗饟切로 고쳐 달았다. 두 글자끼리 互切한 결과 이 두 글자가 새로운 韻 "陽四等"을 형성하게 되고 偏狹門法에 더 이상 저촉되지 않게 된다. 眞空이 이 韓道昭에 근거하여 <刱立音和門>을 세웠다. 刱立音和란 이와 같이 偏狹에 위배되는 反切을 위하여 새로 增字하여 互切하게 하여 독립 韻을 만들어 音和가 되게 하는 門法을 말한다. 『四聲等子』와 『切韻指南』에 이 두 글자가 宕攝四等에 보이는데, 『切韻指南』은 『五音集韻』에 근거하였을 것이나, 『四聲等子』는 후인이 『切韻指南』등에 의거하여 집어넣은 것으로 추정된다. 偏狹에서 언급하였던 麻韻例外反切인 '彌也切 乜'도 여기에 들어간다.

3-4-3-6 開合

反切下字와 被切字의 開合이 서로 다른 反切로서 韻圖에서 글자를 찾을 때 反切下字가 있는 圖에서 被切字를 찾을 수 없으며, 짝이 되는 開口圖 또는 合口圖에서 글자를 찾아야하는 경우를 <開合門>이라고 한다. 이 <開合門>은 開合의 구분이 본질적으로 어려운 脣音과 밀접한 관계가 있다. 韻圖의 저자들도 脣音의 開合에 대하여는 의견이 일치하지 않았으며, 韻別로 脣音 전체를 開口 또는 合口에 넣었다. 그러나 脣音字와 非脣音字가 서로 反切下字로 쓰일 때에 두 글자의 開合口가 다를 경우가 생겨, 두 글자를 같은 圖에서 찾을 수 없게 된다. 이러한 현상에 대하여 『切韻指掌圖』 <辨獨韻與開合韻例>에서 이미 다음과 같이 설명하였다.

> 總二十圖。前六圖係獨韻, 應所切字不出本圖之內。其後十四圖係開合韻, 所切字多互見。如眉箭切面字, 其面字合在第七干字圖內明字母下, 今乃在第八官字圖內明字母下。蓋干與官二韻相爲開合, 他皆倣此。

> 총 이십 도이다. 앞의 여섯 도는 獨韻에 속하므로 被切字는 본도 내를 벗어나지 않는다. 그 뒤의 열네 도는 開合韻에 속하므로 被切字는 두 圖에 서로 나뉘어 보이는 경우가 많다. 眉箭切面에서 面자는 第七의 干字圖內의 明母하에 있어야하나, 실제로 第八 官字圖의 明母하에 있다. 干과 官의 두 운은 서로 開合이 된다. 기타 모두 이와 같다.

眞空이 이 開合을 처음으로 門法으로 세웠으나, 이 역시 『切韻指南』의 권말에 있는 <辨開合不倫>에서 온 것이 확실하다. 眞空의 <開合門>은 다음과 같다.

> 開合者: 謂見溪群疑乃至來日三十六母爲切, 韻逢各母本排, 只是音和, 本眼如無却切開合。故曰: 唯有開合一門絶無憑據。直須於開合兩處韻中較訂始見分明。如居縛切钁字, 蒲干切槃字, 俱萬切建字, 下沒切紇字之類是也。

> 開合이라는 것은 見系에서 來‧日까지의 三十六字母가 反切

上字가 되고, 反切下字로 각 자모의 해당 等을 만나면[同母, 同等이면], 단지 音和일 뿐인데, 被切字가 本圖의 해당자리에 없으면 開合에서 찾는 것을 말한다. 그러므로 "開合 一門만은 절대로 근거가 없으며, 직접 開合의 두 곳의 운에서 비교하여 정하여야 분명하게 된다."라고 말한다. 예로는 居縛切 钁, 蒲干切 槃, 俱萬切 建, 下沒切 紇등이 있다.

3-4-3-7 通廣偏狹

三等 來母자가 反切上字이고 反切下字로 四等에 놓이는 精系喩母四等자를 만날 때, 被切字가 上字에 따라 三等에 놓이는 경우를 말한다. 劉鑑이 「玄關歌訣」의 半舌半齒音에서 말한 "精雙喩四事如何, 廣通偏狹憑三等。"(原注: 來母가 精系喩母四等을 만나면 어떻게 하는 것이 맞는가? 廣通偏狹門에서 被切字가 三等이 되는 것이다. 예를 들면, 力小切 繚[115]는 廣門이요, 力遂切 類는 通門이요, 良蔣切 兩은 偏門이요, 力鹽切 廉은 狹門이로다.)에 근거하여 眞空이 새로 세운 門法이다. 眞空은 "通廣偏狹者: 謂來母下第三等爲切, 韻逢精清從心邪喩母第四, 幷切第三。故曰: 廣通偏狹憑三等, 四位相通理不訛。"(通廣偏狹이라는 것은 來母第三等字가 反切上字가 되고, 下字는 精系四等 喩母四等자를 만나면, 被切字가 第三等이 되는 것을 말한다. 그러므로 "廣通偏狹은 三等에 의거하고, 네 가지 자리가 서로 통하여 잘못이 없다."고 한 것이다.) 사실은 劉鑑이 "廣通偏狹憑三等"이라고 한 것은 그가 原注에서 밝힌 것처럼 來母는 廣·通·偏·狹門을 불문하고 모든 韻攝에서 설사 反切下字가 精系·喩母四等字가 와도 被切字는 항상 上字 來母와 같이 三等이 되는 것을 말한 것이다. 이는 廣通偏狹에 따라 被切字의 等이 변화하는 脣牙喉音자모에 비견하여 설명하면서 廣通偏狹이라는 환경을 언급한 것인데, 眞空

---

115) 「玄關歌訣」의 原文에 있는 撩자는 繚의 誤字이므로 수정하였다.

은 劉鑑의 뜻을 이해하지 못하고 이 廣通偏狹을 주어로 잘못 인식하여 門法의 이름으로 삼은 것이다. 이 명칭은 十三門法의 通廣 및 偏狹과 혼동을 일으키므로 「續七音略」에서는 앞에 小字를 붙여 '小通廣偏狹'이라고 하여 구분하기도 하였다. 또 眞空이 자신의 門法설명의 근거로 "故曰…" 형식으로 인용한 「玄關歌訣」의 두 구절도 앞 문장 "精雙喻四事如何"와 이 "廣通偏狹憑三等"을 묶어야 하는데, 收尾語로 의미의 연관성이 없는 뒷 문장 "四位…"와 묶은 것은 부적절하다. 眞空二十門은 宋元等韻門法을 완결한 것으로 평가될 수 있는 작업임에도 불구하고, 이와 같이 곳곳에 산재한 이해의 부정확성과 비논리성 때문에 후인의 비판을 면치 못하는 것이다.

等韻門法은 韻圖의 격식과 韻書의 反切체계간의 상충되는 부분을 조례로 작성한 것이다. 이상에서 설명한 十三門法은 특정자모의 보편현상을 말한 것이므로 門法의 중심적 위치에 있으며, 眞空이 보충한 七門法은 대개 反切의 개별현상을 말한 것이므로 보조적 위치에 있다. 그러므로 일반적인 等韻門法설명에서는 흔히 이 七門法은 생략하는 것이다.

3-4-4 非音和現象의 원인

十三門法중 正例인 音和(反切上字와 被切字가 同母, 反切下字와 被切字가 同等)를 제외한 나머지 十二門의 非音和현상이 야기된 원인을 두 가지 범주로 크게 묶을 수 있다. 反切上字의 음의 변화로 인한 非音和현상과 韻圖체재에서 三等韻의 배열상의 문제로 인한 非音和현상이다. 이두 가지를 다시 세분하여 보면 다음과 같다.

3-4-4-1 反切上字의 음의 변화

1) 類隔: 端系反切上字에 下字가 二三等이면 被切字가 知系가 되는

데, 이것은 端系와 知系가 호환됨을 가리킨다. 上古音에서는 端系와 知系가 한 類이었으므로, 類隔切인 都江切 椿, 徒減切 湛도 上古音에서는 音和切이었다.

2) 輕重交互: 重脣의 輕脣音化라는 변화로 인하여 나타나게 된 門法이다. 中古音초기에는 方美切 鄙, 匹問切 忿이 모두 音和切이었으나, 후기에 특정 重脣音이 輕脣音化하면서 일부 反切이 非音和되었다.

3) 精照互用: 精系一等과 照二系(莊系)의 互用 역시 上古音의 반영이다. 上古音에서 이 두 字母는 한 類였으므로 音和切이었었으나, 후에 음이 변화하여 非音和가 된 것이다.

이상의 세 가지 門法은『四聲等子』에서는 <辨類隔切字例>에 묶였는데, 이는 모두 反切上字의 음의 변화로 야기된 非音和라는 점에서 공통된다.

3-4-4-2 三等韻의 韻圖의 배열상의 문제

十三門法에서 문제시되는 韻은 대개가 三等韻이다. 또 이 三等韻 중에서 가장 빈번하게 등장하는 字母로는 照二系와 精系四等・喩母四等과 重紐四等脣牙喉音이다. 이들 字母는 본래 三等韻이지만, 韻圖의 체재상으로 二等 또는 四等의 자리에 나열되는 韻圖歸字상의 예외 字母들이다. 그러므로 이들 예외字母가 知系・照三系등 제대로 三等에 나열되는 字母와 反切下字 대 被切字로서 互切하게 되면 필시 音和의 조건인 反切下字와 被切字사이의 等의 일치가 불가능하게 된다. 二等자리를 침점한 照二系와 四等자리를 침점한 精系四等・喩母四等(以母)・重紐四等脣牙喉音의 두 類로 나누어 이들 字母가 연루되는 門法들을 보자.

二等에 나열되는 照二系

1) 正音憑切: 反切上字가 照二系이면, 下字가 三・四等이라도 被切

字는 上字의 等을 따라 照二系가 되는 것으로, 照二系字는 반드시 二等의 자리에 놓여야하는 당위성을 나타낸다. 楚居切 初, 側鳩切 鄒가 그러한 예이다.

2) 內外: 이 경우는 反切上字는 他자모이고, 反切下字가 照二系일 때 外轉에서는 被切字가 二等, 內轉에서는 三等에 놓이는 것을 말한다. 外轉에서는 音和가 되고, 內轉에서는 非音和가 된다.

四等에 나열되는 精系, 喩母, 重紐四等

3) 窺切: 知系三等의 上字에 精系影母喩母等四等의 下字가 오면 被切字는 上字대로 三等이 된다.

4) 振救: 精系四等의 上字에 三等자의 下字가 오면 被切字는 上字대로 四等이 된다.

5) 喩下憑切: 于母(喩母三等)上字와 精系등 四等下字는 被切字가 三等이 되고, 以母(喩母四等)上字와 知系等 三等下字는 被切字가 四等이 된다. 즉 모두 上字의 等에 따른다.

6) 通廣: 重紐四等脣牙喉音上字가 知系등 三等字를 下字로 할 때 被切字는 四等에 놓인다.

7) 偏狹: 脣牙喉音三等上字가 精系등 四等字를 下字로 가질 때 被切字는 三等에 놓인다.

8) 日寄憑切: 三等日母上字에 精系등 四等자가 下字가 되면 被切字는 三等에 놓인다.

9) 寄韻憑切: 照三系(章系)反切上字가 一等(四等)[116]을 下字로 만날 때 被切字가 一等韻(咍韻)에 기탁은 하지만, 上字에 따라 三等(咍三等)

---

116) 「玉鑰匙」에서는 一等反切下字의 예 昌來切 犄(咍韻), 昌給切 茝(海韻)의 예만 들고, 四等反切下字의 실례를 들지 않았으나, 董同龢가 精系・喩母四等자의 예(充自切 痊, 職容切 鍾)를 들었으므로 이 <寄韻憑切>도 精系喩母四等字와 관련이 있기에 이곳에 나열하였다.(앞에서 설명한 <寄韻憑切> 참조) 그러나 전적으로 精系・喩母四等자로 인하여 발생한 앞의 門法들과는 성격이 다르다.

의 위치에 놓이는 특수反切을 말한다.

被切字의 等은 下字에 따라 결정되는 것이 正例이고 音和切의 기본원칙이다. 上字는 被切字의 字母를 결정할 뿐이다. 그러나 이상의 九門 中 內外門만 제외하고는 모두 上字에 의해 被切字의 等이 결정이 되는 것이 공통특징이다. 그래서 下字와 被切字의 等이 일치하지 않는 非音和현상이 발생한 것이다. 이렇게 여러 가지 非音和현상이 발생한 것은 대부분의 경우는 韻書의 反切체계를 전부 그대로 수용하기 어려운 韻圖의 체계적 한계에 있다고 할 수 있다. 韻圖에서 처음부터 三十六字母뿐 아니라 照二系까지도 일렬로 펼쳐서 작성을 했다면 照二系・精系四等이 관련된 여러 門法들은 애초부터 제작될 필요가 없었을 것이다.

결론적으로 말하자면, 等韻門法이란 대다수가 韻圖의 배열체재를 알면 저절로 해결되는 현상들을 설명한 것이다. 照二系・精系四等・喩母四等등 자모가 본래 三等韻이면서 자리만 二等이나 四等에 놓이는 것이므로, 이들이 다른 三等字母字와 互切하는 것은 정상이다. 門法의 제작자들은 실제 나열되는 자리에만 근거하여 等을 매겼으므로 二等이 되고 四等이 되어 형식상의 非音和가 된 것일 뿐이다. 그리고 '類隔切' 같이 음의 변화로 생긴 反切의 非音和현상도 역사적 배경을 이해하면 쉽게 풀린다. 그러므로 운도제작자가 설계한 운도체재의 기본원칙을 깨닫고 음의 변화라는 역사배경을 이해하면, 운도를 정확히 사용하기 위하여 번쇄한 等韻門法들을 끌어들일 필요가 없어지게 된다. 『韻鏡』의 歸字例類의 소박한 凡例정도면 사용지침으로 족하리라고 생각된다. 여기서 한가지 강조하고 싶은 점은 等韻門法을 제작한 等韻學者들은 字母의 歸等의 原則을 反切下字의 歸等의 原則보다 어떤 의미에서는 더 중시하고 철저히 준수했다는 사실이 門法의 규칙에서 명백히 드러난다는 것이다.

. . . .

第四章　　中古音體系

4-1 中古音 再構의 자료와 방법

中古音體系을 재구하기 위하여『切韻』을 대신한『廣韻』과 早期韻圖『韻鏡』을 주자료로 하여 분석하지만, 수시로『切韻』殘卷이나 王仁昫의『刊謬補缺切韻』을 참고하여야 한다. 그밖에도 六朝隋唐 詩文의 用韻이라든가 唐의 陸德明이 지은『經典釋文』의 注音등 당시의 음을 살필 수 있는 각종자료들을 필요시 참고하여 보충하여야 한다.

이제 中古音연구에 있어서 양대 문헌자료인 韻書와 韻圖의 체재 및 자료의 분석과 아울러 等韻學의 이론이 모두 제시되고 설명되었으므로, 이 분석된 자료들을 이용하여 당시의 음운체계를 재구성해내는 작업이 남아있다. 중국 각 지역의 現代漢語方言이 그 출발점이 되어 역사비교언어학방법에 의거하여 中古音 음운체계의 재구작업이 이루어지게 된다. 현대한어방언음을 서로 비교하고 음의 변화규칙을 적용하여 中古音의 음가를 유추해내는 이 방법은 인도유럽어의 공통조어를 재구하기 위해 사용한 역사언어비교방법이며, 이는 현대한어방언들이 모두 동일한 中古音에서부터 변화하여 나온 것을 전제로 한다.『切韻』의 성질을 규명하는 앞 절에서 이미 설명한대로『切韻』을 金陵語와 洛陽語를 근간으로 한 六朝 6세기의 표준 讀書音체계였다고 본다면 이러한 전제에 별로 무리가 없을 것이다.

중국어는 문자체계가 서양의 알파벳과 같은 표음체계가 아닌 까닭으로, 中古音을 재구함에 있어서 어려움이 많은 반면, 韻書와 韻圖라는 당시의 음운자료가 中古音의 음운체계의 類別을 이미 분석해놓은 성과를 우리에게 제공해주고 있으므로, 재구작업의 기본틀을 처음부터 확보하고 있다는 장점이 있다.[1] 이 틀 속에 現代方音[2]을 대입시키는 방법으로 음을 재구하는데, 방언들간의 음의 차이 및 韻書·韻圖의 틀과 방언간의 괴리 등의 문제는 음의 변화규칙을 적용하여 합리적으로 설명한다. 中古音의 재구는 어디까지나 현대한어방언으로부터 거슬러 올라가게 되므로, 현대한어방언들은 中古音재구에 있어서 가장 중요한 핵심자료이다.

이밖에 중요한 체계적 자료로는 소위 漢字音(Sinoxenic dialects)자료가 있다. 각기 다른 시기에 한국과 일본·베트남에 전해진 한자는 각국에 전해질 당시의 음으로 받아들여 전해 내려왔으므로, 이들 한자음을 통하여 전해질 당시의 중국 음을 미루어 추정할 수가 있다. 이들 한자음은 각각 자국의 언어 속에 흡수되어 자국의 언어습관이나 음운체계에 적응하는 과정을 거치면서 음의 변화가 적지 않다는 점 때문에 자료적 가치를 폄하하는 경향도 있다. 그러나 이들 각국의 한자음은 다른 언어문자체계로 전래 당시의 음을 직접적으로 전사한 자료이므로, 자국의 언어에 적응시킨 부분과 자체적으로 변화한 부분을 여과시키면 中古音의 음운체계의 정립에 상당한 공헌을 할 수 있는 귀중한 자료이다. 그러나 中古音의 재구에 있어서 이 한자음 자료는 현대한어방언과 동등한 위치에 있다고 하

---

1) 薛鳳生(1999, 22)은 再構(reconstruction)라는 낱말은 후대의 언어나 문헌자료를 이용하여 印歐語·漢藏語등 일찍이 기록되지 않았던 언어를 추론한다는 의미에서 나온 것으로 中國上古音연구에는 적용가능하다고 해도,『切韻』이래의 운서의 음의 체계를 세우는 中國中古音의 연구는 기록을 분석하여 그 배후의 음의 체계를 해석(interpretation)하는 것이므로, 再構라는 말은 적절하지 않다고 하였다. 이러한 견해는 중국어음운학연구에 있어서 그의 음소론적 입장에서는 타당성이 있다고 생각되지만, 음소론적인 입장을 고수하지 않는 이 책에서는 일반적이고 포괄적인 용법으로 再構라는 용어를 그대로 쓴다.
2) 이 책에서도 중국음운학자들이 흔히 쓰는 대로 現代漢語方言音을 줄여서 現代方音으로 쓴다.

기보다는 現代方音에서는 찾아볼 수 없는 미묘한 음의 대비나 차이를 나타내주어 난제해결의 근거가 된다는 점에서 그 보조적 가치의 중요성을 찾을 수 있다. 앞에서 서술한 重紐문제나 重韻문제에서 한국한자음자료를 이용하여 문제의 해결을 꾀할 수 있었던 예가 바로 그렇다. 칼그렌은 일찍이 『中國音韻學硏究』에서 『切韻』의 음운체계를 재구함에 있어서 韓國漢字音(高麗音)・日本漢字音(漢音・吳音)・베트남漢字音(安南音)을 現代方音자료와 동일하게 취급하였다. 같은 책 第四卷에 실린 「方言字彙」집은 高麗・漢音・吳音・安南音의 네 가지 漢字音에 이어 22개 지역의 現代方音이 韻目(平聲韻과 入聲韻)별로 나열된 예자들 밑에 모두 표기된 형식의 자료집이다. 이 세 나라 외에도 중국어와 같이 漢藏語族言語에 속하는 타이어・티벹어 같은 중국서남부의 인근언어들에도 고대 중국어어휘가 부분적으로 보존되어 있어 자료로 유용하게 쓰인다.

東漢말 불교가 중국으로 유입되어 魏晉六朝를 거쳐 隋唐에 이르기까지 수많은 불경의 역경작업이 이루어졌는데, 이때 산스크리트로 쓰인 佛經을 譯經하는 과정에서 상당한 수의 어휘가 漢字로 音譯(音聲表記 phonetic transcription)되었다. 이 漢字音譯어휘들을 대응되는 산스크리트 원래의 어휘와 음을 비교하여보면 그 音譯語를 구성하고 있는 한자의 中古音이 도출된다. 불경에 나타나는 佛, 佛陀, 浮屠, 浮圖, 勃馱등은 모두 산스크리트 buddha(覺者)를 음역한 것이다. 예를 들면, 佛-陀는 bud-dha의 음성표기이므로, 佛은 성모가 奉母로 산스크리트 b-를 표기하고, 운모는 入聲 物韻으로 산스크리트 -ud를 표기하였으며; 陀는 성모가 定母로 dh-를, 운모는 歌韻으로 -a를 표기한 것이다. 이는 두 언어간의 음의 대응관계를 나타내주는 것으로 물론 이 음 자체가 그대로 中古音의 음가라고 할 수는 없으나, 우리는 이러한 음의 대응관계에서 많은 문제를 해결할 수 있는 열쇠를 발견한다. 중국에서 韻書・韻圖의 탄생을 가져온 음운학의 발생이 또한 이 불경의 역경사업과 밀접한 관계가 있다는 사실은 中古音에서의 梵漢音譯어휘자료의 위치가 얼마나 중요한지 쉽게 가늠할 수 있게 한다. 이 밖에 漢代이후 비단길이 트이면서 西域제국에서 들어온 어휘들의 漢語音譯자료들이 있지만, 이들 자료들의 유입시대가 대부분 이르기 때문에 이들 중에는 유용한 中古音자료가 드물며, 대부분은 上古音자료로 이용된다.

中古音의 음운체계는 聲母體系・韻母體系・聲調體系로 나누어 고찰한다.

4-2 聲母體系

앞에서 反切上字의 系聯으로 얻은 五十一聲類를 운도의 三十六字母表에 대입하여보면 다음과 같다.

七音 清濁		全清	次清	全濁	次濁	全清	全濁
脣音		幫 博/方	滂 普/芳	並 蒲/符	明 莫/武		
舌音	舌頭	端 都	透 他	定 徒	泥 奴		
	舌上	知 陟	徹 丑	澄 直	娘 女		
牙音		見 古/居	溪 苦/去	群 渠	疑 五/魚		
齒音	齒頭	精 作/子	清 倉/七	從 昨/疾		心 蘇/息	邪 徐
	正齒	莊 側	初 初	崇 士		生 所	俟 俟
		章 之	昌 昌	船 食		書 式	禪 時
喉音		影 烏/於	曉 呼/許	匣 胡	喩 于/以		
半舌音					來 盧/力		
半齒音					日 而		

이 五十一聲類는 츠언 리의 四十類에서 脣音次濁聲母 明母를 二類
로 나누고(錢玄同, 黃侃의 41類), 牙喉音 見·溪·疑·影·曉母와 來
母를 二類로 나누고(칼그렌, 白滌洲의 47류), 또 齒頭音 精·淸·從·
心母를 二類로 나누어서(曾運乾, 陸志韋, 周祖謨, 董同龢등의 51류) 이루
어진 것이다. 이 五十一聲類를 三十六字母와 五音別로 비교해보자.

4-2-1 重脣·輕脣의 경계

五十一聲類에서 博普蒲莫과 方芳符武 사이의 경계는 절대적이라기보
다는 대체적인 경계로서, 三十六字母의 重脣 幫滂並明과 輕脣 非敷奉
微의 경계와는 다르다. 博類는 대체로 一·二·四等韻(反切下字)과 배
합되며, 方類는 三等韻(反切下字)과 배합된다. 물론 非系도 三等韻과만
배합되는 것은 동일하나. 幫系는 一·二·四等뿐아니라 三等과도 배합
되는 것이 博類와 다르다. 重脣과 輕脣은 韻書反切에서는 물론이고 守
溫三十字母에서도 아직 분화되지 않았다. 卑 府移切, 眉 武悲切, 悲 府
眉切, 忿 匹問切등『廣韻』(『王三本』)反切의 예들을 보아도 反切上字와
被切字사이에 重脣과 輕脣을 구분하지 않고 互切한다. 唐宋等韻學者들
은 輕脣音化가 이루어진 韻圖시기에는 맞지 않게 된 이 重脣·輕脣의
互切현상을 설명하기 위하여 類隔, 또는 輕重交互라는 門法을 만들기도
하였다. 博類·方類와 幫系·非系와의 관계는 다음과 같다.

五十一聲類	배합되는 韻(反切下字)의 等		三十六字母
博普蒲莫	一·二·四等		幫滂並明
方芳符武	三等	아래 운들을 제외한 모든 三等韻	
		鍾微虞廢文元陽凡 및 東=尤(次濁聲母제외)	非敷奉微

博類와 方類는 나타나는 等이 각각 一二四等과 三等으로 상보적 분
포관계에 있어 서로 대립하지 않으며, 守溫字母에도 不芳並明의 一類만
있고, 幫系과 非系의 구분이 反切과 相應하지않는 것으로 볼 때, 重
脣·輕脣의 분화는 韻書시기에는 아직 이루어지지 않았음을 알 수 있다.
그러므로 博類와 方類는 하나의 聲母로 합칠 수 있으며, 이는 重脣으로
幫滂並明과 동일하다. 이 네 개의 脣音聲母의 中古音을 재구하기 위해
서는 이들 聲母에 속하는 現代方音의 조사가 필요하다. 칼그렌이 現代
方音 및 漢字音에 의거하여 幫p(pj) 滂p'(p'j) 並b'(b'j) 明m(mj)으
로 재구하였고, 이후에 학자들이 부분적으로 수정하였다. 칼그렌의 성모
체계 중에서 후에 비판의 초점이 된 문제가 바로 三等字의 j化(yodisé)
聲母와 送氣全濁聲母이다. 이 두 가지 문제에 대하여 논의해보자.

4-2-2 三等자의 j化聲母

칼그렌은 反切上字의 系聯에서 一二四等字와 三等字의 두 類로 나
뉘는 것은 反切上字가 一二四等자의 聲母는 單純聲母이고 三等字의
聲母는 j化聲母[3])이기 때문이라고 하였다. 그리하여 脣音 幫滂並明, 牙

---

3) 칼그렌(1940)은 j化(yodisé)·軟化(mouillé)·顎化(palatalisé)의 세 가지 유사한 술
  어를 쓰고있는데, 의미의 구분이 명확치 않다. 軟化(mouillé)는 협의로는 프랑스어
  의 l mouillée(l 軟化音), 즉 l이 j 또는 ʎ音이 된 것을 가리키며, 광의로는 口蓋音化를
  가리킨다. 半母音(半子音이라고도 함) j를 yod라고 하는데, 이 반모음은 음이 짧고 심
  한 閉口音이므로 홀로 독립음절을 이루지 못하며 先行자음이나 후속모음과 함께 하나
  의 음절을 이룬다. 그런데 l mouillée도 이 yod 속에 포함되므로 양자간의 구분이 모호
  하다. 그러므로 趙元任등이 번역한 이 칼그렌의 『中國音韻學硏究』의 앞에 첨부된 名
  辭表(번역술어대조표)에는 mouillé와 yodisé를 구분하지 않고 똑같이 j化, 軟化로 번역
  하였고, 한편 palatalisé는 顎化로 번역하였다. 그러나 칼그렌(1940, 28)은 注(3)에서 진
  정한 軟化(mouillure)를 앞의 자음을 발음할 때의 혀를 동시에 j음을 발음할 때의 위치
  에서 발음하는, 즉 顎化와 동일한 개념으로 보지만; j化(yodisé)는 자음의 뒤에 j가 붙
  어있는 것으로 보아, 자신은 中古音의 三等聲母를 軟化가 아닌 j化(yodisé)음으로 본
  다고 하였다. 후인들은 軟化는 잘 사용하지 않으나, j化와 顎化는 구분 없이 혼용하는
  경향이 많다. 칼그렌의 설명에 의하면 j化는 자음 뒤에 반모음 j음이 그냥 붙은 것을 가

喉音 見溪疑影曉喩, 來母등 11개의 聲母와 三等字만 있는 娘母, 群母의 2개를 합쳐 13개의 聲母를 單純聲母와 j化聲母로 나누었다. 그래서 幫母등도 一二四等의 單純聲母 p와 三等의 j化聲母 pj의 두 가지 음으로 재구한 것이다. 칼그렌은 이들 聲母외에 또한 舌上音 知徹澄母는 舌頭音 端透定母의 j化聲母이고, 照三系 章昌船書母는 照二系 莊初崇生母의 j化聲母라고 하였으나, 그 자신[4]이 설명한대로 이들 聲母에서는 j化가 이미 구개음성모로의 변화를 가져왔으므로 脣牙喉音의 j化聲母와는 그 성격이 다르며, 게다가 知系나 照三系나 모두 反切上字가 한 류이므로 脣牙喉音이 一二四等의 單純聲母와 三等의 j化聲母의 두 류로 나뉘는 것처럼 聲母의 대비를 이루지도 않는다. 그러므로 학자들은 일반적으로 이 知系와 照三系는 칼그렌의 소위 j化聲母에 넣지 않는다.

칼그렌의 j化聲母에 대하여, 루 즈웨이(1939b, 143-146)가 일찍이 隋唐音뿐 아니라 漢字音과 現代方音에서도 j化(喩化)의 흔적을 찾을 수 없으므로 三四等의 구분이 결코 j化여부에 있지 않다고 반박하였다. 趙元任(1941, 205-207)[5]은 反切上字가 칼그렌이 말한 脣牙喉音・來母뿐 아니라 齒頭音 精系도 單純聲母(一二四等字)와 j化聲母(三等字)로 나뉘는데, 이러한 구분은 절대적인 구분이 아니고, 反切上字가 介音에 있어서 反切下字와 일치시키려는 하나의 경향성으로서, 聲母에 따라 그 정도가 다양하게 나타난다고 하였다. 그러니까 單純聲母와 j化聲母의 차이는

리키며, 顎化는 j음이 앞의 자음과 완전히 단일한 음소가 된 것을 가리키는 것으로 보인다. 다시 말하면 j化는 顎化라는 결과를 초래하는 前단계의 상태를 말하는 것이 아닐까 생각된다. j化를 陸志韋는 喩化로 번역하였다. 顎化(palatalisé)라는 趙元任등의 번역술어는 후대 학자들에게 계승되어 지금 가장 보편적으로 사용되고 있다. 그러나 王靜如등처럼 膈化, 또는 齶化, 腭化로 번역하는 것이 口蓋化라는 의미로 볼 때 정확한 번역이라고 생각되지만, 현재는 이러한 글자가 거의 사용되지 않는다. 顎은 '턱'이라는 뜻으로 '口蓋'라는 뜻의 膈, 齶, 腭와는 별개의 同音異義語이다.

4) "Compendium," p.224.
5) "Distinctions within Ancient Chinese," *Harvard Journal of Asiatic Studies*, vol.5(3-4), 1941, pp.203-233.

칼그렌이 주장하는 聲母의 차이가 아니고, 介音의 음의 조화(medial harmony)의 문제라는 것이다. 그후로는 모든 학자들이 이를 따라 j化聲母는 中古音의 聲母체계에서 삭제하였다.

4-2-3 送氣全濁聲母

칼그렌은 三十六字母의 全濁聲母 並定澄群從崇船을 전부 送氣音으로 재구하였다. 그(1940, 251-254)는 群母를 예로 들어 설명하였다. 群母가 現代方音에서 k', k, g로 변하였는데, 이 변화과정을 먼저 群母>k의 과정을 거친 후 k>k'로 변했다는 두 단계로 설정하는 것은 아직 그대로 k음으로 있는 부분에 대한 설명이 어렵다. 또한『廣韻』에 한 글자가 送氣淸聲母와 濁聲母의 두 가지 음을 가진 一字二音의 예가 많으므로 群母>k'의 직접변화로 보아야한다. 여기서 群母를 不送氣濁塞音 g로 보면, 一字二音이 gi:k'i가 되므로 불가능하며, 客家語 k'나 北京語 陽平字 k'로의 변화 g>k'도 음변화규칙상 인정하기 어렵다. 그러나 群母를 送氣濁塞音 g'로 설정하면, 이같은 現代方音으로의 변화양상이나 淸濁音이 서로 호환하는 一字二音의 예가 합리적으로 설명된다고 하였다. 그의 이러한 全濁聲母送氣音설은 群母뿐아니라 모든 全濁聲母塞音塞擦音에 적용된다. 그는 자신의 b' d' g' 全濁聲母送氣音설의 근거로 蒙漢音譯자료를 한가지 더 제시하였다. 蒙古語로 音譯함에 있어서 일반적으로 蒙古語淸音으로써 漢語의 濁音을 옮겼고, 蒙古語濁音으로써 漢語의 淸音을 옮겼는데, 만일 漢語의 濁音이 不送氣音 b d g라면, 蒙古人들이 왜 이렇게 거꾸로 b음을 p로 듣고, p음을 b로 들었는지 설명이 안된다. 그러나 漢語의 濁音이 送氣音 b' d' g'였다면, 蒙古語의 淸音 p t k가 濁音 b d g보다 送氣의 힘이 강하므로 蒙古人들이 漢語의 b' d' g'가 오히려 자기네의 p t k에 가깝고, 漢語의 p t k가 送氣가 없어 오히려 자기네의 b d g에 가깝게 느낀 것이라는 설명이 가능하다는 것이다. 또한 吳方言의 濁塞音에 重音(stress)을 띠고있는 것이 送氣音 b' d' g'로 표기할 정도의 강한 送氣音은 아니지만, 이는 古代送氣音의 자취가 분명하다고 주장하였다.

董同龢등 학자들이 이 칼그렌의 全濁聲母送氣音설을 따랐으나, 일찍부터 이에 대한 비판론이 고개를 들었다. 이십세기초부터 칼그렌과 함께 현대중국언어학의 새로운 장을 연 프랑스의 언어학자 마스페로(Henry Maspero)는 1920년에 발표한 『唐代長安方言』("Le dialecte de Tch'ang-ngan sous les T'ang," *BEFEO* 20, 23-41)에서 梵漢音譯資料를 인용하여 7세기의 長安方言에서는 全濁聲母가 不送氣音임을 주장하였다. 佛經의 漢語譯音이 唐朝에 큰 개혁이 있기 전 舊譯에서는 산스크리트의 全濁不送氣音은 간단히 『切韻』의 全濁音으로 음역하였으나, 全濁送氣音은 이와는 달리 '重'자를 덧붙인다든가 가외로 설명이 필요하였다. 예를 들면 智廣의 『悉曇字記』(780∼804, 『大正新修大藏經』54冊, p.1188)에 "d 陀, 大可反, 輕音; dh 陀重音, 音近陀可反"으로 실려있다. 요컨대, "dharani"를 "陀(重)囉尼"로 音譯하였던 것이다. 이는 바로 당시 漢語의 全濁聲母가 送氣音이 아니기 때문에 산스트리트 送氣音 dh를 音譯하는데 부가설명이 필요하였던 것이다.6) 칼그렌의 全濁聲母送氣音설이 나온 이후로 루 즈웨이등 여러 학자들이 마스페로에 동조하여 칼그렌에 대한 반증을 여러 가지로 들어 全濁聲母는 不送氣音이라고 주장하였다. 그 중에서 리 르옹(1956, 116-124)의 칼그렌에 대한 반증이 조목조목 가장 완비되어 여기에 인용한다.

첫째, g>k' 변화가 불가능하다고 한 것에 대하여:
古인도유럽어(산스크리트, 라틴어에 보존됨) d>古 게르만어(영어에 보존됨)

---

6) 마스페로의 설은 陸志韋가 『古音說略』, pp.8-9에서 인용한 것을 참조함.

t(送氣音)의 예가 있다. 산스크리트 dva, 라틴어 duo, 영어 two인데, 이때 영어의 t는 送氣音이다.

둘째, gi:k'i 의 又讀(一字二音)이 불가능하다고 한 것에 대하여:

韓國人은 보통 日本語를 잘하는데, 日本語 gakkō를 제대로 gakkō로 발음하기도 하고 k'akkō로 잘못 발음하기도 하는데, g와 k' 양자의 차이를 의식하지 못한다. 『廣韻』의 又讀에서 칼그렌은 全濁聲母와 送氣音의 대비만을 들었으나, 실제로는 全濁聲母와 不送氣音의 대비도 똑같이 존재하고 있다. "潼 徒紅切, 又通衝二音"은 全濁聲母: 送氣淸聲母의 예이며, "共, 九容切, 又渠容切"은 不送氣淸聲母: 全濁聲母의 예이다.

셋째, 蒙漢音譯자료에 대하여:

蒙古語의 가장 오래된 기록은 13세기초에 세운 비문이다. 그러므로 당시 漢語 즉 古官話자료로 601년에 나온 『切韻』의 全濁聲母의 送氣여부를 결정할 수 없다. 당시 古官話에는 全濁聲母가 이미 淸音化하여, 淸音送氣音과 淸音不送氣音으로 되었다.

넷째, 吳語가 送氣濁音인 것을 따른 것에 대하여:

유일하게 中古音의 全濁聲母를 보존하고 있는 두 현대방언 중에서 吳語는 送氣濁音이나 湘語는 不送氣濁音이다. 또한 吳語중에서도 不送氣濁音인 지역도 있다. 그러므로 吳語·湘語 兩者중에서 취사선택할 수는 없으며, 따라서 吳語는 칼그렌의 送氣音설을 지탱해줄 수 없다.

위와 같은 칼그렌의 설에 대한 반증 외에도 리 르웅은 상당분량의 梵漢音譯자료를 인용하여 不送氣音설을 주장하였으며, 그밖에도 龍州 僮語중의 漢語借用字와 廣西 傜歌의 예로써 不送氣音설을 증명하였다.7)

---

7) 그가 인용한 梵漢對譯자료에서 가장 이른 자료로는 西晉의 쓰法護(286년)의 音譯자료인 ga迦:gha迦何, da陀:dha陀呵, ba波:bha披何 등인데, 이는 送氣音에는 뒤에 何[ɣ]나 呵[x]를 덧붙여 送氣를 나타낸 것이다. 칼그렌의 주장대로 全濁聲母가 送氣音이라면 全濁聲母 한 글자로 산스크리트 gha, dha, bha를 음역했지, 구차스럽게 何呵같은

이와 같은 반증은 무엇보다도 칼그렌이 送氣音설을 위해 내세운 근거를 충분히 약화시키는데에 그 의의가 있다. 리 황꿰이(1971, 4-5)는 上古音체계를 재구하기 위하여 칼그렌의 中古音체계를 근거로 삼았는데, 그는 이 칼그렌의 중고음재구음에서 문제시되어온 몇가지 항목은 수정하여 수용하였다. 그중 한 항목이 바로 칼그렌이 送氣音으로 본 全濁聲母를 모두 不送氣音으로 수정한 것이다. 그는 『切韻』의 全濁聲母는 티벹어 같은 漢藏語族언어계열의 언어들처럼 한 세트뿐이므로 送氣여부가 결코 중요한 문제가 아니다. 그러나 칼그렌처럼 送氣音으로 재구하면, 上古音에서 따로 不送氣音濁聲母 세트를 再構해야하는 불필요한 상황을 야기시킨다. 더구나 칼그렌이 不送氣濁聲母가 현대방언에서 送氣音으로 변한 것이 音理상으로 설명하기 어렵다고 한 이유가 불충분하므로, 切韻의 濁聲母는 塞音과 塞擦音을 막론하고 모두 不送氣音으로 재구한다고 하였다.

이상과 같은 이유에서 그리고 또한 모든 언어에서 濁音이 不送氣音인 것이 送氣音보다 일반적이므로, 현재 全濁성모를 不送氣音으로 보는 견해가 훨씬 보편화되어있다. 여기서도 이러한 보편론을 수용하여 中古音全濁聲母를 모두 不送氣音으로 재구한다.

現代方音을 조사할 수 있는 자료집으로는 北京大學中國語言文學系語言學教研室에서 펴낸 『漢語方音字滙』(1989, 第二版, 北京:文字改革出版社; 第一版, 1962)가 있다. 이 『漢語方音字滙』는 中古音의 攝·韻·等·開合·聲調·三十六字母를 밝힌 글자들 밑에 現代七大方言의 대표방언지역인 20개 方言點의 方音이 표기되어있다. 이 20개 方言點과 이들이 대표하는 방언은 다음과 같다: 北京 濟南 西安 太原 武漢 成都 合肥 揚州(이상은 官話에 속함) 蘇州 溫州(吳語) 長沙 雙峰(湘語)

글자를 덧붙이는 수고를 하지 않았을 것이다.

南昌(贛語) 梅縣(客家話) 廣州 陽江(粤語) 厦門 潮州 福州 建甌(閩語).
中古音의 무슨 聲母 무슨 韻(몇等)의 글자가 현대 어느 방언에서는 어떤
음인지 일목요연하게 찾아볼 수 있는 편리한 체재로서 이 책에서 聲母와
韻母체계를 재구하는데 전적으로 의거해야할 자료집이다. 그러나 中古音
聲母에 한하여 재구의 근거로 필요한 現代方音을 이보다 더욱 명확히
효율적으로 조사할 수 있는 자료집이 있다. 이것이 바로 鄭錦全
(Chin-Chuan Cheng)과 王士元(William S-Y. Wang)이 공저한 「中
古漢語聲母的演變」("Phonological Change of Middle Chinese
Initials"『淸華學報』 新九卷 第一二合刊, 臺北:1971, 216-270)이다. 이
는 바로 『漢語方音字滙』(第一版)에 실린 이천오백자정도의 자료를 전산
화하여 中古三十六字母가 北京 濟南 西安 太原 漢口 成都 揚州(이상
은 官話에 속함) 蘇州 溫州(吳語) 長沙 雙峰(湘語) 南昌(贛語) 梅縣(客家
話) 廣州(粤語) 厦門 潮州(閩南語) 福州(閩北語)의 17개의 현대방언에
나타나는 음을 정리한 것이다.8) 매 聲母 아래에 규칙적인 변화를 나타내
는 글자는 나타나는 글자 수와 퍼센트를 제시하고, 예외자나 소수자는 해
당 글자를 직접 나열하는 방법으로 도표를 만들었다. 三十六字母에서 娘
母는 제외시키고, 照二系 莊初崇生을 포함하고, 喩母는 于와 以로 나누
어 脣音 幫滂並明・非敷奉微에서 半舌音半齒音 來・日까지 도합 40
개의 표를 작성하였다. 全濁聲母는 平聲과 仄聲의 두 개의 표로 작성하
였으므로 실제로는 11개의 표가 더 늘어난 51개의 표가 실려있다. 이 논
문은 저자 王士元의 음운이론인 "어휘확산(lexical diffusion, 字彙擴
散)"의 관점에서 천오백년간의 漢語의 음운변화발전을 새롭게 관찰하려
고 진행한 제일단계작업으로서, 한어음운연구에 있어서 규칙에 맞는 글자

---

8) 방언점이 20곳이 아니고 17곳인 까닭은 『漢語方音字滙』 第一版(1962)에 근거했기 때
   문이다. 『漢語方音字滙』 第二版(1989)은 17곳 중에서 武漢 대신 漢口를 집어넣었으
   며, 合肥(官話), 陽江(粤語), 建甌(閩語)의 세 곳을 추가하여 20곳이 된 것이다.

보다는 예외자에서 더 많은 음의 변화의 단서를 제공받을 수 있다는 생각에서 출발한 것이다. 우리는 이 도표에서 저자의 의도와는 무관하게 中古三十六字母가 어떻게 현대각지역방언음으로 반영이 되는지를 살피는 데에 관심이 있을 뿐이다. 그런데 우리의 관심의 초점은 예외자에 있는 것이 아니라 도표에 압도적인 퍼센트로 나타난 규칙적인 변화를 한 글자의 음에 있는 것이다. 이 음이 바로 中古音재구에 단서가 되기 때문이다. 이 책에서 中古音 성모를 재구함에 있어서 이 자료를 주로 이용할 것이다. 또 現代七大方言의 음운체계를 비롯하여 어휘·어법 등 언어전반에 걸쳐서 최초로 상세히 서술한 袁家驊의 『漢語方言槪要』第二版(北京:文字改革, 1983; 第一版, 1960)에서 각 現代方音을 中古音과 비교하여 그 대응관계를 설명한 부분을 많이 참조하여 변화 과정을 살피고 中古音을 추정하였다.

4-2-4 脣音

이제 다시 脣音으로 돌아가서, 幫滂並明 4母의 現代方音을 살펴보자.

	幫	滂	並		明
			平	仄	
北京	p 95%	p' 97%	p'100%	p 94%	m 100%
蘇州	p 97%	p' 94%	b 100%	b 100%	m 98%
雙峰	p 92%	p' 92%	b 97%	b 65%	m 100%
南昌	p 93%	p' 97%	p' 97%	p'87%	m 100%
梅縣	p 91%	p' 94%	p'100%	p'78%	m 100%
廣州	p 94%	p' 97%	p'100%	p 78%	m 100%
廈門	p 92%	p' 93%	p 62%	p 80%	b 55% m 41%
福州	p 91%	p' 97%	p 78%	p 85%	m 100%

幫滂二母는 각지역方音이 완전히 일치하므로 中古音도 그대로 全淸聲 母 幫은 p, 次淸聲母 滂은 p'로 재구하는데 아무 무리가 없다. 全濁聲 母인 並母는 蘇州(吳方言)와 雙峰(湘方言)만 濁音 b이며, 타지역은 모 두 淸音 p나 p'인데 이는 濁音淸化의 변화를 거친 것이다. 北京과 廣州 는 聲調의 平仄에 따라 音이 달라진다. 平聲의 경우는 送氣音 p'로 仄 聲의 경우는 不送氣音 p로 변하였다. 梅縣은 客家語의 대표방언지역인 데, 모두 送氣音 p'로 변하였으며, 閩方言지역인 福州와 廈門에서는 반 대로 不送氣音 p로 변하였다. 中古音 並母는 不送氣全濁音 b로 재구한 다. 현대방언중에 吳方言과 湘方言만이 이 中古音 全濁聲母를 보존하 고 있으며, 이 音이 바로 中古音을 그대로 반영하고 있는 것으로 본다. 次濁聲母 明母는 모두 m인데, 閩南方言지역인 廈門에서만은 55%가 b 이며, 41%가 m이다. 이밖에도 이 廈門에는 다양한 소수예외자 p'(沫), t(埋), h(媒茅), ∅(梅)등이 있어 복잡하다. 이 b는 m에서 변한 것으로 추정된다. 그러므로 幫滂並明의 中古音은 다음과 같이 재구한다.

三十六字母	幫	滂	並	明
五十一聲類	博·方	普·芳	蒲·符	莫·武
中古音	p	p'	b	m

幫滂並明의 中古音은 隋唐初의 梵漢音譯자료를 통하여도 p p' b m 임이 증명된다.

輕脣音 非敷奉微는 韻圖의 三十六字母에 나타나지만, 『切韻』反切체

계에서는 重脣音과 분화되지 않고 있다. 이 輕脣音성모는 中古音 후기의
변화로 나타난 성모로서『切韻』체계에는 존재하지 않는다. 이들은 重脣
에서 輕脣化한 것으로, 重脣과 輕脣의 分化시기는 확실하지 않다. 그러
나 玄應의『一切經音義』(650년전후)反切(周法高, 1948e), 玄奘(600〜
664)의『大唐西域記』(646)의 梵漢對譯音(施向東, 1983), 慧琳의『一
切經音義』(810)反切(黃淬伯, 1930)등에 이미 重脣과 輕脣의 分化현상
을 나타내고 있다는 사실이 학자들의 연구결과로 밝혀짐에 따라, 대략 7
세기 중엽부터 이미 分化가 시작된 것으로 추정한다.「中古漢語聲母的
演變」에 의하면 이 非敷奉의 現代方音은 대개 f로 나타나며, 微는 ϕ,
v, m등으로 나타난다. 그러므로 輕脣音 非敷奉微의 재구음은 일반적으
로 f f' v ɱ으로 보지만, 과도기적인 음 pf pf' bv ɱ이라고 주장하는
학자도 있다. 그러나『切韻』을 중심으로 하는 中古音聲母체계에서는 이
輕脣音은 보통 제외시킨다.

4-2-5 舌音

五十一聲類 都他徒는 端透定과 일치하며, 陟丑直은 知徹澄과 일치
한다. 그러나 奴류와 女류는 又切로 서로 系聯되기 때문에 절대적인 경
계가 아니며, 奴는 一二四等韻에 많이 나타나고, 女는 三等韻에 많이
나타난다. 이것은 一等・四等의 端透定泥와 二等・三等의 知徹澄娘
의 관계와는 다르며, 오히려 脣音 博類와 方類의 경계와 일치한다. 董同
龢(1968, 145)는 이러한 상황과 아울러 泥만 있고 娘이 없는 守溫字母
및 양자의 음의 구분이 전혀 없는 現代方音을 근거로 하여 三十六字母
의 娘母는 본래 없는 음인데, 舌上音의 次濁란의 빈칸을 메꾸기 위해 인
위적으로 집어넣은 것일 가능성이 크다고 하였다. 그러므로 奴와 女, 泥
와 娘은 하나로 합병하여 泥로 칭한다.『漢語方音字滙』및「中古漢語

聲母的演變」도 娘을 泥에 합병하였다.

4-2-5-1 舌頭音

	端	透	定		泥
			平	仄	
北京	t 98%	t' 100%	t' 100%	t 92%	n 95%
漢口	t 97%	t' 98%	t' 100%	t 92%	n 95%
成都	t 97%	t' 98%	t' 95%	t 91%	n 62% ȵ 32%
蘇州	t 95%	t' 95%	d 100%	d 94%	n 65% ȵ 29%
雙峰	t 97%	t' 92%	d 100%	d 59% t' 25%	n 63% ȵ 30%
南昌	t 97%	t' 100%	t' 100%	t' 92%	l 65% ȵ 31%
梅縣	t 95%	t' 98%	t' 95%	t' 87%	n 67% ȵ 27%
廣州	t 95%	t' 96%	t' 100%	t 91%	n 95%
厦門	t 95%	t' 91%	t 67% t' 30%	t 94%	n 36% l 56%
福州	t 94%	t' 89%	t 80% t' 17%	t 96%	n 67% l 30%

脣音과 같은 원리로 이 舌頭音三母는 쉽게 재구된다. 端은 t, 透는 t',
定은 d 이다. 泥母는 n이 우세하지만, 대개 中部방언에 舌面鼻音 ȵ9)도
적지 않게 나타난다. 이 舌面鼻音은 대개 三四等韻字이며, 一二等韻字
는 n 또는 l(南昌)이다. 이로 미루어 聲母 n이 三四等介音 i나 y앞에서
구개음화한 결과가 ȵ 이라고 생각된다. 따라서 泥母는 n으로 재구한다.

三十六字母	端	透	定	泥・娘
五十一聲類	都	他	徒	奴・女
中古音	t	t'	d	n

---

9) 舌面鼻音이 IPA로는 ɲ(left-hook n)이지만, 중국어음운학에서 더 보편적인 ȵ을 쓴다.

4-2-5-2 舌上音

	知	徹	澄 平	仄
北京	tʂ 97%	tʂʻ 91%	tʂʻ 100%	tʂ 89%
太原	ts 97%	tsʻ 86%	ts 100%	ts 93%
西安	pf 39% tʂ 50%	tʂʻ 41%	pfʻ 28% tʂʻ 60%	pf 39% ts 21% tʂ 32%
成都	ts 97%	tsʻ 91%	ts 100%	ts 72%
蘇州	ts 94%	tsʻ 84%	z 100%	z 92%
溫州	ts 44% tɕ 50%	tsʻ 38% tɕʻ 46%	dz 46% dʑ 29%	dz 46% dʑ 50%
雙峰	t 38% ts 12% tɕ 33% tʂ 10%	tɕʻ 46%	d 30% dʑ 50%	d 27% dʑ 24%
廣州	tʃ 94%	tʃʻ91%	tʃʻ 100%	tʃ 85%
廈門	t 75% ts 22%	tʻ 58%	t 75% tʻ 16%	t 81% tʻ 6% ts 11%
潮州	t 55% ts 39%	tʻ 58%	t 53% tʻ 25%	t 62% tʻ10% ts 27%
福州	t 83% ts 16%	tʻ 66%	t 75% tʻ 13%	t 71% tʻ 7% ts 17%

知系의 現代方音은 北方官話일부지역만 捲舌塞擦音이며 대다수는 ts류이다. 西安의 유별난 pf음은 모두 合口字인데, 董同龢(1968, 149)는 -u의 영향으로 이렇게 脣音으로 變한 것으로 보았다. 『漢語方言字滙』에 의하면 이 pf는 노인들의 발음이며, 청년들은 ts, tʂ로 발음한다. 雙峰은 여러 가지 음으로 나타나며, 廣州도 음이 좀 다르지만, 위의 표에서 가장 두드러지는 현상은 閩방언의 t음이다. 대부분의 現代方音에서 이 知徹澄은 照系字와 별 차이가 없기 때문에 照系와 구분하여 음을 재구하기가 어렵다. 이러한 상황에서 이 閩方言지역인 廈門·潮州·福州가 대개 知徹澄은 t이고 照系는 ts로 구분되는 것이 양자의 차이를 암시해준다. 또한 모든 等韻圖의 三十六字母의 五音별 나열체재에서 舌上音 知徹澄은 舌頭音 端透定과 함께 舌音으로 묶이고, 正齒音 照穿牀審禪은 齒頭

音 精淸從心邪와 함께 齒音으로 묶인다. 우리는 이 韻圖의 체재에서 知系와 照系의 차이를 알 수 있는 힌트를 발견한다. 知系는 端系와 동일한 발음부위(조음위치)내지는 발음방법(조음방법)의 음이고 照系는 精系와 동일한 발음부위 내지는 발음방법의 음이다. 端系는 塞音 t t' d이므로 知系도 塞音이고, 精系는 塞擦音 ts이므로(바로 다음에 상론한다), 照系도 塞擦音이 분명하다. 上古音에서는 端系와 知系가 나뉘어지지 않고 동일한 음이었으며, 精系와 照二系가 역시 동일한 음이었다. 이러한 上古音의 자취를 等韻門法에서는 '類隔' 또는 '精照互用'이라는 항목으로 설명하였다.

이러한 틀 속에서 위의 現代方音을 보면 閩方言(雙峰의 일부 음도 포함)이 塞音이므로 知系의 中古音을 그대로 반영하는 것같이 보이지만, 이는 中古音을 건너뛴 아직 端系와 분리되지 않은 上古音을 반영하는 것으로 해석해야할 것이다. 왜냐하면, 中古音에서는 端系와 知系는 같은 舌音으로 발음부위는 같다해도 엄연히 字母이름도 다르고 反切도 다른 聲母이기 때문에 동음이 될 수가 없다. 그러므로 대개 학자들이 이 閩方言의 知系 t음을 上古音의 반영으로 보는 것이다.

知徹澄娘의 음가에 대하여는 두 가지 설이 있다. 칼그렌의 舌面音 t̠ t̠' d̠' ń이 그 하나이고, 이에 대하여 반론으로 3세기말에서 9세기초까지의 佛經梵漢對譯자료에 근거하여 t t' d ɳ(t̠ t̠' d̠ ɳ)[10]이라고 주장한 羅常培(1931a)의 捲舌音이 다른 하나이다. 루어는 西晉의 竺法護의 『光讚般若波羅蜜經觀品』의 譯音(286) 이래로 東晉・六朝・隋唐에 나온 譯音자료들을 조사하였는데,[11] 이들은 대개 산스크리트 ṭa를 陀 吒

---

10) 권설음을 IPA는 ʈ처럼 'right-tail'을 붙여 나타내지만, 미국 용법은 괄호안의 t̠처럼 밑에 점을 찍어 나타낸다. 이는 산스크리트 권설음의 로마자표기와 동일하다.

11) 羅常培(1931a, 122-129)는 梵漢音譯의 대응관계의 변화를 설명하기 위하여, 끝에 宋 (1035)의 자료와 淸(1749)의 자료를 하나씩 들었다. 1035년 이전까지는 知徹澄娘이 t

로, ṭha를 侘 咃로, ḍa를 茶 咤로, ḍha를 吒 嗏로 ṇa는 那 拏등으로 음
역하였다. 이들 音譯字들을 모두 조사한 결과 산스크리트의 捲舌塞音 ṭ
ṭh ḍ ḍh ṇ 자모의 漢語音譯을 知徹澄娘二等字로 한 것이 60%이상이
되었다. 知徹澄娘三等字는 六朝시대에 아직 上古舌頭音(t t' d n)이 남
아 있다가 6세기말에서 11세기초까지는 예외 없이 捲舌塞音이었다.[12]
그는 또한 娘母 ṇ는 中古音 초기에는 泥와 구분되지 않았으나 三十六字
母시기에 나타난 것이라고 추정하였다. 리 황꿰이(1971, 5)는『切韻』音
韻體系 전반으로 보나 上古音에서 中古音으로의 변화양상으로 볼 때 칼
그렌의 舌面塞音설보다 루어의 捲舌音설이 해석에 유리하다하여 이를
따랐다. 칼그렌이 舌面塞音으로 재구한 知系는 捲舌塞擦音으로 재구한
照二系와 똑같이 二等韻과 三等韻에 나타나는 반면, 舌面前塞擦音으로
재구한 照三系는 三等韻에만 나타난다. 칼그렌은 照二系는 二等韻母의
영향으로 捲舌音으로 변하였고, 知系는 二等韻母의 영향으로 舌面音으
로 변했다고 하였다. 즉 知系나 照二系는 모두 上古音 舌尖前音(塞音과
塞擦音)이 二等韻母의 영향으로 中古音으로 변한 것인데, 루어 츠앙페이
는 이렇게 똑같은 조건하에서 서로 다른 변화를 한 것이라는 칼그렌의
설은 그 이유를 설명하기 어렵다고 하였다. 周法高, 풀리블랭크(tr tr'
dr nr), 제리노만등이 이 루어의 捲舌音을 따른다.
　　산스크리트에는 舌音이 두 가지 종류가 있다. 舌尖音 t th d dh n와
舌尖後音(捲舌音) ṭ th ḍ ḍh ṇ이다. 루어 츠앙페이의 주장대로 산스크

등으로 발음되었다는 사실과 1749년에 이르러서는 藏梵음역의 영향으로 正齒音二等
즉 照二系로 산스크리트 t등을 음역했다는 것을 증명하기 위해서이다. 여기서는 혼동을
줄이기 위해 宋·淸의 자료는 제외하였다.
12) 羅常培(1931a, 128)에 의하면, 梁의 僧伽婆羅가 譯한『文殊師利問經字母品』(518)은
산스크리트 t th d dh n를 舌頭音 端系자 多 他 陀 檀 那로 음역하였다. 이전의 자료
들도 간혹 舌頭音으로 대응시킨 예들이 보인다. 그러나 隋의 闍那崛多가 譯한『佛本行
集經』(589-592)부터 宋代의 惟淨의『景祐天竺字源』(1035)이전까지는 t등을 知系자로
음역하지 않은 예외적인 예를 발견하지 못하였다고 하였다.

리트의 t th d dh n는 端系에, ṭ ṭh ḍ ḍh ṇ는 知系에 대응시키는 것이
완벽하게 이상적으로 보인다. 그러나 문제가 없는 것은 아니다. 루 즈웨
이(1947)의 설을 빌리지 않아도 루어가 제시한 梵漢對譯자료는 다소 인
위적인 면이 드러난다. 예자로 든 글자들은 상용자가 아니고 대개가 불경
번역에서의 음역을 위하여 만들어진 글자로 보인다. 이들 글자는 당시 중
국어에는 없었던 산스크리트의 권설음을 표기하기 위하여 특별히 만들어
낸 글자가 아닐까? 루 즈웨이(1947, 15-6)는 많은 知系의 통용자들 중에
서 하필이면 이렇게 怪字 특히 입口변이 붙은 唎嗦 같은 글자들로 표기
한 것은 의심스럽다고 하였다. 그는 루어 츠앙페이에 대한 반증으로 來母
자로 ṭ ḍ를 음역한 梵漢對譯의 예 僧伽梨saṃghaṭi, 俱俱羅kukkuṭa
(수탉), 陀毘羅drāviḍa(드라비다의)등 열 개를 들었다. 中古音 知系가 捲
舌塞音이었다면, 구태여 來母자로 산스크리트 권설음 ṭ ḍ를 표기할 이유
가 없었을 것이라는 것이다. 이밖에도 권설음으로 재구하면, 上古音>中
古音>『西儒耳目資』(1626)『五方元音』(1664이전)>現代方音까지의 변
화과정이 t> ṭ >tɕ>tʂ가 되어 불합리하다고 하며, 루어의 捲舌音을 부
정하고, 칼그렌의 舌面音을 긍정하였다. 董同龢·王力·李榮등이 이를
따랐다.

知系가 舌面塞音이냐 捲舌塞音이냐는 문제는 佛經譯音자료로 볼 때
는 그래도 捲舌音쪽이 우위에 있다고 할 수 있으나, 이에 대한 반론도
만만치 않은 증거를 제시하고 있다. 이렇게 우열을 가리기 힘든 상황에
서 절충안으로 나온 것이 方孝岳(1979, 112-3)와 李新魁(1986a, 153-
156)의 知系二等捲舌音, 知系三等舌面音설이다. 그러나 知系反切上字
는 二等과 三等이 두 류로 나뉘지 않고 한 류이다. 그러므로 照二系와
照三系처럼 二等字와 三等字를 다른 성모로 볼 수 없으므로, 知系를
二等과 三等으로 나누어 재구하는 것은 바람직하지 못하다.

칼그렌(1940, 34-5)은 知系는 二三等에 출현한 반면, 照二系는 二等에만 출현하고 照三系가 三等에만 출현한 것으로 잘못 보았다. 그래서 知系는 單純성모(二等)와 j化성모(三等)가 나누어지지 않고 모두 j化된 것으로 보아서 이를 舌面음으로 재구하고, 照二系는 단순성모이므로 捲舌音으로, 照三系는 j化성모이므로 舌面音으로 재구한 것이다. 照二系도 知系와 마찬가지로 二等과 三等에 나타난다. 이 둘은 칼그렌이 생각한 것과는 달리 等의 분포에 있어서 완전히 평행하다. 그러므로 칼그렌의 舌面音설은 잘못된 전제에서 나온 것이다. 루 즈웨이의 반론도 다시 반박될 수 있다. 산스크리트 권설음을 來母로 音譯한 위의 예들은 외래어표기법이 확정되지 않은 상황에서 유사한 음으로 대역한 것으로 볼 수 있다. 北周·隋代의 長安方音에서 來母자로 산스크리트 l 뿐 아니라 r(顫音)도 對譯하였는데, 尉遲治平(1982, 22)[13]이 이를 음이 유사하기 때문이라고 한 것과 같은 이치이다. 또한 루가 불합리하다고 제시한 t> t >tɕ>tʂ 의 변화는 동일한 방언의 직선상의 변화가 아닐 수도 있으므로 큰 의미를 줄 수는 없는 증거이다.

『切韻』전체의 음운체계면에서 볼 때 捲舌音으로 보는 것이 우세하다. 捲舌音의 체계상의 우월성을 밝힌 리 황꿰이(1971)는 자신의 上古音체계에 있어서는 知系를 捲舌音으로 재구하는 것이 체계수립에 필수적이었다. 이러한 상황에서 베트남한자음의 예는 매우 유용하다.

미네야 토오루(三根谷徹, 1972, 77-92)에 의하면, 中古漢語의 知系는 기본적으로 베트남한자음 tr-에 대응하고, 照二系(莊系) 또한 tr-에 규칙적으로 대응하는데 반하여, 照三系(章系)는 ch-에 대응한다. 다음의 베트남한자음의 예를 보자.[14]

---

13) 「周·隋長安方音初探」『語言硏究』總第三期, 1982, pp.18-33.
14) 여기에 실린 베트남한자음은 미네야 토오루가 『Viêt-Nam Tự-Điển』(『越南字典』, Hanoi, 1931)에 실린 quốc ngữ(國語)음을 옮긴 것에서 뽑은 것이다. 이『越南字典』은 고전을 읽기 위하여 고전에서 출전을 찾아 만든 것으로 베트남한자음에 관하여

	知系		莊系		章系
朝	triêu	莊	trang	周	châu
貞	trinh	爭	tranh	眞	chân
沾	triêm	齋	trai	衆	chúng
徹	triệt	札	trát	質	chất

여기서 知系와 莊系가 음이 일치되며, 章系는 다르다. 이 베트남한자음의 예는 中古音에서 知系가 莊系와 동일한 捲舌音이었다는 추정을 강화시켜준다. 따라서 여기서는 知徹澄을 捲舌音으로 재구한다.

三十六字母	知	徹	澄
五十一聲類	陟	丑	直
中古音	t	tʻ	d

4-2-6 齒音

4-2-6-1 齒頭音

三十六字母 精淸從心邪는 五十一聲類에서 두 류의 反切로 나뉘지만 타 자모와 마찬가지로 경계가 절대적으로 그어지는 것은 아니다. 作倉昨蘇는 대개 一四等에 나타나고, 子七疾息은 대개 三等에 나타난다. 趙元任의 설대로 反切上字가 反切下字와 介音을 일치시키려는 경향성을 나

가장 신뢰할 만한 자전이라고 한다.

타내는 것일 뿐으로 두 류는 聲母의 차이가 없는 동음이다. 그런데 邪母에 해당하는 反切은 徐류 한가지로 三等韻에만 나타난다. 精淸從心은 一等韻에 가장 많이 나타나고 二等韻에는 전혀 없으며, 四等韻에는 비교적 적게 나타나며 三等韻에도 아주 적게 나타난다. 이 精系자의 現代方音을 살펴보자.

	精	淸		從			心	邪	
				平	仄			平	仄
北京	ts56%tɕ43%	ts‘52%tɕ‘47%	ts‘55%tɕ‘44%	ts53% tɕ46%		s 48% ɕ50%	ɕ 63%		s46%ɕ53%
蘇州	ts 95%	ts‘ 98%	z 100%	z 93%		s 100%	z 90%		z 100%
長沙	ts 89%	ts‘ 94%	ts 81%	ts81% tɕ7%		s 94%	ts 41		s 81%
梅縣	ts 96%	ts‘ 96%	ts‘ 96%	ts‘ 80%		s 95%	s 63%		s 66%
廣州	tʃ 97%	tʃ‘ 94%	tʃ‘ 100%	tʃ 93%		s10% ʃ83%	tʃ‘63%		tʃ 79%
廈門	ts 93%	ts‘ 97%	ts65% ts‘31%	ts 90%		s 92%	s 84%		s 85%
潮州	ts 93%	ts‘ 92%	ts22% ts‘77%	ts 87%		s 93%	s 72%		s 66%
福州	ts 94%	ts‘ 100%	ts71% ts‘25%	ts 90%		s 95%	s 90%		s 100%

北京어는 洪音(一等韻)에서는 ts류로, 細音(三四等韻)에서는 tɕ류가 되었다. 이러한 洪細에 의한 변화는 官話방언에서만 나타나며 타방언에서는 별로 나타나지 않는다. 聲母 tɕ류는 細音운모의 영향으로 구개화된 결과이다.

　從母와 邪母와의 혼합현상은 위의 現代方音에서도 나타난다. 蘇州·長沙·廣州등지에서는 從·邪가 구분되지 않는다. 이러한 현상은 『廣韻』이전의 자료들에서 흔히 나타난다. 陸德明의 『經典釋文』(583)과 梁의 顧野王이 지은 『玉篇』(543)을 그대로 답습하여 지은 것으로 전하는 日本승려 空海(774～835)의 『篆隷萬象名義』의 反切은 從·邪가 구분 없이 互切한다. 今本『玉篇』(元刻本宋修廣益本)은 從·邪를 구분하고 있으나 이는 唐宋의 수정증보를 거친 것이며, 일본에서 전해온 原本『玉

篇』은 비록 顧野王原書의 8분의 1 분량의 殘本이지만『萬象名義』의 反切과 대동소이하므로, 우리는『萬象名義』를 근거로 하여 原本『玉篇』의 反切체계를 연구할 수 있다.15)『顔氏家訓』「音辭篇」에 南北의 음의 차이를 논한 부분으로 다음과 같은 구절이 있다.

其謬失輕微者, 則南人以錢爲涎, 以石爲射, 以賤爲羨, 以是爲舐。

잘못됨이 경미한 것으로는 南人들이 錢을 涎으로 발음하고, 石을 射로 발음하고, 賤을 羨으로 발음하고, 是를 舐으로 발음하는 것이다.16)

이 구절에서 우리는 당시 江東(孫權의 吳나라지역)에서는 從・邪母를 구분하지 않고 從母字(塞擦音) 錢・賤을 邪母字(擦音) 涎・羨처럼 발음했음을 알 수 있다.『切韻』편찬작업에서 주도적 역할을 했던 옌 즈퉤이는 이 두 字母를 구분해야한다고 생각하였고, 양자를 나눈 方音에 의거하여 『切韻』에서 從母와 邪母를 구분하였을 것이다. 精清從心邪의 中古音을 舌尖音으로 재구하는데 대하여는 학자들간에 이견이 없다.

三十六字母	精	淸	從	心	邪
五十一聲類	作・子	倉・七	昨・疾	蘇・息	徐
中古音	ts	ts'	dz	s	z

---

15) 周祖謨.「萬象名義中之原本玉篇音系」『問學集』上, 270-404.의 pp.310-313을 참조함.
16) 石과 是는 禪母三等字이며, 射와 舐는 牀母三等字이다. 禪母字를 牀母로 발음한다는 말이다. 이 예는 正齒音의 문제로 이 齒頭音과는 관계없지만, 체계상 濁塞擦音과 濁擦音의 호환문제라는 점은 동일하다. 正齒音을 논할 때 다시 언급할 것이다.

4-2-6-2 正齒音

照穿牀審禪의 反切上字는 側·初·士·所·俟류와 之·昌·食·式·時류로 섞임없이 분명히 나뉜다. 側類는 二等韻과 三等韻에 나타나며, 之類는 三等韻에만 나타난다. 側類가 二等韻에 나타날 때는 韻圖의 二等에 놓이면 되는데, 三等韻에 나타날 때 三等韻의 之類와 겹쳐지기 때문에 三等韻이라도 韻圖에서 二等의 위치에 놓이지 않을 수 없게 된다. 그러나 三等韻에 나타나는 側類도 二等韻에 나타나는 側類와 동류로서 互切한다. 그러므로 이 側類와 之類를 각각 照二系·照三系 또는 莊初崇生俟·章昌船書禪이라고 부른다. 莊系와 章系는 三十六字母 韻圖시기에는 照系라는 단일체계로 합병되었을지 모르나,17) 『切韻』시기에는 이 둘은 다른 聲母이다. 그러므로 『切韻』의 反切體系를 충실하게 반영하려고 하였던 早期韻圖에서 莊系는 二等에 章系는 三等에 나열하였던 것이다.

또 한 가지 체계상의 문제는 照系 전체의 문제로서 韻書의 反切이나 韻圖에서 牀母와 禪母가 섞이는 경향이 많다는 것이다. 守溫三十字母와 唐人의 「歸三十字母例」에는 모두 牀母는 없고 禪母만 있다. 그런데 「歸三十字母例」의 禪母하에 나열된 네 글자의 例字를 살펴보면, 두 개는 牀母(乘神)이며, 두 개는 禪母(常諶)이다. 이는 당시에 이 두 字母를 나누지 않았음을 말해준다. 齒頭音 精系에서의 從母·邪母의 경우와 마찬가지로 『萬象名義』와 原本『玉篇』, 『經典釋文』등에서도 이 牀과 禪을 나누지 않았으며, 역시 4-2-6-1에서 인용설명한대로 『顔氏家訓』「音辭篇」의 '以石爲射'와 '以是爲舐'도 당시 남방방언에서는 이 두 字母를 구분하

---

17) 풀리블랭크(1984, 63)는 韻圖를 자료로 하여 後期中古音(Late Middle Chinese)체계를 재구하였는데, 역시 三十六字母대로 재구하였다. 여기서 正齒音은 그가 捲舌音으로 재구한 照穿牀審禪 한 류 뿐이다.

지 않았음을 말해준다. 남방방언뿐 아니라 北周·隋代의 長安方音 즉 북방방언에서도 이 두 字母를 구분하지 않았다는 사실이 尉遲治平(1982, 23)의 연구에서 나타난다. 그는 (北)周·隋代의 梵漢對譯자료에서 산스크리트 j를 船母와 禪母로 對譯하였는데, 이는 船과 禪을 구분하지 않았음을 나타낸다고 하였다.18) 現代方音에서도 船과 禪을 구분하지 않는다. 『廣韻』에서 이 두 字母를 食類·時類로 나눈 것은 이 둘의 음을 구분하는 방언의 영향일 가능성이 크다. 그러나 여기서는 『廣韻』의 체계에 따라서 이 牀母와 禪母를 나눈다.

4-2-6-2-1 莊系

	莊	初	崇		生
			平	仄	
北京	tʂ 80%	tʂʻ 81%	tʂʻ 100%	tʂ 75%	s 19% ʂ 80%
西安	pf 23% ts 61%	pfʻ '22% tsʻ 62%	pfʻ 38% tsʻ 62%	pf 25% ts 50%	f 31% s 59%
蘇州	ts 100%	tsʻ 100%	z 100%	z 100%	s 100%
雙峰	ts 69% tɕ 26%	tsʻ 70% tɕʻ 22%	dz 77%	dz 63%	s 64% ɕ 28%
廣州	tʃ 100%	tʃʻ 100%	tʃ 75%	tʃ 75%	ʃ 93%
福州	ts 92%	tsʻ 92%	ts 37% tsʻ 50%	ts 58%	s 98%

北京·濟南등 北方官話方言지역은 捲舌音인데 비하여, 같은 官話방언에 속하지만 세분하면 西北官話방언에 속하는 西安은 舌尖音과 脣音인 것이 독특하다. 이 脣音은 知系와 마찬가지로 合口字에 한하므로 역시

---

18) 이 산스크리트 j의 對譯으로 船母는 적게 사용하고 주로 禪母를 사용하였음을 밝혔다.

合口介音의 영향으로 생긴 음이라고 본다. 雙峰의 일부음이 舌面音 tɕ으로 나타나며, 廣州는 거의 전부가 舌尖面音 tʃ이다. 이 밖의 지역은 대부분 舌尖音 ts류이다. 그러나 精系字의 中古音이 이 舌尖音인 것이 확실하므로 이 莊系가 舌尖音일 가능성은 배제된다. 그러면, 莊系의 中古音은 위의 現代方音으로 볼때 捲舌音 tʂ, 舌面音 tɕ, 舌尖面音 tʃ의 세 가지 가능성이 있게되는데, 이중에서 舌面音 tɕ는 三等韻에만 나타나는 照三系 즉 章系의 음이 되는 것이 타당하다. 그러면 남은 두 가지 捲舌音 tʂ, 舌尖面音 tʃ 중에서 어느 음이 莊系의 음인가에 대하여는, 양쪽의 의견이 팽팽하게 맞선다. 칼그렌은 莊系를 捲舌音으로 재구하였으며, 周祖謨・趙元任・方孝岳・李榮・마틴(Samuel E. Martin)・풀리블랭크・李方桂・周法高・李新魁등이 이를 따랐다. 반면에 陸志韋・董同龢・王力・唐作藩・陳新雄・竺家寧등은 이를 舌尖面音으로 재구하였다. 여러 가지 상황으로 볼 때 知系와 완전히 동일한 체계를 갖고있는 이 照二系는 知系와 마찬가지로 捲舌音으로 재구하는 것이 합리적일 뿐 아니라, 梵漢對譯자료도 照二系글자가 산스크리트 권설음을 對譯하므로[19] 여기서는 照二系를 捲舌塞擦音으로 재구한다.

재구음을 나열하기 이전에 이 莊系에서 한 가지 문제가 언급되어야 한다. 앞에서 설명한 牀・禪母의 混合이라는 문제와 연관되는 것으로 바로 禪二系의 부재현상이다. 칼그렌이 『廣韻』反切에 의거하여 禪二系를 세우지 않은 이래로 많은 학자들이 이를 따라 莊初崇生만을 말한다. 그

---

19) 尉遲治平은 「周・隋長安方音初探」(p.23)에서 梵漢對音자료중 莊系자로는 初母와 生母자만 나타나는데 이들은 각각 산스크리트 권설음 kʂ와 ʂ를 대역하는 예를 들었다. 施向東이 「玄奘譯著中的梵漢對音和唐初中原方音」(『語言硏究』總第四期, 1983, pp.27-48)에서 든 梵漢對音자료도 이와 동일하다. 李榮(1956, 127)도 일찍이 齒音의 精系・莊系・章系 三組의 평행적인 상황을 설명하기 위하여 心母・生母・書母의 산스크리트 對譯音이 각각 sa(娑:心母), ʂa(沙:生母), śa(奢:書母)임을 들었다.

러나 李榮(1956, 127)과 董同龢(1968, 147)는 『切韻』殘卷 및 王仁昫 『刊謬補缺切韻』에 실린 反切 '漦史反 俟,' '俟淄反 漦'의 두 개가 『廣韻』의 '牀史切 俟,' '俟甾切 漦'와는 달리 俟·漦의 두 小韻이 兩 兩互用하는 까닭에 『廣韻』의 反切처럼 崇母의 다른 反切上字와 系聯 되지 않고 갈라져 나와 독립성모를 이루게 된다고 하였다. 董同龢는 徐 鍇의 『說文』反切을 인용하여 士와 俟를 하나의 음이라고 증명한 陳澧 (『切韻考』)의 견해는 中古후기의 변화를 가리키는 것이라고 하였다. 中 古音연구의 원시자료는 『切韻』이다. 현재 『切韻』이 완본으로 전하지 않 는 상황에서 『廣韻』이 『切韻』체계를 그대로 답습했다는 전제하에서 『廣韻』을 일차자료로 쓰고 있지만, 이렇게 『廣韻』과 『切韻』의 反切의 차이가 관건이 되는 문제에서는 宋代에 편찬된 『廣韻』보다는 唐代에 편 찬된 『王三本』에 근거하는 것이 이치에 닿는다. 또한 照二系의 精系· 照三系와의 평행한 체계로 보더라도 邪·禪과 나란히 이 俟가 갖추어진 것이 났다. 그러므로 董·李 두 학자의 설을 받아들여 俟母를 세운다. 위의 現代方音表에서 俟母가 빠진 것은 「中古漢語聲母的演變」의 자료 에 의거한 때문이며, 이 「中古漢語聲母的演變」에 俟母가 빠진 것은 俟 母를 싣지 않은 『漢語方音字滙』를 분석한 것이기 때문이다.

三十六字母	莊	初	崇	生	俟
五十一聲類	側	初	士	所	俟
中古音	tʂ	tʂ'	dʐ	ʂ	ʐ

4-2-6-2-2 章系

	章	昌	船		書
			平	仄	
北京	tʂ 100%	tʂ' 100%	tʂ'50% ʂ50%	ʂ100%	ʂ 96%
西安	pf27% ts24% tʂ47%	pf'53% tʂ'39%	ʂ 50%	ʂ 60%	f17% s17% ʂ61%
蘇州	ts 100%	ts' 100%	z 100%	z 100%	s 96%
雙峰	t26% tɕ41% tʂ27%	t'62% tɕ'25%	ɣ 83%	ɕ30% ʂ30% ɣ30%	ɕ67% ʂ29%
梅縣	ts 100%	ts' 100%	s 100%	s 100%	s 86%
廣州	tʃ 98%	tʃ' 85%	ʃ 83%	ʃ 90%	ʃ 84%
福州	ts 98%	ts' 96%	s 100%	s 100%	s 83%

	禪	
	平	仄
北京	tʂ' 79%	ʂ 96%
西安	tʂ' 63%	f20% s20% ʂ56%
蘇州	z 100%	z 100%
雙峰	d20% dz8% dʐ33% ɣ37%	dz16% ɕ20% ɣ46%
梅縣	s 72%	s 90%
廣州	ʃ 84%	ʃ 90%
福州	s 100%	s 93%

北方官話方言에서는 捲舌音이며, 西安은 知系·莊系와 마찬가지로 合口介音앞에서는 脣音으로 나타난다. 吳方言과 閩方言은 舌尖前音으로 규칙적으로 나타나는데, 吳方言이 濁音성모를 보존하고 있는 것만 다르다. 粵方言 廣州음은 莊系와 마찬가지로 舌尖面塞擦音 tʃ로 나타난다. "十里不同音"이라는 말이 전해올 정도로 방언의 차이가 심한 雙峰(湘方言)은 여러 가지 음으로 다양하게 나타나는데, 특히 章·昌·禪모에 塞音 t, t', d가 나타나는 것과 船·禪모에 ɣ가 나타나는 것이 독특하다.

이 雙峰의 知系와 章系의 塞音 t, t‘, d는 三等韻에만 나타난다. 이러한 현상을 上古音의 반영으로 볼 수도 있다. 이 雙峰方音의 다양성 속에서 우리는 船母는 擦音, 禪母는 塞擦音의 경향성을 엿볼 수 있다. 그러나 칼그렌은 船母는 塞擦音 dẓ로, 禪母는 擦音 ẓ로 재구하였는데, 대개의 학자들이 이를 따랐으며 韻圖의 체재도 이를 뒷받침한다.

그러나 루 즈웨이(1947, 11-13)가 처음으로 이와는 상반되게 船母가 擦音이고 禪母가 塞擦音일 가능성을 제기하였다. 풀리블랭크(1962a, 67-8; 1984, 169-170)도 이 견해를 따랐으며, 칼그렌의 재구음에 대하여 다음과 같은 비판을 하였다. 4-2-6-1에서 인용한『顔氏家訓』「音辭篇」의 “以石 爲射,”“以是爲舐”은 바로 남방방언에서 舌面塞擦音이 擦音에 병합된 것을 말한다(현대 吳方言을 비롯한 남방방언들은 船母와 禪母가 거의 모두 擦音이다). 그런데 石・是는 禪母三等字이고 射・舐은 牀母三等字이므로, 칼그렌의 재구음에 따르면 완전히 역으로 擦音이 塞擦音에 병합된 것처럼 되어 실제음의 변화와는 상반되게 된다. 後期中古音에서는 양자가 완전히 병합되어 동음이 되었기 때문에, 韻圖의 저자들이 운서의 反切에 의거하여 이 船母와 禪母를 구분하기는 하였으나, 擦音란에 塞擦音을, 塞擦音란에 擦音을 잘못 집어넣는 운도배열상의 오류가 생겨나고, 결국 이 운도에 의거한 칼그렌의 재구음도 뒤바뀌게 된 것이라는 것이다. 그러므로, 칼그렌의 dẓ와 ẓ를 엇바꾸어야한다고 그는 주장하였다. 邵榮芬(1982, 101-108)은 義淨(690〜692)이전의 梵漢對音에서 산스크리트 ja, jha를 모두 禪母로 대역하였으며, 船母는 나타나지 않는 상황을 들어 禪母는 塞擦音이며, 船母는 擦音이라고 하였다. 운도의 船母와 禪母의 배열체제는 6세기 이전부터 많은 방언 특히 남방방언에서의 혼합현상으로 인하여 唐代에는 북방방언에까지 두 字母의 혼용현상이 만연하여 결국은 守溫의 三十字母로 합쳐진 상황에서 韻圖의 저자들이 이 두 자모의 擦音 · 塞擦音여부를 정확히 구분하지 못하고 두 자모를 잘못 뒤바꾸어놓은 것으로 해석하였다. 常用字의 北京어를 비롯한 湖南 · 江西 · 客家 · 廣州 등 現代方音의 경향 및 湖南성의 苗族의 漢語音의 예도 禪母의 塞擦音설을 지지하는 것으로 주장하였다.

위의 표에서도 梅縣에서 船母는 平仄 모두 100%가 擦音 s인데 반하여, 禪母는 소수는 塞擦音 ts'이다(퍼센트로 환산하면 平:22%, 仄:7%). 北京도 퍼센트로 볼 때 船母보다 禪母가 塞擦音일 가능성이 더 크게 나타나므로 船母는 擦音이고 禪母는 塞擦音이라는 주장은 타당성을 얻게 된다. 그러나 소수의 예외를 제외하고 대부분의 船母와 禪母는 각韻에 출현하는 상황이 대개 상보적분포를 하고 있다. 즉 禪母가 있는 운은 船母가 없고, 船母가 있는 운은 禪母가 없다. 이러한 현상은 韻書에서도 船 · 禪이 나뉘지 않았음을 나타낸다. 그러므로 切韻系韻書가 船母와 禪母를 나눈 것은 方音의 혼잡현상으로 볼 수 있으며,[20] 이러한 상황에서 韻圖의 오류를 시정한다고 船母와 禪母의 中古音재구음을 뒤바꾼다는 것은 의미가 크지 않다고 생각되므로 여기서는 기존의 순서와 재구음을 그대로 유지한다.

이밖에 章系에서 章昌書의 재구음은 모든 학자들의 설이 이견이 없이 일치한다.

三十六字母	章	昌	船	書	禪
五十一聲類	之	昌	食	式	時
中古音	tɕ	tɕʻ	dʐ	ɕ	z

20) 李方桂.「上古音硏究」, p.12.

4-2-7 牙音

牙音 見溪群疑에서 見溪疑는 一二三四等에 나타나지만, 群母는 三
等에만 나타난다. 見溪疑는 反切上字가 一二四等에 주로 나타나는 古
苦五류와 三等에 주로 나타나는 居去魚류 두 가지로 나뉘어진다. 물론
이들도 역시 脣音과 마찬가지로 두 가지 류가 절대적으로 나뉘어지는 것
은 아니다. 群母는 三等에 나타나는 反切上字 渠류 한 가지 뿐이다. 現
代方音을 보자.

	見	溪	群	
			平	仄
北京	tɕ55% k42%	tɕ'38% k'59%	tɕ'91% k'8%	tɕ88% k11%
成都	tɕ54% k42%	tɕ'37% k'59%	tɕ'91% k'8%	tɕ82% k10%
蘇州	tɕ46% k50%	tɕ'32% k'61%	dʑ87% g12%	dʑ82% g10%
雙峰	t6% tɕ35% k54%	t'10% tɕ'21% k'65%	d 29% dʑ62% g8%	t17% dʑ34% g13%
南昌	tɕ33% k61%	tɕ'34% k'62%	tɕ'87% k'8%	tɕ40% tɕ'48% k11%
梅縣	k 93%	k' 93%	k' 100%	k' 92%
廣州	k 93%	f 13% k'30% h51%	k' 100%	k 77%
廈門	k 93%	k' 92%	k54% k'45%	k88% k'11%
福州	k 96%	k' 91%	k75% k'25%	k81% k'14%

	疑
北京	ɸ 94%
成都	v 8% ȵ16% ŋ19% ɸ54%
蘇州	ȵ33% ŋ34% ɸ20%
雙峰	ȵ31% ŋ32% ɸ31%
南昌	ȵ40% ŋ31% ɸ27%
梅縣	ȵ45% ŋ53%
廣州	j 36% ŋ54%
廈門	g 66% ŋ18%
福州	ŋ 96%

官話方言과 吳方言・湘方言・贛方言 즉 북부방언과 중부방언 전체가
이 牙音 見溪群母가 洪音앞에서는 k k' g, 細音앞에서는 tɕ tɕ' dʑ등

으로 나타난다. 이 tɕ등의 舌面音성모(palatal)는 운모(介音i, y)의 영향
으로 변한 것으로, 본래의 음이 k k' g였다는 것을 알 수 있다. 雙峰의
t, d는 見系三等合口운모 앞에서만 나타난다. 溪母는 廣州에서 k'이외
에 소수가 f이며, 과반수가 h인데, 梅縣客家어에서도 소수가 h로 나타난
다. h는 開口에서 f는 合口에서 나타나므로 k'(u)→h(u)→fu의 음의 변
화를 거쳐서 형성된 음으로 여겨진다.[21] 남부방언은 k, k'만 나타나며,
口蓋化된 舌面音성모는 나타나지 않는다. 이러한 사실로서도 tɕ가 후에
변화한 것임이 드러난다.

疑母의 現代方音은 여러 가지 음으로 나타난다. 北京어는 거의 모두
零聲母 φ이다. 이 φ는 北京어처럼 절대다수는 아니지만, 官話방언에서
는 과반수이상으로 보편적으로 분포되고, 吳方言・湘方言・贛方言등
중부방언에도 2・30%정도씩 나타난다. 이 φ는 齊齒・合口・撮口운
에 나타난다. 그러나 남부방언에는 φ가 나타나지 않고, 대신 福州는 모
두 ŋ로, 廈門은 다수가 g로 소수가 ŋ로 나타난다. 또한 중부방언과 客家
방언에서 細音앞에서 ɲ가 나타나며, 洪音앞에서는 ŋ이 나타나는 것이
두드러진다. 한편 廣州에서는 開口앞에는 ŋ, 細音앞에는 반자음 j가 나
타난다. 成都와 太原등지의 소수 v음은 合口音에 제한적으로 나타난다.
이와 같은 方音의 상황 및 疑母가 牙音의 次濁音이라는 韻圖의 위치로
볼 때, 中古音 疑母는 ŋ임이 분명하다. 이 疑母 ŋ는 먼저 齊齒・合
口・撮口에서 탈락되고(官話方言), 開口는 제일 나중에 탈락되었다(北
京). 또 ŋ은 細音앞에서는 介音의 영향으로 ɲ가 되기도 하고(중부방언
과 客家방언), j가 되기도 하였다(廣州). 廈門의 g는 ŋ과 상보적분포 관계
에 있으므로 하나의 음소로 볼 수 있다. ŋ은 鼻化韻(硬ŋĩ, 誤ŋɔ̃등) 또는
鼻音韻(阮ŋ)에 나타나고, g는 이 鼻化韻・鼻音韻이외의 운(牙ga, 藝ge,
義gi, 樂gak등)에 나타난다. 牙音 見溪群疑의 中古音은 다음과 같다.

21) 董同龢.『漢語音韻學』, p.151.

三十六字母	見	溪	群	疑
五十一聲類	古·居	苦·去	渠	五·魚
中古音	k	k'	g	ŋ

4-2-8 喉音

韻圖에서 喉音자모는 影曉匣喩이다. 『韻鏡』·『七音略』·『切韻指掌圖』는 影曉匣喩의 순서이며, 『四聲等子』·『切韻指南』은 曉匣影喩의 순서이다. 그러나 『四聲等子』의 서문 뒤에 붙은 等韻門法 첫머리에 실린 七音綱目에는 『韻鏡』등과 같은 影曉匣喩의 순서로 나열되어 있으며, 『切韻指南』前序 다음에 실린 <辨淸濁>에는 '純淸'에 影, '次淸'에 曉, '全濁'에 匣, '半淸半濁'에 喩의 순서로 실려있으니, 이 역시 『韻鏡』의 순서이다. 이로 미루어 影曉匣喩가 원래의 순서였을 것이다. 『韻鏡』의 喉音의 淸濁명칭은 脣舌牙齒音의 淸(全淸) - 次淸 - 濁(全濁) - 淸濁(次濁)의 명칭과는 달리 두 번째가 次淸이 아니고 淸(全淸)으로 되어있는 점이 눈에 띈다. 이 曉와 匣은 淸濁 한 조이다. 現代方音을 보자. 喩母는 于母와 以母 두 류로 나뉜다.

	影	曉	匣	
			平	仄
北京	ɸ 100%	ɕ51% x45%	ɕ22% x67%	ɕ34% x63%
太原	v21% ŋ18% ɸ59%	ɕ50% x47%	ɕ22% x71%	ɕ31% x65%
蘇州	ɸ 100%	ɕ45% ɦ51%	ɦ78% ɸ19%	ɦ64% ɸ22%
溫州	ɸ 98%	f12% ɕ52% x27%	v30% ɦ66%	v27% ɦ62%
長沙	ŋ22% ɸ77%	f22% ɕ45% x26%	f30% ɕ16% x48%	f25% x49%
雙峰	ŋ12% ɸ86%	ɕ42% x51%	ɣ98%	x23% ɣ67%
南昌	ŋ24% ɸ73%	ɸ32% ɕ47% ɦ15%	ɸ39% ɕ10% ɦ39%	ɸ32% ɕ9% ɦ48%
梅縣	v22% j53% ɸ24%	f33% ɦ60%	f37% ɦ50%	f36% ɦ53%
廣州	j50% ɸ47%	f29% ɦ55%	ɦ46% ɸ37%	ɦ51% ɸ38%
廈門	ɸ 96%	ɦ 89%	ɦ71% ɸ15%	ɦ72% ɸ21%
潮州	ɸ 100%	ɦ 91%	ɦ71% ɸ19%	ɦ71% ɸ18%
福州	ɸ 97%	x 91%	x75% ɸ13%	x75% ɸ16%

| | 喻 | |
	于	以
北京	φ92%	φ92%
太原	v34% φ60%	φ94%
蘇州	ɦ29% φ70%	φ91%
溫州	v27% ɦ70%	ɦ91%
長沙	φ95%	φ93%
雙峰	φ92%	φ95%
南昌	φ94%	φ91%
梅縣	v37% j57%	j95%
廣州	j43% φ51%	j88% φ10%
廈門	φ84%	φ85%
潮州	φ80%	φ76%
福州	φ87%	φ88%

　우선 曉・匣모를 보자. 韻圖의 三十六字母체제나 또는 蘇州・雙峰의 方音으로 판단컨대 曉母는 淸音, 匣母는 濁音이다. 官話方言音의 ɕ 그리고 중부방언음에 나타나는 일부 ɕ는 介音의 영향으로 口蓋化된 결과이다. 또한 脣音 v f ɸ는 모두 合口韻에 나타나므로 合口介音의 영향으로 脣音化, 輕脣音化된 결과로 본다. 蘇州・廣州・閩方言은 모두 濁聲母인 匣母의 일부가 零聲母로 나타나는데, 이는 子音聲母가 소실된 것이며, 曉母는 子音聲母를 그대로 보존하고 있다. 그렇다면 曉母・匣母의 中古音은 官話方言 및 吳方言・贛方言을 제외한 중부방언에 나타나는 x ɣ가 아니면, 남부방언 및 吳方言등에 나타나는 h ɦ일 것이다. 칼그렌(1940, 273-74)은 몇 가지 근거를 들어 이 曉匣母를 舌根擦音 x ɣ로 재구하였다. 그가 제시한 근거는 13세기 전후 蒙古語의 舌根音 k k' gɦ ŋ를 曉・匣모자로 음역한 것, 曉匣母자를 日本語 k로 음역한 것, 唐宋대의 譯音중에서 曉匣母자로 舌根音을 음역한 것, 남방방언 중에서 이 曉匣母자 중에서 舌根塞音 k k'가 나타나는 것, 曉匣모를 喉音으로 발음하는 남방방언 및 吳方言에서 匣母자중 일부 聲母가 소실된 것은

소실되기 쉬운 喉音 h ɦ이었기 때문인데(유럽어의 예를 보아도 h ɦ는 쉽게 소실됨), 만일 中古音이 본래 최초부터 喉音 h ɦ였다면, 북방방언에서도 당연히 소실되었어야하는데 그렇지 않은 것, 등 다섯 가지이다. 그러나 그는 이 다섯 가지 증거와는 반대로 h ɦ 재구음이 더 유리할 두 가지 증거를 더 들었다. 韻圖에 牙音이 있음에도 이 曉匣母가 喉音에 들어있는 점, 梵漢對譯에서 曉匣母는 대개 산스크리트 h를 對譯하며, 匣母는 특히 零聲母를 對譯하는 점이다. 이러한 문제점의 해결책으로 그는 일부 남방방언이 심지어는 『切韻』이전에 x ɣ >h ɦ 변화를 완료하였고 梵漢對譯한 사람이 바로 그 방언의 화자이기 때문이라는 가정을 하였다. 董同龢(1968, 152)는 칼그렌의 이와 같은 근거들이 충분하지 못하지만 오랫동안 써왔으므로 그대로 따른다고 하였다. 칼그렌이 제시한 13세기 蒙古語의 예나 日本語, 唐宋代의 譯音, 남방방언의 k k'음[22] 등에는 적절치 못한 시기라든지 양적으로 충분치 못하다든지 하는 문제점이 있는 것은 사실이나, h ɦ라고 주장할 근거는 더욱 부족하므로 董同龢도 이 칼그렌의 舌根擦音재구음을 따른 것으로 보인다. 대개 학자들이 이에 따르므로 여기서도 曉母를 x, 匣母를 ɣ로 재구한다.

影母는 淸音에 喩母는 次濁에 위치한다. 影母는 北京·吳方言·閩方言이 전부가 ∅이며, 官話方言과 湘方言·贛方言에서 대체로 開口는 疑母와 섞여 ŋ이 되고 나머지 齊齒·合口·撮口 다수는 역시 ∅이다. 太原과 梅縣에 合口介音의 영향에서 유래한 20%정도의 v 및 梅縣·廣州에 각각 절반정도의 j를 제외하고는 나머지는 모두 ∅이다. 이러한 現代方音에 미루어 우리는 中古音을 ∅로 재구할 수도 있다. 그러나 影母는 中古音에서 淸音이었으므로 濁音 ∅일 가능성은 희박하다. 그

---

22) 바로 위에 나열한 現代方音表에서 曉匣母의 남방방언음에 k k'음이 없는 것은 해당 예가 서너 글자정도의 소수이므로 「中古漢語聲母的演變」에서 예외 음으로 보아서 퍼센트가 산출되지 않은 것이며, 여기서도 범례대로 이들을 나열하지 않은 것이다.

러므로 칼그렌 이래로 이 影母를 淸音인 喉塞音 ʔ로 재구한다. 이렇게 韻圖의 체재는 中古音의 재구에 관건이 되기도 한다.

喩母에서 喩四以母는 現代方音에서 溫州의 ɦ와 梅縣·廣州의 j만 제외하고 완전히 ∅이다. 한편 喩三于母도 역시 대부분은 ∅이지만, 梅縣·廣州의 j 외에도 太原·溫州·梅縣의 v, 蘇州·溫州의 ɦ가 있으며, 또한「中古漢語聲母的演變」은 예외자로 여겨 퍼센트를 내지 않아 위에 나열되지는 않았으나 厦門(44자 중 6자, 13%)·潮州(40자중 8자, 20%)에 h음이 나타나며, 그밖에는 모두 以母와 같은 ∅이다. 于母와 以母는 中古音에서 둘 다 三等韻에 나타나므로 聲母가 필히 다를텐데 이러한 現代方音의 차이는 聲母구분의 단서를 제공한다.

影母와 두 개의 喩母가 現代方音에서 거의 비슷하게 나타나므로 이 세 가지가 모두 零聲母가 아닌가 라고 생각할 수도 있으나 이 논리는 성립하지 않는다. 이 셋은 분명히 서로 다른 聲母이어야한다. 董同龢(1968, 153)는 影母와 喩母의 차이의 단서를 聲調의 변화에서 얻었다. 즉 平聲의 경우를 예로 들면, 中古聲母가 淸音일 때는 陰平調가 되며, 中古聲母가 濁音일 때는 陽平調가 된다. 影母는 성조변화가 幫滂, 端透…등과 같고 喩母는 並明, 定泥…와 같다. 그러므로 影母는 淸音이며, 喩母는 濁音이다. 따라서 影母는 ʔ로 재구한다. 訓民正音이 "ㆆ。喉音。如挹字初發聲。"(挹은 影母의 대표자로 썼다.)이라고 한 이래로 모든 한자음 및 중국어음(『東國正韻』·『四聲通解』·『洪武正韻譯訓』)의 影母표기에 訓民正音 ㆆ를 썼는데, 이 ㆆ는 음가가 [ʔ]이므로 中古音影母의 재구음을 확증해주는 좋은 증거가 된다. 『四聲通解』卷頭에 실려있는 <廣韻三十六字母之圖> <韻會三十五字母之圖> <洪武韻三十一字母之圖>가 모두 影母를 ㆆ[ʔ]로 표기하였다.

喩母三等 즉 于母는 三等에만 나타나고, 匣母는 一二四等에만 나타

난다. 『切韻指掌圖』「檢例」에서 이미 匣母·喩母의 互切상황을 밝혔다. 이 「檢例」에 실린 <辨匣喩二字母切字歌>는 다음과 같다.

> 匣闕三四喩中覓, 喩虧一二匣中窮, 上古釋音多具載, 當今篇韻少相逢。戶歸切幃, 于古切戶。

匣母는 三四等이 없으니 喩母에서 찾고, 喩母는 一二等이 없어 匣母에서 찾는다. 上古문헌의 音注에는 이런 互切의 예가 많이 실려있으나 지금 韻書들에서는 보기 드물다. '戶歸切 幃'나 '于古切 戶'같은 예이다.

喩三으로 제한하지 않고 喩三四라고 한 것과 匣母를 一二四等이라고 보지 않고 一二等이라고 한 것은 정확한 서술이 아니지만, 문미에 注로 단 反切의 예는 정확히 匣母와 于母가 互切하는 예이다. 幃는 于母자인데 匣母자 戶를 反切上字로 하였고, 戶는 匣母자인데 于를 反切上字로 하였다. 幃의 『廣韻』反切은 雨悲切과 又切로 許歸切이 있어 匣母의 자취를 볼 수 있다. 戶의 『廣韻』反切은 侯古切이다.

曾運乾은 「切韻五聲五十一紐考」(1927)와 「喩三古讀考」(『東北大學季刊』第二期, 1927, pp.57-78; 『古聲韻討論集』 楊樹達輯錄, 1969, pp.39-78)에서 喩三이 古代에는 匣母와 동일한 하나의 聲母였음을 밝혔다. 그는 「喩三古讀考」에서 각종 고문헌에 나타나는 '喩三古歸匣'의 音注反切을 광범위하게 예시하였다. 葛毅卿(1932)[23]은 칼그렌의 喩母의 上古音 내원에 대한 검토를 하면서 于母와 匣母의 밀접한 관계를 나타내는 위에 인용한 『切韻指掌圖』「檢例」의 문장과 唐寫本『切韻』殘卷(王國維手寫本)에 나오는 于母자 '雲'·'越'의 反切, '戶分反'·'戶伐

---

23) 葛毅卿 KU Ye-ching. "On the Consonantal Value of 喩-Class Words," *T'oung Pao* vol 24, Leide: 1932, pp.100-103.

反'[24])을 근거로 하여 中古音 于母의 재구음을 ɣ로 세워 匣母와 합치고, 以母의 재구음도 半母音(자음적인)으로 새로 세웠다. 羅常培는 「經典釋文和原本玉篇反切中的匣于兩紐」(1939)에서 葛毅卿의 설을 뒷받침할 『經典釋文』과 原本『玉篇』의 反切중 匣母와 于母가 系聯되는 예를 들었는데,『經典釋文』보다 原本『玉篇』이 이 두 字母의 혼란현상이 더욱 심하다고 하였다. 그 뿐 만 아니라 그는 南齊의 시인 王融(468~494)의 雙聲詩와 北周의 시인 庾信(513~581)의 雙聲詩를 예로 들어 匣·于 두 聲母자를 雙聲으로 보았다는 사실을 증명하였다. 이와 같은 사실을 근거로 하여 그는『切韻』의 匣母는 ɣ, 于母는 ɣj로 재구하였다. 董同龢 (1968, 153-4)도 그와 동일한 주장을 하였다.『切韻』이전에 같은 聲母였던 匣母·于母는 中古시기가 되면, 一二四等韻에만 나타나는 匣母자의 성모는 구개화되지 않았으나, 三等韻에만 나타나는 于母자의 聲母는 모두 介音 j의 영향으로 구개화되었는데, 구개화된 ɣ와 구개화되지 않은 ɣ가 청각적으로 다른 聲母보다는 또렷하게 구분되기 때문에『切韻』이 匣母와 于母의 反切을 나눈 것일 가능성이 있다는 것이다. 이는 幇系나 見系같은 다른 聲母의 反切이 두 류로 나뉘는 것과 같은 특성을 가진 것이므로 이들의 再構音도 마찬가지로 匣母는 ɣ로, 于母는 三等介音 j를 붙여 ɣj로 재구하였다. 于母는 唐末 韻圖시기가 되면 口蓋化ɣ가 소실되어 以母와 섞였을 것이다. 그리하여 三十六字母의 喩母로 합쳐졌을 것이다.

董同龢는 中古에서 現代로의 성조변화에 있어서 上聲자의 全濁과 次濁이 서로 다른 변화를 하는데 현대방언에서 全濁音 于母가 以母처럼 去聲이 되지 않고 上聲 그대로 있는 次濁의 변화에 따른 것을 보면 于母가 以母에 병합된 것이 그리 늦지 않은 中古시기의 변화로 보인다고

---

24)『王三本』및『廣韻』은 雲 王分反, 越 王伐反으로 되어 있다. 여기서 인용한『切韻』殘卷은 敦煌에서 발견한 唐寫本으로 파리국가도서관에 소장되어있는 것을 王國維가 手寫한『切一』·『切二』·『切三』의 세 가지 중의『切三』이다.

하였다. 상용자인 雄·熊이 于母자인데도 불구하고 蘇州·溫州의 吳方
言이 j로 발음하는 것을 제외하고는 전체 官話方言·長沙·南昌음에서
는 ɕ로, 梅縣·廣州·廈門·潮州 즉 남방방언에서는 h로, 福州는 x로,
雙峰에서는 ɣ로 발음하는 것은 匣母와 일치하므로 喩三入匣의 자취로
볼 수 있다. 以母는 零聲母 ∅ 이다. 喉音의 中古音은 다음과 같다.

三十六字母	影	曉	匣	喩三	喩四
五十一聲類	烏·於	呼·許	胡	于	以
中古音	ʔ	x	ɣ	ɣj	∅

4-2-9 半舌音과 半齒音─來·日

來母의 反切上字는 一二四等에 많이 나타나는 盧類와 三等에 많이
나타나는 力類의 두 가지로 나뉜다. 이 來母의 두 류의 경계도 대부분의
字母와 마찬가지로 절대적인 것은 아니다. 日母는 而類 한 류로 三等에
만 나타난다. 來母는 韻圖에서 半舌音이라고 하므로 舌音에 가깝고, 日
母는 半齒音이라고 하므로 齒音에 가깝다고 전제할 수 있다. 現代方音
을 보자.

	來母	日母	
北京	l 98%	ʐ 90%	
濟南	l 98%	l 30%	ʐ 55%
西安	l 97%	v 32%	ʐ 55%
太原	l 99%	z 90%	

漢口	n 98%	n 57%	ɸ 42%
成都	n 97%	z 90%	
揚州	l 98%	l 77%	ɸ 22%
蘇州	l 98%	z 64%	ȵ 25%
溫州	l 97%	z 42%	ȵ 23% ɦ 26%
長沙	n 95%	ʐ 42%	ɸ 53%
雙峰	n 97%	ɸ 88%	
南昌	l 97%	l 62%	ɸ 25%
梅縣	l 98%	j 53%	ȵ 38%
廣州	l 99%	j 92%	
厦門	l 94%	dz 68%	l 18%
潮州	l 92%	z 79%	
福州	l 99%	l 21%	ɸ 60%

來母는 官話方言지역인 漢口・成都 및 湘方言 長沙・雙峰이 n인 것을 제외하고는 모두 l이다. 이 n음 지역에서는 n과 l을 구분하지 않는다. 즉 中古音 泥母와 來母자가 모두 n이다. 이들을 제외하고는 來母는 方音이 l로 상당히 일치하고 있다. 中古音에서 n은 舌音 泥母의 音이므로, 半舌音 來母는 舌尖邊音 l로 재구된다.

日母는 現代方音이 來母와는 달리 여러 가지 음으로 갈라져있다. 北京은 소수의 捲舌韻母자 二兒而耳등이 零聲母 ɸ인 것을 제외하고는 모두가 捲舌濁擦音 z이며, 濟南・西安에서는 소수의 ɸ聲母 捲舌韻母자(二兒而耳등) 및 일부 글자가 l, v인 것을 제외하고는 과반수가 z이다. 非官話지역에서는 湘方言지역인 長沙가 z가 절반정도 된다. 그 이외의 방언에는 일체 捲舌音聲母 z가 없다. 太原・成都・蘇州・溫州・潮州는 대다수 또는 과반수가 z이다. 濟南・揚州・南昌・厦門・福州는 다수 또는 일부가 l이다. 厦門은 다수가 dz이다. 梅縣・廣州는 j가 과반수 내지는 대다수이며, 漢口에 n, 중부방언과 梅縣에 ȵ가 나타난다. 長沙・雙峰・福州는 대다수가 零聲母이다. 官話方言지역인 漢口와 揚州

도 零聲母가 상당히 나타난다. 二兒而耳등 捲舌韻母자는 소수이나, 이
들 글자는 여러 방언에서 零聲母 ϕ 로 나타난다. 이상의 方音에서 零聲
母는 모종의 자음성모가 탈락한 결과로 본다(零聲母는 喩母四等의 재구음
이다). 요약하면, 日母자의 方音은 ϕ z ʐ ȵ l j n v dz ɦ 등이다.

그렇다면, 탈락한 음은 무슨 음인가? 여러 가지 方音의 상황으로 볼
때 濁擦音(z ʐ)이나 鼻音(n ȵ)일 가능성이 크다. 여기서도 董同龢
(1968, 155)가 말한대로 日母를 次濁으로 보는 韻圖의 체재가 큰 도움
이 된다.(次濁을 『韻鏡』은 淸濁, 『四聲等子』는 不淸不濁, 『切韻指南』은
半淸半濁으로 칭함). 日母의 上聲자의 성조변화를 살펴보면, 대다수의 방
언에서 明母나 泥母등처럼 去聲으로 변하지 않고 上聲으로 남아있는 것
을 보면, 이 日母 역시 鼻音으로 볼 수 있다. 半齒音이라는 명칭으로 볼
때 또한 齒音과 가깝고 章系처럼 三等에만 나타나므로 舌面鼻音으로 재
구할 수 있다. 그러므로 ȵ(폴리블랭크는 ɲ로 표기함)가 된다. 이 재구음
ȵ는 李榮(1956, 125-6)의 梵漢對譯자료에서도 증명된다. 칼그렌은 ńź
로 재구하였는데, 이는 여러 가지 方音을 두루 고려하여 濁擦音과 鼻音
의 요소를 합쳐 만든 음으로 음성학적으로 받아들이기 어렵다.

三十六字母	來	日
五十一聲類	盧·力	而
中古音	l	ȵ

中古音聲母表

七音		全清	次清	全濁	次濁	全清	全濁
脣音		幫p 博方	滂p‘ 普芳	並b 蒲符	明m 莫武		
舌音	舌頭	端t 都	透t‘ 他	定d 徒	泥n 奴		
	舌上	知ţ 陟	徹ţ‘ 丑	澄ɖ 直	娘n 女		
牙音		見k 古居	溪k‘ 苦去	群g 渠	疑ŋ 五魚		
齒音	齒頭	精ts 作子	清ts‘ 倉七	從dz 昨疾		心s 蘇息	邪z 徐
	正齒	莊tʂ 側	初tʂ‘ 初	崇dʐ 士		生ʂ 所	俟ʐ 俟
	正齒	章tɕ 之	昌tɕ‘ 呂	船dʑ 食		書ɕ 式	禪ʑ 時
喉音		影ʔ 烏於	曉x 呼許	匣ɣ 胡	喻ɣj 于 / 喻四 ∅ 以		
半舌音					來l 盧力		
半齒音					日nʑ 而		

4-3 韻母體系

중국어의 음절은 聲母·介音·주요모음·韻尾(CMVE)로 분석한다.
『切韻』음운체계에서의 음절도 역시 마찬가지로 聲母·介音·주요모음·韻尾의 네 단으로 분석한다. 그러므로 운모체계는 성모를 뺀 나머지 부분 즉 介音·主要母音·韻尾로 구성되어 있으며, 韻母체계의 분석에 있어서 보통 이 세 가지 요소별로 고찰해나간다.

앞서 나열한 『廣韻』의 206운, 그리고 『廣韻』反切下字 1,200여자의

系聯으로 얻은 319韻類를 기본골격으로 하고 韻圖자료에서 얻은 四十三轉·十六攝·四等·開合·內外轉·重紐·重韻등의 等韻이론을 참고로 하여『切韻』의 운모체계의 틀을 세우고 現代方音을 참고하여『切韻』의 운모체계 즉 中古音의 운모체계를 재구할 수 있다. 이 운모체계를 재구하는데 있어서는 성모의 경우처럼「中古漢語聲母的演變」과 같은 現代方音자료 분석 데이타가 없어서 일목요연한 자료의 제시는 어렵다. 그러므로 여기서는 주로 칼그렌 이래로 여러 학자들이 제시한 기존 자료들과 재구음을 참고로 하여 운모체계를 재구한다.

앞에서 206운에 四聲을 상응시켜 얻은 61운 체계를 다시 인근 운들끼리 16묶음으로 묶을 수 있고 이들의 경계가 十六攝과 일치한다고 하였다. 이와 같이 한 攝으로 묶이는 운들을 現代方音이나 韓國漢字音으로 대략적으로 살펴보아도 우선적으로 드러나는 공통점이 韻尾가 동일하다는 점이다. 즉 몇 개의 운들을 轉이나 攝으로 합병한 일차적 조건은 동일한 운미이다. 운미가 다른 운들끼리는 한 轉이나 한 攝이 될 수 없다. 韻尾는 介音이나 주요모음보다 훨씬 단순하므로 음운학자들은 대체적으로 韻尾부터 분석하여 들어간다.

4-3-1 韻尾

韻書는 어디까지나 詩賦의 押韻등을 위한 참고서로서 존재하였기 때문에, 韻尾는 주요모음과는 불가분의 관계로서 이 둘은 항상 한 단위로서 존재하면서 다양한 운을 이루었으며, 韻尾자체만을 독립적인 단위로 분리해볼 필요가 없었다. 따라서 다양한 韻尾에 대한 고유 명칭도 없었다. 等韻에서도 韻尾를 독립적으로 분석하지 않았으며 入聲韻을 平上去의 舒聲韻과 구분하는 韻書의 조치 이상을 벗어나지 않는데, 또한 이것은 韻尾의 구분이라기보다 聲調의 구분이다. 이러한 전통은 이십세기까

지 이어져 내려오며 1918년에 공포한 현대중국어음표기체계인 注音符號
도 주요모음과 운미를 한 단위로 묶어 보는 전통적인 운서의 개념을 그
대로 따랐다.

明代이후로 曲韻家들 사이에서 등장하기 시작한 다양한 韻尾에 따른
명칭으로 直音·收噫·收鳴·抵齶·穿鼻(鼻音)·閉口·滿口·撮口
등이 있다.25) 直音은 韻尾가 없는 -∅, 收噫는 韻尾가 -i, 收鳴는 韻尾
가 -u, 抵齶은 韻尾가 -n, 穿鼻는 韻尾가 -ŋ, 閉口는 韻尾가 -m, 滿口
는 韻尾없이 주요모음이 u인 合口直音, 撮口는 韻尾없이 주요모음이 ü
인 撮口直音을 가리킨다. 이러한 술어들이 中古音시기의 술어가 아니고
明淸代의 술어이지만(入聲을 가리키는 술어는 없다), 中古音韻尾를 분석
하는 데에 있어서도 필요시에는 이 술어들을 사용하면 편리하다.

淸代古音學者들의 中古音을 나타내는 술어로서 韻尾의 차이에 따라
陰聲韻·陽聲韻·入聲韻이라고 하는 명칭이 있다. 陰聲韻은 韻尾가
鼻音도 塞音도 아닌 운, 陽聲韻은 韻尾가 鼻音인 운, 入聲韻은 韻尾가
塞音인 운을 말한다. 또 陰聲·陽聲을 합쳐서 舒聲, 入聲을 促聲이라고
도 한다. 61운을 十六攝으로 묶은 주요조건은 韻尾의 동일함이라고 하
였다. 十六攝에서 通江宕梗曾臻山咸深의 九攝은 陽聲韻이고 나머지 止
蟹效果假遇流의 七攝은 陰聲韻이다. 그리고 入聲韻은 韻書의 四聲相

---

25) 乾隆년간 沈乘麐이 지은 『韻學驪珠』(1792)는 詞曲제작을 위한 曲韻書로서 『曲韻驪
珠』라고도 한다. 舒聲二十一韻과 入聲八韻 모두에 鼻音·直音·收噫·抵齶·收
鳴·滿口·撮口·閉口등의 주가 달려있다. 이때 북방에는 이미 入聲이 소실된지 오래
되어 舒聲과 동일하게 되었으나 여기서는 入聲八韻을 따로 세우고, 각 小韻字에 "北叶
○"로 동음舒聲字를 달아주었다. 즉 북방에서는 入聲이 아닌 ○자와 같은 음이라는 것
이다. 각 운의 韻目字 밑에 주를 단 방식은 收(入)鼻音·直出無收·收(入)噫音·撮口
(韻)·滿口(韻)·抵齶收音·收入鳴音·閉嘴收音등이다. 明淸代의 이러한 술어들은
실은 운이 어떻게 끝맺는가를 형용하는 말임을 알 수 있다. 이 曲韻書는 『中州韻』을
저본으로 하고 『中原音韻』과 『洪武正韻』등 여러 운서들을 참조하여 지었다고 한다. 入
聲韻전체와 일부 글자에 北音을 注로 밝힌 것은 이 운서가 南·北曲 모두를 위한 韻
書임을 말해준다.

應의 배합대로 陽聲韻攝속에 포함된다. 通攝속에 舒聲韻 東冬鍾운과 함께 入聲韻 屋沃燭운이 포함되고, 江攝속에 江운과 覺운, 宕攝속에 唐陽운과 鐸藥운이 포함되는 것… 등으로 陽聲韻九攝에는 모두 짝이 되는 入聲韻이 포함되어있다.

현대방언 중에서 粤方言과 閩南方言의 字音[26]을 살펴보면 陽聲韻九攝중에서 通江宕梗曾 五攝의 陽聲韻은 穿鼻 -ŋ, 入聲韻은 塞音 -k이고; 臻山 二攝의 陽聲韻은 抵鄂 -n, 入聲韻은 塞音 -t; 咸深 二攝의 陽聲韻은 閉口 -m, 入聲韻은 塞音 -p이다. 이러한 陽聲韻 -ŋ -n -m과 이와 상응하는 入聲韻 -k -t -p의 분포상황은 韓國漢字音에서도 동일하게 나타나며,[27] 역대운서·운도의 체재에서도 증명된다. 따라서 中古音 韻尾는 粤方言·閩南方言字音등에는 전부 보존되어 있지만, 다른 지역 방언들은 모두 많고 적은 합병이나 소실의 변화를 거쳐서 현재의 다양한 方音으로 형성된 것으로 볼 수 있다. 入聲韻에서는 塞音韻尾가 모두 소실되기도 하고(대부분의 官話方言), 또는 喉塞音운미가 되거나(吳方言), 또는 모두 -k로 변하는(福州) 변화를 거쳤고; 陽聲韻에서는 閉口 -m이 抵鄂 -n으로 변하거나(官話方言), 또는 -m 뿐만 아니라 -n도 모두 -ŋ이 되어 陽聲韻전부가 -ŋ이 된 경우(福州), 梗曾攝이 -n이 된 경우(西南官話), 曾攝이 -n이 된 경우(客家) 등등의 다양한 변화를 하였다.

通江宕梗曾의 五攝을 舌根音韻尾(陽聲은 -ŋ, 入聲은 -k)를 가진 韻攝으로 보는 설이 일반적이다. 그러나 이 점에 대하여 다음과 같은 새로운 의견이 제기되었다. 韻尾별로 攝이 형성되었다고 할 때, 十六攝에서

---

26) 『漢語方音字滙』는 字音을 "文"으로, 話音을 "白"으로 注하였다.
27) 入聲韻尾 -t가 한국한자음에서 일률적으로 -ㄹ로 나타나는 것은 별개의 문제로 아직 이에 대한 정확한 설이 정립되어있지 않다.

유독 舌根音운미만 다섯攝이나 된다는 것이 보통 두 攝 많아야 세 攝으
로 이루어진 다른 운미와는 형평성에 어긋나며, 舌根音韻尾의 다섯 攝
의 주요모음을 어떻게 재구하여 이 다섯 攝을 구분하느냐는 문제가 생기
게된다. 그래서 梗・曾攝을 舌面音韻尾 -ɲ로 보는 설이 대두하게 된
것이다. 하시모토 만타로오(橋本万太郞, 1970)가 최초로 梗攝 舌面音韻
尾 -ɲ/-c설을 제기하였다(陽聲韻은 -ɲ/入聲韻은 -c). 그는 中古音 및 현
대방언의 내적 증거(internal evidence)를 들었다. 中古音에서 鼻音聲母
에는 脣音(明母)・舌尖音(泥母)・舌面音(日母)・舌根音(疑母)의 네 가
지가 있었으므로, 鼻音韻尾 즉 陽聲韻에서도 똑같이 네 가지 韻尾가 있
었을 것이라는 것이다. 中古音 開口二等 牙喉音聲母가 북방방언에서는
모두 口蓋音化하는 변화를 거쳤는데, 梗攝만은 이 변화에서 예외가 많
은 점(哽gěng, 格gé, 耿gěng, 革gé,…), 牙喉音과 口蓋音의 二讀현상
(更gēng・jīng, 耕jīng・gēng, 傾qīng・kēng,…), 또한 梗攝字가 官話
에서 간간이 -n으로 나타나는 현상(皿mǐn, 浜bīn, 橙chén, 貞zhēn, 馨
xīn,…)등등과 같은 이례적인 현상을 설명하기 위해서는 梗攝의 舌面音
운미의 설정이 필연적이라고 하였다. 舌面音운미 -ɲ/-c의 존재가 牙喉音
의 구개화(舌面音化)를 저지한 가장 강력한 요인으로 추정하였다. 즉 舌
面音운미의 異化현상으로 성모의 舌面音化가 이루어지지 않은 것이고,
이러한 舌面音운미가 官話에서 나타나는 -ŋ/-n의 교체현상도 합리적으
로 설명할 수 있다고 하였다.28)

薛鳳生(1985, 41)은 하시모토의 이 일부 梗攝의 舌面音운미설에서
한 걸음 더 나아가 梗・曾攝전체가 舌面音으로 끝나는 韻攝으로 보았
다. 이 둘의 等韻에서의 위치 및 후대의 동일한 변화상황으로 볼 때 이
두 攝을 같은 舌面音운미로 보지 않을 수 없다고 하였다. 그는 하시모토

---

28) Hashimoto J. Mantaro. "Internal Evidence for Ancient Chinese Palatal Endings,"
   Language 46-2, 1970, pp.336-365. p.348 참조.

의 -ɲ/-c를 -ɲ/-ḱ로 바꾸어 표기하였다. 中古音의 재구작업이 음성의 기술이라는 음성학적 분석태도와는 일정한 거리가 있는 이상, 기존 문헌자료를 통한 분석의 결과, 이 梗曾攝의 운미의 특성은 기타 舌根音운미를 가진 通・江・陽의 세 韻攝과의 차별화를 요구하므로 음소론적인 분석을 하지 않을 수 없게 된다는 薛鳳生의 주장과 더불어 梗曾攝의 이와 같은 재구음은 상당히 계발적이며 혁신적이라고 생각되지만, 이 책에서는 薛鳳生의 음소론적 분석을 中古音재구의 기본이론으로 하지 않으므로 전체체계의 정합성을 위하여 梗曾攝을 -ŋ/-k로 보는 일반론을 수용한다. 그러나 하시모토나 薛鳳生의 이와 같은 설은 우리에게 새로운 인식의 전환과 방법론을 제시해주고 있다.

陰聲韻 七攝중에서 果假遇三攝은 直音 즉 零韻尾 -∅이며, 蟹攝은 收噫 -i, 流效二攝은 收嗚 -u이다. 이 六攝의 운미는 明淸詞曲家의 韻尾명칭과도 일치하며, 칼그렌 이래로 대개의 학자들의 이 여섯 陰聲韻攝의 韻尾에 대한 견해가 이견이 없이 일치한다. 그러나 문제는 止攝이다. 역대음학자들이 모두 이 攝에 대한 이해가 혼란스럽다. 『韻學驪珠』에는 止攝에 해당하는 운들(支時, 機微)을 모두 直音으로 注하였다. 칼그렌(1940, 489-493)도 이 止攝의 네 가지 重韻을 재구하는데 있어서 現代方音이 이들의 차이를 나타내주지 않으므로 어려움을 말하였다. 결국 支는 -jie, 脂・之는 -ji, 微는 -jei로 재구하여, 같은 止攝에 속한 운들의 운미가 동일하지 않은 형국이 되었다. 이는 攝의 기본정의에 어긋나는 재구음이므로, 薛鳳生(1985, 41)의 견해대로 止攝을 蟹攝과 함께 收噫 -i로 보아야할 것이나, 支韻문제는 좀체로 해결하기 어렵다. 十六攝별 韻尾를 도표로 나타내면 다음과 같다.

陰聲		陽聲	
攝	韻尾	攝	韻尾
遇 果 假	直音 -∅	深 咸	收雙脣音 -m/-p
止 蟹	收噫 -i(支韻예외)	臻 山	收舌尖音 -n/-t
流 效	收嗚 -u	通 江 宕 梗 曾	收舌根音 -ŋ/-k

4-3-2 介音

운서는 詩賦의 押韻을 참고하기 위하여 편찬된 것이므로 본질적으로 介音에 대한 배려가 없다. 押韻의 조건은 韻(주요모음+韻尾)이 같은 것으로 족하며, 聲母나 介音과는 전혀 상관이 없기 때문에 切韻系韻書에서 介音에 대한 체계적인 정보를 얻기는 어렵다. 그러나 우리는 反切下字의 系聯 결과와 韻圖에서의 等位를 비교·대조하여 介音을 분류하고 現代方音을 통하여 介音의 음가를 추정할 수 있다. 介音에 대한 기존 연구성과에 의하면, 介音은 韻의 開合과 洪細를 결정한다. 그렇다면, 開合을 나타내는 介音과 洪細를 나타내는 介音의 두 가지가 있음을 알 수 있다. 우선 開合에 대하여 살펴보자.

4-3-2-1 開口와 合口의 음의 차이

開合은 앞서 韻圖의 체재에서 이미 설명된 바와 같이 『韻鏡』에서 처음 나오는 용어이다. 開와 合은 각각 현대음성학에서의 不圓脣(unrounded)과 圓脣(rounded)에 해당되는 것으로 본다. 開口(=開口韻)는 介音이 없는 운이며, 合口(=合口韻)는 介音 -u-(또는 -w-)가 있는 운이다. 운서의 특성상 開合韻의 分韻이 일정한 규칙이 있는 것이 아니므로 陸法言의 『切韻』은 193운이고, 『王本』은 195운이고, 『廣韻』은

206운으로 차이가 나게 된 것이다. 『王本』은 『切韻』에서 上聲과 去聲이 한 운씩 늘어 195운이 된 것이고, 여기서 다시 眞軫震質・寒旱翰曷・歌哿箇운에서 合口字를 분리하여 諄準稕術・桓緩換末・戈果過운의 3組 11개의 合口韻을 새로 세웠기 때문에 『廣韻』의 206운이 된 것이다. 그러므로 韻書에서는 開合의 구분이 절대적인 것이 아니었다는 것을 알 수 있다. 따라서 칼그렌(1940, 462-466)이 開合分立韻(一等韻)의 合口介音은 강한 -u-, 開合一韻(二三四等韻)[29]의 合口介音은 약한 -w-로 구분하여 재구한 것은 韻書의 分韻으로 보나, -u-와 -w- 두 음의 차이가 없는 現代方音으로 보나 불합리한 재구이다. 董同龢・李榮등 대부분의 학자들은 中古音에서 合口介音은 한 가지 음(-u- 또는 -w-)으로 본다. 이 책에서는 合口介音을 -w-로 본다.

4-3-2-2 脣音의 開合문제

開合의 문제와 밀접한 관계가 있는 것이 脣音이다. 脣音의 開合문제는 해묵은 논쟁거리이다. 等韻門法에서도 『切韻指掌圖』의 <辨獨韻與開合韻例>, 『切韻指南』의 <辨開合不倫>, 그리고 이에 영향을 받아 나온 眞空의 <開合門>등은 바로 脣音의 開合의 혼란으로 야기된 문제를 反切의 예를 들어 설명하고 있다. 反切下字와 被切字는 開合이 일치하는 것이 정례이다. 그러나 『廣韻』反切에서 脣音이 反切下字나 被切字가 되는 경우에 開合이 맞지 않는 反切이 종종 나타난다. '居万切建'(願韻)에서 反切下字 '万'은 脣音으로 願韻 合口字인데 被切字 '建'은 願韻 開口字이다. '莫旱切 滿'(緩韻)에서는 反切下字 '旱'은 緩韻 開口字인데 被切字는 脣音 '滿'이며 緩韻 合口字이다. 한 脣音字가 開口字의 反切下字로 쓰이기도 하고 合口字의 反切下字로 쓰이기

---

29) 眞軫震質・諄準稕術은 三等韻으로 開合分立韻이므로 諄운은 -u-이다.

도 한 黚韻의 예(所八切 殺: 戶八切 滑)를 보면, 開合의 혼용현상이 한 눈에 드러난다. 『韻鏡』에 '殺'은 外轉二十三 開口圖에, '滑'은 外轉 二十四 合口圖에 실려있다. 그러나 脣音反切下字 '八'은 二十三·二 十四 두 圖에 다 실려있다. 『七音略』은 '八'이 '滑'과 함께 外轉二十 四 輕中重 즉 合口圖에 있고, '殺'은 홀로 外轉二十一 重中輕 즉 開 口圖에 있다. 『四聲等子』이후의 韻圖도 『七音略』과 마찬가지로 '八' 이 合口 한 곳에만 수록되어 있다. 이와 같이 韻圖에 따라서 脣音의 수 록양상이 다른데, 가장 큰 차이는 開·合口圖로의 귀속이 韻圖마다 조 금씩 차이가 있다는 점이다. 宋元五大韻圖인 『韻鏡』·『七音略』·『四 聲等子』·『切韻指掌圖』·『切韻指南』은 江·皆·祭·佳·仙·庚· 淸운에서의 脣音의 開·合口 歸類가 차이가 난다. 예를 들면, 祭韻은 『韻鏡』·『七音略』·『切韻指南』은 脣音을 開口에, 『四聲等子』·『切 韻指掌圖』는 合口에 수록하였고; 庚韻은 『韻鏡』·『七音略』·『切韻指 掌圖』·『切韻指南』은 開口에, 『四聲等子』는 合口에 수록하였다. 위의 운들 중에는 開合에 나누어 실은 예(『韻鏡』 佳韻: 平·上聲은 開口, 去聲 은 合口)나 중복수록한 예(『切韻指掌圖』 佳·皆韻平上去入聲의 위치에 15개의 脣音字가 第十七圖 開口와 第二十圖 合口의 두 圖에 동시에 나타 남)와 같은 예외적인 처리도 소수 나타나지만 대부분은 脣音자들을 일률 적으로 開口이면 모두 開口에, 合口이면 모두 合口에 수록하였다.

이와 같은 현상에 대하여 칼그렌(1940, 42-3)은 中古脣音聲母 p는 입 술을 내밀어 발음하므로 자연적으로 合口의 색채를 띤 p^w로 발음되어 이 뒤에 나오는 韻母에 合口 색채를 가미해주게 되는 것이 反切이나 韻圖 에서 脣音의 開合의 혼란현상으로 이어진 것이라고 설명하였다. 즉 合口 와 유사하게 들리지만 실은 開口인 $p^w a$ 와 진정한 合口인 $p^w ua$ 사이에 음의 차이가 존재하는데 청각적으로 구분하기가 어려우므로 反切제작자들이나 韻圖제작자들이 자칫 잘못하면 開·合口가 틀리게 되는 현상이 발생한 결과로 이 문제를 푼 것이다.

그 후로 여러 학자들이 이 脣音의 開合 문제에 대하여 언급하였으나 脣音聲母字에 있어서는 開合의 최소변별쌍(p^wat:p^wuat)으로 대립이 되는 反切이 거의 없고, 韻圖에서의 각 운의 脣音字의 처리도 모두 開口 아니면 모두 合口圖에 귀속시켜 開合兩圖에 분립한 예가 거의 없으므로 음소론적인 견지에서 脣音字는 開合의 대립이 없다고 하는 주장이 우위를 점하고 있다. 이러한 견해의 대표적 학자로는 趙元任(1941, 218)·董同龢(1968, 158-9)·李榮(1956, 130)등이 있다. 趙元任(1941, 219)이든 傍자는 한 글자가 平聲·去聲의 二音을 가진 예로 脣音의 開合문제의 갈등을 해소시키는 단적인 예이다. 『廣韻』에서 '傍'은 唐韻 脣音자인데 反切은 '步光切'이다. 反切下字 '光'은 非脣音字로 合口이므로 '傍'은 b'uâng[30])으로 재구된다. '傍'은 또한 去聲 宕韻에도 수록되었고 反切은 '蒲浪切'이다. 반절하자 '浪'은 역시 非脣音字이지만 開口이므로 b'âng이 된다. 그런데 문제는 이 去聲 宕韻에 실린 '傍'자에 '蒲浪切'외로 '又蒲郎切'이라는 平聲音 又切이 실렸는데, 이 反切은 곧 平聲의 '步光切'을 가리키는 音인데도 불구하고 反切下字가 '光' 같은 合口字가 아닌 開口字 '郎'이다. 反切제작자는 '步光切'과 '蒲郎切'이 開合의 차이가 있는 異音으로 인식한 것이 아니라 동음으로 인식한 것이다. 다시 말해서 이 反切의 예는 中古音시기에 唐운에서 脣音의 開合의 차이라는 것은 아무런 의미가 없었다는 것을 말해준다. 그러므로 趙元任(1941, 223)은 開合의 대립이 없는 이러한 脣音을 단순하게 모두 開口, 또는 그냥 "脣音"으로 취급하고 후에 輕脣化된 脣音만을 合口로 취급하는 방법을 제시하였다.

---

30) 이 논문에서 자오는 칼그렌의 "Grammata Serica"(1940)의 표기를 따랐다.

4-3-2-3 介音과 輕脣化문제

脣音의 開合口 문제는 또 다시 脣音의 輕脣化 문제로 연결된다. 칼그
렌(1940, 37, 417)은 샤안크(S. H. Schaank. "Ancient Chinese
phonetics" T'oung Pao, 1897, 1898)가 제기한 中古초기의 雙脣音
이 후기의 脣齒音이 된 조건이 '三等+合口'라는 설을 받아들여 대개
唐代초기 이후에 三等 j化聲母와 聲母뒤에 u(w)가 따르면 重脣이 輕脣
이 되었다고 하였다. 그후로 이제까지도 董同龢등 대부분의 학자들이 이
설을 그대로 따르고 있으나, 사실은 위에서 논의한대로 "脣音字不分開
合"이라는 명제를 확정한 상황에서 輕脣化의 두 가지 조건 중의 하나인
'合口'는 논리적으로 성립될 수 없다. "脣音字不分開合"설을 처음 증명
한 당사자인 趙元任(1941, 223-7)은 輕脣化된 脣音만은 合口로 보자는
타협을 하였으나, 결국은 脣音에는 타성모의 合口와 같은 合口가 없으며,
칼그렌이 제기한 '三等+合口'라는 輕脣化조건이 음성학적으로 설명되
기 어려울 뿐 아니라 많은 예외적 상황을 타당성 있게 설명하지 못하였기
때문에 이를 輕脣化의 기준으로 삼을 수 없다고 생각하여, 다음과 같은
새로운 가설을 제기하였다. 만일 脣音字에 i(high i)가 있고 그 뒤에 중
설모음이나 후설모음이 따를 경우에는 턱이 뒤로 수축되어 아랫입술이 윗
니에 닿게 되는 경향이 있어 輕脣音이 된다고 하였다. 이러한 가설하에서
輕脣化한 열 개의 운 廢・凡・元・陽・虞・微・尤・文・東三・鍾韻
을 설명하였는데, 庚韻 -i(w)eng의 경우는 輕脣化의 조건에 알맞게 i음
뒤에 중설모음 e가 오는데도 불구하고 輕脣化하지 않은 이유를 합리적으
로 설명하지는 못하였다. 그 뒤로 나겔(Paul Nagel, 1942)에 이어 周法
高(1948d, 206, 210-1; 1948e, 417,443)가 베트남漢字音과『玄應一切
經音義』의 反切로써 輕脣化하지 않은 예외적인 庚韻 및 東三(屋三)・
尤韻의 明母字들을 모두 합리적으로 설명하여 趙元任이 세운 輕脣化조

건의 가설을 증명하였다.[31] 그러므로 中古音초기의 重脣音에서 中古音
후기의 輕脣音으로 변한 조건은 '三等介音과 그 뒤에 오는 후설모음 또
는 중설모음' 즉, '三等+후설모음 또는 중설모음'이라고 할 수 있다.

4-3-2-4 洪音과 細音의 音의 차이

이제 洪細를 나타내는 介音에 대하여 살펴보자. 洪細는 현재 중국어
음운학에서 [±palatalized]의 자질을 가리키는 용어로 사용하고 있다.
洪細, 또는 洪音·細音이라는 이 중국전통음운학 명칭은 언제부터 쓰이
게 되었는지는 불분명하지만, 江永의 『音學辨微』에서 보이는 "一等洪
大, 二等次大, 三等皆細, 四等尤細。"라는 四等을 묘사한 구절에서 유
래한 것으로 생각된다. 이 문장의 문맥을 분석해보면 四等이 우선 一二
等과 三四等으로 이분된다. 一二等을 묶어서 洪音, 三四等을 묶어서 細

---

31) 나겔("Beiträge zur rekonstruktion der Ts'ieh-yün sprache auf grund von Ch'en
Li's Ts'ieh-yün k'au," *T'oung Pao* Vol 36, 1942, pp.95-158.)은 輕脣化의 원칙
을 三等顎化脣音뒤에 후설·중설모음이 오는 것이라고 趙元任과 같은 주장을 하였다.
여기서 東屋尤韻의 明母자는 예외라고 하였고, 庚韻三等의 脣音이 輕脣化하지 않은
것은 음의 변화 — 兵: 中古音pĭweng>pĭwĕng>現代音ping — 때문이라고 하였다
(周法高의 1948d, 206에서 재인용). 周法高는 어음구조나 베트남한자음으로 볼 때 庚
韻은 重紐B류와 동일한 ε 모음으로 -iɛng 이라고 하였다. 그러면, 전설모음이므로 경순
화조건에 맞지 않아 경순화되지 않은 것이며, 따라서 예외가 아닌 것이다. 『廣韻』尤韻
의 謀는 莫浮切인데, 幫滂並母字(浮등)는 輕脣音으로 변하였는데도 이 次濁音 謀는
경순음화하지 않은 예외현상을 설명하기 어려웠으나, 周法高는 『玄應一切經音義』反切
과 『慧琳一切經音義』反切을 근거로 하여 이 글자들이 본래 三等韻자가 아니고 一等
韻字임을 증명하였다. 『玄應一切經音義』의 反切에서 謀는 莫侯反으로 본래 尤韻이
아니고 侯韻이었다. 『切三』도 尤韻말미에 '謀, 莫侯反'으로 되어있다. 또한 세 종류의
『王本』은 모두 '謀, 莫浮反'으로 『廣韻』과 같으나 역시 尤韻말미에 수록되어있으므
로, 『切韻』에서는 본래 侯韻이었는데 『王本』이래로 尤韻에 잘못 수록된 것으로 추정
하였다. 따라서 謀는 侯韻一等자이므로 경순화하지 않은 것은 당연하다. 마찬가지로 東
三·屋三운의 夢目등 次濁音자가 경순화하지 않은 것도 이 글자들은 본래 三等뿐아니
라 一等의 음도 있는 兩讀자였기 때문이라고 하였다. 즉 送韻 夢은 『廣韻』은 莫鳳切
(三等)이지만, 『慧琳』의 反切은 莫貢反·蒙洞反(一等); 屋韻 目은 『廣韻』은 莫六切
(三等)이지만, 『玄應』은 莫鹿反(一等)과 莫六反의 두 개의 음이 있다.

音으로 묘사하였는데,[32] 다시 세분하여 一・二等사이, 三・四等사이에는 각각 '次'와 '尤'로써 정도의 차이가 있음을 나타낸 것을 짐작할 수 있다. 現代方音들을 보면 이러한 洪音・細音의 구분이 대략 들어맞음을 알 수 있다. 十六攝중에서 四等이 갖추어진 蟹・山・效・咸攝의 네 攝중에서 效攝을 들어 一二三四等字의 現代方音을 살펴보자. 聲調표기는 편의상 생략한다. 文白兩讀字는 文讀音을 싣는다.

		北京	蘇州	廣州	福州
一等	褒	pau	pæ	pou	pɔ
	陶	t'au	dæ	t'ou	tɔ
	老	lau	lɔ	lou	lɔ
	早	tsau	tsæ	tʃou	tsɔ
	高	kau	kæ	kou	kɔ
	好	xau	hæ	hou	xɔ
二等	包	pau	pæ	pau	pau
	罩	tʂau	tsæ	tʃau	tau
	鬧	nau	næ	nau	nau
	炒	tʂ'au	ts'æ	tʃ'au	ts'au
	交	tɕiau	tɕiæ	kau	kau
	孝	ɕiau	ɕiæ	hau	xau
三等	苗	miau	miæ	miu	mieu
	趙	tʂau	zæ	tʃiu	tieu
	招	tʂau	tsæ	tʃiu	tsieu
	饒	ʐau	zæ	jiu	ȵieu
	嬌	tɕiau	tɕiæ	kiu	kieu
	要	iau	iæ	iiu	ieu
四等	調	tiau	diæ	tiu	tieu
	料	liau	liæ	liu	lieu
	蕭	ɕiau	siæ	ʃiu	sieu
	澆	tɕiau	tɕiæ	hiu	xieu
	曉	ɕiau	ɕiæ	hiu	xieu

---

32) 江永의 문장자체의 논리에 따르면, 一二等과 三四等의 대비가 '洪細'가 아니고 '大細'가 되어야 할 것 같은데, 그렇게 말하는 학자는 없다. 또한 여기서 洪이니 細니 또는 大니 하는 말의 의미는 모호하기 그지없다. 우리가 중국전통음운학 술어를 이해하는데 있어서 문면에만 의존하여서는 논리적인 분석을 기대하기 어렵다는 점을 단적으로 나타내주는 예이다.

이 效攝四等字의 方音表를 살펴보면 남방방언 廣州·福州는 一二等은 介音 i가 없으며 三四等은 介音 i가 있다. 다시 말하여 一二等은 洪音이고, 三四等은 細音이다. 그러나 北京·蘇州어 즉 官話方言·吳方言의 二等 牙喉音字가 介音 i가 있는 細音으로서 聲母가 口蓋音이며, 三等 知·照系·日母字(北京에서는 모두 捲舌音聲母)가 介音 i가 없는 洪音이라는 사실이 남방방언과 다르다. 이 음들은 후에 발생한 음의 변화로 추정되며, 이 변화는 聲母와 밀접한 관련이 있다.[33] 그러므로 南方方音이 '洪大·次大·(皆)細·尤細' 및 '一二等洪音·三四等細音'이라는 정의에 맞으며, 좀더 古音의 현상을 나타내준다고 할 수 있다. 그러나 江永의 四等洪細설은 어디까지나 淸代(1759)에 나온 설이므로 現代南方方音이 이설에 맞는다고 해서 이들이 곧 中古音의 상황을 대변한다고 보는 것은 以今律古의 우를 범하게 될 수도 있으므로 이를 증명하기 위해서는 다른 근거가 더 필요하다.

4-3-2-5 一二等重韻의 음의 차이

一等과 二等의 차이는 주요모음의 차이가 될 수밖에 없다. 『切韻』에서 一·三等이나 二·三等의 合韻은 있어도, 一·二等의 合韻이 없는 것을 보아도 一·二等의 차이가 주요모음의 차이라는 것이 그대로 나타난다. 칼그렌은 一等과 二等에 속하는 일련의 a류 운들의 주요모음이 一等은 ɑ(grave a: 깊은 a), 二等은 a(aigu a: 얕은 a)라는 가설을 現代方音의 비교를 통하여 증명하였다. 대부분의 학자들은 이 一等[ɑ] 二等[a]설을 그대로 받아들인다.[34]

---

33) 薛鳳生(1986, 110, 119-20)은 '二等韻喉牙音의 顎化'는 『中原音韻』이전 그리 이르지 않은 시기에 발생하였고, '捲舌音聲母 뒤의 顎化介音의 소실'은 明末이후 뒤늦게 일어난 변화로 추정하였다.
34) 풀리블랭크(1984)는 드물게도 一等a: 二等aʳ의 대비로 본다.

이제 一二等 重韻의 문제를 해결하여야 한다. 重韻에는 東冬, 咍(灰) 泰, 皆佳夬, 刪山, 庚耕, 覃談, 咸銜의 일곱 조가 있는데, 이 重韻의 차이는 주요모음의 차이라는 것을 앞에서 이미 설명하였다. 사실상 重韻이라는 개념은 等韻에서 발생한 것으로 韻書에서는 성립되지 않는 개념이다. 이는 重韻이『切韻』이후의 음의 변화를 가리킨다는 薛鳳生의 주장과 일치하는 것으로『切韻』만으로 볼 때에는 重韻은 그냥 단순히 서로 다른 별개의 운일 뿐이다. 그러나 韻圖에서 얻을 수 있는 이 重韻이라는 개념이 우리에게 주는 '重韻사이의 음의 유사성'이라는 정보는『切韻』의 운모체계의 재구에 많은 도움이 된다.

우리는 現代方音들을 비교하여 重韻의 재구음을 얻을 수 있다. 먼저 東冬운을 보자. 現代方音에서 東冬을 구분하는 방언은 없다. 한국·일본·베트남한자음도 마찬가지이다. 대다수의 방언은 이 둘을 모두 -uŋ (北京·南昌·梅縣), 또는 -oŋ(蘇州·潮州)으로 또는 -uoŋ(西安)으로 읽는다. 여기서 도출되는 -uŋ:-oŋ과 -uŋ:-uoŋ의 두 가지 가능태 속에서 칼그렌을 비롯한 대부분의 학자는 후자의 대비를 취한다. 冬鍾 두 운은 『韻鏡』·『七音略』에서 同轉의 一等과 三等에 합재되어 있으므로 같은 주요모음에 三等介音의 차이만 있는 것으로 보는 것이 일반론이다. 따라서 冬은 -uoŋ, 鍾은 -iuoŋ이다.[35] 董同龢(1968, 165)는 鍾韻이 음운변

---

35) 앞에서『廣韻』의 206운은 四聲의 차이를 따지지 않으면 61운으로 준다고 하였다. 押韻의 조건은 '주요모음+운미'의 韻이 동일한 것이다. 그러면 61운은 제각기 韻에 모종의 음의 차이가 있기 때문에 별개의 운으로 분리가 되었을 것이다. 물론『切韻』에서는 한 운이었으나『廣韻』에는 開合口字가 분리되어 開合韻 一組가 되는 眞諄·寒桓·歌戈운의 세트가 있으며, 이는 切韻系韻書들의 전승과정에서 생긴 형식적인 分韻으로서 이들 한 세트의 운의 차이는 단지 合口介音의 有無 뿐이라는 것은 공인된 사실(이들 三組외에도 咍:灰, 痕:魂등 開合一組로 보는 운들이 있어 실제로 음이 서로 다른 운의 수는 61개보다 더 줄어들 수 있다.)인 반면, 단지 洪細의 차이, 즉 顎化介音 j의 有無로 分韻된 운의 세트라는 것은 공인된 것이 없다. 다시 말해서『切韻』에서『廣韻』으로의 分韻의 차이는 洪細의 차이로 나타나는 것은 없다. 그런데도 모든 학자들이 冬鍾·模虞·唐陽·登蒸등을 介音j의 차이만 있는 같은 운모로 보고 있다. 풀리블랭크(1984)가 이 운들 중에서 두 組에 약간의 음의 차이를 둔 것이 전부이다(模ɔ:虞uă, 登əŋ:蒸iŋ).

화에 있어서 合口韻인 虞韻과 일치하는 면이 많으므로 冬鍾운도 이와
같이 合口韻으로 본다고 하였다.36)

　哈泰, 覃談등 a류 모음을 가진 여섯 가지의 重韻의 차이가 주요모음
의 長短이라는 칼그렌의 설을 한국한자음에 근거하여 모음의 음의 차이
에 있다고 정정한 것에 대하여는 앞장의 '重韻' 조에서 설명하였다. 방언
자료에서 뚜렷한 음의 대비가 나타나지는 않으나 일부방언에서 음의 대
비를 어느 정도 찾을 수 있다. 泰韻:哈韻이 溫州(吳方言) aːe, 廣州 aiːɔi
의 대비를 보여주고 있다. 董同龢(1968, 170)가 제기한 上古音의 내원
의 차이를 보면, 泰夬韻은 a, ɑ모음과 관계가 깊고, 哈皆佳韻은 ə, e모
음과 관계가 깊다는 점도 이 重韻의 차이를 규명하는데 도움이 된다. 한
국한자음이 一二等을 막론하고 ㅐːㅣ(aiːei)로 重韻의 차이를 대비시킨
것은 '전설모음:후설모음'이라는 확실한 구별기준을 제공하고 있다고 생
각된다. 이 구별기준 및 제가의 재구음에 근거하여, 一等韻 泰:哈는 -ɑiːɒi,
談:覃은 -ɑmː-ɒm; 二等韻 佳:皆:夬는 -aiː-eiː-əi37)로 재구한다. 刪:山은
現代方音등 자료에서 차이가 전혀 나타나지 않으나, 董同龢(1968, 173)
는 운서에서의 배열순서가 刪은 寒桓에 인접하고, 山은 先仙에 인접한
상황 및 上古音에서 刪은 寒桓元운과 押韻諧聲하고, 山은 眞痕蒸登운
과 관계가 밀접한 사실을 근거로 -anː-æn으로 재구하였으나, 여기서는
타 重韻의 관계와 일관 되도록 刪:山 -anː-en으로 재구한다. 銜:咸의 관
계도 운미만 차이가 있을 뿐 刪:山과 마찬가지이다. 『韻鏡』에서 銜은 談

　그러므로 운이 다르면 '주요모음+운미'가 다르다는 대전제가 어떻게 同轉一三等에 합
　재된 韻圖의 체제에 양보될 수 있는지는 앞으로 깊이 생각해볼 문제이다.
36) 李榮(1956)만은 칼그렌의 재구음에서 合口介音을 삭제하여 冬-oŋ, 鍾-ioŋ이라고 하였
　다. 쯔家寧(1995, 251)은 輕脣化현상이 있는 鍾韻에는 -ju-介音이 필수적이므로 合口
　韻 -juoŋ이 되고, 冬韻도 따라서 -uoŋ이 된다고 하였다. 그러나 輕脣化의 조건이 三等
　合口 -ju-가 아니라 趙元任의 주장대로 '三等+후설모음 또는 중설모음'이라면 쯔의
　주장은 근거를 잃어버리게 된다.
37) 夬 -əi의 재구음은 薛鳳生(1996)을 따른 것이다.

258　中國語音韻學

과 同轉(第四十轉)에 咸은 覃과 同轉(第三十九轉)에 놓은 것은 주요모음의 구별을 한결 쉽게 해준다. 談:覃의 대비와 같이 銜:咸은 -am:-ɐm으로 재구한다. 끝으로 庚:耕의 대비는 -aŋ:-ɐŋ이 된다.

이상에서 살펴본 重韻의 대비를 종합하여 보면, 일관되게 一等韻에서는 ɑ:ɒ의 대비로, 二等韻에서는 a:ɐ의 대비로 나타난다. 운미의 차이만 있을 뿐이다. 이 밖의 一等韻 哈:灰, 痕:魂, 寒:桓, 歌:戈의 네 세트는 開合一組이므로 一組의 운모의 차이는 合口介音 w의 유무에 있을 뿐이다.

4-3-2-6 三四等(重紐포함)의 음의 차이

칼그렌은 中古音의 三等介音으로는 약한 자음성질의 j,[38] 四等介音으로는 강한 모음성질의 i를 재구하였다. 그(1940, 473)가 이 三·四等介音의 차이를 약한 자음성 j와 강한 모음성 i로 재구한 근거는 山攝·咸攝 牙喉音字의 韓國漢字音에 있다. 그는 모든 三·四等韻을 α·β·γ의 세 가지 종류로 분류하였는데, 그의 α류는 普通三等韻과 重紐三等韻을 포함하며, β류는 純三等韻을, γ류는 純四等韻을 가리킨다. 三·四等韻의 韓國漢字音에서 α류와 β류는 i가 없으며(件kən, 言ən, 喧huən, 儉kəm, 險həm), γ류는 介音 i가 있다(見kiən, 研iən, 玄hiən, 兼kiəm, 嫌hiəm). 이로써 γ류 즉 四等韻은 i 介音의 요소가

---

38) 칼그렌의 『中國音韻學研究』에서는 이 三等介音을 i̯로 표기하였고 『古代漢語音韻學槪要』("Compendium of Phonetics in Ancient and Archaic Chinese")에서는 i̯로 표기하였는데, 이는 현재 통용되는 국제음성부호의 반모음 j에 해당하는 음성부호이다. 그는 中古音聲母 중에서 소위 j化聲母라고하는 13개의 三等聲母를 나타내기 위하여 kj, k'j, g'j…등과 같이 聲母 뒤에 j를 첨가하였으나, "Compendium"(222)에서는 三等介音 i̯ 는 자동적으로 앞의 자음이 j化(yodized)되었다는 사실을 나타내주므로 인쇄상의 편의를 위하여 j를 생략한다는 설명과 함께 일체의 三等韻聲母표기에서 j를 삭제하고 介音i̯ 만으로 표기하였다(kji̯a→ki̯a). 그러므로 후대의 학자들이 칼그렌의 음운체계를 설명할 때 보통 三等介音 i̯을 j로 나타낸다. 여기서도 이 칼그렌의 三等介音을 필요한 경우를 제외하고는 j로 표기한다.

가장 강하다는 것이 증명된다고 하여, 그는 四等韻의 介音을 모음성의 i 로, 三等韻의 介音을 자음성의 j로 재구한 것이다. 四等介音 i는 앞의 자음을 j化시키지 않으며, 三等介音 j는 앞의 자음을 j化시킨다고 하였다.

일본학자 아리사카 히데요(有坂秀世, 1939)[39]는 칼그렌이 근거한 한국한자음이 γ류 뿐만 아니라 α류의 重紐四等운 牙喉音에서도 介音 i 가 일률적으로 나타나므로(甄kiən 延iən 䚞hiən 鹽iəm), 그의 三·四等 介音 j·i설은 성립되기 어렵다고 비판하고, 나아가서 한국한자음자료를 전면적으로 이용하고 베트남한자음자료도 참고하여 重紐韻을 포함한 三·四等介音을 새로운 음으로 재구하여 칼그렌에 도전하였다. 그럼에도 불구하고 칼그렌의 이러한 三·四等의 介音 j·i의 차이는 趙元任·董同龢·王力·方孝岳[40]등 다수의 학자들에 의해 계승되었으며, 현재까지도 정통적인 설로 자리잡고 있다.

한편 中古音의 四等韻 齊·先·青·蕭·添韻에 介音 i가 없다는 주장은 일찍이 마스페로가 「唐代長安方音」(1920, 10, 14, 94-95)에서 샴어의 *t'εn*(天: 中古音 t'en)과 같은 對譯音을 근거로 하여 주요모음 e가

---

39) 有坂秀世의 논문 「カールグレン氏의 拗音說을 評す」는 『音聲學協會會報』에 1937년부터 1939년까지 四回에 걸쳐서 발표한 것을 다소 수정하여 1957년에 출간된 그의 『國語音韻史의 硏究』(東京:三省堂, 327-357)에 실은 것이다. 그는 주로 칼그렌이 간과한 한국한자음자료를 재해석하여 이용하고 또한 베트남한자음자료를 이용하여 칼그렌의 三·四等韻 α, β, γ류의 介音을 전면적으로 분석평가하여 칼그렌의 三等介音 -j-와 四等介音 -i-설의 문제점을 지적하였다. 그는 α류의 三等介音에는 三等에 놓이는 脣牙喉音과 莊系자는 非口蓋的인 ï, 四等에 놓이는 脣牙喉音과 舌音·齒音자는 口蓋的인 i 의 두 종류를 설정하였고, β류(梗攝제외)는 ï를 재구하였고, γ류는 介音이 없는, 즉 拗音이 아닌 直音으로 추정하였다. 일본어 '拗音'은 본래 일본전통음운학술어로서 か·さ·た·な·は·ま·ら·が·ざ·だ·ば·ぱ의 12行의 イ段에 や· ゆ·よ를 붙여 한 음절을 표기하는 것을 가리킨다. 아리사카는 中古音 介音 i·j가 자음 뒤 모음 앞에 놓여 三者가 한 음절을 이루므로, 이를 '자음+滑音(glide)+모음'의 형식으로 한 음절을 이루는 일본어 拗音과 동일시한 것으로 생각된다. 이와 같은 아리사카의 三四等재구음은 풀리블랭크에게 큰 영향을 주었다.

40) 方孝岳. 『漢語語音史槪要』, 홍콩:商務, 1979.

후에 ie로 이중모음화하였다는 문제제기로 시작되었다. 뒤이어 아리사카 히데요(1939)가 재구한『切韻』의 四等韻은 介音없이 주요모음이 모두 e 이며, 陸志韋도 四等韻에는 介音이 없다고 보았으므로,『古音説略』에 서 재구한『切韻』의 음가에는 三等韻에만 介音 -i- 또는 -ɪ-가 있으며, 四等韻에는 介音이 일체 없고 주요모음이 모두 ɛ이다. 李榮의『切韻音 系』, 李新魁의『漢語音韻學』이 모두 四等韻에 介音이 없으며 주요모 음은 e이다. 이들의 근거는 대개 現代方音 중에서 介音 j와 i의 대립현 상을 찾아볼 수 없다는 점과『廣韻』의 反切上字가 一二四等이 한 류가 되고 三等이 다른 한류가 되는 현상은 四等이 j介音을 가진 三等과 동 류가 아니라 j介音이 없는 一等과 동류라는 사실을 말해준다는 점이다. 李榮(1956, 114-5)은 이에 다시 東晋 法玄(417년)에서 唐 地婆訶羅 (683년)에 이르는 일련의 불경 梵漢對譯자료에서 모두 四等字로 梵文 e 음을 음역한 예들을 들어 四等韻의 주요모음이 介音이 없는 e라는 것을 주장하였다. 邵榮芬(1982, 124-6)은 더 나아가 성격상 음의 정확성이 극 도로 요구되는 불교 密宗 다라니경의 7세기 梵漢對譯자료에서 대다수가 梵文 e음을 四等字로 음역한 예들을 첨가하여 李榮의 주장에 합세하였 다. 薛鳳生(1996, 49)도 等韻의 전체의 설계로 볼 때 四等에는 介音이 없으며, 四等의 介音은 等韻이후 곧 일어난 음의 변화의 결과라고 하였 다. 여기서 말하는 等韻은 그가 唐代의 "普通話"에 근거했다고 보는 早 期韻圖『韻鏡』과『七音略』을 가리킨다. 그(1999, 63)[41]는 이 四等韻 字가 細音化한 음의 변화($\phi \rightarrow$j/__e)를 等韻 이후 가장 먼저 일어난 음 의 변화 — 輕脣音에 介音 j가 탈락하여 洪音化(j$\rightarrow \phi$/f__)한 변화 — 의 바로 뒤에 일어난 두 번째의 변화로 보았다. 이밖에도 일본학자 토오

---

41) 薛鳳生.「從等韻到中原音韻」『漢語音韻史十講』, 北京:華語教育, 1999, pp.60-72. 이 문장은 원래는 1985년 北京大中文科에서 강연한 강연고가 이 대학에서 출간하는 『語言學論叢』(第17輯, 北京:商務, 1992)에 실렸던 것을 이 책에 다시 수록한 것이다.

도오 아키야스(藤堂明保, 1957)나 풀리블랭크(1984)등 서구학자들도 梵漢對譯자료 뿐 아니라 한국한자음, 베트남한자음, 古베트남어차용자, 吳音, 閩方言話音등등의 자료들을 인용하여 이러한 四等에 i 介音이 없다는 주장에 합류하였다.

이 四等에 介音이 없다는 설이 근래로 점차 학계의 공인을 얻어가고 있는 추세에 있으며 현재 四等介音이 있다는 설과 팽팽히 맞서고 있다. 李方桂(1971, 17)같은 학자는 四等韻에 i가 없다면 上古音의 모음체계 재구가 훨씬 복잡해지기 때문에『切韻』체계에서 四等韻에 母音性介音 i의 존재를 인정하는 것이 좋다라는 주장을 하였다. 그러나 이러한 외적인 요인은 아무래도 四等聲母가 一二等聲母와 같고 三等聲母와는 다르다는 '反切體系'라는 내적증거보다 더 강력한 증거가 될 수는 없다. 또한 四等介音 i를 주장하는 측에서 흔히 내세우는 "中古音 四等에 i 介音이 없었다면 現代方音에서 四等이 어떻게 모두 細音인가하는 문제의 해석상의 어려움"[42]에 대하여는 위에서 설명한 것처럼 薛鳳生 뿐만 아니라 이미 四等에 介音이 없다는 주장을 한 학자들이 제기한 '現代方音의 四等韻細音은『切韻』과 韻圖시기 사이의 변화'라는 해석으로 충분히 해결된다. 黃淬伯(1930)[43]가 이미 慧琳의『一切經音義』(810)反切을 분석하여 反切上下字의 等이 대개 동일하게 변했다는 사실을 발견하였다. 이『慧琳』에서는 四等字가 간혹 一等字와 연결되기도 하지만 대개는 『切韻』에서 四等字의 反切上字가 一等字였던 것이『慧琳』에서는 四等字(重紐四等字)로 바뀐 것이다. 예를 들면, '肩: 古賢反(『王三本』・『廣韻』)>吉煙切(『慧琳』)'에서 肩은 四等 先韻이며 古는 一等字인데, 吉은 質韻 重紐四等字이다. 이는 唐代中葉에 이미 四等字에 j介音이 생겨서 重紐四等字와 같은 음이 되기 시작하여 一等字와는 음이 서로 맞지 않

---

42) 竺家寧.『音韻探索』, 臺北:學生, 1995, 249-50.
43)「慧琳一切經音義反切聲類考」『歷史語言研究所集刊』1:2, 1930, pp.165-182.

게 되었다는 사실을 나타낸다. 토오도오(1957, 204)는 四等에 j介音이 파생한 것은 四等의 모음이 전설반고모음 e이기 때문이고, 慧琳의 『一切經音義』(810)反切에 이미 이 변화를 보인다고 하였다. 이와 같이 唐代에 이미 四等이 모두 j介音이 생겨서 重紐四等과 섞이다가 唐末에는 완전히 동음이 되었기 때문에 『韻鏡』등에서 같은 四等에 나열되었다고 하였다. 이렇게 四等韻의 변화가 확실히 증명되며 또한 위에서 설명한 여러 가지 근거로 볼 때 四等에 介音이 없다는 설이 좀더 설득력이 있으므로 이 설을 받아들인다.

　　三四等韻은 現代方音에서는 細音으로 나타난다. 그러나 『切韻』에서는 三等에는 細音을 나타내는 介音 -i-(-j-)가 있으나, 四等에는 介音이 없다. 重紐韻의 차이는 介音의 차이로 본다. 韻圖에서 三等에 놓이는 重紐B류는 介音-i-로, 四等에 놓이는 重紐A류는 舌音齒音과 같이 介音 -j-로 재구한다. 이 B류介音 -i-는 아리사카의 -ï-나, 陸志韋의 -ɪ-나 토오도오의 -rj-로 보아도 좋다. 이들은 모두 A류介音 -j-(아리사카·토오도오는 -j-, 陸志韋는 -i-)보다 약한·이완된·中舌적인 음으로, 한국한자음이 나타내는 重紐AB류의 대비를 잘 반영하고 있기 때문이다. 三等의 介音 -i-, -j-는 介音이 없는 一二四等과 구분되는 요소로서, 反切上字의 系聯에서 三等韻과 一二四等韻이 分組되는 경향성을 합리적으로 설명해준다. 三·四等은 介音의 유·무의 차이 외로도 일반적으로 주요모음의 차이가 있다. 四等韻은 齊·先·蕭·靑·添의 다섯 운밖에 없으며, 이 四等韻의 주요모음은 모두 e로서, 收噫-i 收嗚-u 抵腭-n 穿鼻-ŋ 閉口-m의 다섯 가지 운미로 이들 韻이 구분된다.(入聲韻尾-p, -t, -k는 陽聲韻尾-m, -n, -ŋ에 포함된다.) 이들 四等韻이 한국한자음에서 重紐A류와 같은 介音 -j-가 있는 細音으로 나타난 것은 『切韻』이후 唐代의 변화를 반영하는 것으로 해석된다.
　　한국한자음에서 重紐A류가 그래도 대개는 同韻의 舌音齒音과 한 류로 나타나는 것44)은 어떻게 해석해야 할까? 앞에서 설명한대로 陸志韋는 舌音齒音을 莊·知系·來母는 B류, 그이외는 A류와 동류로 보았고, 董同龢·周法高·李榮·李新魁등이 모두 舌音齒音을 A류와 동류로 보았다. 邵榮芬이 董同龢·陸志韋를 비판하고 역으로 舌音齒音을 B류와 동류라고 주장하였는데, 그 전에 龍宇純(1970)이 이미 舌音齒音을 B류와 한 류로 보아야한다고 하였으며, 토오도오(1957)는 舌音齒音을 완전히 等에 따라 三等에 놓이는 知系·章系는 B류와, 四等에 놓이는 齒頭音은 A류와 동일한 介音으로 재구하였다. 풀리블랭크도 舌音齒音은 B류와 동류로 재구하였다. 아리사카(1939)는 한국한자음의 현상을 반영시켜 照二系만은 B류와 같은 介音으로, 照三系 齒頭音 舌上音 半舌·半齒音은 모두 A류와 같은 介音으로 보았다. 이 책에서는 한국한자음의 현상을 반영시켜 重紐A류는 同韻의 舌音齒音(照二系도 포함)과 한 류로 보고 重紐B류는 독립된 류로 본다. 이는 董同龢와 합치되며, 邵榮芬과는 배치되는 조치이다.45)

三等韻은『切韻』체계에서 가장 복잡하다.『切韻』의 운 중에 三等韻은 수가 가장 많으므로 重韻도 가장 많고, 顎化음절이며, 重紐문제, 聲母와의

---

44) 邵榮芬(1982, 72-4)은 董同龢가 제시한 한국한자음의 예들의 대부분이 重紐A류와 舌音齒音이 한 류라는 주장의 근거가 될 수 없다고 하였으나, 邵榮芬도 역시 부분적인 예로써 판단한 결과이며, 필자(1999)가 전체의 重紐韻의 한국한자음을 조사한 바로는 부분적인 예외(개별적인 예외 및 운모가 ·[-ɐ]로 나타나는 止攝齒音 開口 및 深攝에서 일률적으로 ㅁ[-ɐm]으로 나타나는 正齒音照二系등인데, 이 侵韻의 照二系자는『中原音韻』侵尋운에 실려있으며 韻母는 洪音 -əm으로 재구된다.)는 있으나, 전체적으로 볼 때에는 대개 舌音齒音은 B류보다는 A류와 동류로 볼 수 있다. 단, 이 A류가 純四等韻과 동음으로 나타나는 것은 唐末에 완성된 것으로 보는 현상이며, 또한 止攝齒頭音 開口가 타 聲母처럼 ㅣ[i]로 나타나는 것이 아니라, 일률적으로 모두 ·[-ɐ]로 나타나며, 소수인 莊系도 거의 ·[-ɐ]로 나타나는 것도 이들이『切韻』보다 이후에 전래된 음이기 때문이라고 본다. 그러므로 이들 齒頭音과 照二系글자들은 이용자료에서 제외시킨다.

45) 3-3-10 重紐에서 설명하였듯이 邵榮芬은 董同龢와 陸志韋의 설에 대하여 逐條반박하고『古今韻會擧要』와『蒙古字韻』의 현상을 제시하였으나, 董同龢가 제시한 근거보다 박약하다고 생각된다.

配合문제등등 一二四等韻에는 없는 문제들이 많기 때문에 三等韻을 제대로 해석하면 等韻學문제가 모두 해결될 수 있다고까지 말한다. 앞에서 언급한대로 칼그렌은 三四等韻을 $\alpha \cdot \beta \cdot \gamma$의 세 가지 류로 나누어 설명하였으나, 董同龢(1968, 164-5)는 칼그렌의 이 세 가지 류에서 四等韻을 지칭하는 γ류를 제외시키고, $\alpha \cdot \beta$의 三等韻만을 甲·乙·丙·丁의 네 가지 류로 나누고 주요모음의 대략의 범주를 규정하였다. 甲類는 칼그렌의 β류인 純三等韻으로 脣音이 후에 輕脣化한 微·廢·欣·文·元·嚴·凡운을 가리킨다. 이들의 주요모음은 중설모음에 가깝다. 칼그렌의 β류는 이 운들 외로 庚韻을 더 포함시킨 것이 董同龢의 甲류와의 차이이다. 칼그렌의 α류는 董同龢의 乙·丙·丁류이다. 乙類는 重紐B류로 脣牙喉音이 三等에 놓이는 支脂眞諄祭仙宵운을 가리키며, 주요모음은 甲類에 가깝다. 丙類는 普通三等韻으로 東·鍾·之·魚·虞·麻·陽·庚·蒸·尤·戈·咍·侵·鹽운을 가리킨다. 주요모음은 보통三等모음이다. 丁類는 脣牙喉音이 四等에 놓이는 重紐A류 및 淸韻·幽韻을 가리키며, 주요모음의 성격이 대략 丙類와 같을 가능성이 있다.[46] 董同龢의 이와 같은 주요모음의 대략의 범주는 운모체계의 재구에 이용할 수 있다.

자, 그러면 通攝에서 深攝까지의 十六攝별로 각 운의 운모체계를 재구하여 보자. 三等韻이 중심이 되겠지만, 同攝의 一二等韻도 함께 서술한다. 開合同韻인 운의 合口韻재구음과 入聲韻의 재구음은 모두 생략한다. 開口韻에 -w-를 첨가하면 合口韻이 되고, 해당 陽聲韻에서 -ŋ -n -m 대신 -k -t -p를 대입시키면 入聲韻의 재구음이 되기 때문이다. 앞에서 언급한대로 中古音의 介音에는 合口介音으로 -w-가 있으며, 顎化介音으로 -i-와 -j-가 있다.

---

46) 董同龢는 乙類(重紐B류)는 주요모음이 甲類(純三等韻)와 가깝고, 丁類(重紐A류)는 丙類(普通三等韻)와 가깝다고 하였으나 우리는 重紐의 차이를 介音의 차이로 보기 때문에 그의 설명이 타당하지 않을 수도 있으나 운모의 재구에 유용하다. B류가 純三等韻과 가깝다고 한 것은 보편적으로 인정되는 설이다.

4-3-3　主要母音

4-3-3-1　칼그렌의 모음체계

中古音을 재구함에 있어서 음성표기에 중점을 둔 칼그렌(1940)은 中古音에 모두 16개의 모음 ─ i e ĕ ə̆ ɛ æ a ạ ɑ ɒ ɔ o u ə ə̆ ɐ ─ 을 재구하였다. 칼그렌의 원서(*Études sur la Phonologie Chinoise*)에서는 본래 스웨덴방언字母(J.A. Lundell)에 근거하여 음표기를 하였는데, 趙元任등이 칼그렌의 이 책을 번역하면서 譯文에서 당시 통용되던 국제음성부호로 對譯한 것이다. 칼그렌이 1940년에 펴낸 上古音・中古音의 재구음사전인 『漢文典』("Grammata Serica," 1940)[47]과 『古代漢語音韻學槪要』("Compendium," 1954)에는 원문 그대로의 음표기가 실려있으므로 부호가 『中國音韻學硏究』와 달라서 복잡하고 혼란스럽다. 趙元任(1941)이 이 칼그렌의 中古音再構音을 체계적으로 분석한 논문("Distinctions within Ancient Chinese")에서는 『漢文典』의 부호를 썼으며, 칼그렌의 재구음을 가지고 음소론에 입각하여 음운체계를 세운 마틴(Samuel E. Martin 馬丁, "The Phonemes of Ancient Chinese" *JAOS*, 1953)도 趙元任을 따랐다.[48] 이후의 학자들은 대부분이 이 趙元任이 쓴 칼그렌의 원래의 음표기부호를 쓰기 때문에 이 책에서도 『古代漢語音韻學槪要』("Compendium")의 부호를 수정없이 사용하여 칼그렌의 모음체계를 설명하겠다. 칼그렌의 모음 다음에는 괄호 속에 국제음성부호를 달고, 필요에 따라 음에 대한 설명과 함께 이 음을 주요모음으로 재구한 운들의 예도 나열한다. 그러나 合口韻재구음은 開合口韻이 별개일 경우 외에는 생략한다. 칼그렌의 16모음의 나열순서는

---

47) 개정판으로 "Grammata Serica Recensa," *BMFEA* 29, 1957, pp.1-332.가 있다.
48) 趙元任은 칼그렌의 ə̆에서 ̮를 없애고 ə로, ă를 ạ로, ę를 ɐ로 하는 약간의 구별부호상의 수정을 하였고 마틴도 이에 따랐다.

마틴(1953, 19)이 나열한 칼그렌의 母音圖와 제리 노만(Jerry Norman. *Chinese*, 1988, 38-9)을 참고하여 결정하였는데, 기본모음(cardinal vowels)의 순서처럼 전설고모음에서 시작하여 후설고모음의 순서로 서술하며 끝으로 중설모음을 서술한다. 상응하는 入聲韻도 괄호 안에 나열한다.

1. *i* [i]
脂*(j)i* 之*(j)i* 支*(j)ie̯* 微*(j)e̯i*.
脂・之운은 엄연히 별개의 운인데 같은 음으로 재구했다는 사실로 인하여 후에 많은 학자들의 비판과 수정을 받았다. 支・微운의 주요모음은 i이다.

2. *e* [e]
四等韻의 주요모음으로 전용하였다. 四等韻은 齊*iei* 蕭*ieu* 先*ien(iet)* 靑*ieng(iek)* 添*iem(iep)* 다섯 韻 뿐이다.

3. *ĕ*
e의 短音을 나타낸다. 幽*i̯ĕu* 眞*i̯ĕn(i̯ĕt)* 諄*i̯uĕn(i̯uĕt)*.

4. *e̯*
e의 非음절(nonsyllabic)모음을 가리킨다. 이때 이 e̯는 後전이음(off-glide) 또는 前전이음(on-glide)이 되므로 앞이나 뒤에 오는 *i*가 주요모음이 된다. 支*(j)ie̯* 微*(j)e̯i*.

5. *ä* [ɛ]
祭*i̯äi* 宵*i̯äu* 仙*i̯än(i̯ät)* 淸*i̯äng(i̯äk)* 鹽*i̯äm(i̯äp)*. 이 다섯 개의 韻은(앞의 다른 주요모음을 가진 支脂眞諄과 더불어) 모두 重紐현상을 가진 운이지만, 칼그렌은 重紐의 차이를 논하지 않았으며, 재구음에도 반영하지 않았다.

6. *ɛ* [æ]
臻*i̯ɛn(i̯ɛt)* 耕*i̯ɛng(i̯ɛk)*.

7. *a* [a]

麻*a, ḭa* 佳*ai* 夬*ai*(?) 肴*au* 刪*an(at)* 陽ḭ*ang*(ḭ*ak*) 銜*am(ap)*.

佳夬운과 皆운과는 重韻으로서 그 차이를 長短音으로 재구하였으나, 佳
와 夬운의 차이는 밝히기 어려워서 칼그렌은 同音으로 재구하였고 夬운
에는 물음표를 붙였다.

8. *ă*

*a*의 短音을 나타낸다. 皆*ăi* 山*ăn(ăt)* 咸*ăm(ăp)*.

9. *â* [ɑ]

歌*â* 戈*uâ* 泰*âi* 豪*âu* 寒*ân(ât)* 桓*uân(uât)* 唐*âng(âk)* 談*âm(âp)*

10. *â̯*

â[ɑ]의 短音을 나타낸다. 哈*â̯i* 覃*â̯m(â̯p)*.

11. *å* [ɔ]

江*ång(åk)*.

12. *o* [o]

模*uo* 魚ḭ*wo* 冬*uong(uok)* 鍾ḭ*wong*(ḭ*wok*).

13. *u* [u]

侯ə̯*u* 尤ḭə̯*u* 東 *ung(uk)* ḭ*ung*(ḭ*uk*).

效攝의 豪肴宵蕭운과 流攝의 侯尤幽운이 모두 -*u*로 끝나지만, 侯尤운
만이 *u*가 주요모음이 되고 다른 다섯 운에서는 모두 後전이음(off-glide)
으로 운미(ending)가 된다.

14. *ə* [ə]

痕*ən* 欣ḭ*ən*(ḭ*ət*) 登*əng(ək)* 蒸ḭ*əng*(ḭ*ək*) 侵ḭ*əm*(ḭ*əp*).

15. *ə̯*

*ə*의 非음절모음을 나타내며, 이 *ə̯*음은 *e*과 마찬가지로 주요모음이 되지
못하며, 前전이음(on-glide)이 된다. 侯ə̯*u* 尤ḭə̯*u*.

16. *ɒ* [ɐ]

廢ḭ*ɒi* 元ḭ*ɒn*(ḭ*ɒt*) 庚*ɒng(ɒk)* ḭ*ɒng*(ḭ*ɒk*) 嚴ḭ*ɒm*(ḭ*ɒp*).

칼그렌의 재구음에는 이상의 16개의 모음 외에 4개의 介音이 있다. 앞에서 이미 설명한 것과 같이 顎化介音 i i, 合口介音 w u가 있다. 그의 체계에서 i는 u와 마찬가지로 後전이음(off-glide)으로도 쓰인다(蟹攝에 속하는 收噫韻). 이밖에 또 칼그렌의 체계에는 止攝의 支脂之微운에서만 한정적으로 쓰이는 介音 j가 있다. 모두 三等韻인 이들의 주요모음은 i로서 三等介音을 다른 三等韻처럼 i로 표기하지 않고 j로 표기하는데, 이들 네 운에서는 소위 j化聲母인 脣牙喉音이 앞에 올 때에만 j를 쓰고, 舌音齒音이 올 때에는 j가 없으므로 위의 1번에서 든 예들 $(j)i$, $(j)i\varrho$, $(j)\varrho i$처럼 j를 괄호 안에 넣었다.

이렇게 복잡한 칼그렌의 中古音 모음체계에 대하여 많은 학자들이 끊임없는 비판과 더불어 지금까지 수정작업을 계속해오고 있다. 陸志韋 (1947), 李榮(1956), 董同龢(1954), 王力(1957)[49]등이 기본적으로 칼그렌의 체계와 방법론을 그대로 받아들이면서 자료의 보충과 재해석으로 수정하여 모음의 수를 줄이려고 하였으나, 여전히 모두가 15개 전후에 머물러 모음 수를 줄이는 데는 별로 성공하지 못한 셈이다. 칼그렌의 체계에 대하여 가장 먼저 체계적인 간략화를 시도한 학자가 바로 趙元任 (1941)이다. 그는 음소론의 이론에 근거하여 칼그렌의 체계에서 여러 가지 점을 수정하였다. 앞에서 서술한 聲母부분에서 등장한 三等字의 j化 聲母라든가, 脣音의 開合문제, 輕脣化문제등등의 논제에서도 이 趙元任의 견해가 주요근거로 인용되었다. 韻母부분에서도 상보적분포관계에 있는 i(close i)와 i(open i)를 하나의 음소 i로, 內轉의 ə와 外轉의 ɒ를 하나의 음소로 하는 등등 간략화의 방향으로 수정을 하였다. 趙元任 이후에 음소론적인 분석으로 『切韻』의 모음체계를 대폭 간화시킨 대표적인 두 학자 마틴과 薛鳳生의 모음체계를 여기에 소개한다.

---

49) 『漢語史稿』上冊, 1957, pp.51-54.

4-3-3-2 마틴의 모음체계

음소론을 도입하여 『切韻』의 음운체계를 본격적으로 연구한 최초의 대표적인 학자로는 마틴(1953)을 들 수 있을 것이다. 마틴(1953, 35)은 趙元任의 이론에 크게 영향을 받아 칼그렌의 中古音체계를 자료로 놓고 철저히 음소적 분석을 한 결과 다음과 같은 6개의 모음체계를 얻었다.

```
                 *
--------------------------------------
     e         ə
       ε     a     ɑ
```

마틴의 이 6모음체계는 中古音의 모음체계 연구에서 음소적분석이라는 새로운 방법론으로 얻은 획기적인 결과라고 할 수 있는데도 불구하고 中古音 연구의 진전에는 큰 역할을 하지 못했다[50]는 낮은 평가를 받는 것은 아마도 칼그렌의 재구음을 그대로 분석자료로 사용하였기 때문에 칼그렌의 재구음이 가진 문제점들 — 重紐문제를 간과한 것, 脂・之韻을 동일한 음으로 재구한 것 등등 — 을 그대로 떠안게 된 것이라든가, 6모음 중에서 *로 표기한 고모음의 불합리성 등의 문제가 그 요인이 될 것이다. 이와 같은 마틴의 모음체계의 문제점들은 이미 여러 학자들에 의하여 지적된 바이다.

周法高(1984, 18)는 마틴(1953)의 영향을 크게 받아 『切韻』의 모음체계를 外轉에 속하는 ɑ a æ ε 4개와 內轉에 속하는 ə e ɪ i u o 6개의 도합 10개로 확정하였으며, 같은 논문의 앞부분(3-4)에 칼그렌・董同龢・李榮・王力・陸志韋・마틴・폴리블랭크・周法高등 대표적인 여덟 학자의 『切韻』韻母재구음을 한 장의 표<諸家切韻擬音對照表>로 실어 韻母체계를 비교하기 쉽게 하였다.

---

50) Jerry Norman. *Chinese,* p.39.

4-3-3-3 薛鳳生의 모음체계

薛鳳生(1996, 46-56)은 音節分段法・押韻원칙・雙聲원칙・음절분류법 등 중국인 고유의 언어감각(語感)에 의거한 엄격한 음소분석방법으로『切韻』체계를 분석해야함을 주장하였다.『切韻』은 바로 詩賦의 押韻을 위하여 지은 것으로, 음소대비(phonemic contrast)에 의거하여 集體창작된 것이므로, 온갖 기호를 사용하여 음가(phonetic value)의 재구에만 집착하는 기존의 연구로는 한계가 있으며, 음소론에 의거하여『切韻』이 제공하는 음소대비현상을 해석하여 음운규칙을 정확히 밝혀야만『切韻』시기의 언어대중의 語感의 구체적인 묘사가 가능하다고 주장하였다. 그는『切韻』의 음운체계의 音節分段방식이 等韻의 음운체계와 같이 聲母・韻頭(介音)・韻腹(주요모음)・韻尾의 四段으로 나누어진다는 것과 서로 押韻하는 글자는 반드시 같은 '韻基'(韻腹+韻尾)를 갖는다는 것이 分韻의 표준이 되었다는 것, 이 두 가지 원칙을 분석의 대전제로 삼고 收噫운인 止攝과 蟹攝을 중심으로『切韻』의 모음분석을 시도하였는데, 이는 收噫운이 운의 수가 가장 많고, 또한 重紐・重韻문제가 두드러진 특수한 운이기 때문이다. 이렇게 해서 얻은 자신의 7모음을 마틴의 6모음과 대비시켰다.

	薛鳳生			마틴		
	前	央	後	前	央	後
高		ɨ			*	
中	e	ə	o	e	ə	
低	ɛ	ɑ	ɔ	ɛ	ɒ	ɑ

薛鳳生은 止攝四韻의 운모는 모두 三等韻이므로 칼그렌이 제시한 三等韻의 특징인 顎化介音 /j/(=칼그렌의 [i])[51]를 가졌으며, 同攝은 韻

---

51) 薛鳳生은 이 顎化介音, 즉 有聲口蓋接近音(voiced palatal approximant)을 모두 y로

尾가 같다는 전제하에서 收噫운인 이들 네 운은 모두 /j/韻尾가 되므로 결국은 주요모음으로써 네 운이 구별될 수밖에 없게 된다고 하였다. 等韻시대에는 네 운의 韻腹(주요모음)이 高母音 /i/로 같아져서 合韻이 되었으므로, 『切韻』시대의 이 네 운의 주요모음은 모두 유사한 非低母音 [−low]으로 추정된다며, 다음과 같은 운모체계를 제시하였다.

	開	合
支紙寘	jej	jwej
脂旨至	jəj	jwəj
之止志	jɨj	
微尾未	joj	jwoj

　여기서 支脂운의 重紐문제는 韻尾가 서로 다른 上古音의 내원으로 인한 "韻尾의 차이"로 추정하였다. 이렇게 重紐를 韻尾의 문제로 해석한 것은 그가 처음이며 유일하다. 그는 『切韻』에서 한 韻이 된 것은 『切韻』이 근거한 방언은 이미 동음이 되었기 때문이고, 重紐현상이 나타나게 된 것은 아직 옛 음을 보존하고 있는 타방언현상이 『切韻』의 反切에 나타난 결과로 보았다. 그리하여 支韻의 上古音의 내원인 佳部와 歌部는 『切韻』에서는 이미 동음이 되어 支韻이 되었으나, 타방언에서 아직 佳部/*j(w)ej/와 歌部/*j(w)e/와 같은 중간 단계의 음을 보존하고 있어 『切韻』편찬작업시의 타협의 결과가 이렇게 重紐로 나타난 것이라고 하였다. 脂韻의 重紐도 유사한 패턴으로 추정하였다. 重紐는 『切韻』이전

표기하였으나, 이는 미국용법이므로 그의 y는 이 책에서 모두 IPA의 용법인 j로 바꾸었다. 미국언어학계에서는 IPA의 j(구개접근음)용법을 좀처럼 수용하지 않고 대부분 y로 구개접근음을 표기하기 때문에, 현재 IPA학회에서는 이 j와 y의 혼용문제의 완벽한 해결이 가장 두드러지는 현안으로 남아있다. IPA에서 y는 전설원순고모음(Cardinal Vowel No. 9)이다.(Geoffrey K. Pullum and William A. Ladusaw. *Phonetic Symbol Guide*, 2nd Edition, The University of Chicago Press, 1996 참조.)

의 음의 변화가 남아있는 현상이고; 重韻은『切韻』이후(『切韻』과 等韻사
이)의 음의 변화로 생긴 현상으로 본 것은 그의 탁월한 견해이다. 그는
이 두 가지 현상은 모음체계의 기초 위에서 합리적인 해석이 가능하다고
하였다. 薛鳳生의 四等이 구비된 蟹攝의『切韻』운모체계를 보자.

		開		合
I	泰	ɔj		wɔj
	咍海代	oj	(灰賄隊)	woj
II	佳蟹卦	aj		waj
	皆駭怪	ɛj		wɛj
	夬	əj		wəj
III	廢	jɔj		jwɔj
	祭	jɛj		jwɛj
IV	齊薺霽	ej		wej

그와 같이 重紐를『切韻』이 早期韻書나『切韻』이 근거한 방언 이외
의 어떤 방언에 대한 타협이라고 볼 때에는, 단일언어체계라는 전제하에
서 押韻원칙을 생각하면 기껏해야 介音의 차이로 볼 수밖에 없는 기존의
重紐설과는 달리, 重紐운에 따라서 주요모음 또는 운미의 차이로 해석한
다. 그래서 그는 支脂운의 重紐는 운미의 차이로 보았으나, 한편 祭운의
重紐는 주요모음의 차이로 본다. 이러한 重紐의 차이는 上古音에서『切
韻』으로의 변화를 나타내는 것이며, 이 변화와 함께『切韻』에서 等韻으
로의 변화로 보는 重韻의 음의 변화에 대하여 그는 음운변화규칙을 세워
그 변화를 설명하였다. 重紐현상을 古音(早期反切)이『切韻』에 섞여 들
어가서 나타난 현상으로 본 것은 앞 장에서 重紐에 대한 제가들의 주장
을 소개할 때에 언급한 章炳麟등의 생각과 相同하지만, 薛鳳生은 重紐
를 어디까지나 당시 타방언에 존재했던 실제언어현상으로 보고 주요모음

또는 운미의 차이로 분석한 것은 이 兩家의 차이이다. 위의 표와 같이 止攝은 모두 三等韻인데 비하여, 蟹攝은 三等韻이 특별히 적고 一二等韻이 특별히 많다. 즉, 止攝과 蟹攝은 상보적 분포의 양상을 보이는데 이는 두 攝이 밀접한 관계에 있었다는 사실을 나타내준다. 포함되는 韻의 수도 많고 重紐韻도 다른 攝에 비하여 많은 이 두 攝(收噫韻)의 모음체계를 합리적으로 추정해내면 기타 韻攝의 운들은 쉽게 설명될 수 있다는 것을 전제로 하여, 薛鳳生은 위와 같이 이 두 攝의 운모체계를 세우고, 重紐・重韻을 설명하는 여섯 개의 모음의 음운변화규칙을 세운 것이다.

4-3-3-4 이 책에서의 모음체계

이 책에서는 61운을 十六攝과 四等으로 나누고, 一二等의 重韻 뿐아니라 三等에 나타나는 重韻도 現代方音이나 漢字音 및 梵漢對譯音・上古音의 來源・押韻・諧聲현상등 다양한 자료들을 분석하여 그 차이를 규명하여 재구한 결과 도합 11개의 中古音모음체계를 얻었다.

	前	央	後
高	i		u
半高	e		o
中		ə	
半低	æ	ɐ	ɔ
低	a		ɑɒ

4-3-4 韻母體系의 再構

『切韻』의 운모체계를 재구하는 데 있어서 『廣韻』反切下字表의 319류를 근거로 하되, 十六攝의 틀을 빌려 『廣韻』의 206韻 韻目순으로 서술해나간다.『廣韻』206韻의 韻類는 319類라고 하지만, 聲調의 차이를 논하지 않으면 61韻 103類가 된다. 反切下字의 系聯결과 1韻이 2類이 상이 되는 것은 모두 四等·開合·重紐의 차이 때문이다. 예를 들면, "一東2류"는 四等의 차이로서 각각 一等과 三等의 구분이며; "五支4 류"는 開合·重紐의 차이로 구분된다.

通攝—東董送屋·冬宋沃·鍾腫用燭

通攝의 一等重韻 東冬과 三等重韻 東鍾의 재구음은 앞에서 상세히 설명한대로 一等 東 -uŋ, 冬 -uoŋ, 三等 東 -iuŋ, 鍾 -iuoŋ이다.

江攝—江講絳覺

江攝에는 二等韻 江韻밖에 없다. 現代方音에서는 대개 宕攝과 섞여 a류 음으로 되었으나 南昌·梅縣등 방언에서는 ɔ음이다. 또한 이 江韻 은 切韻系韻書의 韻目순서가 東冬鍾의 바로 다음에 오고, 上古音에서 도 東鍾과 밀접한 관련이 있는 것으로 보아 주요모음 ɔ로 재구하는 것이 타당하므로 二等韻 江韻은 -ɔŋ이 된다. 現代方言중에서 특히 官話方言 이 江韻의 舌音知系와 齒音莊系자가 모두 合口音 -uaŋ이 된 것은 일찍 이 中古音후기에 이미 일어난 변화로 추정된다. 그러므로『切韻指南』에 서는 비록 江攝과 宕攝을 분리하였으나, 江攝의 수록자들에 대하여 특별 히 脣牙喉음 밑에는 '開口,' 舌音·齒音 밑에는 '合口'라고 명시하였 다.『四聲等子』와『切韻指掌圖』는 江宕攝을 한 圖로 합쳤다. 董同龢 (1968, 175)는 宕攝陽韻의 莊系字의 合口化가 일어난 후에 江攝이 宕 攝에 병합되었고, 江韻의 知莊系聲母字 또한 이 영향을 받아 合口音으 로 변한 것이라고 하였다.

止攝—支紙寘 · 脂旨至 · 之止志 · 微尾未

止攝의 支脂之微 四韻의 글자가 現代方音에서 거의 모두 -i로서, 잘 구분되지 않아 칼그렌조차 脂 · 之운을 동음 (j)i으로 재구했을 정도이다. 그래도 微韻에 대하여는 厦門, 潮州등 閩方言에서 약간의 단서를 얻을 수 있다. 幾, 氣, 衣의 白音이 -ui인 점(文音은 타방언들과 동일한 -i이다), 그리고 일본한자음 吳音이 일부 글자를 -e(幾)로 발음하는 점 등을 고려할 때 『切韻』음은 이중모음으로 추정되며, 甲類운이므로 주요모음은 중설모음으로 -iəi가 된다. 支운은 福州는 대부분이 -ie로, 厦門은 부분적으로 -ia로 나타나므로 -ie로 재구한다. 支之운은 상고음의 내원이 *-g로 운미가 탈락한데 반하여 脂微운은 상고음의 내원이 *-d로서 운미가 -i로 흔적을 남긴 것으로 추정되므로 脂韻을 운미 -i가 있는 -iei로 재구한다.[52] 그러면 마지막 남은 之韻은 자연히 -i로 재구된다. 支脂운의 重紐 三等韻은 각각 -ie -iei이지만, 支脂운의 重紐四等은 각각 -je -jei로 재구된다.[53]

遇攝—魚語御 · 虞麌遇 · 模姥暮

遇攝의 三等重韻으로는 魚韻과 虞韻이 있다. 이 두 운의 現代方音은 대개 -u, -o, -y로 나타난다. 따라서 中古音은 후설원순고모음으로 추정된다. 그런데 『韻鏡』에서 魚는 開口圖(第十一轉)에, 虞는 一等韻 模와 함께 合口圖(第十二轉"開合")에 실려있다. 周法高(1948b)는 더 나아가서 梵漢 對譯자료에서 산스크리트 o, u음을 모두 虞운자로 音譯한 것, 南北朝後期韻文에서 虞模가 한 류이고 魚가 다른 한 류인 것, 일부 방언에서 魚虞가 섞이지 않으며 魚韻에는 不圓脣모음이 있다는 사실을 밝혀 魚韻이 開

---

52) 竺家寧. 『音韻探索』, p.259. 脂韻의 現代方音에 전혀 변별성이 없는 상황에서 그가 든 이 上古音의 근거는 아주 유용하다.
53) 여기에 舌音齒音도 포함된다. 기타 重紐四等韻도 마찬가지이다.

口韻임을 확정짓고, 魚운은 -io로, 模虞운은 -uo, -iuo로 재구하였다. 이는 董同龢의 再構음과도 동일하며, 魚虞模의 韓國漢字音 ə, u, o의 대비와도 일치하므로 이에 따라 魚韻은 -io, 模韻 -uo, 虞韻 -iuo로 재구한다.

蟹攝—齊薺霽·祭·泰·佳蟹卦·皆駭怪·夬·灰賄隊·咍海代·廢

　蟹攝의 三等韻은 독특하게 去聲韻 뿐인 祭廢운이 있다. 여기서도 『韻鏡』의 체재로부터 도움을 받을 수 있다. 廢韻은 微韻과 同轉에 있고, 祭韻은 重紐B류는 咍皆齊와 重紐A류는 佳와 同轉에 있다. 그러므로 廢는 微와 가까우므로 微-iɐi와 유사한 음 -iɐi로, 祭는 a류 三等韻의 정형인 -iæi로 재구한다.54) 祭韻重紐四等은 -jæi이다. 蟹攝三等에는 去聲韻밖에 없다고 하였으나 사실은 平聲·上聲의 예외적인 글자 㣾, 蒫, 移등이 있는데, 韻書에서 이들은 각각 咍海齊운으로 들어가 있으나 사실은 三等字이다. 等韻문법에서 이 예외자를 설명하려고 寄韻憑切門과 日寄憑切門을 세웠다. 齊운은 四等韻으로 -ei로 재구된다. 一等韻 泰:咍는 -ɑi:-ɒi, 二等韻 佳:皆·夬는 -ai:-ɐi:-əi이며, 灰운은 咍운의 合口로 -wɒi이다.

臻攝—眞軫震質(諄準稕術)·臻櫛·文吻問物·欣隱焮迄·魂混慁沒·痕很恨

　『韻鏡』에서 痕·臻·眞이 함께 開口圖(外轉第17)에 있고, 이와 상응하는 合口韻 魂·諄이 함께 合口圖(外轉第18)에 있다. 眞諄은 『切韻』은 分韻하지 않았다. 欣은 開口圖(外轉第19)에, 文은 合口圖(外轉第20)에 놓인 開合一組이다. 隋代韻文에서 眞과 痕(魂)이 押韻한 경우가 극히 드물다는 사실은 이 두 韻사이의 주요모음이 다르다는 것을 반영한다.55) 痕·魂·欣·文이 가까우므로 一等開口韻 痕 -ən, 合口韻 魂

---

54) 칼그렌의 a류의 三等定型재구음으로는 -jæi이지만, 여기서는 三等介音을 -i-로 설정하였으므로 -iæi가 된다.
55) 邵榮芬. 『切韻硏究』, p.131.

제4장 : 中古音體系　277

-wən, 三等開口韻 欣 -iən, 合口韻 文 -iwən으로 재구한다. 臻·眞·諄이 가까우므로 二等開口韻 臻 -en, 三等開口韻 眞 -ien, 三等合口韻 諄 -iwen으로 재구한다. 欣·文이 純三等韻(董同龢의 甲類)이므로 이들에게 주요모음 ə는 지극히 합당하다. 이 臻攝의 재구음에 대하여는 학계의 의견이 일치한다. 여기서 二等 臻·櫛韻은 平聲과 入聲만 있을 뿐만 아니라 齒音二等莊系자만 있는 독특한 운으로 上·去聲韻 軫·震운에만 莊系자가 있는 眞·質운과 상보적 분포관계에 있어서 한 운으로 합치는 것이 가능하다. 董同龢(1968, 171)는 臻·櫛운에는 介音j가 뚜렷하지 않아 독립운으로 세운 것 같다고 하였다. 廣韻의 206운에서 모든 陽聲韻이 상응되는 入聲韻을 갖는데 痕很恨만은 예외로 入聲韻이 없다. (인근의 沒韻에 수록된 麧(下沒切)小韻이 痕韻의 入聲字라는 설도 있으나 취하지 않는다.) 眞(諄)韻重紐四等은 -jen(-jwen)이다.

山攝─元阮願月·寒旱翰曷·桓緩換末·刪潸諫鎋·山産襉黠·先銑霰屑·仙獮線薛

山攝에서 一等韻 寒:桓은 『切韻』은 分韻하지 않은 開合一組로 -ɑn:-wɑn; 二等韻重韻인 刪:山은 앞에서 설명한대로 -an:-ɐn으로 재구된다. 三等韻重韻 仙元은 現代方音에서 차이가 없다. 다만 『韻鏡』에서 元은 山과 같은 圖(第21-22轉)에, 仙은 刪先과 같은 圖(第23-24轉)에 있다는 점, 그리고 韻書의 韻目나열순서가 元이 文欣과 魂痕의 사이에 위치하고 있다는 점을 발견할 수 있는데, 이러한 구조는 우리에게 시사하는 바가 크다. 元과 가까운 山은 주요모음이 ɐ이고, 文欣·魂痕도 모두 중설모음 ə이므로, 이들 사이에 위치한 元도 중설모음을 가진 -iɐn으로 재구된다. 이 재구음은 元韻이 甲類인 것과도 일치된다. 따라서 仙은 -iæn이 된다. 四等韻 先은 -en이며, 仙韻重紐四等은 -jæn이다.

效攝—蕭篠嘯・宵小笑・肴巧效・豪皓號

效攝은 重韻이 없이 四等이 구비된 攝으로 간략하여 四等의 설명에서 잘 인용되는 攝이다. 豪肴宵蕭는 現代方音을 통하며 주요모음 a류에 韻尾 -u가 있는 韻임을 알 수 있다. 四等의 定型으로 재구된다. 豪 -ɑu 肴 -au 宵 -iæu 蕭 -eu가 된다. 宵韻重紐A류는 -jæu이다.

果攝—歌哿箇・戈果過

果攝에는 歌戈운이 있다. 歌戈는 一等韻 開合一組로, 『切韻』이나 『王三本』등 早期韻書에서는 分韻하지 않았으므로 歌韻 뿐이다. 開口韻 歌는 一等韻이지만, 合口韻 戈에는 一等合口와 더불어 三等開合口자가 있다. 三等開口는 反切下字가 伽, 迦 두 글자이며, 三等合口는 反切下字가 䏚등 세 글자이다. 三等開口의 伽迦는 불경번역과정에서 새로 만들어진 글자이며, 三等合口의 세 글자중 䏚 외에는 모두 벽자이다. 䏚의 『廣韻』反切은 판본에 따라 許戈切, 또는 許胅切이다. 許戈切의 경우에는 反切下字 戈는 一等자로서 等韻門法의 就形門에 속하는 例外反切이다. 歌戈운의 現代方音은 대개 o ɔ ɣ u 등으로 나타난다. 그러나 歌戈의 주요모음이 中古音에서는 a라는 것은 汪榮寶(1923)[56]가 이미 日本漢字音, 다량의 梵漢對譯音을 포함한 西域제국의 언어들의 漢語音譯語자료로서 증명하였다. 그가 제시한 일상적인 불교용어 阿修羅asura 阿彌陀amita 波羅密多paramita 등등을 포함한 수많은 梵漢對譯어를 위시하여 新羅Sinra 邏些Lhasa(『舊唐書』) 등등 고대제국명이나 지명의 음역어에서 歌戈운자(阿・羅・陀・波・多・邏)로 a를 음역한 이들 자료는 歌戈韻이 a였다는 것을 충분히 증명한다. 이 歌戈운은 韓國漢字音도 모두 -a로 나타난다. 歌戈는 一等韻이므로 -ɑ로 재구되며, 이 -ɑ음은 대

---

56) 汪榮寶의 논문「歌戈魚虞模古讀考」는 원래『國學季刊』(1923)에 발표되었던 것인데, 후에 楊樹達 輯錄한『古聲韻討論集』(臺北:學生書局, 1969)pp.79-117에 수록되었다.

개 후설중모음 -o -ɔ -ɤ -u등으로 나타나는 現代方音으로의 변화를 합리적으로 설명해준다. 戈운은 一三等을 分韻하지 않으므로 一等과 三等의 주요모음을 같은 ɑ로 재구한다. 그러므로 一等韻 歌 -ɑ, 戈 -wɑ 三等 開口 戈 -iɑ, 合口 戈 -iwɑ로 재구된다.

假攝—麻馬禡

假攝에는 麻韻 한 운 뿐인데, 이 麻韻은 二三等合韻으로서, 二等開合口와 三等開口자가 있다. 董同龢(1968, 174)는 果攝의 三等開口 戈韻 伽류자들이 후에 만들어진 글자이므로 이들을 삭제하면 果攝은 假攝과 상보적분포를 이루어 한 攝으로 합칠 수 있게 된다고 하였는데『四聲等子』이후의 韻圖들이 모두 실제로 이 두 攝을 합쳐서 등재하였다. 따라서 우리는 이 麻韻의 주요모음을 a로 재구한다. 戈韻 一·三等의 경우와 마찬가지로 이 麻韻도 二等·三等을 같은 주요모음 a로 재구한다. 그러므로 二等開口 麻 -a, 合口 麻 -wa, 三等開口 -ia가 된다.

宕攝—陽養漾藥·唐蕩宕鐸

宕攝의 一等 唐韻 三等 陽韻은 現代方音에서 대개 a, ɔ로 나타나는데, 三等韻이 廣州에서는 œ로 나타나는 것이 색다르다. 董同龢(1968, 175)가 現代方音에서 -iaŋ과 거의 비슷한 정도로 많이 나타나는 -iɔŋ의 음운변화를 합리적으로 설명하기 위해서는 -jaŋ -jæŋ으로 재구하기보다는 후설모음 -jɑŋ로 재구하는 것이 이치에 맞는다고 한 이래로 거의 모두 이에 따른다. 그래서 一等 唐韻은 -ɑŋ, 三等 陽韻은 -iɑŋ으로 재구한다. 二等韻 江韻만으로 이루어진 江攝은 果假攝처럼 일찍이 一三等韻만 있는 이 宕攝과 섞였는데,『四聲等子』『切韻指掌圖』에서는 아예 宕攝에 완전히 합쳐졌다.

梗攝—庚梗映陌・耕耿諍麥・清靜勁昔・靑迥徑錫

梗攝에서 二等 重韻 庚耕의 구분은 -aŋ:-ɐŋ으로 하였다. 三等에도 庚 淸의 重韻이 있다. 二三等合韻인 庚韻 三等은 자연히 -iaŋ이 된다. 그 러면 남은 淸韻은 三等韻의 定型인 -iæŋ로 재구된다. 四等韻 靑韻은 -eŋ이다.

曾攝—蒸拯證職・登等嶝德

曾攝은 現代方音에서 梗攝과 섞여 구분하기 어렵다. 특히 官話方言 에서는 똑같이 -ŋ으로 나타난다. 이 두 攝은 음이 유사하기 때문에『四 聲等子』등 후기운도에서 병합되었다. 梗攝(第33-36轉) 庚耕淸靑의 주요 모음이 庚a 耕ɐ 淸æ 靑e이므로, 이 第42轉에 같이 실린 登蒸은 -ə로 재구할 수 있다. 따라서 一等 登韻 -əŋ, 三等 蒸韻 -iəŋ이 된다.

流攝—尤有宥・侯厚候・幽黝幼

流攝은 一等 侯韻과 三等 尤・幽의 重韻으로 구성된다. 幽韻자는 脣牙喉音 뿐으로 韻圖에서 모두 四等에 놓이지만, 反切上字로는 三等 韻에 나타나는 居・方등과 같은 글자를 썼으며 古・博등과 같은 一二 四等에 나타나는 글자를 쓰지 않았다는 사실과, 또 이 幽韻에는 三等韻 의 표지인 群母자가 있다는 사실은 이 幽韻이 결코 四等韻이 아니고 三 等韻이라는 것을 증명한다고 董同龢(1968, 177)가 주장하였다. 流攝의 글자들이 現代方音에서는 대개 -ou, -əu, -ɛu, -au등 이중모음으로 나타 난다. 그러나 칼그렌은 侯韻 - əu 尤韻 -i̯əu로 재구하였는데, 여기서 ə 는 前轉移音(on-glide)으로 주요모음은 u이다. 李榮(1956, 145-6)도 梵 漢對譯자료를 들어 侯尤韻의 주요모음을 u로 추정하였다. 그가 든 예를 보면, 法顯(417)에서 闍那崛多(591)까지는 산스크리트 u음과 ū(長音)음 을 대개 尤韻자(短憂, 長憂, 憂, 優)로 음역하였고, 산스크리트 o음을 模

韻자(烏, 嗚, 汚)로 음역하였는데, 玄應(650년전후)이후에는 o음은 물론이고, u ū음도 거의 모두 模韻자(塢 烏 汚)로 음역하였다. 이로써 그는 東晋에서 隋까지는 尤韻의 주요모음은 u, 模韻의 주요모음은 o였으나, 唐代에는 模韻은 o에서 u로 변하여, 模韻자가 o, u를 모두 대역하게 되었다고 하였다. 동시에 侯尤운은 隋代의 u에서 唐代에 əu로 이중모음화하였기 때문에 더 이상 산스크리트 u음을 대역하는데 쓰지 않게 되었다고 하였다. 그는 이에 대한 근거로 唐僧 玄奘이 『大唐西域記』에서 u음이 들어간 지명 등 고유명사를 模韻자로 對譯하면서 侯韻·尤韻자로 음역한 舊譯을 "訛也。"(잘못된 것이다.)라고 비판한 자료를 들었다. 이상과 같은 李榮의 설명 중에서 唐代에 模韻이 산스크리트 o, u, ū를 모두 대역할 수 있었던 것은 模韻의 음의 변화를 나타내주기보다는 u음과 o음을 다 對譯할 수 있는 模韻의 음의 특성을 보여주는 것으로 이해된다. 여기서 模韻의 재구음 -uo는 梵漢對譯에서 u와 o가 다 對譯되는 "兩可"(두 가지가 다 됨)의 상황을 합리화시킨다. 董同龢(1968, 178)도 李榮과 마찬가지로 流攝자가 韓國漢字音·日本漢字音·베트남漢字音에서 대부분이 단모음 -u로 나타나며, 梵漢對譯음에서도 이 流攝자로 산스크리트 u음을 음역하는 경우가 많으므로 侯·尤韻자의 中古音 주요모음은 u라고 하였다. 일부 效攝운 및 幽韻과 함께 上古音 幽部에 속하는 尤韻의 上古音韻部는 *əg로 재구된다.[57] 그렇다면 李榮의 尤韻의 변화 *əg>u>əu는 불합리하다. 물론 侯韻의 경우는 上古音 侯部(*ug)로서 尤韻과는 上古音내원이 다르므로 李榮의 설이 가능할 수는 있다. u모음을 주장하는 학자들이 근거한 韓國漢字音에서 물론 侯尤韻자는 等의 구분없이 운모를 모두 ㅜ[u]로 나타냈다. 이 중국학자들은 한글체계에 əu라는 이중모음이 없으므로 一字一音節을 원칙으로 하는 韓國漢

---

[57] 上古音재구음은 李方桂의 「上古音硏究」를 참조하였다. 上古音재구음으로 中古音의 음운체계를 분석하는 것은 순환적 지시의 오류에 빠질 우려도 있으므로 신중히 해야한다.

字音에서 하는 수없이 əu를 유사한 음 ㅜ[u]로 표기하였을 가능성이 크다는 사실을 제대로 간파하지 못한 것이다.58) 한편 陸志韋, 王力, 邵榮芬등은 이 流攝을 이중모음 -əu로 재구하였다. 이들과 같이 이중모음으로 재구하면, 지금 전부 이중모음으로 나타나는 現代方音을 해석하기가 수월해진다. 이상의 여러 가지 상황에 근거하여 一等 侯운 -əu, 三等 尤韻 -iəu로 재구한다. 『韻鏡』에 같은 轉圖(37)에 실린 또 하나의 三等韻 幽韻은 응당 侯尤韻과 유사한 음일 것이므로 -ieu로 재구한다.

이 尤幽운의 구분에는 脣音의 輕脣化 문제가 개입된다. 輕脣化라는 음운변화에 있어서 尤韻과 幽韻이 일치하지 않는 것이 현대방언에 뚜렷이 나타난다. 대부분의 방언에서 尤韻은 脣音이 明母자를 제외하고는 모두 輕脣化된 반면에,59) 幽韻은 輕脣화되지 않고 그대로 重脣으로 남아있다. 여기서 우리는 다시 앞에서 언급한 輕脣化의 조건을 결부시켜 두 운의 차이를 살펴볼 수 있다. 이미 서술한대로 샤안크, 칼그렌, 董同龢로 연결되는 '三等+合口'라는 輕脣化의 조건은 趙元任의 '三等+후설모음·중설모음'으로 대체되어야 함이 여기서 다시 증명된다. 이로써 尤韻/幽韻의 대비를 -ju/-jəu로 하거나(董同龢), 또는 -jəu/-jou(竺家寧, 1995, 261)로 재구하면서 주요모음 ə가 弱모음으로 -ju-와 가까워서 輕脣化되었다는 설명을 덧붙일 필요가 없게 된다. 한국한자음에서 尤韻/幽韻의 대비가 ㅜ/ㅠ(尤九/幽糾)로 어느 정도 나타난다는 사실은 陸志韋

---

58) 조선중종조의 역학자 최세진은 『飜譯老乞大』에서 중국어대화체 문장의 매 글자마다 당시 중국어음을 훈민정음으로 음표기하였는데, 流攝이나 效攝글자를 표기하는 데 있어서는 훈민정음으로 음표기가 불가능하므로 國俗撰字라고 하여 닿소리·홀소리의 예외적인 조합형을 사용하였다. 侯韻의 頭는 ㅌ+ㅜ, 尤韻의 有는 ㅇ+ㅜ로 썼다.

59) 운도에서 尤韻 幫母하에 놓인 '不'자는 본래 『廣韻』의 物韻 分勿切로서 弗과 동음이었으나 음의 변화가 불규칙하여 現代方音에서 모두 重脣 p-이다. 『韻鏡』을 위시한 운도는 모두 尤韻幫母에 수록하였으며, 이것은 운서의 反切에 어긋난다. 『切韻指掌圖』만은 尤韻非母三等(第四圖) 및 沒韻幫母一等(第十圖)에 중복수록하여 당시의 '不'의 음의 변화를 반영하고 있다. 그러므로 이 '不'자는 尤韻의 輕脣化문제에서는 예외적인 예로 제외시킨다.

(1947, 57)가 이미 지적하였고, 그는 이를 근거로 ɪəu/iĕu로 재구하였다. 幽韻은 수록자가 적으며 脣牙喉음자에 국한되어 있다. 또한 韻圖에는 四等에 나열된다. 이는 重紐A류와 유사한 성질을 갖고 있으며, 한국한 자음에서도 重紐A류와 같은 음으로 표기를 하였다. 여기서 우리는 龍宇 純(1970)이 「四等重輕例」의 四等에 실린 重紐A류와 幽韻의 예자를 근 거로 이 둘을 같은 -ji-介音으로 재구한 것을 떠올린다. 또한 李新魁 (1984)등이 尤韻+幽韻을 重紐BA류 한 조로 본 것도 이러한 현상과 무 관하지 않을 것이다. 그렇다면 왜 尤韻과 幽韻은 『切韻』에서 여덟 개의 重紐韻들처럼 한 운으로 합쳐지지 않았을까? 이 양자사이에는 필시 重 紐의 관계로는 볼 수 없는 음의 차이가 있었을 것이다.

深攝―侵寢沁緝

深攝은 三等 侵韻뿐인데, 북부와 중부현대방언에서는 운미 -m이 -n으 로 변하여 臻攝三等자와 동음이 되었다. 이 侵韻은 欣운과 같은 純三等 韻의 甲類가 아니고 丙類에 속하므로 眞韻의 주요모음과 같이 -iem으로 재구한다. 侵韻重紐四等은 -jem이다.

咸攝―覃感勘合・談敢闞盍・鹽琰豔葉・添忝㮇帖・咸豏陷洽・銜檻 鑑狎・嚴儼釅業・凡范梵乏

咸攝은 四等이 구비된 攝으로 重韻도 여러 조가 되어 소속된 운이 상 당히 많다. 一等重韻 覃 -ɒm: 談 -ɑm, 二等重韻 咸 -ɐm: 銜 -am은 모두 앞에서 설명하였다. 三等重韻으로 開口韻 鹽韻과 嚴韻 그리고 合 口韻 凡韻이 있다. 陸法言의 『切韻』에는 嚴韻의 上聲韻인 儼韻과 去 聲韻인 釅韻이 각각 鹽韻의 上・去聲韻인 琰・艶운과 나뉘어지지 않 았다. 이 嚴韻의 上去聲(厂・嚴)두 운은 王仁昫가 새로 세운 것이다. 또 한 『廣韻』에서 釅韻과 梵韻의 경계가 분명치 않은 점이 嚴韻과 凡韻을

開合一組로 보는 韻圖의 체제나 통설에 문제점으로 제기되어왔다. 즉 梵韻에 수록된 欠去劍切·劍居欠切·俺於劍切 세 글자는 脣音字만 수록된 凡(范梵乏)韻에서는 예외적인 牙喉音이며 또 開口字이기 때문이다. 이 세 글자는 공교롭게도 反切下字를 互用하여 다른 수록자 梵扶泛切 汎浮梵 切등과 系聯되지 않는데, 陳澧의 『切韻考』는 四聲相承의 방법으로 한 류로 系聯시켰다. 그러나 『廣韻』에서 劍·欠이 이렇듯 梵韻에 수록되어 있으면서도 釅운자의 反切下字로 쓰인 것(釅魚欠切, 菱亡劍切)은 釅·梵 두 운의 뒤얽힌 관계를 나타내며, 또 劍欠등자가 진실로 梵韻인가 하는 것에 의문을 품게 한다. 또한 梵운의 俺於劍切자도 諧聲偏旁으로 보아 平上入聲 嚴儼業韻에 수록된 醃埯腌자와 四聲相承이 되므로 역시 去聲 釅韻일 가능성이 더 크다. 周祖謨(1966e, 537-540)[60]는 切韻系韻書중에서는 유일하게 故宮本『王韻』(『王二本』)이 이 劍·欠·俺 세 글자를 去聲 嚴韻[61]에 수록한 사실을 발견하여, 이 글자들이 본래 釅운자인데 陸法言의 『切韻』이 본래 釅운을 따로 세우지 않았으므로 牙喉音자인 이들을 본래 脣音만 있는 凡韻의 去聲韻 梵韻에 넣은 것이며, 후에 『切韻』增補本(敦煌本『王韻』 즉 『王一本』, 孫愐의 『唐韻』, 『廣韻』등)들이 上去聲 广嚴운을 새로 세우면서도 梵韻에 수록된 이 세 글자는 그대로 놓아두어 이러한 모순이 생기게 된 것이라고 풀었다. 또 한편으로 일부 韻書는 時音에 맞추어 陸法言의 『切韻』을 교정하여 이 세 글자를 去聲 嚴韻에 옮겨 실었는데, 『王二本』이 바로 여기에 속하는 韻書라고 하였다. 『廣韻』이나 韻圖와는 달리 『集韻』은 이 『王二本』계통의 韻書를 계승한 듯 欠劍을 驗韻(=釅韻)에 수록하였고, 梵韻에는 脣音자뿐이다. 『王三本』에서 嚴凡운의 上聲운 广范과 入聲운 業乏에서 대립되는 牙

---

60) 「陳澧切韻考辨誤」 『問學集』下冊, 北京:中華, 1981, pp.517-580. 이 논문은 원래 1940년에 쓰여진 것이다.
61) 王仁昫의 『刊謬補缺切韻』은 去聲의 韻目字도 平聲과 동일한 글자 嚴을 썼다.

音溪母자 𭉦丘广反 凵丘范反과 佉去劫反 㹌起法反 등은 邵榮芬(1982, 81)이 여러 가지 문헌자료를 들어 『切韻』에는 없는 後增字임을 밝혔다. 이로써 칼그렌 이래로 嚴韻과 凡韻의 관계를 開合一組로 보는 통설에 의문을 던졌던 이 牙喉音 세 글자의 의문은 해결되었다. 따라서 牙喉音자만 나타나는 嚴韻과 脣音자만 나타나는 凡韻은 상보적분포관계이므로 一組로 볼 수 있게 된다. 『四聲等子』는 咸攝三等의 자리에 嚴凡鹽三韻을 병합하여 수록하였다. 嚴韻과 凡韻은 純三等韻에 속하므로 牙喉音開口 嚴韻은 -iɐm 脣音合口 凡韻은 -iwɐm으로, 鹽韻은 -iæm으로 재구하며, 四等 添韻은 -em으로 재구한다. 鹽韻重紐四等은 -jæm이다.

中古音韻母表

攝	開合	一等	二等	三等				四等
				純三等	普通三等	重紐三等	重紐四等	
通	獨韻	東uŋ			東iuŋ			
	獨韻	冬uoŋ			鍾iuoŋ			
江	獨韻		江ɔŋ					
止	開			微iəi	之i	支ie	支je	
	合			微iwəi		支iwe	支jwe	
	開					脂iei	脂jei	
	合					脂iwei	脂jwei	
遇	獨韻				魚io			
	獨韻	模uo			虞iuo			
蟹	開	泰ɑi	佳ai			祭iæi	祭jæi	齊ei
	合	泰wɑi	佳wai			祭iwæi	祭jwæi	齊wei
	開	哈ɒi	皆iɐi	廢iɐi				
	合	灰wɒi	皆iwɐi	廢iwɐi				
	開		夬ɐi					
	合		夬wɐi					

攝	開合	一等	二等	三等				四等
				純三等	普通三等	重紐三等	重紐四等	
臻	開	痕ən				欣iən	眞(臻)ien	眞jen	
	合	魂wən			文iwən		眞(諄)iwen	眞(諄)jwen	
山	開	寒ɑn	刪an			仙iæn	仙jæn	先en
	合	寒(桓)wɑn	刪wan			仙iwæn	仙jwæn	先wen
	開		山ɐn	元iɐn				
	合		山wɐn	元iwɐn				
效	獨韻	豪ɑu	肴au			宵iæu	宵jæu	蕭eu
果	開	歌ɑ			歌(戈)iɑ			
	合	歌(戈)wɑ			歌(戈)iwɑ			
假	開		麻a		麻ia			
	合		麻ua					
宕	開	唐ɑŋ			陽iɑŋ			
	合	唐wɑŋ			陽iwɑŋ			
梗	開		庚aŋ		庚iaŋ			
	合		庚waŋ		庚iwaŋ			
	開		耕ɐŋ		清iæŋ			青eŋ
	合		耕wɐŋ		清iwæŋ			青weŋ
曾	開	登əŋ			蒸iəŋ			
	合	登wəŋ			蒸iwəŋ			
流	獨韻	侯əu			尤iəu		幽ieu	
深	獨韻					侵iem	侵jem	
咸	開	談ɑm	銜am			鹽iæm	鹽jæm	添em
	開	覃ɒm	咸ɐm	嚴iɐm				
	合			凡iwɐm				

『切韻』『王三本』등 早期韻書에서는 諄·桓·戈는 독립운이 아니다. 그러므로 『切韻』의 운모체계라고 할 때에는 이 들 세 개의 韻目은 존재하지 않으며, 諄은 眞에, 桓은 寒에, 戈는 歌운에 포함시킨다.62)

---

62) 『廣韻』反切下字의 系聯결과로 얻은 319류에서 聲調구분을 논하지 않으면 103류가 된

4-4 聲調體系

4-4-1 四聲八調說

中古音의 성조체계는 平上去入의 四聲체계라는 것은 『切韻』편찬체재의 기본틀이 四聲에 따른 분류이므로 더 이상의 논의가 필요하지 않다. 杜其容(1976)과 王士元(1987)등에 의하여 제기된 中古音四聲八調說[63]에

다고 하였다. 이 103류라는 숫자는 61韻과 마찬가지로 四聲相承하는 한 조의 어느 韻이든지 더 잘게 분류된 류에 따라 계산한 것이다. 즉 脂韻 平上聲은 각각 3류이나 去聲 至韻은 4류이고, 魂韻 平上去聲은 모두 1류이나 入聲沒韻은 2류(麧下沒切과 捐扂骨切의 分析條例로 두 류로 나뉜다.)이며, 蒸운도 平上去聲은 1류씩이나 入聲 職韻이 2류이므로, 脂韻과 魂韻과 蒸韻은 각각 4류·2류·2류로 계산한 것이다. 그런데 위의 中古音韻母表에 나타난 총 韻母음절수도 103개가 된다. 反切下字系聯으로 얻은 103韻類와 숫자는 비록 같으나 韻類와 韻母가 완전히 부합되는 것은 아니다. 反切자료자체의 한계성 때문일 것이다. 反切系聯에서 문제가 되는 운들을 보자. 去聲韻 祭韻反切下字는 3류로 나누어지지만 韻母음절수는 4개이다. 이 祭韻의 운모는 『韻鏡』에도 4圖(13-16)에 나뉘어 수록된 것처럼 開合·重紐의 차이로 4류로 구분되어야한다. 역시 去聲만 있는 廢韻은 1류로 系聯되었으나 『韻鏡』의 9·10 開合二圖에 나뉘어 수록되어 있다. 『廣韻』(澤存堂本)의 反切 廢方肺切·肺方廢切에서 肺方廢은 『黎氏古逸叢書本』과 『王本』에 의거하여 肺方廢切로 수정되었다(만약 『澤存堂本』의 反切 그대로 분석하면 分析條例에 의거하여 廢와 肺는 두 류로 나뉠 수 밖에 없다). 眞(諄)운은 『韻鏡』의 17·18 開合二圖에 三·四等에 나뉘어 수록된 것처럼 開合·重紐의 차이를 가진 4류로 구분되어야하지만, 系聯결과는 平上去入 聲韻 모두 3류 뿐이다. 開口는 2류로 重紐의 차이를 나타내지만, 合口가 一類로 系聯된 것이다. 그런데 韻母體系에서 설명한 것처럼 臻운은 眞운과 병합하여 한 운으로 재구하였다. 凡韻은 平上入聲이 1류인데 去聲 梵韻만 2류로 나뉜 것은 嚴韻과의 混載현상때문이라고 이미 설명하였으며, 따라서 梵운의 제2류는 여기서 삭제된다. 그리고 沒韻의 제2류도 체계상 삭제된다(82쪽 참조). 그러므로 이 中古音韻母表의 음절수는 反切系聯으로 얻은 韻類보다 祭廢眞의 3류가 많아진 대신 沒梵의 2류가 줄었고, 또한 眞은 臻과 병합되었으므로 숫자상으로는 변화가 없다.

63) 杜其容이 中古音의 四聲八調說을 주장하는 주요근거는 다음 두 가지이다. 하나는 현대 방언의 성조는 대부분이 四調이상이며, 그 중에서 平聲은 거의 예외없이 모두가 陰陽二調로 나뉘었으며, 또 吳方言은 濁聲母를 보존하면서도 聲調가 陰陽으로 나뉘었다는 점, 그리고 또 하나는 陳澧의 『切韻考』<序錄>에서 反切구조에 대하여 설명한 "上字定其淸濁, 下字定其平上去入."이란 구절이다. 杜其容,「論中古聲調」『中華文化復興月刊』9:3, 1976, pp.22-30.
    William S-Y. Wang. "A Note on Tone Development," *Wang Li Memorial Volumes,* English Volume, The Chinese Language Society of Hong Kong,

대하여 丁邦新(1998b, 106-117)[64]은 조목조목 반증을 들어 타당성 있는 비판을 하였다. 또한 그는 여러 학자들이 『詩經』으로부터 南北朝까지의 詩賦의 押韻현상을 커납한 결과를 통하여 上古부터 兩漢, 魏晉, 南北朝까지 줄곧 네 개의 聲調체계를 유지해왔다는 사실을 확인하였다. 그러므로 李涪의 『刊誤』(880)[65]나 『韻鏡』의 卷首에 실린 <韻鑑序例>에서 보이는 "濁上歸去(全濁聲母의 上聲이 去聲으로 변함)"의 증거나 일본승려 安然의 『悉曇藏』(880)에 서술한 다섯 가지의 聲調(四聲五調)[66]는 모두 시대적으로 『切韻』과 이 백년 이상의 차이가 있는 唐代의 어음현상으로서, 혹 이로써 四聲의 分化시기가 좀 이르게 올라갈 수 있을지는 몰라도 『切韻』의 四聲四調의 틀을 변화시킬 수는 없다고 하였다.

그러나 이 平上去入 네 가지 성조의 調價(tone value)에 대하여는 현재 전하는 자료로는 확실한 추정이 가능하지 않으므로, 梵漢對譯자료, 문헌기록과 현대방언의 聲調 등을 분석하여, 이 四聲의 특성과 대비관계 등 平上去入의 대략의 성격을 규정짓는 작업이 여러 학자들에 의해 시도되었다.

4-4-2 四聲說

元刻本『玉篇』에 실린 「神珙序」에서 인용한 唐의 「元和韻譜」(806～827)는 四聲의 성질을 묘사한 가장 이른 중국자료인데 다음과 같이 말한다:

平聲者哀而安, 上聲者厲而擧, 去聲者淸而遠, 入聲者直而促。

Hong Kong:Joint Publishing Co., 1987, pp.435-443.

64) 「漢語聲調的演變」『丁邦新語言學論文集』, 北京:商務, 1998, 106-126. 原刊 1989.

65) 李涪의 음으로는 很戾의 很과 恨, 辯과 弁, 舅와 舊, 皓와 號는 同音이어야하는데, 陸法言의 『切韻』이 각각 上聲과 去聲으로 수록하였으므로 틀렸다고 비판한 것이다. 이는 李涪의 시대에 이미 全濁上聲이 去聲으로 변한 것을 나타낸다.

66) 뒤의 4-4-4에 인용설명된다.

이보다 시기가 늦은 明釋 眞空의 「玉鑰匙歌訣」에 실린 문장은 다음과 같다:

> 平聲平道莫低昂, 上聲高呼猛烈强, 去聲分明哀遠道, 入聲短
> 促急收藏。

이들 문장이 설명하는 四聲은 매우 모호하며, 누구에게서 언제 시작된 말인지도 모른다. 唐代에서 현대학자들에 이르기까지의 보다 확실한 근거를 가진 四聲에 대한 논의로는 唐代의 일본승려 安然의 『悉曇藏』(880)의 기록이 가장 이른 자료이며, 그 이래로 日本 佛門에서 悉曇學의 흥기에 힘입어 四聲說이 명맥을 이어 내려갔다. 그러나 중국의 等韻學界에서는 四聲・平仄의 성질에 대하여서는 관심이 없었던 듯 관련 기록을 찾아볼 수 없으며, 淸代에 古音學연구가 진척됨에 따라 역사적인 시각에서 四聲의 기원에 대한 물음이 제기되면서, 四聲의 성질에 대하여 언급하기 시작하였다.

4-4-3 平仄說

四聲說은 원래 南朝 宋齊시기의 문단에서 시작된 것이다. 平上去入四聲을 平聲과 上去入聲으로 이분하는 平仄說 또한 일찍이 기본詩律로서 정착되어 내려왔다. 平仄을 고대에는 平側으로 썼는데, 이 平側의 명칭은 대개 樂調(平調와 側調)에서 온 것이며 唐代에 성립된 것으로 본다.67) 이후의 학자들은 흔히 四聲의 성질을 平仄의 대립관계로 설명하여 왔다. 平仄의 대립을 무슨 차이로 보는지 淸代이후 현대까지의 학자들의 平仄說을 세 가지로 정리해보면 다음과 같다.68)

---

67) 周法高. 「說平仄」『歷史語言研究所集刊』13, 1948, pp.153-162.
68) 丁邦新이 「平仄新考」(『丁邦新語言學論文集』, 北京:商務, 1998, pp.64-82. 原刊『歷

1. 平仄을 輕重으로 보는 설

淸代의 음운학자 顧炎武(1613~1682)의 『音論』은 平輕仄重說[69]을,
近人 王光祈의 『中國詩詞曲之輕重律』은 平重仄輕說을 주장한다.

2. 平仄을 長短으로 보는 설

顧炎武는 平仄의 대립을 輕重과 더불어 또한 長短의 차이로 보았다.[70]
江永도 顧炎武의 뒤를 이어 平聲은 長, 仄聲은 短으로 平仄을 변별하였
다.[71] 王力(1958, 6-7)또한 中國近體詩律에서의 平仄長短律을 주장하
는 한편, 平·上去·入이 각각 平調·升降調·促調의 차이라는 가설
도 함께 언급하였다.[72] 그러나 문헌기록이나 어음을 근거로 제시하여 平
仄長短說을 증명하려고 한 학자로는 周法高(1948c)가 최초이다. 그는
唐초기의 梵漢對譯자료에서 산스크리트의 長모음을 平聲字로 對譯하고;
短모음을 仄聲字로 對譯한 것을 발견하였으며, 唐代의 譯經작업이나 作
詩의 표준으로 삼았을 것으로 추정되는 關中방언의 聲調양상을 분석한
白滌洲의 「關中聲調實驗錄」(1934)의 결과를 방증으로 삼아 '平長仄
短'을 주장하였다.

3. 平仄을 高低로 보는 설

이 설을 대표하는 학자 梅祖麟(1970, 109; 1974, 75)[73]은 沈約 前後시

史語言研究所集刊』47:1, 1975)에서 서술한 '舊說述評'을 참고하여 요약한다.
69) 『音論』『音學五書』第二冊:"其重其疾則爲上, 爲去, 爲入; 其輕其遲則爲平。遲之又
遲則一字而爲二字。
70) 앞의 주에서 인용한 顧炎武의 문장 중에서 '疾'과 '遲'는 각각 短과 長으로 해석된다.
또한 그는 『音論』卷中<古人四聲一貫>에서 "平音最長, 上去次之, 入則詘然而止, 無
餘音矣。"라고 명백히 長短의 차이로 平仄을 나누었다.
71) 『音學辨微』<辨平仄>: 平聲音長, 仄聲音短; 平聲音空, 仄聲音實; 平聲如擊鐘鼓, 仄
聲如擊土木石。音之至易辨者也。
72) 『漢語詩律學』: "依我們的設想, 平聲是長的, 不升不降的; 上去入三聲都是短的, 或
升或降的。…如果我們的設想不錯, 平仄遞用也就是長短遞用, 平調與升降調或促調遞
用。…漢語近體詩中的'仄仄平平'乃是一種短長律, '平平仄仄'乃是一種長短律。"
73) Mei Tsu-lin. 1970, "Tones and Prosody in Middle Chinese and the Origin of
the Rising Tone," *Harvard Journal of Asiatic Studies* 30, pp.86-110.
黃宣范譯. 「中古漢語的聲調與上聲的起源」『幼獅月刊』40:6, 臺北, 1974, pp.69-76.

대의 시인이 作詩에 사용하던 平上去入의 四聲調에서 平仄二調로 바뀐 과정에 대하여 다음과 같이 추정하였다.

四聲調逐漸變爲以高低對立的平仄調。經過一個過渡期是把 平聲認爲低調, 上去聲爲高調, 而入聲是獨立的調類。後來 (也許是約定成俗, 也許是皇帝勅令)入聲改歸高調類。

네 개의 聲調는 점차 高低가 대립되는 平仄調로 변하였다. 과 도기에는 平聲을 低調로, 上聲去聲을 高調로, 入聲을 독립된 調類로 인식하였다. 후에 (관습 혹은 칙령으로) 入聲이 高調류 로 바뀌어 들어가게 되었다.

그는 平聲은 低調, 仄聲은 高調로 본 것이다.

4-4-4 四聲의 調形

中古聲調에 관한 가장 귀중한 자료로서 많은 학자들에게 인용되고 연 구된 安然의『悉曇藏』卷五(2702, 414)에서 四聲을 묘사한 구절을 보자.

我日本國元傳二音, 表則平聲直低, 有輕有重; 上聲直昂, 有 輕無重; 去聲稍引, 無輕無重; 入聲徑止, 無內無外。平中怒

梅祖麟은 이 논문에서 中古上聲이 上古의 喉塞音韻尾 -ʔ의 소실로 변한 高短調로 보 았는데, 그 근거로 첫째, 上聲字가 喉塞音韻尾를 보존하고있는 東南沿海 일대의 閩方 言들(溫州[吳方言에 속함], 浦城, 建陽, 定安, 文昌), 둘째, 梵漢對譯자료의 대비관계에 서 中古上聲字가 高短調라는 것을 발견하고, 音聲學實驗에서 調形이 高而短한 음절 은 淸(無聲)塞音으로 끝난다는 것이 증명된 것, 셋째 漢代에 전래된 古越漢借用字의 음운대비관계, 넷째 로로(Lolo)어·미얀마어 등 동남아언어에서 喉塞音운미가 高聲調 로 변한 현상 등등을 들어, 中古上聲의 上古音에 喉塞音韻尾가 있었으며 漢代까지도 보존되다가 후에 소실되면서 高而短調로 변하였다고 하였다. 이 논문에서 그는 이와 같 이 上聲의 기원을 밝히면서 中古聲調의 四聲의 語音특징과 平仄의 분류근거를 논구하 였는데, 安然의『悉曇藏』의 기록을 가장 중요한 근거자료로 삼았다.

聲與重無別; 上中重音與去不分。74)

원래 우리 일본국에 전해진 두 가지 음에서 表[信公]가 전한 음은 다음과 같다: 平聲은 평평하고 낮은데, [變異聲調allotone로] 輕音도 있고 重音도 있다. 上聲은 평평하고 높은데, 輕音은 있고 重音은 없다. 去聲은 좀 끄는데, 輕音·重音의 구분이 없다. 入聲은 급히 멈추는데, 內도 없고 外도 없다. 平聲에서 怒聲(鼻音과 邊音聲母의 음절75))은 重音과 다름이 없다. 上聲에서 重音은 去聲과 나뉘지 않는다.

이 문장에서 보면 安然의 시대(880)에는 聲調가 輕平·重平·輕上·去聲(重上이 병합됨)·入聲의 五調였음을 알 수 있다. 여기서 輕重은 결국은 淸濁과 같은 개념이다. 聲母의 淸濁으로 인한 聲調의 變異調로 輕은 陰調를, 重은 陽調를 가리킨다. 梅祖麟이 이 문장을 분석하여 安然의 四聲을 다음과 같이 규정하였다.

　(1) 平聲: 長而低한 平調로 輕·重이 있다. [梵文의 長音을
　　　　平聲字 痾·伊·烏로 對譯한] 義淨의 방법에 의거하여

---

74) 表라는 인물에 대하여는 다음과 같은 설이 있다. 日僧 淨嚴의『悉曇三密鈔』14卷上 (1682)에는 表는 지금의 九州福岡縣에 있던 筑紫國에 와서 漢音을 전한 表信公이라고 하였으나, 本居宣長이『漢字三音考』(1785)에서 이 설의 오류를 지적하고, 表(信公)이 袁(晉卿)의 誤記일 것이라는 추정을 한 이래로 일본학자들은 이 설을 더 가능성 있는 설로 본다. 袁晉卿은『續日本紀』에 唐人으로 733년 18, 9세의 나이에 일본으로 와서 大學音博士가 된 확실한 인물로 기록되어 전해지며, 일본에 영향을 끼친 인물이므로, 安然이『悉曇藏』序(2702, 366)에서 말한 中國音을 일본에 전한 四家(舊來二家와 新來二家)중에서 金(新羅人으로 추정)과 더불어 舊來二家가 되기에 적절한 인물이라는 것이다.
　　『悉曇藏』에는 表의 聲調이외로 金의 聲調와 新來二家인 正法師와 聰法師의 聲調도 전한다. 平山九雄(1987, 12-15)에 의하면 金의 성조는 陰平·陽平·陰上·陽上·去·入의 6조이며, 新來二家의 성조는 平上去入이 각각 陰陽으로 나뉘어 8조가 된다.
75) 梅祖麟(1970, 93)의 번역을 따랐다.

'長'하다고 한 것이다.

(2) 上聲: 短而高한 平調이다. 重은 이미 去聲과 하나로 합병
되었다.

(3) 去聲: 좀 길게 끄는 聲調이다. 그러나 점차 짧아지는 과정에
서 高而升調로 되었을 것이다.

(4) 入聲: 짧고 촉급한 短調이다. 調價와 調形은 알지 못한다.

梅祖麟의 이와 같은 결론에 대하여 丁邦新(1998a, 68-9, 79)은 去聲을
제외하고는 대부분에서 동의하였다. 梅祖麟은 그러나 上聲字가 上古音
에서는 喉塞音운미가 있었으며, 이 喉塞音운미가 高聲調로 변화했을 가
능성을 제기하였다. 그가 이러한 上古音의 내원을 가진 上聲이 高而短
調임을 증명하기 위한 근거로 音聲學實驗에서 淸塞音韻尾의 음절이 高
而短調로 나타났다고 한 것에 대하여, 丁邦新은 連音변화로 喉塞音운미
가 소실되면서 오히려 高升調(十:sə'^{35})에서 低平調(十一:sə^{11}iə'^{44})로 변
하는 江蘇如皐방언현상, 그리고 低調(陰入22)와 高調(陽入55)가 모두
다 喉塞音韻尾 -ʔ나 淸塞音韻尾 -p, -t를 갖는 海南島儋州方言의 현상
을 反證으로 들어 梅의 주장에 반박하였다.

丁邦新은「平仄新考」에서 周法高·梅祖麟이 자료로 쓴 安然의『悉
曇藏』자료를 전면적으로 재분석하여 平聲과 仄聲의 대립에 대한 새로운
해석을 하였다. 그는 羅常培의「梵文顎音五母之藏漢對音硏究」(1931c,
163-176)에 실린 자료를 참고로 하여『悉曇藏』에서 찾을 수 있는 모든
長短音 對譯자료를 세 개의 표로 분류·나열하여 對音의 현상을 고찰하
였다. 第一表(414-421~880년 이전)에서는 소수의 예외를 제외하고는
대개 "仄聲字로 梵文의 短音을, 平聲字로 長音을 對譯했다"는 周法高
와 동일한 결론을 얻었다. 第二表(417~880년 이전)에서는 홑平聲字나
또는 앞에 '短'자를 붙인 平聲字로 梵文短音을, 앞에 '長'을 붙인 平

聲字로 長音을 대역한 예들(阿,短阿a : 長阿ā; 伊,短伊i : 長伊ī;…)을 실었다. 이로부터 平聲은 보통 平調로 길지도 짧지도 않은 聲調이지만, 調形이 평평하므로 길게 늘여 梵文의 長音에 가까이 갈 수 있었다는 추측이 가능하며, 이 점은 바로 周法高의 '平仄長短說'이론(平長仄短)에 대한 反證이 될 수 있다고 하였다.

『悉曇藏』에 인용된 吉藏의 『涅槃疏』[76]는 다음과 같이 설명하고 있다.

> a 短阿 ā 長阿, 經有兩本, 有作長短兩阿者, 有作惡阿者, 將惡字代於短阿。然經中多作長短阿, 此須依字而讀, 不須刊治也。所以作長短兩阿者, 外國有長短兩字形異, 此間無有長短兩阿形異, 所以以長短字來標之。
> i 短伊 ī 長伊, 然此中短伊復有經本不云短伊, 直作億字者, 短阿直作惡字者, 此是光宅法師所案也。
> u 短憂 ū 長憂, 短憂光宅法師治經作郁字也。

短阿a·長阿ā는 경전에 두 가지 표기방법이 나타난다. 短阿·長阿로 쓰는 방법과 惡·阿로 쓰는 방법이 있다. 이때에 惡은 短阿를 가리킨다. 그런데 경전에서는 長阿·短阿를 많이 쓴다. 이 방법은 고쳐 읽을 필요 없이 글자대로만 읽으면 되기 때문이다. 長阿·短阿로 쓰는 것은 외국은 長短 두 글자가 글자형태가 다르지만, 여기는 長短兩阿의 형태가 다르지 않으므로 長短字로 표기하는 것이다.

i ī는 短伊·長伊로 쓰는데 이 중에서 i는 또한 경전에서 短伊라고 하지 않고 직접 '億'자를 쓰기도 한다. 短阿도 직접 '惡'자로 쓰는데 이것은 光宅法師의 고안이다.

---

76) 『悉曇藏』卷五(『大正新修大藏經』2702, 409). 인용문 속의 a ā i ī u ū는 편의상 梵文을 로마자모로 옮긴 것이다.

短憂u・長憂ū 에서 短憂를 光宅法師는 경전을 연구할 때 郁
자를 쓴다.

여기서 우리가 얻을 수 있는 성조에 관한 정보는 첫째, 당시 漢語에는 산
스크리트의 長短모음에 해당하는 長短음절이 없었다는 점이고, 둘째, 산
스크리트의 短모음을 入聲字로 나타낸 것을 보면 당시 漢語에서 短음절
은 入聲음절뿐이었다는 것을 알 수 있다. 그러므로 入聲의 塞音韻尾 때
문에 산스크리트 短모음을 나타낼 때는 短阿처럼 그대로 읽는 것이 아니
고 좀 고쳐 읽어야 하는 불편을 감수하면서도 上去聲으로 표기하지 않고
入聲으로 표기한 것일 것이다. 丁邦新은 第一表에서 短母音을 표기한
入聲字들이 거의가 -k운미임을 들어 모음의 발음상 -t나 -p는 더욱 부적
절하기 때문이라고 추정하였다. 第三表(771~880년 이전)에는 短모음을
표기하는 字에는 平・上・入聲을 막론하고 모두 上聲으로 읽으라는 표
시가 되어있다. 한편 平聲과 去聲자로 長모음을 표기하였는데, 반드시
平聲에는 '長聲'이, 去聲에는 '兼引' '長引' '引' 등의 글자가 수반된
다. 梅祖麟은 이 자료에 근거하여 上聲이 短調라고 주장하였으나, 丁邦
新은 智廣의 『悉曇字記』의 "短阿 上聲短呼, 音近惡。…"(短阿는 上聲
같이 발음하면서 짧게 읽어서 음이 惡(入聲)과 비슷하게 하라…)라는 문장의
의미를 새겨 보아도 당시에 上聲이 결코 短調는 아니었음을 알 수 있다
고 하였다.

丁邦新은 이 세 표에서 나타난 현상을 종합하여 中古시기에 梵文의
長音을 對譯하는 세 가지 방법을 들었다. 이는 바로 仄聲字와 대비시킨
보통 平聲字; 平聲・短讀平聲字와 대비시킨 長讀平聲字; 上聲字와 대
비시킨 長讀平聲・引讀去聲字이다. 여기서 그는 長音으로 발음이 가능
한 형태는 長平調와 長降調밖에 없으며, 長升調는 가능성이 없다고 보

고, 平聲은 平調이므로 그냥 소리를 길게 빼면 되며, 去聲은 降調이기 때문에 특별히 완만하게 끌어내리며 길게 늘이기 때문에 '引'으로 묘사했으리라고 추정하였다. 上聲과 入聲으로 長音을 對譯하지 않은 이유는, 入聲은 短促調이므로 자연히 長音에는 맞지 않고, 上聲은 高升調이므로 본래 短音은 아니지만 高升한 까닭으로 길게 늘일 수가 없어서 長音을 대역할 수 없었을 것이라고 하였다. 이로써 上聲은 高音이므로 短音字를 읽는 법을 형용할 수 있는 것이라고 한 梅祖麟의 上聲短音설을 수정하였다.

丁邦新은 梅祖麟의 결론을 다음과 같이 수정하였다:

(1) 平聲: 平調. 대개 비교적 낮다. 길이는 보통이다.
(2) 上聲: 高升調. 길이는 보통이다.
(3) 去聲: 降調. 아마도 조금 끄는 中降調일 것이다. 길이는 보통이다.
(4) 入聲: 促調. 고저는 말하기 어렵다. 길이는 짧다.

4-4-5　四聲·平仄에 대한 結論

丁邦新의 中古音의 四聲·平仄 전반에 대한 結論과 推論은 다음과 같다.

中古의 平仄聲의 구별은 바로 平調와 非平調의 구별이다. 平調는 平聲을, 非平調는 上去入三聲을 포괄한다. 이 중에서 上聲은 高升調, 去聲은 대개 中降調, 入聲은 短促한 調를 가진다. 중국문학에서 平仄聲은 곧 平調와 非平調의 대립으로서 '平平仄仄'이란 '輕重律'이나 '長短律' 또는 '高低律'이 아니라 바로 '平仄律'이다. 또한 四聲중 平上去

聲은 보통길이의 聲調이며, 入聲은 아주 짧은 聲調이므로, 平上去와 入
聲과는 일종의 長短律을 구성할 수 있다. 따라서 平仄律을 중국문학에
서 明律의 일종으로 볼 수 있고 長短律을 暗律의 일종으로 볼 수 있으
며, 시인들은 이들을 운용하여 문학작품의 韻律을 풍성하게 만들 수 있
는 것이다. 그리고 平仄이란 聲調를 문학에 응용하면서 네 개에서 두 개
로 자연적인 분류가 된 것으로 四聲과 平仄을 시대의 전후로 나뉘는 변
화관계로 볼 필요는 없다.

  이와 같은 丁邦新의 中古音聲調체계에 대한 결론 내지는 추론은 엄밀
한 자료분석과 推理의 과정을 거쳐서 나온 것이지만 기존의 여러 설들
중에서 가장 원시자료에 접근하는 소박한 이론으로 생각된다. 우선 명칭
으로 보아도 '平仄'(초기명은 '平側')은 平調와 側調임이 그대로 나타나
며, 칼그렌이 단순히 平上去入의 명칭으로 추측한 平調·升調·降調·
促調 또한 丁邦新의 결론과 일치한다. 이러한 聲調의 성격은 또한 문인
들이 口誦해오던 「元和韻譜」나 「玉鑰匙歌訣」에 실려 전해오는 '厲而
擧' '淸而遠' '莫低昂' 등의 聲調묘사와도 의미가 서로 통한다.

  等韻에서는 우리가 얻을 수 있는 聲調의 이론에 관한 자료는 없다고
해도 과언이 아니다. 그러므로 聲母·韻母體系처럼 비교적 확실한 근거
를 가지고 聲調체계를 재구하기란 불가능한 실정이다. 이러한 어려운 여
건에서 일본의 悉曇家들이 전한 단편적인 梵漢對譯資料에서 聲調에 관
련된 정보를 이끌어내어 中古音聲調를 밝히려고 한 羅常培, 周法高, 梅
祖麟, 丁邦新등 학자들의 노력에 힘입어 현재 中古聲調의 대략의 윤곽
은 드러난 셈이다. 그리하여 도무지 이해가 안되었던 「元和韻譜」나 「玉
鑰匙歌訣」에 전해오는 四聲을 묘사한 애매모호한 구절들이 이와같이 四

聲과의 연결이 어느 정도 가능해짐에 따라 방증자료로서의 가치를 지니게 된 것이다.

　中古聲母는 四聲四調의 체계이며, 후대에 聲母의 淸濁(陰陽)에 따라 聲調가 분화되어 現代方言의 다양한 聲調가 된 것으로 본다.

引 用 書 目

白滌洲 1931.「廣韻聲紐韻類之統計」『女師大學術季刊』2-1，北京.

白滌洲 1934.「關中聲調實驗錄」『歷史語言研究所集刊』4-4: 447-488.

北京大學中國語言文學系教研室 1989.『漢語方音字滙』第二版，北京:文字改革.

陳復華 1983.『漢語音韻學基礎』，北京: 中國人民大.

陳　澧 1842.『切韻考』，1966. 臺北: 廣文.

陳彭年 1008.『重校宋本廣韻』，1961. 臺北: 廣文.

陳寅恪 1949.「從史實論切韻」『嶺南學報』9-2: 1-18.

戴　震 1766.『聲韻考』，1966. 臺北: 廣文.

丁邦新 1998a.「平仄新考」『丁邦新語言學論文集』，北京: 商務，64-82.

丁邦新 1998b.「漢語聲調的演變」『丁邦新語言學論文集』，北京: 商務，106-126.

董同龢 1948a.「廣韻重紐試釋」『歷史語言研究所集刊』13: 1-20.

董同龢 1948b.『上古音韻表稿』，1967. 臺北: 中央研究院歷史語言研究所.

董同龢 1949.「等韻門法通釋」『歷史語言研究所集刊』14: 257-306.

董同龢 1954.『中國語音史』，臺北: 中國文化.

董同龢 1968.『漢語音韻學』，臺北: 學生，『中國語音史』增訂版.

杜其容 1976.「論中古聲調」『中華文化復興月刊』9-3: 22-30.

方孝岳 1979.『漢語語音史概要』, 홍콩: 商務.

方孝岳 1988.『廣韻研究』, 廣州: 中山大.

顧炎武「音論」『音學五書』, 1966. 臺北: 廣文.

韓道昭 1208. 大明成化庚寅重刊本『五音集韻』, 1992. 北京: 中華.

黃淬伯 1930.「慧琳一切經音義反切聲類考」『歷史語言研究所集刊』1-2: 165-182.

黃淬伯 1962.「關於切韻音系基礎問題」『中國語文』2: 85-90.

黃永武 1989.『敦煌寶藏』第4冊, 第112冊, 서울: 驪江.

何大安 1986.『聲韻學中的觀念和方法』, 臺北: 大安.

何九盈 1961.「切韻音系的性質及其他」『中國語文』9: 10-18.

慧　琳　810.「一切經音義」『大正新修大藏經』2128.

姜亮夫 1972.『瀛涯敦煌韻輯』, 臺北: 鼎文.

江　永 1759.『音學辨微』, 1966. 臺北: 廣文.

江　永『古韻標準』, 1966, 臺北: 廣文.

江　永『四聲切韻表』, 1966. 臺北: 廣文.

孔仲溫 1987.『韻鏡研究』, 臺北: 學生.

李方桂 1971.「上古音研究」『清華學報』新9-1,2: 1-61.

李　涪　880.「刊誤」『中國歷代語言文字學文選』, 1982, 江蘇人民, 171-179.

李　榮 1956.『切韻音系』, 北京: 科學. 1972. 臺北: 鼎文.

李新魁 1981.「韻鏡研究」『語言研究』創刊號: 125-166.

李新魁 1983.『漢語等韻學』, 北京: 中華.

李新魁 1984.「重紐研究」『語言研究』2: 73-104.

李新魁 1986a.『漢語音韻學』, 北京: 北京.

李新魁 1986b.「論內外轉」『音韻學研究』2: 249-256.

李新魁 1991.『中古音』, 北京: 商務.

劉 復 1923.「守溫三十六字母排列法之研究」『國學季刊』1-3: 451-464.

劉復・魏建功・羅常培共編 1936.『十韻彙編』, 北京: 北京大.

劉 鑑 1336.『經史正音切韻指南』『等韻名著五種』, 1972. 臺北: 泰順.

龍宇純 1968.『唐寫全本王仁昫刊謬補缺切韻校箋』, 홍콩: 中文大.

龍宇純 1969.『韻鏡校注』, 臺北: 藝文.

龍宇純 1970.「廣韻重紐音值試論 – 兼論幽韻及喻母音值」『崇基學報』,
　　　홍콩, 161-181.

陸志韋 1939a.「證廣韻五十一聲類」『燕京學報』25: 1-58.

陸志韋 1939b.「三四等與所謂'喻化'」『燕京學報』26: 143-174.

陸志韋 1947.『古音說略』, 1971. 臺北: 學生.

羅常培 1928.「切韻序校釋」『切韻研究論文集』, 1972. 홍콩:實用書局,
　　　6-25.

羅常培 1931a.「知徹澄娘音值考」『歷史語言研究所集刊』3-1: 121-158.

羅常培 1931b.「敦煌寫本守溫韻學殘卷跋」『歷史語言研究所集刊』3-2:
　　　251-262.

羅常培 1931c.「梵文顎音五母之藏漢對音研究」『歷史語言研究所集刊』
　　　3-2: 263-276.

羅常培 1932.「釋輕重」『歷史語言研究所集刊』2-4: 441-449.

羅常培 1933.「釋內外轉」『歷史語言研究所集刊』4-2: 209-226.

羅常培 1939.「經典釋文和原本玉篇反切中的匣于兩紐」『歷史語言研究所
　　　集刊』8-1: 85-90.

羅常培 1956.『漢語音韻學導論』, 1971. 臺北: 良文.

羅常培・周祖謨 1958.『漢魏晉南北朝韻部演變研究』第一分冊, 北京: 科學.

潘重規 1974.『瀛涯敦煌韻輯新編・瀛涯敦煌韻輯別錄』, 臺北: 文史哲.

『切韻指掌圖』『等韻名著五種』, 1972. 臺北: 泰順.

『切韻指掌圖』古逸叢書三編之十二 1985. 北京圖書館藏宋朝刻本原大影印, 北京: 中華.

邵榮芬 1961. 「切韻音系的性質和它在漢語語音史上的地位」『中國語文』 4: 26-32.

邵榮芬 1982. 『切韻研究』, 北京: 中國社會科學.

沈乘麐 1792. 『韻學驪珠』『曲韻五書』, 1965. 臺北: 廣文.

史存直 1997. 『漢語音韻學論文集』, 上海: 華東師範大.

施向東 1983. 「玄奘譯著中的梵漢對音和唐初中原方音」『語言研究』 4: 27-48.

『四聲等子』『等韻名著五種』, 1972. 臺北: 泰順.

唐寫本『守溫韻學殘卷』, 파리국가도서관소장 P2012.

唐　人『歸三十字母例』, 런던소장 S512.

唐作藩 1991. 『音韻學教程』, 北京: 北京大.

王國維 1923. 『觀堂集林』, 1970. 『定本觀堂集林』上下, 臺北: 世界.

王靜如 1941. 「論開合口」『燕京學報』 29: 143-192.

王靜如 1948. 「論古漢語之腭介音」『燕京學報』 35: 51-94.

王　力 1936a. 『中國音韻學』, 上海: 商務.

王　力 1936b. 「南北朝詩人用韻考」『漢語史論文集』, 北京: 科學, 1958, 1-59.

王　力 1957. 『漢語史稿』上冊, 北京:科學.

王　力 1958. 『漢語詩律學』, 1988. 上海: 上海教育.

王　力 1984. 『中國語言學史』, 홍콩: 三聯.

王　力 1985. 『漢語語音史』, 北京: 中國社會科學.

王利器 1983. 『文鏡秘府論校注』, 北京: 社會科學.

王利器 1993. 『顏氏家訓集解』, 北京:中華.

王仁昫　706.『唐寫本王仁昫刊謬補缺切韻』, 1964. 臺北: 廣文.

汪榮寶　1923.「歌戈魚虞模古讀考」『古聲韻討論集』, 楊樹達輯錄, 1969.
　　　臺北: 學生, 79-117.

王　顯　1961.「切韻的命名和切韻的性質」『中國語文』4: 16-25.

王　顯　1962.「再談切韻音系的性質」『中國語文』12: 540-547.

魏建功　1957.「切韻韻目次第考源 - 敦煌唐寫本歸三十字母例的史料價值」
　　　『北京大學學報人文科學』4: 69-83.

魏建功　1958.「切韻韻目四聲不一貫的解釋」『北京大學學報人文科學』2:
　　　45-67.

尉遲治平　1982.「周・隋長安方音初探」『語言研究』3: 18-33.

謝雲飛　1968.「韻圖歸字與等韻門法」『南洋學報』2: 119-136.

薛鳳生　1985.「試論等韻學之原理與內外轉之含義」『語言研究』1: 38-56.

薛鳳生　1986.『國語音系解析』, 臺北: 學生.

薛鳳生　1996.「試論切韻音系的元音音位與重紐重韻等現象」『語言研究』
　　　1: 46-56.

薛鳳生　1999.『漢語音韻史十講』, 北京: 華語教學.

楊劍橋　1996.『漢語現代音韻學』, 上海: 復旦大學.

俞　敏　1999.『俞敏語言學論文集』, 北京: 商務.

袁家驊　1960. 1983.『漢語方言概要』, 北京: 文字改革.

『韻鏡』『等韻名著五種』, 1972. 臺北: 泰順.

曾運乾　1927.「切韻五聲五十一紐考」『聲韻學論文集』, 1976. 臺北: 木鐸,
　　　107-116.

曾運乾　1927.「喻三古讀考」『古聲韻討論集』楊樹達輯錄, 1969. 臺北: 學生,
　　　39-78.

章炳麟「音理論」『聲韻學論文集』, 1976. 臺北: 木鐸, 55-62.

張琨著　張賢豹譯　1987.『漢語音韻史論文集』, 臺北: 聯經.

趙克剛 1994.「四等重輕論」『音韻學研究』3: 42-48.

趙蔭棠 1957.『等韻源流』, 1974. 臺北:文史哲.

趙元任 1959.「說淸濁」『歷史語言研究所集刊』30: 493-497.

趙振鐸 1962.「從切韻序論切韻」『中國語文』10: 467-476.

趙振鐸 1994.「廣韻與等」『音韻學研究』3: 57-62.

鄭　樵『七音略』『等韻名著五種』, 1972. 臺北: 泰順.

智　廣 780～804.「悉曇字記」『大正新修大藏經』54冊.

周法高 1948a.「廣韻重紐的研究」『歷史語言研究所集刊』13: 49-117.

周法高 1948b.「切韻魚虞之音讀及其流變」『歷史語言研究所集刊』13: 119-152.

周法高 1948c.「說平仄」『歷史語言研究所集刊』13: 153-162.

周法高 1948d.「古音中的三等韻兼論古音的寫法」『歷史語言研究所集刊』19: 203-233.

周法高 1948e.「玄應反切考」『歷史語言研究所集刊』20上: 359-444.

周法高 1960.「音辭篇」『顏氏家訓彙注』, 臺北: 中央研究院.

周法高 1984.「論切韻音」『中國音韻學論文集』, 홍콩: 中文大, 1-24.

周祖謨 1960.『廣韻校本－附校勘記』上下, 北京: 中華.

周祖謨 1966a.「萬象名義中之原本玉篇音系」『問學集』上, 北京: 中華, 270-404.

周祖謨 1966b.「切韻的性質和它的音系基礎」『問學集』上, 北京: 中華, 434-473.

周祖謨 1966c.「讀守溫韻學殘卷後記」『問學集』上, 北京: 中華, 501-506.

周祖謨 1966d.「宋人等韻圖中轉字的來源」『問學集』上, 北京: 中華, 507-510.

周祖謨 1966e.「陳澧切韻考辨誤」『問學集』下, 北京: 中華, 517-580.

周祖謨 1996.『魏晉南北朝韻部之演變』, 臺北: 東大圖書.

竺家寧 1992.『聲韻學』,臺北: 五南.

竺家寧 1995.『音韻探索』,臺北: 學生.

有坂秀世 1939.「カールグレン氏の拗音說を評す」『國語音韻史の研究』,
　　　　　1957. 東京: 三省堂, 327-357.

有坂秀世 1936.「漢字の朝鮮音について」『國語音韻史の研究』,1957.
　　　　　東京: 三省堂, 303-326.

安　　然「悉曇藏」卷五『大正新修大藏經』2702.

空　　海「梵字悉曇字母幷釋義」『大正新修大藏經』2701.

玄　　昭「悉曇略記」『大正新修大藏經』2704.

藤堂明保 1957.『中國語音韻論』,東京: 江南書院. 1980. 東京: 光生館.

三根谷徹 1972.『越南漢字音の研究』,東京: 東洋文庫.

明　　覺「悉曇要訣」卷二『大正新修大藏經』2706.

平山九雄 1987.「日僧安然悉曇藏裏關於唐代聲調的記載」『王力先生紀念
　　　　　論文集』,홍콩: 三聯, 1-20.

賴惟勤 1989.「內轉・外轉について」『中國音韻論集』,東京: 汲古書院.

了　　尊「悉曇輪略圖抄」『大正新修大藏經』2709.

崔玲愛 1999.「韓國漢字音에 나타난 重紐현상과 해석」『中國言語研究』
　　　　　8, pp.1-44.

Chang, Kun and Chang, Betty Shefts 1972. *The Proto-Chinese
　　　　　Final System and the Ch'ieh-yün*, Taipei: Academia Sinca.
　　　　　張賢豹譯 1987.「古漢語韻母系統與切韻」『漢語音韻史論集』,臺
　　　　　北: 聯經, 59-227.

Chang, Kun 1974. "Ancient Chinese Phonology and the Ch'ieh-yün,"
　　　　　The Tsing Hua Journal of Chinese Studies, New Series
　　　　　10-2: 61-82.

Chao, Yuen Ren 1941. "Distinctions within Ancient Chinese," *Harvard Journal of Asiatic Studies* 5(3-4): 203-233.

Cheng, Chin-Chuan 鄭錦全 and Wang, William S-Y. 王士元 1971. "Phonological Change of Middle Chinese Initials," *Tsing Hua Journal of Chinese Studies*, New Series 9-1,2: 216-270.

Dobson, W.A.C.H 1959. *Late Archaic Chinese*, Toronto: University of Toronto Press.

Dobson, W.A.C.H 1962. *Early Archaic Chinese*, Toronto: University of Toronto Press.

Karlgren, Bernhard 1915-1926. *Études sur la phonologie chinoise*, Uppsala: K.W. Appelberg; Leiden: E.J. Brill. 趙元任・羅常培・李方桂 共譯 1940.『中國音韻學研究』, 上海: 商務.

Karlgren, Bernhard 1940. "Grammata Serica, script and phonetics in Chinese and Sino-Japanese," *Bulletin of the Museum of Far Eastern Antiquities* 12: 1-471.

Karlgren, Bernhard 1954. "Compendium of Phonetics in Ancient and Archaic Chinese," *Bulletin of the Museum of Far Eastern Antiquities* 26: 211-367. 崔玲愛譯 1985.『古代漢語音韻學概要』, 서울: 민음사.

Karlgren, Bernhard 1957. "Grammata Serica Recensa," *Bulletin of the Museum of Far Eastern Antiquities* 29: 1-332.

KU Ye-ching 葛毅卿 1932. "On the Consonantal Value of 喩-Class Words," *T'oung Pao* vol 24: 100-103.

Mantarō, Hashimoto J. 1970. "Internal Evidence for Ancient Chinese Palatal Endings," *Language* 46-2: 336-365.

Martin, Samuel E. 1953. "The Phonemes of Ancient Chinese," *Journal of the American Oriental Society*, supp. 16.

Maspero, Henri 1920. "Le dialecte de Tch'ang-ngan sous les T'ang," *Bulletin de l'Ecole Française de l'Extreme Orient* 20-2: 1-124.

Mei, Tsu-lin 梅祖麟 1970. "Tones and Prosody in Middle Chinese and the Origin of the Rising Tone," *Harvard Journal of Asiatic Studies* 30: 86-110. 黃宣范譯 1974.「中古漢語的聲調與上聲的起源」『幼獅月刊』40-6: 69-76.

Norman, Jerry 1988. *Chinese*, Cambridge: Cambridge University Press.

Pulleyblank, Edwin G. 1962a. "The Consonantal System of Old Chinese," *Asia Major* 9: 58-144.

Pulleyblank, Edwin G. 1962b. "The Consonantal System of Old Chinese," part 2, *Asia Major* 9: 206-265.

Pulleyblank, Edwin G. 1970. "Late Middle Chinese, part 1," *Asia Major* 15: 197-239.

Pulleyblank, Edwin G. 1971. "Late Middle Chinese, part 2," *Asia Major* 16: 121-168.

Pulleyblank, Edwin G. 1984. *Middle Chinese: A Study in Historical Phonology*, Vancouver: University of British Columbia Press.

Ting, Pang-shin 1975. *Chinese Phonology of the Wei-Chin Period: Reconstruction of the finals as reflected in poetry*, Taipei: Academia Sinica.

Wang, William S-Y. 1987. "A Note on Tone Development," *Wang Li Memorial Volumes*, English Volume, The Chinese Language Society of Hong Kong, Hong Kong: Joint Publishing, 435-443.

中國語音韻學

2000년 10월 10일 초판발행
2000년 10월 10일 1판 1쇄

지은이 최   영   애
펴낸이 남   호   섭
펴낸곳 통   나   무

서울 종로구 동숭동 199-27
전화 : (02) 744 − 7992
팩스 : (02) 762 − 8520
출판등록 1989. 11. 3. 제1-970호

값 15,000원

ISBN 89−8264−094−0 93720